第19辑 上卷　　宋晓 主编

中德法学论坛

Jahrbuch des Deutsch-Chinesischen
Instituts für Rechtswissenschaft der Universitäten
Göttingen und Nanjing

南京大学出版社

中德法学论坛

第 19 辑·上卷（2022 年）

Jahrbuch des Deutsch-Chinesischen Instituts für Rechtswissenschaft der Universitäten Göttingen und Nanjing

Band 19 Heft 1 Jahr 2022

Herausgeber
SONG Xiao

Jahrbuch des Deutsch-Chinesischen Instituts für Rechtswissenschaft der Universitäten Göttingen und Nanjing
Band 19 Heft 1
Inhaltsverzeichnis

• Forschung zum Kommentierung •

• Aufsätze •

• Rechtswissenschaft Klassiker •

法典评注研究

中德法学论坛

第 19 辑·上卷,第 3~31 页

欧洲私法中的评注——文献形式的继受

[德]延斯·克莱因施密特* 著

刘青文** 章 星*** 译

一、主题界定:欧洲私法

任何探究欧洲私法评注文献形式的人,很快都会看到本文集两位主编笔下的一段使人"醒脑"的引文:在欧洲合同法领域,引入现代评注似乎不太靠谱,因为欧洲私法在很大程度上仍然缺乏必要的立法基础。[1]就当下而言,如果"评注的基础性、结构性标准[……]事关权威性文本",那么这段引文必是令人警醒的。[2]事实上,本文所讨论的欧洲私法——与本文集其他有关各国法律制度或法系的报告不同——并非直截了当地以一个固定的法律制度为参照。欧洲私法既不是由单一的立法者所创设,亦没有显示出各国法制所特有的连贯性、完整性或体系性。[3]因此,首先有必要做概念澄清,这同时也是对本文研究对象的界定。

---

* 延斯·克莱因施密特(Jens Kleinschmidt):德国特里尔大学民法学、国际私法、国际程序法和比较法教授。

** 刘青文:南京大学中德法学研究所副研究员,法学博士。

*** 章星:南京大学中德法学研究所 2020 级硕士研究生,目前就职于北京海润天睿律师事务所。

〔1〕 *N. Jansen/R. Zimmermann*, in: dies. (Hg.), Commentaries on European Contract Laws, 2018, General Introduction Rn. 7:"然而,在欧洲合同法领域,这种[现代评注]的做法似乎不太靠谱,因为在很大程度上,它仍然缺乏必要的立法基础。"Ähnlich bereits *N. Jansen*, Commenting upon European Contract Law, GPR: Zeitschrift für das Privatrecht der Europäischen Union 2015,2 - 10, 3.

〔2〕 *D. Kästle-Lamparter*, Welt der Kommentare. Struktur, Funktion und Stellenwert juristischer Kommentare in Geschichte und Gegenwart, 2016, 289;ähnlich *T. Henne*, Die Entstehung des Gesetzeskommentars in Deutschland im 19. und 20. Jahrhundert, in: *D. Kästle/N. Jansen* (Hg.), Kommentare in Recht und Religion, 2014, 317 - 329, 320.

〔3〕 *N. Jansen*, Europäisches Privatecht, in: *J. Basedow/K. J. Hopt/R. Zimmermann* (Hg.), Handwörterbuch des Europäischen Privatrechts, 2009, 548 - 551, 549:它"与其说是一个完全成熟的法律体系,不如说是一个政治和学术项目"。

　　当本文提到欧洲私法时,它是和那些既定的婉转表达联系在一起的,而这些婉转表达不仅打上了不同发展方向相互牵扯的烙印,还试图描绘出欧洲私法的多维性。1993年《欧洲私法杂志》(Zeitschrift für Europäisches Privatrecht)富有远见的创刊宣言和整整20年后《马克斯·普朗克欧洲私法百科全书》的全方位评述,都提到了构成欧洲私法的四个相互交织的组成部分:(1)以历史上共同法(ius commune)为共同基础形成的法制史;(2)比较法,即现行共同法(acquis commun);(3)基于国际法基础的统一法;(4)欧盟私法,即欧盟既有法律(acquis communautaire)。[4]

　　其中两个部分与本文写作目的无关,可以先行排除,因为它们可以成为其他论文独立研究的对象。其中一部分涉及评注的历史基础和评注的发展,达维德·凯斯特勒-兰帕特尔(David Kästle-Lamparter)早先已经对此进行了全面的梳理。[5]而另一部分涉及基于国际法的跨国统一法,拉尔夫·米夏埃尔斯(Ralf Michaels)在其关于跨国私法的评注文章中对此进行了阐述。[6]地理区域是跨国私法的划界标准,对此有一套专门的法律规则进行规制。因此,特别是作为统一法的公约,如《联合国国际货物销售合同公约》——尽管它对欧洲私法的影响显而易见[7],但由于它是在世界范围内适用,故而不在本文研究的范围内。这也适用于一些运输法公约或

---

　　[4]　*J. Basedow* et al., Editorial, ZEuP 1 (1993), 1 - 3; *J. Basedow／K.J. Hopt／R. Zimmermann*, Preface, in: dies. (Hg.), Max Planck Encyclopedia of European Private Law, 2012, v - vii, v.

　　[5]　*Kästle-Lamparter*, Welt der Kommentare (Fn. 2), 19 - 288; ders., Kommentarkulturen? Einführung und historische Einordnung, in diesem Band, 1 - 24, 5 ff.; siehe auch Henne, Entstehung des Gesetzeskommentars (Fn. 2), 323 ff.

　　[6]　*R. Michaels*, Kommentare zum transnationalen Privatrecht, in diesem Band, 395 - 416.

　　[7]　关于《联合国销售公约》对欧洲合同法原则的影响,见 *CECL／Jansen／Zimmermann* (Fn. 1), General Introduction Rn. 11; *O. Lando*, CISG and Its Followers: A Proposal to Adopt Some International Principles of Contract Law, American Journal of Comparative Law 53 (2005), 379 - 401, 381 ("《国际货物销售合同公约》对与《欧洲合同法原则》的形成、内容、履行和不履行有关的术语和规则产生了实质性影响")。关于对消费者销售指令的影响,见 *S. Grundmann*, in: ders./C.M. Bianca(Hg.), EU-Kaufrechts-Richtlinie. Kommentar, 2002, Einl Rn. 1 ff. ("联合国销售公约作为一个目标和起点")。关于对国家法律制度改革的影响,例如参见 *F. Ferrari* (Hg.), The CISG and its Impact on National Legal Systems, 2008 中的文章; *U. Magnus*, Rabels Einfluss auf das CISG und die europäische Kaufrechtsentwicklung, in: S. Lorenz／P. Kindler／A. Dutta (Hg.), Einhundert Jahre Institut für Rechtsvergleichung an der Universität München. Kaufrecht und Kollisionsrecht von Ernst Rabel bis heute, 2018, 89 - 110, 108 f.; *P. Schlechtriem*, 10 Jahre CISG-Der Einfluß des UN-Kaufrechts auf die Entwicklung des deutschen und des internationalen Schuldrechts, Internationales Handelsrecht 2001, 12 - 18; *R. Schulze*, The New Shape of European Contract Law, Journal of European Consumer and Market Law 2015, 139 - 144, 139 f. 法国债法改正中的文献见 Rapport au Président de la République relatif à l'ordonnance no 2016 - 131 du 10 février 2016 portant réforme du droit des contrats, du régime général et de la preuve des obligations gibt zwar nicht das CISG, wohl aber die davon inspirierten Texte als Einfluss an.

海牙国际私法会议统一法律冲突的协定。

因此,在欧洲私法的上述四个组成部分中,本文涉及的仅是欧盟既有法律与现行共同法。前者相对比较容易理解,它指的是由欧盟"主动创制"或(其成员国)"共同塑造"的私法,[8]并且可以作为合格的法律文本而被评注。现行共同法就其性质而言,理解起来则颇费周章。然而潜在的、可供评注的法律文本,也还是可以找到的。现行共同法是由以欧洲为重点的非立法规则,在比较法的基础上以法律规则的形式[9]提炼出来的,[10]如《欧洲合同法原则》(PECL)[11]、《欧洲侵权行为法原则》、[12]《欧洲家庭法原则》[13]以及《欧洲保险合同法原则》[14]。就其内容而言,

---

[8] *R. Zimmermann*,Editorial,ZEuP 1 (1993),439 - 441,439;又见,*Jansen*,Europäisches Privatrecht (Fn. 3),550.

[9] 此外,涵盖欧洲私法和欧洲私法判例的努力导致了一种新类型的教科书和手册的出现,如:C. von Bar, Gemeineuropäisches Deliktsrecht, 2 Bde., 1996/1999; *ders.*, Gemeineuropäisches Sachenrecht, 2 Bde., 2015/2019; H. Beale/B. *Fauvarque-Cosson/J. Rutgers/S. Vogenauer*, Cases, Materials and Text on Contract Law, 3. Aufl., 2019; H. Kötz, Europäisches Vertragsrecht, 2. Aufl., 2015; F. Ranieri, Europäisches Obligationenrecht, 3. Aufl., 2009; P. *Schlechtriem*, Restitution und Bereicherungsausgleich in Europa, 2 Bde., 2000/2001; C. van Dam, European tort law, 2. Aufl., 2013; W. van *Gerven/J.F. Lever/P. Larouche*, Tort Law, 2000. 先锋是 H. *Coing*, Europäisches Privatrecht, 2 BdE., 1985/1989, 与 R. *Zimmermann*, The Law of Obligations, 1990.

[10] Jansen, Europäisches Privatrecht (Fn. 3), 549 f.; aktueller Überblick in CECL/Jansen/Zimmermann (Fn. 1), General Introduction Rn. 9 ff.; R. Zimmermann, Comparative Law and the Europeanization of Private Law, in: M. Reimann/R. Zimmermann (Hg.), The Oxford Handbook of Comparative Law, 2. Aufl., 2019, 557 - 598, 563 ff., 578 ff.

[11] *O. Lando/H. Beale* (Hg.), Principles of European Contract Law. Part Ⅰ, 1995; dies. (Hg.), Principles of European Contract Law. Parts Ⅰ and Ⅱ, 2000; *O. Lando/E. Clive/A. Prüm/R. Zimmermann* (Hg.), Principles of European Contract Law. Part Ⅲ, 2003. Siehe außerdem die französische Weiterentwicklung der PECL in *Association Henri Capitant/Société de législation comparée* (Hg.), Projet de cadre commun de référence. Principes contractuels communs, 2008.

[12] *European Group on Tort Law* (Hg.), Principles of European Tort Law, 2005;更多该工作组的工作,见〈www.egtl.org〉.

[13] *K. Boele-Woelki et al.* (Hg.), Principles of European Family Law Regarding Divorce and Maintenance Between Former Spouses, 2004; *dies.* (Hg.), Principles of European Family Law Regarding Parental Responsibilities, 2007; *dies.* (Hg.), Principles of European Family Law Regarding Property Relations Between Spouses, 2013; *K. Boele-Woelki et al.* (Hg.), Principles of European Family Law Regarding Property, Maintenance and Succession Rights of Couples in *de facto* Unions, 2019.

[14] *J. Basedow et al.* (Hg.), Principles of European Insurance Contract Law (PEICL), 2. Aufl., 2016.

《共同参考框架(欧洲民法典草案)》(DCFR)〔15〕融合了现行共同法和欧盟既有法律,现行共同法相对占了较大的比例,因此也应视为属于欧洲私法的系列法律规范。欧洲法律研究所也一直在开展关于创建非立法文本的各种项目。〔16〕

　　上述非国家法律规则的清单中似乎少了国际统一私法协会的《国际商事合同通则》(PICC),尤其是针对它经已出版了那么多的评注。〔17〕对跨国私法选择相对容易处理的地理划界标准,不仅排除了有约束力的实体统一法的适用,也形成了非国家法律规则的新的适用状况和分类结果。因为地理区分同时意味着,跨国私法的区分不能再囿于被评注文本是否具有拘束力。因此,国际统一私法协会的《国际商事合同通则》和相应的评注也被排除在本文研究范围之外,因为从其起草过程和适用的范围来看,它们是面向全球的,而不仅仅是欧洲。尽管国际统一私法协会的《国际商事合同通则》与《欧洲合同法原则》(PECL)〔18〕极其相似,让人难免要时不时地将二者进行横向比较,但对国际统一私法协会《国际商事合同通则》的评注文献的分析,应在对跨国私法的贡献中居于核心地位。

　　对欧盟既有法律和现行共同法的关注也将决定本文的结构。对研究对象的这种二分法对文献的运用产生了深远的影响,诚如论者所言,欧盟私法具有"工具性、监管性"特征,而现行共同法作为成员国的私法则力图"与传统和解"。〔19〕这两个说法具有不同的合理性。〔20〕就本文的写作目的而言,这种归因的作用倒是其次的,从寻找合适的评注文本这一主导思想出发,反而是另外一种观点得到了突显,即这种

---

　　〔15〕 *C. v. Bar/E. Clive* (Hg.), Principles, Definitions and Model Rules of European Private Law. Draft Common Frame of Reference (DCFR), Full Edition, 6 Bde., 2009.《欧洲法律原则》的各卷本也在《共同参考框架》内。

　　〔16〕 各种项目可见于 ⟨https://www.europeanlawinstitute.eu/projects-publications⟩。

　　〔17〕 最新版本 *UNIDROIT* (Hg.), UNIDROIT Principles of International Commercial Contracts 2016,2016 (早期版本有 1994 年版,2004 版和 2010 年版). Kommentierungen in *E. Brödermann*, UNIDROIT Principles of International Commercial Contracts. An article-by-article commentary,2018 (也可见于:*P. Mankowski* [Hg.], Commercial Law. Article-by-Article Commentary,2019,462 - 827);*D. Morán Bovio* (Hg.), Comentario a los principios de Unidroit para los contratos del comercio internacional,2. Aufl.,2003;*S. Vogenauer* (Hg.), Commentary on the UNIDROIT Principles of International Commercial Contracts (PICC),2. Aufl.,2015.

　　〔18〕 Zu Überlappungen in Entstehung und Inhalt *M. J. Bonell*, An International Restatement of Contract Law,3. Aufl.,2005,335 ff.;*A. S. Hartkamp*, Principles of Contract Law, in: ders. et al. (Hg.), Towards a European Civil Code,4. Aufl.,2011,239 - 250.

　　〔19〕 *Jansen*, Europäisches Privatrecht (Fn. 3),550.

　　〔20〕 *R. Michaels*, Of Islands and the Ocean: The Two Rationalities of European Private Law, in: R. Brownsword *et al.* (Hg.), The Foundations of European Private Law,2011,139 - 158.

二分法可以有更广泛的适用,但它与硬法和软法的区分(抑或立法文本与非立法文本的差异)并不完全呈一一对应的关系。此外,需要事先声明的是,二分法虽然能提供一个颇为实用的分析框架,但在处理具体问题的时候,却未必"放之四海而皆准"。因此,《欧洲统一买卖法》(CESL)[21]的提案将作为欧盟法律提案被归类到欧盟既有法律中,盖因这一提案的产生源于从欧盟既有法律中可推知的前期立法准备工作。[22] 在这一点上,这两部分之间的界限可能正变得模糊,特别是我们在这里将要研究的这部著作——《欧洲合同法评注》——清楚地展示了这种模糊性,因为它所赖以评注的文本不仅有欧盟既有法律,还有现行共同法。[23]

二、欧盟既有法律中的评注和对欧盟既有法律的评注

(一)将适用性作为主导性标准

1. 条例和指令

在欧盟既有法律中,可以作为评注文本的首先是与私法有关的二级法律,即条例和指令。条例和指令的主要区别在于生效方式(《欧洲联盟运作条约》(AEUV)第288条)。众所周知,条例具有普遍、直接的适用性,而指令是面向成员国颁布后,需要由各成员国在国内立法将其转化为国内法才能得以生效。那么,原则上,只有转化成内国法的转化法才有直接适用性,即便有转化错误亦"照单全收"。这种差异显然直接反映在了评注实践中。一项欧盟法案成为评注对象的可能性有多大,主要取决于其是否具有直接适用性。对条例的评注始终保持增长的势头,盖因不仅有定期新出的评注,还有现有评注不断迭代更新。迄今为止,对指令的评注尚属罕见;很大程度上,是具有直接适用性的内国转化法依据本国的评注传统而被评注。[24] 毋庸

---

〔21〕 欧盟委员会 2011 年 10 月 11 日关于欧洲议会和理事会《欧洲统一买卖法》条例的提案, KOM(2011) 635 endg.

〔22〕 *H. Schulte-Nölke*, Vor-und Entstehungsgeschichte des Vorschlags für ein Gemeinsames Europäisches Kaufrecht, in: ders. *et al.* (Hg.), Der Entwurf für ein optionales europäisches Kaufrecht, 2012, 1 - 20, 17.

〔23〕 详见下文"三(三)"部分。

〔24〕 Diese Beobachtung machen im durch europäisches Richtlinienrecht geprägten Aktienrecht auch U. Noack/D. Zetzsche, Kommentieren und Kommentare im europäisch-deutschen Wirtschaftsrecht, in: Recht im Wandel deutscher und europäischer Rechtspolitik. Festschrift 200 Jahre Carl Heymanns Verlag, 2015, 213 - 227, 216:"只要成员国的法律是对外的唯一权威性的法律来源,而指令具有预演的效果,那么对法律的传统解释就会一直存在"; siehe aber auch loc. cit., 222 关于最近对指令的评论倾向,毕竟在其最大的协调效果中几乎没有留下实施的空间。

讳言,指令也是有效的、可适用的法律。但只有欧洲法院可以直接适用这些指令,而他们在判决中却并不引用权威的观点。[25] 国内法院通常[26]只在成员国转化法与指令的一致性发生冲突时才对指令产生间接的兴趣。这表明,从司法角度来看,对指令的评注及其结构性作用的需求相对较少。在学术讨论中,对指令进行释明的需求则一定存在。只要存在这样的需求,相关讨论都不会想到利用评注这种形式,而是通过其他方式来满足,例如通过介绍性的文章。

除了单纯比较评注的数量之外,还可以举出三个例子证明,适用性和"与适用相关"不仅是一般意义上的"法律评注的特征",[27]而且也是欧盟法的文本是否能够成为评注文本的决定性标准。

2. 示例:《欧洲统一买卖法》(CESL)

首先具有代表性的,是 2011 年 10 月提出的《欧洲统一买卖法》的条例提案。在提案中,欧盟委员会预备了一个针对跨境买卖合同的选择性工具:只要一个成员国的法律适用于某份买卖合同,而该合同又属于《欧洲统一买卖法》的适用范围,当事人便应当被赋予可以选择适用《欧洲统一买卖法》来替代该成员国法律的权利。但在政治层面的辩论亦如学术圈的争论一样唇枪舌剑之后,不成想,2014 年 12 月,委员会对该条例提案的纷争却戛然而止。[28] 短时间内恐怕亦不会再旧案重提。

《欧洲统一买卖法》的规则并非从天而降,而是建立在欧洲合同法过去的规则体系之上——特别是《共同参考框架草案》(DCFR)和《欧洲合同法原则》(PECL)。虽然过去那些老旧的、不具备约束力的规则体系几乎无法成为评注的对象,[29]但在《欧洲统一买卖法》的草案出台后却有两本极具首创精神的评注相继问世,它们不约而同地选择尚在草案阶段的《欧洲统一买卖法》作为评注的对象。[30] 针对该法草案的其他评注亦呈待发之势。这些评注尽管主题相似,内容部分相同,但诱发评注的兴奋点却迥然有别,由此倒是很好地诠释了各方对该法适用性的巨大期待。一旦法案最终获得通过,这些早已占据了市场的评注便只需在再版时根据生效文本

---

〔25〕 也可见于 *Noack/Zetzsche*, Kommentieren (Fn. 24), 223.

〔26〕 关于在发布转化法之前指令的效力情况,见 *C. Hofmann*, Die Vorwirkung von Richtlinien, in: K. Riesenhuber (Hg.), Europäische Methodenlehre, 3. Aufl., 2015, 326 - 346, Rn. 29 ff.

〔27〕 *Kästle-Lamparter*, Welt der Kommentare (Fn. 2), 291, 336.

〔28〕 详见, *J. Basedow*, Gemeinsames Europäisches Kaufrecht-Das Ende eines Kommissionsvorschlags, ZEuP 23 (2015), 432 - 435.

〔29〕 详见下文"三(一)1."部分。

〔30〕 *M. Schmidt-Kessel* (Hg.), Der Entwurf für ein Gemeinsames Europäisches Kaufrecht. Kommentar, 2014; *R. Schulze* (Hg.), Common European Sales Law (CESL)-Commentary, 2012.

做出修订即可。但由于委员会撤回法案，那些紧扣法案的计划——包括评注出版计划[31]——也就偃旗息鼓了。

对尚未生效的法律草案加以评注并出版，形成的必然是对法律效力置若罔闻且终将昙花一现的文本，而且无法否认法案的未来可适用性才是决定评注能否伴法而行的动力源这一事实。任何时候，只要动脑构思和提笔撰写《欧洲统一买卖法》的评注，都应该寄望于由欧盟颁布的具有法律效力的立法文本。《欧洲统一买卖法》的任意法特征不应使其过分偏离其作为条例的法律性质，乃至于为了和一个非立法性法律文本比肩而立兀自矮化成一个"潜在的规范性参考文本"。[32] 评注应关涉具有可适用性的国家法律（即在其获得立法机关通过后方去评注），这样的"形式化"观点应该引起重视。[33] 无论是当事人根据《联合国国际货物销售合同公约》第 6 条排除对该法的适用，还是在欧洲股份公司 * 或者欧洲继承证书条件下对欧盟法选择工具的适用，[34]其所依据的法律文本的规范性和立法性特征都是毋庸置疑的。所有这些规则都可以而且必须在国家法院适用——与不具有拘束力的、非国家性的规则判然有别。[35] 因此，《欧洲统一买卖法》基于其任意法特征，无须刻意强化所谓权威

---

[31] 关于现已失效的德文和英文独立评注的公告，见 *Kästle-Lamparter*，Welt der Kommentare (Fn. 2)，98 Fn. 645.

[32] So aber *Kästle-Lamparter*，Welt der Kommentare (Fn. 2)，98；*D. Kästle*，Juristische Kommentare-theologische Kommentare. Von der Farbe des Chamäleons, in：ders. /Jansen, Kommentare (Fn. 2)，393 - 450，409；ähnlich für die zum CESL-Vorschlag entstandenen Kommentare G. Christandl, Rezension：Schmidt-Kessel, GEK, und Schulze, CESL (Fn. 30), GPR：Zeitschrift für das Privatrecht der Europäischen Union 2015，54 - 55（„Stärkung der Autorität des Referenztextes").

[33] 也可参阅 *N. Jansen*，The Making of Legal Authority，2010，94："［立法］不包括补充性权威要素。"

* 2004 年年底，欧盟创建的一种统一的公司形式。企业可以将欧洲各国的业务集成到这个欧洲股份公司名义下，而不用在欧洲各国都创建起公司形式。——译注

[34] Überblicke in *H. Fleischer*，Optionales europäisches Privatrecht („28. Modell")，RabelsZ 76（2012），235 - 252，239 ff.；*J. Kleinschmidt*，Optionales Erbrecht：Das Europäische Nachlasszeugnis als Herausforderung an das Kollisionsrecht, RabelsZ 77（2013），723 - 785，750；*M. Stürner*，Das Verhältnis des Gemeinsamen Europäischen Kaufrechts zum Richtlinienrecht，in：Schulte-Nölke *et al.*，Entwurf (Fn. 22)，47 - 84，51 f.

[35] 仅见 *J. von Hein*，in：T. Rauscher（Hg.），Europäisches Zivilprozess-und Kollisionsrecht，4. Aufl.，2016，Art. 3 Rom I-VO Rn. 49 ff.；speziell zu den kollisionsrechtlichen Grundlagen optionalen Rechts *M. Fornasier*，„28." versus „2. Regime"—Kollisionsrechtliche Aspekte eines optionalen europäischen Vertragsrechts, RabelsZ 76（2012），401 - 442.

性，[36]而这种任意性，本就是一部法律评注应为其绘就的。

　　赋予当事人选择权，使评注自然而然地形成了一个特殊的附加功能：它可以为受到法律约束的主体在决定是否动用选择性工具时提供帮助。[37]鉴于成员国合同法的多样性和差异性，《欧洲统一买卖法》的评注在多大程度上有助于揭示其与各成员国法律体系的差别是值得怀疑的。[38]但这种比较至少可以有针对性地进行，尤其是在基于《欧洲统一买卖法》的文本所编撰的评注中，该法的说服力可以得到客观的评估。[39]在这个意义上，也可以想见，对选择性参考文本加以评注并推而广之，有助于提高其"可见度"和"实际效力"，进而影响到它在多大程度上会被实际接受。[40]

　　在评注问世时，《欧洲统一买卖法》在另一种意义上具有了"潜在的规范性"。因为该评注的另一个特点是，它出版于被评注的法案尚在立法讨论阶段时。[41]换言之，它是对草案文本的评注。与其说暂时还没有法律适用者成为这部评注的受众，毋宁说评注作者们通过评注这些未生效的法条来变相参与立法(Mitgestaltung)的"司马昭之心"已经跃然纸上。[42]一部评注，却染指尚未颁布生效的法律草案，显示了其旁逸斜出的"指导功能"。[43]它能够也希望在立法过程中发出自己的声音，以试图影响最终(评注参考)文本的形成。[44]但与此相对，鉴于评注文本草案的临时

---

　　[36]　*Kästle-Lamparter*, Welt der Kommentare (Fn. 2), 98; ders., Juristische Kommentare (Fn. 32), 409.

　　[37]　*Jansen*, Commenting (Fn. 1), 4 sieht hierin sogar das vorrangige Anliegen möglicher Nutzer eines CESL-Kommentars; Kästle-Lamparter, Welt der Kommentare (Fn. 2), 98. 然而，对于关于条例提案的评注，这一意见只在有限的程度上适用。

　　[38]　参阅 die Beobachtungen bei *Christandl*, Rezension Schmidt-Kessel und Schulze (Fn. 32), 55. 就这一功能而言，答案可能在于只寻求与少数国家法系进行生深入比较的评注。

　　[39]　*Jansen*, Commenting (Fn. 1), 4.

　　[40]　*Kästle-Lamparter*, Welt der Kommentare (Fn. 2), 98.

　　[41]　Dies betont auch Christandl, Rezension Schmidt-Kessel und Schulze (Fn. 32), 54, 与国家层面的评论相比，在这方面，也可以假定有一个"稳定功能"，参见前注[32]。

　　[42]　Kommentierungen in Schulze, CESL (Fn. 30) folgen einem einheitlichen Schema, das nach eher exegetischen Abschnitten mit einem-teils kürzer, teils länger ausgefallenen-Abschnitt „Criticism" schließt. Siehe auch *W. Tilmann*, Rezension：Schulze, CESL (Fn. 30), ZEuP 22 (2014), 227 - 228.

　　[43]　Ähnlich *Christandl*, Rezension Schmidt-Kessel und Schulze (Fn. 32), 55 (der indes vor allem eine Stabilisierungsfunktion erkennt)；zum Begriff *Kästle-Lamparter*, Welt der Kommentare (Fn. 2), 321.

　　[44]　也可见于 *R. Schulze*, Preface, in：ders., CESL (Fn. 30), v (评注的双重目标是让法律从业者预备《欧洲统一买卖法》，并在立法过程中提出可能的改进建议)；*M. Schmidt-Kessel*, Vorwort, in：ders., GEK (Fn. 30), V (was liege näher, „als das noch laufende Gesetzgebungsverfahren mit einem weiteren Impuls zu begleiten").

性,人们对其为新规则预演法律实践的功能却表示怀疑。[45]

我们可以毫不费力地达成这样的共识:对一个一望而知不具有可适用性的文本出版一部评注显然毫无意义。在立法的支持下(即欧盟委员会不再讨论该条例草案),评注的计划正逐渐减少。尽管对欧洲合同法的学术争鸣在该条例草案被撤回之后依然不绝于耳,但还不至于要选择评注这种文献形式来承载这些争鸣观点。[46]

3. 示例:旅游法

文本的可适用性具有非常重要的意义的体现之二是旅游法。如今这已被一系列的欧洲法案所贯彻:航空、铁路、船舶和公共汽车运输中的乘客权利都在条例中作了规定。[47] 一项已经被修订的指令用于协调《包价旅游法》。[48] 然而,虽然现在出现了较多的关于航空乘客权利条例的评注——有的被包含在更大的评注著作中,有的则作为独立著作[49]——但《包价旅游指令》几乎没有受到任何评注的青睐。相反,关于《德国民法典》第651a条及以下条款的评注数不胜数——欧盟指令正是凭借该条款转化到德国的国家法律中——它们大部分栖身于《德国民法典》的评注中,少

---

〔45〕 So auch *Christandl*, Rezension Schmidt-Kessel und Schulze (Fn. 32), 54.

〔46〕 欧洲私法的其他文学形式见下文"三(四)"部分。

〔47〕 Verordnung (EG) Nr. 261/2004 des Europäischen Parlaments und des Rates vom 11.2. 2004 über eine gemeinsame Regelung für Ausgleichs-und Unterstützungsleistungen für Fluggäste im Fall der Nichtbeförderung und bei Annullierung oder großer Verspätung von Flügen und zur Aufhebung der Verordnung (EWG) Nr. 295/91, ABl. 2004 L 46/1; Verordnung (EG) Nr. 1371/ 2007 des Europäischen Parlaments und des Rates vom 23.10.2007 über die Rechte und Pflichten der Fahrgäste im Eisenbahnverkehr, ABl. 2007 L 315/14; Verordnung (EU) Nr. 1177/2010 des Europäischen Parlaments und des Rates vom 24.11.2010 über die Fahrgastrechte im See-und Bin-nenschiffsverkehr und zur Änderung der Verordnung (EG) Nr. 2006/2004, ABl. 2010 L 334/1; Verordnung (EU) Nr. 181/2011 des Europäischen Parlaments und des Rates vom 16.2.2011 über die Fahrgastrechte im Kraftomnibusverkehr und zur Änderung der Verordnung (EG) Nr. 2006/ 2004, ABl. 2011 L 55/1.

〔48〕 Richtlinie (EU) 2015/2302 des Europäischen Parlaments und des Rates vom 25.11.2015 über Pauschalreisen und verbundene Reiseleistungen, zur Änderung der Verordnung (EG) Nr. 2006/2004 und der Richtlinie 2011/83/EU des Europäischen Parlaments und des Rates sowie zur Aufhebung der Richtlinie 90/314/EWG des Rates, ABl. 2015 L 326/1.

〔49〕 整合的评注可以在 Beck OK 中找到, Beck Online-Kommentaren(R. Schmid [Hg.], BeckOK Fluggastrechte-Verordnung, 13. Edition, Stand: 1.1.2020) und BeckOGK (J.D. Harke [Hg.], beck-online. Großkommentar Fluggastrechte-VO, 2020); als eigenständiges Werk *A. Staudinger/S. Keiler* (Hg.), Fluggastrechte-Verordnung, 2016. Gedruckt erschienen ist auch *R. Schmid* (Hg.), Fluggastrechte-Verordnung, 2018.

部分以独立著作的面目示人。[50] 一本权威的旅游法手册,[51]不仅一方面要包含对《德国民法典》中关于包价旅游合同的条款(《德国民法典》第 651a 条及以下)和《航空旅客权利条例》的详细评注,而且另一方面,对《包价旅游指令》的评注,也须恰到好处,不偏不倚。

4. 示例:如何在一部合集中处理条例和指令?

什么样的实用手册适合《旅游法》?对此可以参考一下其他实用手册。比较有代表性的是马丁·格鲍尔(Martin Gebauer)和托马斯·维德曼(Thomas Wiedmann)合著的《欧洲影响下的民法》一书[52]。这本书揭示了条例和指令的私法特征。在涉及指令法的部分,指令文本被完整地印在书上,然后是对指令及其转化情况的简要介绍,接着再根据指令以文章的形式阐述转化法的相关规范。这些文章虽然都是注释性的,但与评注的关注点并无太大差别——它们只是缺乏评注的外在形式。相比之下,条例倒是得到了逐条评注;在以黑体字印刷的被评注法条的条文之下,那些注释性的文字以评注的风格依次展开。从形式上看,这是一种混合型的解决方案,显而易见,其目的是方便法律适用者使用这些规范。[53]

5. 研究结果和变化趋势

这些示例证明了以适用性作为指导标准的假设。同时,它们确认了欧盟既有法规领域的"法律评注范式"。[54] 诚然,必须指出,最近出现了某种明显的变化:目前,在题为"国际商法和欧洲商法"的系列(由赖纳·舒尔策[Reiner Schulze]和马蒂亚斯·雷曼[Matthias Lehmann]编辑)中出现了较多的英文评注,这些评注通常不局限于单一文本,而是对标复合主题下的多个文本。在这些文本中,总是能够看到指令的踪影。例如已经预告的关于"欧盟数字法"的评注,它将包含对新的数字内容指令、消费者权利指令、电子商务指令和可移植性条例的解释。[55] 另一个例子是关于

---

〔50〕 *E. Pick*, *Reiserecht*, 1995;K. Tonner, Der Reisevertrag, 5. Aufl., 2007.

〔51〕 *E. Führlich*/*A. Staudinger*, Reiserecht, 8. Aufl., 2019.

〔52〕 *M. Gebauer*/*T. Wiedmann* (Hg.), Zivilrecht unter europäischem Einfluss, 2. Aufl., 2010.

〔53〕 Ähnlich die Beobachtungen von Noack/Zetzsche, Kommentieren (Fn. 24), 216 f., zum Aktienrecht:在一篇统一的评注著作中,一方面解释了 SE-Verordnung,另一方面解释了基于 SE-Richtlinie 的国家转化法。

〔54〕 Formulierung von *Kästle*, Juristische Kommentare (Fn. 32), 407, wo dies Paradigma freilich gerade in Zweifel gezogen wird.

〔55〕 *R.Schule*/*D. Staudenmayer* (Hg.), EU Digital Law. Article-by-Article Commentary, angekündigt für 2020. 共同编辑 Staudenmayer 作为欧盟委员会司法和消费者总局合同法部门领导,参与创建了一些评注文本。Zu diesem Phänomen auch *Kästle-Lamparter*, Welt der Kommentare (Fn. 2), 98, dessen (zum CESL geäußerte) Vermutung der Intention, die „autoritätsstabilisierende Wirkung von Kommentaren [...] bewusst als Mittel zur ‚Recht-Fertigung" einzusetzen, hier freilich nicht verfängt:Eine Richtlinie ist geltendes Recht.

"商法"的评注,它将《联合国国际货物销售合同公约》、国际统一私法协会《国际商事合同通则》和《商业代理指令》的评注融于一册。[56] 评注出现这种变化的原因,或许只能做如下推测:英文评注所面向的欧洲范围内的读者,其对指令的关注远在国家转化法之上? 还是类似于上文对《欧洲统一买卖法》的探讨,这里还会为国家转化法单独准备一部评注?[57] 我们稍后会讨论这个问题。

(二)条例

1. 示例:冲突法

在对欧盟条例进行评注所涉及的众多法律领域中,[58]冲突法是绕不开的一个领域。仅就这一领域,下文还会详细探讨。关于冲突法的欧盟条例,它们作为被评注文本的形式各不相同。首先,评注的出版样式就多种多样:既有装订成册的著作,也有活页集;既有印刷的纸本,也有纯电子评注。[59]

然而,最重要的是,这些评注作品的类型是多样化的。一些评注被整合到了(多卷本的)民法评注中。而对《德国民法典》的评注,传统上包括对《德国民法典施行法》中的冲突法的评注。随着欧洲层面的立法对成员国国际私法的不断替代或叠加,欧洲冲突法规范受到了这些新兴评注的持续关注。[60] 因此,被评注文本直接被替换;[61]另一方面,《德国民法典》的评注中对冲突法的评注内容被保留下来,尽管所评注的规范不再源于与《德国民法典》相同的规范制定者。在一些关于《德国民法典》的评注中,这种变化意味着,在专门评注实体法的著作中,也会对《欧盟继承条

---

〔56〕 *Mankowski*, Commercial Law (Fn. 17).

〔57〕 Dagegen spricht, dass zu anderen Richtlinien, die in der Reihe kommentiert werden, bereits Umsetzungsgesetze vorliegen.

〔58〕 除了上文Ⅱ.1.c)提到的《航空旅客权利条例》之外,还可以参考《通用数据保护条例》或《SE 条例》作为进一步的例子。

〔59〕 只在线上出版的 *C. Budzikiewicz/M.-P. Weller/W. Wurmnest* (Hg.), beck-online. Großkommentar, Rom Ⅰ-VO; Rom Ⅱ-VO; Rom Ⅲ-VO; EuErbVO; EU-UnterhaltsVO, 2020; *M. Herberger* et al. (Hg.), juris Praxiskommentar BGB, Bd. 6: Internationales Privatrecht und UN-Kaufrecht, hg. v. M. Würdinger, 9. Aufl., 2020.

〔60〕 任何 BGB 评注都可以在这里作为示例提及,例如 *F. J. Säcker et al.* (Hg.), Münchener Kommentar zum BGB, Bde. 11‐12, 7. Aufl., 2018; *G. Brudermüller et al.*, Palandt. Bürgerliches Gesetzbuch, 79. Aufl., 2020.

〔61〕 见,如 den völlig geräuschlosen Austausch von *K. Thorn*, in: Palandt (Fn. 60), 68. Aufl., 2009, Art. 27 ff. EGBGB durch *K. Thorn*, in: Palandt (Fn. 60), 69. Aufl., 2010, Art. 1 ff. Rom I-VO. Die alte Kommentierung der Art. 27 ff. EGBGB wurde für Altfälle in das Palandt-Archiv übernommen, 见⟨https://rsw.beck.de/buecher/palandt/palhome/auf gehobenes-recht⟩.

例》(EuErb-VO)的程序法部分进行同等标准的评注。[62]

部分冲突法的评注,存在于其被评注的文本根据主题被划归某个具体的法律领域(如继承法)的著作中——这些特定领域来自不同的规范制定主体,有时候它们的实体法特征、冲突法特征或程序法特征变得无关紧要。[63]最终倒是欧洲层面的立法,使那些专注于评注一个或多个冲突法条例的著作获得了世人的关注。

2. 评注文献的欧洲化?

表面上的观察可能会得到这样一个印象:似乎这些评注大多是用德语撰写,而且初始编辑和作者也都来自德语区。事实上,这一看法与事实还是存在一些细微的出入。

首先,德语法学者已经开始用英语撰写和出版评注。[64]这些评注通常不是从德语版本的评注翻译而来,而是直接用英语撰写的。

其次,欧盟冲突法条例的评注也有其他语言的版本,由其他语言地区的作者和国际作者团队撰写。这里只举几个例子,让大家对评注的多样性有一个印象。在法国出版的关于《罗马第三条例》(Rom Ⅲ-VO)的评注——因为作者的缘故——是以英语或法语撰写的。[65]意大利系列丛书《新民事立法评注(Le nuove leggicivili commentate)》中,对《罗马第三条例》也进行了评注。[66]第一部关于《欧盟继承条

---

〔62〕 因此,例如在慕尼黑评注中(前注〔60〕); freilich war das Internationale Nachlassverfahrensrecht auch vor der EuErbVO bereits mit abgedeckt, dann aber innerhalb der Kommentierung zu Art. 25 EGBGB a.F., siehe *A. Dutta*, in: Münchener Kommentar zum BGB, 6. Aufl., 2015, Art. 25 EGBGB Rn. 307 - 360. Das Vorgehen des Palandt (Fn. 60) ist insoweit präziser, wenn auch weniger übersichtlich: 欧洲继承条例的法律冲突规则在知识产权的背景下,以及在由 EGBGB 形成的国际继承法的体系地位上得到解释,欧洲继承证书的实质性规则在 BGB 的继承证书的体系背景下得到解释。

〔63〕 见如. im Erbrecht *L. Kroiß/C.-H. Horn/ D. Solomon* (Hg.), Nachfolgerecht. Erbrechtliche Spezialgesetze, 2. Auflage, 2019; *A. Dutta/ J. Weber* (Hg.), Internationales Erbrecht, 2016; im Vertragsrecht z.B. *F. Ferrari et al.*, Internationales Vertragsrecht, 3. Aufl., 2018; allgemein *Kästle-Lamparter*, Welt der Kommentare (Fn. 2), 296.

〔64〕 见 z.B. *G.-P. Calliess* (Hg.), Rome Regulations, 2. Aufl., 2015; *P. Huber* (Hg.), Rome II Regulation, 2011; *U. Magnus/ P. Mankowski* (Hg.), European Commentaries on Private International Law, 4 Bde., 2016 - 2019.

〔65〕 *S. Corneloup* (Hg.), Droit européen du divorce, 2013; 又见 *dies.* (Hg.), The Rome III Regulation. A Commentary on the Law Applicable to Divorce and Legal Separation, 2020.

〔66〕 *P. Franzina et al.*, Regolamento UE n. 1259/2010 del Consiglio del 20.12.2010 relativo all'attuazione di una cooperazione rafforzata nel settore della legge applicabile al divorzio e alla separazione personale, Le nuove leggi commentate 34 (2011), 1435 - 1547.

例》的评注是由比利时和瑞士的两位作者用法语撰写的；[67]一个国际化作者团队用
德语、英语和法语出版了关于《欧盟继承条例》的评注；[68]现在还有更多关于《欧盟
继承条例》的国际化评注。[69] 这些著作中的每一部究竟会用何种语言文字出版发
行，都引起了特别的关注

　　值得注意的是，在此背景下，冲突法的英语权威著作对不断推进的欧洲化的反
应。这部著作编排素材的方式和评注如出一辙：[70]传统上，它以重述的方式，用稍
大的印刷字体来表述冲突法的相关学说，然后对其进行解释。需要强调的是，这些
学说出自作者，而非立法者。然而，如果冲突法的一个子领域是欧盟条例的调整对
象，其规范就取代了私人学说；因此，解释的时候就把欧盟条例作为参照文本。这和
评注可以说是殊途同归了。[71]

　　有趣的是由此得到的观察，从评注类型和语言的多样性和多元化中——它们
超越了评注理念和不同来源的著述之间的界限——对于现有评注和后续评注，无
论是结构、风格还是内容上显然都不存在任何重大差异。[72] 这是否表明了德语区
"评注文化""输出"的意图？[73]事实上，正是用英语以及在欧洲私法中占据主导地
位的语言所撰写的评注，使因那些本国的法律制度对评注这种文献形式所知甚少亦
不会运用的法学家对评注有了更多的了解。至于说到那些作者，要判断他们是在输
出"评注文化"，还是仅仅是用他们所熟悉的评注的文献形式来传递他们的观点，却

---

〔67〕 *A. Bonomi/P. Wautelet*，Le droit européen des successions，2013（inzwischen 2. Aufl.，
2016）.

〔68〕 *U. Bergquist et al.*，EU Regulation on Succession and Wills. Commentary，2015（auch
erschienen als „Commentaire du règlement européen sur les successions" und als „EU-Erbrechts-
verordnung").

〔69〕 *A.-L，Calvo Caravaca/ A. Davi/ H.-P. Mansel*（Hg.），The EU Succession Regula-
tion. A Commentary，2016；*H.P. Pamboukis*（Hg.），EU Succession Regulation No 650/2012. A
Commentary，2017（aus Griechenland）；*M. Zalucki*（Hg.），Unijne rozporzadzenie spadkowe nr
650/2012. Komentarz，2. Aufl.，2018（aus Polen）.

〔70〕 *L. Collins*（Hg.），Dicey，Morris and Collins on the Conflict of Laws，2 Bde.，15. Au-
fl.，2012；näher *G.-P. Calliess*，Kommentar und Dogmatik im Recht. Funktionswandel im Ange-
sicht von Europäisierung und Globalisierung，in：Kästle/ Jansen，Kommentare（Fn. 2），381－392，
386 f.；*Jansen*，Making Legal Authority（Fn. 33），128 ff.

〔71〕 Selbe Beobachtung bei *Calliess*，Kommentar und Dogmatik（Fn. 70），390.

〔72〕 Selbe Beobachtung bei *Calliess*，Kommentar und Dogmatik（Fn. 70），390；*Kästle-
Lamparter*，Welt der Kommentare（Fn. 2），96.

〔73〕 So *Calliess*，Kommentar und Dogmatik（Fn. 70），390；ähnlich *Noack/ Zetzsche*，
Kommentieren（Fn. 24），226.

并非易事。[74] 评注可能成为促进整个欧洲学术讨论的媒介。[75] 人们对有关冲突法的这种讨论还可能会进一步深化和扩大,并不会感到大惊小怪,因为有关冲突法的材料都具有跨国性的特点。

　　单一评注在多大程度上会实际参与到整个欧洲范围内的学术讨论,特别是对欧洲范围内的文献和判例进行学术处理,并指出各国在适用方面的差异,这是个案当中存在的一个问题,它与其是"国际化"的,毋宁是用德语并主要为德国图书市场撰写评注时所需要面对的。尽管评注的对象关乎整个欧洲,但这些评注在不同程度上提到了其他法律体系的声音;问题也或多或少地从德国的角度进行阐述。仍以《欧洲继承条例》为例说明这种现象:关于这一条例的出版物,在德国早已汗牛充栋,一些学术上的争端也正是由德国作者而起。[76] 这些出版物也吸引了"国际"评注的眼球。评注的语言虽然确实很重要,因为正是借助语言思想才得以传输,而一些构想——比如内含于继承法中的——却难以通过另一种语言再现。因此,参与欧洲范围内的学术讨论,语言并不是决定性的标准;很大程度上作者的意图才是关键性的。[77] 原则上,评注的形式适合文献资料汇编,并且由于其容易获取,也有助于促进欧洲范围内的学术讨论。基于此,对具有直接适用性的条例文本,评注可助其实现教义化。

　　3. 在被评注文本适用前进行评注

　　最近一段时间,只要看看评注的功能,就会发现一种令人瞩目的趋势,即在条例开始适用之前就对其进行评注——《欧洲继承条例》在其于 2012 年 8 月 17 日生效三年之后,就得到了评注。[78] 而此时,对被评注文本的适用情况还无法进行汇编整

---

　　〔74〕 对"输出"的怀疑也可见 *Kästle-Lamparter*,Welt der Kommentare (Fn. 2),95 f. 还有出版方面的考虑,在评注的帮助下"开放国际图书市场"。Calliess, Kommentar und Dogmatik (Fn. 70),390 nimmt an, dass aufgrund der „Europäisierung des Rechtsdiskurses" die „ohnehin zu beobachtende Pluralisierung auf dem Markt der Kommentare sich fortsetzen" werde.

　　〔75〕 *Kästle-Lamparter*,Welt der Kommentare (Fn. 2),95.

　　〔76〕 Vgl. nur den Überblick in *A. Dutta*,Die europäische Erbrechtsverordnung vor ihrem Anwendungsbeginn:Zehn ausgewählte Streitstandsminiaturen, IPRax:Praxis des internationalen Privat-und Verfahrensrechts 2015,32 – 39.

　　〔77〕 Für diese Intention kann die Sprachwahl dann aber mit *Kästle-Lamparter*,Welt der Kommentare (Fn. 2),95 als „Indiz" gewertet werden;siehe z. B. *A.-L. Calvo Caravaca/ A. Davi/ H.-P. Mansel*,Foreword and Acknowledgements, in:dies., EU Succession Regulation (Fn. 69),xiii.

　　〔78〕 Zum Anwendungsbeginn lagen umfangreiche Kommentierungen von *Bonomi/Wautelet*, Droit européen des successions (Fn. 67) sowie im Münchener Kommentar zum BGB (Fn. 60) (6. Aufl., 2015),im jurisPK-BGB (Fn. 59) (7. Aufl., 2014) und im Beck-OGK (Fn. 59) (Stand:1.6. 2014) vor. Eine Kommentierung des Verordnungsvorschlags (vgl. oben Ⅱ.1.b)) findet sich in *Rauscher*,Europäisches Zivilprozess-und Kollisionsrecht (Fn. 35),Bd. 4,3. Aufl., 2010.

理；特别是还不可能"编制"出已经发布的案例。[79] 很大程度上，只能借助已经出版的著述所展示的体系化和对该条例立法史的发掘，为条例的未来适用者提供如何适用的帮助。在此基础上，不仅要对条例进行解释、说明和批评，还要对其可能的适用前景进行预测。评注比散落在各个期刊的相关论文更一目了然。因此，评注可以凭借其权威性和容易被接纳的特点，预先拟制了有关条例的学术争鸣的格局。

现在产生了关于欧洲继承条例的第一个司法案例，从中不难解读出其预先操纵的功能。在评注中为了该条例的适用所做的那些准备工作，只要其引述源自何种文献清晰可辨，那么不论是在提交给欧洲法院的决定书里，还是在总检察长的总结陈词中，评注中的观点都被他们充满感激之情地接纳了。然而，恰恰是在这里，显示了语言的重要性。这可以通过马恩科普夫（Mahnkopf）一案加以说明，该案涉及《德国民法典》第 1371 条第 1 款的限定，因此也是一项德国规定[80]。虽然提交给柏林高等法院的诉状只引用了关于《欧洲继承条例》的德语版评注，[81]但波兰的总检察长在其意见书中提到了关于该条例的法语和英语评注。[82]

（三）指令

众所周知，对指令的评注非常少见。对指令的批评性解释倒是常常出现在作品合集或学术专著里。[83] 评注通常是在指令生效后不久出版——至少根据传统的情况是如此——伴随着指令转化为国内立法生效而出版，并且那种循环滚动更新的新版本评注尚未登场。[84]在"国际商法和欧洲商法"[85]系列中新出版的或者预告即出的评注会在多大程度上带来新的改变，且让我们拭目以待。

由于欧盟的立法通常不具有直接适用性，所以常常是将国内的转化法作为评注的文本。[86] 最典型的做法是将这类评注纳入国内法的评注作品中。因为欧盟条

〔79〕　Zum Begriff *Kästle-Lamparter*，Welt der Kommentar（Fn. 2），299.

〔80〕　EuGH，1.3.2018，Rs. C-558/16（*Mahnkopf*）.

〔81〕　KG，Zeitschrift für Erbrecht und Vermögensnachfolge 2017，209 – 211.

〔82〕　GA *Szpunar*，Schlussanträge v. 13. 12. 2017，Rs. C-558/16（*Mahnkopf*）. Zitiert werden *Bonomi*/*Wautelet*，Droit européen des successions（Fn. 67）in Fn. 6 und 31 und *Pamboukis*，EU Succession Regulation（Fn. 69）in Fn. 33.

〔83〕　Exemplarisch verwiesen sei auf das bereits oben erwähnte Werk von *Gebauer*/*Wiedmann*，Zivilrecht unter europäischem Einfluss（Fn. 52）sowie auf die Lehrbücher von *B. Heiderhoff*，Europäisches Privatrecht，4. Aufl.，2016；*K. Riesenhuber*，EU-Vertragsrecht，2013.

〔84〕　见 z.B. *Grundmann*/*Bianca*，EU-Kaufrechts-Richtlinie（Fn. 7），auf Deutsch，Englisch und Französisch erschienen；*J. Schmidt-Salzer*，Kommentar EG-Richtlinie Produkthaftung，1986.

〔85〕　见前注〔55〕及以下的例子。

〔86〕　见前注〔24〕对应的原文。

例,一个欧洲层面的评注传统可能正在形成,但另一方面,未转化的指令法却在国内法的评注实践中被一体化地评注了。诚然,由于这些指令法的欧盟法背景,其在解释方法上具有特殊性,如解释要求符合指令或在解释有疑问的情况下必须提交给欧洲法院。对国内从指令转化的法律规范进行评注有可能忽视欧盟法的背景,也有可能使一个欧洲指令规范在众多国家的适用中出现分歧。这给现有的评注带来了额外的挑战,例如,在将消费者保护指令纳入《德国民法典》以及在关于《德国民法典》的现有评注中对这一问题的处理中就可以看出这一点。[87] 通常欧盟背景会在在先的边码中提到,部分还会进行更详细的解释。在任何情况下,更全面的评注都会在必要时推动符合指令的解释,甚至对转化后的国内法是否符合指令以及其在适用上的实际情形提出质疑。[88] 在这方面,指令不仅影响国内法,也影响国内法评注的编撰。[89]

　　欧盟指令被转化到《德国民法典》中以后,对转化法所做的评注主要参考对象仍然是国内法律。通常情况下,外国文献,尤其是非德语文献,几乎都不会援引,用外国判例的知识来对标指令中的规定,更是少之又少。"在欧洲私法中引入法律比较"的请求[90]显然仅指欧盟法层面。在比较各成员国不同做法的基础上创设一个统一适用的机会,有助于法律适用者克服语言障碍和获取外国判例法的实际准入困难,但这种机会远远未被善加利用。因此,无论如何,评注只能在和谐立法的基础上,有条件地消除国内不同观点对法律适用的分歧。[91] 对转化法的立法和司法实践做比较法上的分析,由于评注者肩负着别样的使命,其能量无法完全释放,因此需要借助其他的形式来补拙。[92] 在评注撰写的过程中,要对所有材料进行筛选、归类和评

---

〔87〕 作为《慕尼黑评论》BGB 的编辑之一,很有帮助。*F. J. Säcker*,Münchener Kommentar zum BGB, in: D. Willoweit (Hg.), Rechtswissenschaft und Rechtsliteratur im 20. Jahrhundert, 2007, 405 - 417, 414 ff.; *Noack/Zetzsche*, Kommentieren (Fn. 24), 216. 另外所有关于评注的概括性陈述总是包括例外和偏差的可能性。

〔88〕 例如 F. Faust, in: BeckOK-BGB, 53. Edition, 1.2.2020, § 437 Rn. 18 ff., § 439 Rn. 27, § 441 Rn. 30 ff., § 476 Rn. 4.

〔89〕 又见 *Noack/Zetzsche*, Kommentieren (Fn. 24), 223 ff. zum Wandel der Kommentarfunktionen im europäischen Wirtschaftsrecht.

〔90〕 *Säcker*, Münchener Kommentar (Fn. 87), 410.

〔91〕 另一个方面是引用了法规不同语言版本,见 *Noack/Zetzsche*, Kommentieren (Fn. 24), 224.

〔92〕 见如 *H. Schulte-Nölke/C. Twigg-Flesner/M. Ebers* (Hg.), EC Consumer Law Compendium. The Consumer Acquis and its transposition in the Member States, 2008; als Beispiel aus der Aufsatzliteratur *H.-P. Mansel*, Kaufrechtsreform in Europa und die Dogmatik des deutschen Leistungsstörungsrechts: Kaufrecht in Europa nach der Umsetzung der Verbrauchsgüterkauf-Richtlinie, AcP 204 (2004), 396 - 456.

估,但唯独不涉及纯粹的资料收集。宏迪乌斯(Hondius)呼吁推出一个"欧洲的帕兰特评注(European Palandt)",通过比较的方式将各个成员国迄今为止各自为战的法解释活动汇集在一起,[93]但至今几乎无人响应。国际商事法院在当前的成立是否会强化对跨国评注的需求,以及这是否会给"欧洲帕兰特评注"的基本理念带来新的助力,还有待观察。

三、在现代共同法中的评注和对现代共同法的评注

(一)评注形式的进一步缺失

1. 非立法规则作为评注文本

虽然在欧盟既存法律中很容易找到潜在的具有法律效力的被评注文本,但在现代共同法中极目望去,却找不到这样的文本。诚然,被评注文本是否具有法律效力并不是评注概念的先决条件,评注只是需要"参考权威性的法律文本",这是评注活动安身立命之所在并能进行"持续性解释"。[94]权威性也可以为非立法性文本所属;[95]这样的文本也可以超越"法律评注的经典范式"而成为评注的基准点。[96]因此,现代共同法中的文本虽然不是一般性的比较法知识,但可以是尚存疑问的以规则形式表述的欧洲私法的非立法规则,从这些规则中产生的、后来又被放弃的《欧洲统一买卖法》草案所夹带的双重立场前文已经有所论及。[97]

---

〔93〕 *E. Hondius*,Towards a European Palandt,European Review of Private Law 2011,483 - 488,484 f.;dazu *Kästle-Lamparter*,Welt der Kommentare (Fn. 2),96,329. Hondius 是否关心以评注的形式实现他的关切,是相当值得怀疑的。在荷兰的一份出版物(Ars Aequi 2011,738 - 746)中,他呼吁"Naar een Europese Asser-serie",因此需要一本手册。Zur Asser-Reihe siehe *J. Jansen*,Der Blaue Engel und die Grüne Reihe:Die Rolle des Kommentars in der niederländischen privatrechtlichen Publikationskultur,in diesem Band,87 - 106,97,98f.

〔94〕 对这些概念的理解见 *Kästle-Lamparter*,Welt der Kommentare (Fn. 2),289,336;见前注〔2〕对应原文。

〔95〕 *Jansen*,Making Legal Authority (Fn. 33),76 f.;也可见 *C. v. Bar*,Rezension:Jansen/ Zimmermann,CECL (Fn. 1),AcP 219 (2019),593 - 596,593,der von „überwiegend freilich rein literarischen" Quellen spricht.

〔96〕 *Calliess*,Kommentar und Dogmatik (Fn. 70),382 f.;*Kästle-Lamparter*,Welt der Kommentare (Fn. 2),289;N. Jansen,Rezension:Vogenauer/ Kleinheisterkamp (Hg.),Commentary on the UNIDROIT Principles of International Commercial Contracts (PICC),2009,JZ 2009,1008 - 1009,1008.

〔97〕 见上文"二(一)2."部分。

2. 对非立法性的成套规则进行评注的需求

如果因为《欧洲统一买卖法》的双重立场而将其排除在评注的考虑范围之外，那么很显然，迄今为止，欧洲私法的非立法性规则只在极其有限的范围内会被评注。不是《欧洲合同法原则》和《共同参考框架草案》的规则本身被评注，而是在任何情况下，与其具有相同性质的其他非立法文本都会被评注。[98] 与这些欧洲文本形成鲜明对比的是国际统一私法协会的《国际商事合同通则》，该通则至少有三种评注，其中两种已经出到第二版。[99]

为什么国际统一私法协会的《国际商事合同通则》与《欧洲合同法原则》不同，被认为"值得评注"？[100] 这不能用文本的权威性不同来解释。它们都没有被赋予国家的强制适用性，但享有"准法律权威"的威望。[101] 仅凭此点，它们便同属学术争鸣不可或缺的一部分，也是国家立法者在近期推动民事法律改革的灵感之源。[102] 但很显然，所有这一切都尚不足以成就一部评注的诞生。关键性的标准，我们不得不多次强调，还是文本的适用性特征。所有的文本都不是根据《罗马法公约Ⅰ》（Rom Ⅰ-VO）第3 条第 1 款作为可适用的法律而被选择适用。[103] 但它们作为可适用的法律在仲裁程序中备选（试比较基于《联合国国际贸易法委员会示范法》第 28 条第 1 款制定的《德国民事诉讼法》第 1051 条第 1 款）。[104] 然而，国际统一私法协会的《国际商事合同通则》，却在表述供法律选择适用的示范条款时，非常强烈地呼吁要在仲裁程序中

---

〔98〕　关于《欧洲合同法评注》的审议情况，见下文"（三）"部分；关于 PECL 与国内法有关的作品，见下文"（四）3."部分。

〔99〕　见前注〔17〕；旨在考虑《慕尼黑民法典评注》中的欧洲法规 *Säcker*，Münchener Kommentar（Fn. 87），416："在评注中解释避免了导致各国法制背离欧洲私法秩序不断发展的原则。"当然，评注的参考对象仍然是《德国民法典》；各项规则通常在评注的开头提到。

〔100〕　*Kästle-Lamparter*，Welt der Kommentare（Fn. 2），336.

〔101〕　*Jansen*，Europäisches Privatrecht（Fn. 3），550 f.（„Autoritätspluralismus"）；ders.，Making Legal Authority（Fn. 33），59 ff.

〔102〕　*Jansen*，Making Legal Authority（Fn. 33），63；R. Michaels，in：Vogenauer，PICC（Fn. 17），Preamble I Rn. 143 ff.；S. Vogenauer，Die UNIDROIT Grundregeln der internationalen Handelsverträge 2010，ZEuP 21（2013），7 - 42，14；法国见前注〔7〕.

〔103〕　*Rauscher/v. Hein*（Fn. 35），Art. 3 Rom I-VO Rn. 49 ff. m. w.N.；关于非立法规则的适用性和有效性的详细信息，例如 *C.-W. Canaris*，Die Stellung der „UNIDROIT Principles" und der „Principles of European Contract Law" im System der Rechtsquellen，in：*J. Basedow*（Hg.），Europäische Vertragsrechtsvereinheitlichung und deutsches Recht，2000，5 - 31；*R. Michaels*，Privatautonomie und Privatkodifikation，RabelsZ 62（1998），580 - 626.

〔104〕　*J. Münch*，in：Münchener Kommentar zur ZPO，5. Aufl.，2017，§ 1051 Rn. 59；P. Schlosser，in：*Stein/Jonas*，ZPO，hg. v. R. Bork und H. Roth，23. Aufl.，2014，§ 1051 Rn. 13；*M. Scherer*，in：Vogenauer，PICC（Fn. 17），Preamble Ⅱ Rn. 4.

获得完全适用。[105] 这也许可以解释为什么要专门对这套非立法性规则出版评注的动机。[106] 恰在此处,对于一部评注来说典型的理论联系实际的功能[107]得以实现。

在相互给予和接受的意义上,追求适用性的意愿和评注活动最终是在交互影响中成就彼此。当文本作为可选择适用的法律问世时,不仅提高了法律的供给性,而且使其广为人知,进而在实践中产生要对其加以评注的需求。[108] 而评注的供给同时又提高了对这些规则加以适用的需求。[109]

---

[105] *M. J. Bonell*, UNIDROIT Principles 2004 - The New Edition of the Principles of International Commercial Contracts adopted by the International Institute for the Unification of Private Law, Uniform Law Review 2004, 5 - 40, 6;"最终真正重要的是,有关文件不是一纸空文,而是在实践中得到适用。"; *ders.*, The law Governing International Commercial Contracts and the Actual Role of the UNIDROIT Principles, Uniform LR 2018, 15 - 41; *ders.*, Restatement (Fn. 18), 174 ff.; *Hartkamp*, Principles (Fn. 18), 258 f.; J. Kleinheisterkamp, UNIDROIT Principles of International Commercial Contracts, in: HWB-EuP (Fn. 3), 1547 - 1551, 1548; *O. Lando*, My life as a lawyer, ZEuP 10 (2002), 508 - 522,521;*Vogenauer*/ *Michaels*(Fn. 102), Preamble Ⅰ Rn. 7, 52 ff. (zu den Musterklauseln); *Vogenauer/Scherer* (Fn. 104), Preamble Ⅱ Rn. 9; *P. Sirena*, Die Rolle wissenschaftlicher Entwürfe im europäischen Privatrecht, ZEuP 26 (2018), 838 - 861, 853; *S. Vogenauer*, in: *ders.*, PICC (Fn. 17), Introduction Rn. 48; *ders.*, UNIDROIT Grundregeln (Fn. 102), 13 ff. Damit korrespondierend spielen die UNIDROIT PICC etwa in Veröffentlichungen zur Schiedsgerichtsbarkeit der ICC eine deutlich größere Rolle als andere nichtlegislative Regelwerke, 见如 *Y. Derains*/ *E.A. Schwartz*, A Guide to the ICC Rules of Arbitration, 2005, 235 ff.; *J. Fry*/ *S.Greenberg*/ *F.Mazza*, The Secretariat's Guide to ICC Arbitration, 2012, Rn. 3 - 761; sowie die Beiträge in ICC International Court of Arbitration Bulletin 2002, Special Supplement: UNIDROIT Principles of International Commercial Contracts. Reflections on their Use in International Arbitration. Siehe demgegenüber die Zwecke der PECL zusammenfassend Zimmermann, Comparative Law (Fn. 10), 581.

[106] 相同的观点见 *Jansen*, Making Legal Authority (Fn. 33), 75. Diese Differenzierung fehlt bei Calliess, Kommentar (Fn. 70), 391 und *Kästle-Lamparter*, Welt der Kommentare (Fn. 2), 96 f., die die Kommentare zu den UNIDROIT PICC letztlich pars pro toto für alle nichtlegislativen Regelwerke darstellen.

[107] Dazu *Henne*, Entstehung des Gesetzeskommentars (Fn. 2), 321; *Kästle-Lamparter*, Welt der Kommentare (Fn. 2), 302.

[108] *A. Baumann*, Rezension: Brödermann, Unidroit Principles (Fn. 17), Zeitschrift für Schiedsverfahren 2019, 147 - 148, 147; 又见 Jansen, Making Legal Authority (Fn. 33), 75 f. (eine Kommentierung verschaffe den UNIDROIT PICC Autorität).

[109] *O. Lando*, Rezension: *Vogenauer/Kleinheisterkamp* (Hg.), Commentary on the Unidroit Principles of International Commercial Contracts (PICC), 2009, Common Market LR 47 (2010), 952 - 953, 953 (der Kommentar „will promote the use of the PICC"); 同样 Jansen, Making Legal Authority (Fn. 33), 75 f.; *ders.*, Rezension: Vogenauer/Kleinheisterkamp (Fn. 96), 1009; *Kästle-Lamparter*, Welt der Kommentare (Fn. 2), 97 f.

3. 撰写非立法性规则评注的资源

且先不问是否有必要对非立法性规则进行评注,首当其冲的一个问题是,如若对其撰写评注,可供利用的资源到底有哪些？经典法律评注的主要任务之一,可能是为了解释法条和完成对其续造,而对已经发布的司法判例进行整理、筛选和解构,进而最终促进法律规范的教义化。[110] 然而,由于缺乏广泛的——首先是有约束力的——适用性,几乎没有关于非立法性规则的司法判例。[111] 对于这些非立法性规则来说,任何情况下都可以援引国内(或者欧盟)与其并行的立法性规则所涉及的司法判例。因此,体现在评注中的资料来源往往是转手的。

评注援引文献的目的,是为了直接解释法律规范,必要时对其提出批评,并服务于其在比较法上的分类(特别是对于面临法律抉择,需要作出重大决定的当事人来说尤其重要)以及阐明其在历史比较方面的背景,因此,评注的内容首先要足够丰富。国际统一私法协会《国际商事合同通则》的评注被描述为以"一套注释性和比较性的教义学知识"对文本中的规则做了补充,并就其在实践中的运用提出了建议。[112]

其次,评注可以成为一种媒介,使法律规范形成史上那些无人问津的史料得到发掘和利用。例如,国际统一私法协会《国际商事合同通则》的筹备报告、草案和磋商记录虽然自始都是公开的,但基本上杂乱无章,至少在工作的早期阶段,任何时候想要获取其中的某些材料都会令人十分抓狂。后来,这些材料按时间顺序整理好后发布到了网上,可供人随时查阅。[113] 而评注则可以从中发掘出真正的宝藏,用这些

---

[110] Skeptisch zur Selektionsfunktion im Zeitalter juristischer Datenbanken *Noack/Zetzsche*, Kommentieren (Fn. 24), 222.

[111] 国际统一私法协会《国际商事合同通则》已经在仲裁程序中援引甚至适用, dazu *Vogenauer/ders.* (Fn. 105), Introduction Rn.48 sowie die Nachweise in der von UNIDROIT unterhaltenen Unilex-Datenbank, die diese Schiedssprüche sammelt (〈www. unilex. info/instrument/principles〉); PECL 或 DCFR 在州法院诉讼中作为解释的辅助手段被引用的频率要低得多, zu Beispielen *D. Busch*, The Principles of European Contract Law before the Supreme Court of the Netherlands -On the Influence of the PECL in Dutch Legal Practice, ZEuP 16 (2008), 549 - 562; *C. Vendrell Cervantes*, The Application of the Principles of European Contract Law by Spanish Courts, ZEuP 16 (2008), 534 - 548; 进一步的证据见 *Jansen*, Making Legal Authority (Fn. 33), 75; *Sirena*, Wissenschaftliche Entwürfe (Fn. 105), 852 f. 在后一种借助"软法"进行推理的例子中,规范与判例之间典型的判例之间的关系(dazu *Kästle-Lamparter*, Welt der Kommentare [Fn. 2], 310)并不真正合适。*Kästle-Lamparter*, *loc. cit.*, 97 正确指出, 在关于国际统一私法协会的《国际商事合同通则》的评注中,"在某种程度上通过有效性的虚构解决"这一问题; ähnlich *Jansen*, Rezension Vogenauer/ Kleinheisterkamp (Fn. 96), 1008.

[112] *Jansen*, Making Legal Authority (Fn. 33), 75; 又见 *Kästle-Lamparter*, Welt der Kommentare (Fn. 2), 97 (评注的目的是完善个别规则,其"比较语境化[……]而是一种补充").

[113] 〈https://www.unidroit.org/unidroit-principles-2016/preparatory-work〉.

材料对个别法律规范进行体系化的补充解释,从而使在未来适用产生疑问时从立法源头解释出"立法者本意"成为可能。《欧洲合同法原则》的类似工作仍未完成,特别是兰道委员会(Lando-Kommissio)有别于国际统一私法协会的做法,没有公开其立法草案和会议纪要。如果想了解个别规则是如何形成的,只能依靠来自各个项目参与者的零散报告。[114] 虽然国际统一私法协会《国际商事合同通则》和《欧洲合同法原则》之间的这种差异可能不会明显地损害《欧洲合同法原则》在欧洲法学者中的威严和权威,[115]但对《欧洲合同法原则》中法律规则的形成史进行梳理仍然是比较法研究和学科发展史中必不可少的内容。另外,关于《共同参考框架草案》和其他几套法律规则,已有批评说,公开渠道几乎检索不到准备工作的蛛丝马迹。[116]

(二)"官方注释"作为评注?

就非立法性规则撰写著作的作者,最有可能通过所谓的"官方注释"向读者兜售其观点。这些解释性文本会在每一条立法规则出台时伴随左右。但无论是其核心思想还是文字表述都会在评注中被"公认的法律规则"(black-letter-rule)*所摒弃,尽管他们自身也援用这一规则。[117] 很显然,美国的法律重述是运用"公认的法律规则"的典范。[118] 同时,"官方注释"似乎延续了参考文本评注的传统,即由立法者自己发表评注。[119] 与这些评注的作者一样,"官方注释"的作者自己最清楚——同时

---

[114] 见如 *O. Lando*, Principles of European Contract Law. An Alternative or a Precursor of European Legislation, RabelsZ 56 (1992), 261 - 273, 267 ff.; *ders.*, My life (Fn. 105), 519 ff.; O. Remien, Ansätze für ein Europäisches Vertragsrecht, Zeitschrift für vergleichende Rechtswissenschaft 87 (1988), 105 - 122, 117 ff.; *R. Zimmermann*, Die „Principles of European Contract Law", Teil Ⅲ, ZEuP 11 (2003), 707 - 713, 708 ff.; *ders.*, Die „Principles of European Contract Law", Teile Ⅰ und Ⅱ, ZEuP 8 (2000), 391 - 393, 391 f.

[115] *Jansen*, Making Legal Authority (Fn. 33), 103 (siehe aber auch 135).

[116] 参阅 *W. Doralt*, Strukturelle Schwächen in der Europäisierung des Privatrechts, RabelsZ 75 (2011), 260 - 285, 270 f., 280, 284; *CECL / Jansen/Zimmermann* (Fn. 1), General Introduction Rn. 25. 因此,也有人批评说,在《共同参考框架草案》的工作期间,无法就草案进行真正的公开讨论,*Jansen*, Making Legal Authority (Fn. 33), 103; siehe zur Arbeitsweise *C. v. Bar/ H. Schulte-Nölke*, Gemeinsamer Referenzrahmen für ein europäisches Schuld-und Sachenrecht, Zeitschrift für Rechtspolitik 2005, 165 - 168.

* 黑体字法,指英美法系中一种公认的法律规则,不受合理争议的制约。——译者注

[117] Zu dieser Technik *Jansen*, Making Legal Authority (Fn. 33), 106, 121 ff.

[118] *Lando/Beale*, PECL (Fn. 11), xxvi; R. Zimmermann, Konturen eines europäischen Vertragsrechts, JZ 1995, 477 - 491, 478.

[119] Dazu *Kästle-Lamparter*, Welt der Kommentare (Fn. 2), 306; siehe auch Remien, Europäisches Vertragsrecht (Fn. 114), 120.

也是"真实的"——一条规则背后的意图和意义是什么。因此可以说,"官方注释"利用了评注的外部形式。

　　然而,它们充其量只是部分地实现了法律评注的功能,[120]因此,它们不能替代"真正的"评注。通过解释条文,"官方注释"起到(简明)[121]地帮助理解的作用;在这里,解释规则往往遵循人们熟悉的事实构成要件(特征)和法律后果的模式。术语注释和举例释义都是服务于学术讨论的体系化。与"外部"评注相比,穿插的图表具有使解释的客体具体化的效果,因为它们是作为事实陈述而被制定的,在空间上与文本的其他部分分开。然而,它们的具体化程度很低,甚至没有达到评注中通常所需的案例类型化水平。[122]

　　"官方注释"在多大程度上有助于权威性的形成——正如在"外部"评注中可以看到的那样[123]——似乎很值得怀疑。规则的传播及其权威性的确立,一个关键性因素可能是,它们以规则的形式呈现,使其易于被援引。[124]但"官方注释"只在较低的限度与此吻合。因此毫不奇怪,即使在比较法的讨论中,"官方注释"也只担当了无足轻重的角色。[125]甚至兰道委员会对《欧洲合同法原则》的翻译也仅限于规则,而没有涵盖"官方注释"。[126]在"官方注释"中,有关立法史或者相关学说的档案性

---

[120]　Allgemein zu den Kommentarfunktionen, auf die im Folgenden Bezug genommen wird, *Kästle-Lamparter*, Welt der Kommentare (Fn. 2), 311 ff.; siehe auch *Henne*, Entstehung des Gesetzeskommentars (Fn. 2), 318 ff.; *Noack / Zetzsche*, Kommentieren (Fn. 24), 215.

[121]　Siehe aber M. Hesselink, The Principles of European Contract Law: Some Choices Made By The Lando Commission, in: ders./G. de Vries (Hg.), Principles of European Contract Law. Preadviezen uitgebracht voor de vereniging voor Burgerlijk Recht, 2001, 5 - 95, hier zitiert nach 〈http://ssrn.com/abstract=1098869〉, 9 („extensive and highly informative") und 12 ("《欧洲合同法原则》的大部分实质性价值在于评论").

[122]　类型化案例更有可能留给"官方评注"的文本。hierzu noch *Jansen*, Rezension Vogenauer/ Kleinheisterkamp (Fn. 96), 1009.

[123]　*Jansen*, Making Legal Authority (Fn. 33), 75 f.; *Kästle-Lamparter*, Welt der Kommentare (Fn. 2), 327 f.;见前注[108]及以下。

[124]　*Jansen*, Making Legal Authority (Fn. 33), 106 ff.;这也是其作者的明确意图,*Lando/Beale*, PECL (Fn. 11), xxvi.

[125]　对适用国际统一私法协会的《国际商事合同通则》的相同看法见 *Jansen*, Making Legal Authority (Fn. 33), 106.

[126]　后来翻译成德文(C. v. Bar/ R. Zimmermann, Grundregeln des Europäischen Vertragsrechts, Teile 1 und 2, 2002, und Teil Ⅲ, 2005)以及法文(G. Rouhette/ I. de Lamberterie/ D. Tallon/ C. Witz, Principes du droit européen du contrat, 2003; I. de Lamberterie/ G. Rouhette /D. Tallon, Les principes du droit européen du contrat, 1997)包括了官方评注。规则和官方评注之间的进一步区别是:(i)"官方评注"的最终完成留给"编辑组",以及(ii)只有"黑信法",而不能未经事先授权复制"官方评注",见 *Lando/ Beale*, PECL (Fn. 11), iv, xv.

资料因为缺少论证过程是被完全排除在外的,而"官方注释"很大程度上却还可以将这种权威性的影响放大。[127] 然而,这种效果的反面是,通过赞成抑或反对一条规则所做权衡而形成的教义学知识和批评性论述都将不再尾随这个法条。[128] 这些规则也与现有的比较法文献没有太多关联。与此同时,评注所应具备的显著特征也付之阙如。因此,"官方注释"不应被归类为评注的文献形式。

(三)《欧洲合同法评注》

1. 结构特征:被评注文本的多元性

对于应在欧洲私法规则体系中找到的具体规定,从教义学、比较法上的归类以及学术批评等方面所做的综合考虑,促成了一个能够填补其法律漏洞的评注项目的产生。2018 年出版的《欧洲合同法评注》[129]推出了多个被评注文本,并附注了同样致力于一体化解释的评注文本,这些评注内容横跨整页宽边印刷,下方则设专栏放置主题与被评注内容有关联的其他新旧文本,以及那些评注作者所阐释的、粗体印刷的综合评注内容——它们是在用历史的、批评的、比较的方法分析文本的基础上,依据"最适当原则"所形成的文本[130]。

此种方法源于如下认识:今天的欧洲合同法是由大量相互关联的且和解释学有亲缘关系的"不同层次的文本"所构建,它们的出处、约束力和权威性各不相同,而这

---

[127] 详见 *Jansen*, Making Legal Authority (Fn. 33), 106 ff.; *ders.*, Rezension Vogenauer/Kleinheisterkamp (Fn. 96), 1008. 与国际统一私法协会的《国际商事合同通则》(dazu Bonell, Restatement [Fn. 18], 68)不同,PECL 和 DCFR 在文中与"官方评注"在空间上分开的一部分提供了对国家法律制度的有选择的提及(所谓的"说明")。在这种有限的程度上,"注释"无疑表明了对记录和知识选择的追求——类似于评注,并且非常欢迎规则处理。但是,从解决方案的利弊来看,不会进行单独的分类和权衡——与评注的要求相反。虽然国家解决方案根据解决方案方法进行了粗略的分类和总结,但它们随后不断呈现为纯粹的材料集合,而没有进行比较评估。但见 *Remien*, Europäisches Vertragsrecht (Fn. 114), 120 f.

[128] *Canaris*, Stellung (Fn. 103), 15 f.; *CECL/Jansen/Zimmermann* (Fn. 1), General Introduction Rn. 25; *A. Metzger*, Extra legem, intra ius. Allgemeine Rechtsgrundsätze im europäischen Privatrecht, 2009, 249; *Vogenauer/ders.* (Fn. 105), Introduction Rn. 23 („a missed opportunity"); *Zimmermann*, Comparative Law (Fn. 10), 590. Ausnahmen bilden die Acquis Principles (*Research Group on the Existing EC Private Law* [Hg.], Principles of the Existing EC Contract Law [Acquis Principles]. Contract Ⅱ, 2009) und die Principes contractuels communs (oben Fn. 11).

[129] *Jansen/Zimmermann*, CECL (Fn. 1). Ich habe als Bearbeiter an diesem Projekt mitgewirkt.

[130] CECL/*Lansen/Zimmermann* (Fn.1), General Introduction Rn. 33.

些文本层次之间的差异及其原因却尚未得到全面的和批判性的研究。[131] 评注主编通常选择《欧洲合同法原则》作为主要被评注的文本;然而当《欧洲合同法原则》欠缺相应的条款时——例如关于买卖合同、联立服务、消费者撤回权或经营者的信息披露义务等——其他文本便替代成为主要的评注参考文本:对于信息义务,替代条款来自欧洲合同法既有原则[132]和消费者权利指令;对于买卖合同,替代规则来自《共同参考框架草案》、[133]《欧洲统一买卖法》、《联合国国际货物销售合同公约》和《消费品买卖指令》。这些替代性的补充文本,可以是欧洲的,也可以是跨国的,并且分别来源于不具有约束力的非立法性规则、具有约束力的统一实体法以及欧盟的法案。

这种方法考虑到了这样一个事实,即无论其来源和法律性质如何,不同层次的文本都是相互关联的。仅举一例,不论《消费品买卖指令》还是《欧洲统一买卖法》,都能看到它们和《联合国国际货物销售公约》有着清晰的联系。[134] 甚至在被评注的参考文本中,最终在评注内容本身,《欧洲合同法评注》也在现代共同法和欧盟既有法规之间建立了一种联系。[135] 这么做的目的,在于跨越本文所选择的这种结构。虽然本书在这里尚要讨论,《欧洲合同法原则》作为现代共同法的规则,构成了主要的被评注文本,并且还提供了"秩序框架"[136],但我们要感谢这种讨论,因为本书的结构恰恰遵循了《欧洲合同法原则》的框架,而这在体系上是一个恰到好处的补充。[137]

为这种文本的相互交织和联系而选择评注的外部形式,看起来似乎很独特:援引多个被评注文本的评注作品,通常都会选择连贯评注的做法,除非被评注的文本和整体的文本是被隔离开的,除非被评注文本在体系上相联系的那些规则不过是被人为地拼合在一起,它们仍需与其他规则隔绝开来才能获得解释。[138] 评注的主编在解释它们何以选择评注这种形式时,其理由都是希望通过这种方式创造出一种愿

---

[131]　CECL/*Jansen*/*Zimmermann* (Fn.1), General Introduction Rn. 24. Allgemein zum Ansatz der Textstufenforschung im europäischen Vertragsrecht *R. Zimmermann*, Textstufen in der modernen Entwicklung des europäischen Privatrechts, Europäische Zeitschrift für Wirtschaftsrecht 2009, 319 - 323.

[132]　前注[128].

[133]　In einem Fall (Art 18:204) sogar der Interim Outline Edition des DCFR.

[134]　参阅前注[7].

[135]　*M Stürner*, Rezension: Lansen/ Zimmermann, CECL (Fn. 1), GPR: Zeitschrift für das Privatrecht der Europäischen Union 2018, 301 - 303, 302.

[136]　*N. Jansen*/ *R. Zimmermann*, Im Labyrinth der Regelwerke, ZEuP 25 (2017), 761 - 764, 764.

[137]　Zur Begründung dieser Entscheidung CECL/ *Jansen*/ *R. Zimmermann* (Fn. 1), General Introduction Rn. 33, 35.

[138]　迄今为止出版的 4 部著作选择了后一个方式,这些著作将《欧洲合同法原则》与各国法制联系起来,前文"三(四)3."部分;在适用法律领域,关于 EuErbVO 和德国《国际继承程序法》的评注交织在一起,另见 *R. Hüßteg*/ *H.-P. Mansel* (Hg.), Bürgerliches Gesetzbuch. BGB, Bd. 6: Rom-Verordnungen, 3. Aufl., 2019.

景,比教科书更能揭示出那些规则的细微差别和在实践中的作用。[139] 因此,评注主编和评注撰写人的出身如果是来自德语法学讨论圈,当然就会使事先已经在这一圈层里存在的评注形式接受起来更加容易。事实上,除了上述参考多个被评注文本之外,《欧洲合同法评注》在历史比较的目标上与《德国民法典》的经典评注也存在明显的差异。[140]

2. 目标设置和评注功能

让我们从思考评注的外部结构转向它的内容和功能吧。事实上,《欧洲合同法评注》不仅如上所述将参考文本相互联系和比较,而且还首先将"官方注释"中所缺失的归类放入历史比较的背景中进行。这样一来,这部著作就可以用一种理想的典型方式与之前纳入观察范围并在现代共同法中描述的评注来源相关联。在此,评注的典型教义化并不是[141]在适用的基础上发生的,而是通过对现有知识的批判性体系化,并和独立的学术讨论相勾连才发生的。[142] 因此评注形式回应了欧洲法教义学的特殊任务。[143]

尽管有这些特殊性,但典型的评注功能还是需要加以佐证的。[144] 评注需服务于必要的、有意识的、选择性的汇编材料。鉴于需要加工处理的材料非常之多,评注也以特殊的量化方式完成了对这些材料的筛选和归类的任务。[145] 对重新组合在一起的材料该如何表述和解释,体现了评注的形成功能,即便作者们打算放弃对现有规则做进一步的补充。[146] 因此,建设性的批评可以进一步展开,而且不仅是针对被评注的文本,还可以针对国内法或欧盟法所提供的解决方案。这部评注以它独有的

---

[139] CECL/*Jansen*/ *Zimmermann* (Fn. 1), General Introduction Rn. 32.

[140] Vgl. zu dieser bewussten Abgrenzung CECL/ *Jansen*/ *Zimmermann* (Fn. 1), General Introduction Rn. 31.

[141] 至少不是主要并且作为实际目标。只要存在欧洲法院或各国法院的相关判例法,也可以在作品中考虑到这一点。

[142] Dazu *Jansen*, Commenting (Fn. 1), 3; 又见 *A. Flessner*, Rezension: *Jansen*/ *Zimmermann*, CECL (Fn. 1), ZEuP 27 (2019), 432－436; *J. Schmidt*, Rezension: *Jansen*/ *Zimmermann*, CECL (Fn. 1), Zeitschrift für vergleichende Rechtswissenschaft 118 (2019), 484－486, 484.

[143] 详见 CECL/ *Jansen*/ *Zimmermann* (Fn. 1), General Introduction Rn. 6; Jansen, Commenting (Fn. 1), 9.

[144] Zu den Aufgaben dieses Kommentars *Jansen*, Commenting (Fn. 1), 4; zur Zielsetzung der Herausgeber CECL/*Jansen*/ *Zimmermann* (Fn. 1), General Introduction Rn. 32.

[145] Dazu CECL/ *Jansen*/ *Zimmermann* (Fn. 1), General Introduction Rn. 36.

[146] CECL/*Jansen*/*Zimmermann* (Fn. 1), General Introduction Rn. 34; insoweit kritisch v. Bar, Rezension Jansen/ Zimmermann (Fn. 95), 594; siehe auch *Stürner*, Rezension Jansen/Zimmermann (Fn. 135), 302.

方式,在欧洲合同法逐渐合并的过程中发挥了稳定的作用。评注主编想通过这部著作"全面而平衡地描述我们今天所处的位置",并提出"关于我们未来可能想去往何方的建议"。[147] 这种稳定的作用基于规则的外部秩序框架,会持续发挥影响,因此可以想见,相比实用手册或者教科书所带来的影响及其迄今所提供的可能性,毫无疑问,它以更强烈的方式影响了评注的结构。[148] 这部评注所利用的这项技术,也是围绕欧洲合同法迄今所讨论的一个焦点话题,即基于规则形式的展示。[149]

(四)欧洲私法中的文献形式

对这部评注的最后一项观察让我们提出最后一个问题:如果《欧洲合同法评注》是欧洲私法中一种新的文献形式,并且现代共同法中根本就不存在评注,那么我们不禁要问,哪些文献形式可以替代评注?除了期刊文章之外,哪些文本类型孕育并见证了欧洲私法的发展?在欧洲私法这样一个日新月异的领域,这个问题很难得到一般性的回答。然而,对于合同法来说,《欧洲合同法评注》对现存知识的选择性汇编可能是富有成效的。他们列出的"主要引用著作"基于对合同法的援引,对迄今优选的文献形式也给出了指引,概述如下。

1. 文集

最常见的系收录了17篇代表性论文的文集,虽然它们的篇幅长短各异,但都是围绕同一主题展开论述——通常是由国际作者团队执笔,面对的目标群体也是国际化的——每篇论文都从不同的视角观照同一主题。[150] 它们不是聚焦于同一个被评注的参考文本,而只是关注同样的内容或讨论同样的问题。参考对象是法律领域本身,这些文章都参与了讨论。

可以认为,这种文献形式特别适合处于变化中的法律领域。相比之下,一定程度的固化似乎是评注产生的前提条件。任何情况下,评注都会由于其稳定功能而导

---

[147] CECL/*Jansen*/*Zimmermann* (Fn. 1), General Introduction Rn. 38; zustimmend Flessner, Rezension Jansen/ Zimmermann (Fn. 142), 436; J. Schmidt, Rezension Jansen/ Zimmermann (Fn. 142), 484 f.

[148] Dazu noch unten Ⅲ.4.b); siehe auch *F.M. Wilke*, Rezension Jansen/ Zimmermann, CECL (Fn. 1), RabelsZ 84 (2020), 148 - 152, 150 f.

[149] 参阅 *Jansen*, Making Legal Authority (Fn. 33), 108.

[150] 在文集中,作品将被总结出不同维度,如. *Hartkamp et al.*, Towards a European Civil Code, (Fn. 18); *M. Reimann*/ *R. Zimmermann* (Hg.), The Oxford Handbook of Comparative Law, 2006 (jetzt: 2. Aufl., 2019); *C. Wendehorst*/ *B. Zöchling-Jud* (Hg.), Am Vorabend eines Gemeinsamen Europäischen Kaufrechts, 2012. - Jeder wird problemlos weitere Sammelbände ergänzen können wie z.B. die Bände der Reihe des Common Core-Projekts, dazu, M. Bussani/ U. Mattei (Hg.), The Common Core of European Private Law, 2002.

致不得已的固化效果。此外,这种文集的作者在数量上远多于评注的作者,能够提供更开阔的视野。因为在文集中的每一篇文章都承担了资料汇编、过滤筛选和归类整理的功能。然而,这些任务完全可以按照作者个人的标准来完成,他们的主观感受力因而可以得到更个人化的展现,而不必像评注那样需要做多方权衡。对于一个发展中的法律领域来说,不受牵绊的不同观点相互并存,有风险但也是机遇。

因此,对这种文献形式的选择与研究对象本身的变动不居和丰富多样是分不开的。关于共同欧洲的学术讨论,汇聚在文集中显然比在评注的僵化形式里更容易展开。评注总是有一些结论性和包容性的内容,《欧洲合同法评注》本身也不例外,它们明确提到了合并的内容,并致力于综合的表述。[151] 由马丁·施密特-凯瑟尔(Martin Schmidt-Kessel)主编的欧洲统一买卖法的评注也支持了这一看法,在该评注问世之前,出版了预备性的文集。[152]

2. 实用手册和教科书

第二个相对较强的类型组是由实用手册和教科书、论文集和教科书组合而成。它们大多数情况下是由一个作者独立完成的,有的时候是由群体作者共同完成。在这一组的 15 部著作中,有 9 部以欧洲为重点,其余 6 部则关注世界范围内的比较法研究。[153] 对于百家争鸣的学术讨论,文集显然比这种类型更占优势。其整齐划一的外部形式,更接近于评注。像评注一样,它使知识变得易懂而实用,[154] 又像评注一样,它可以促进知识的体系化和教义学化。[155]

值得注意的是,《欧洲合同法评注》的主编们非常理解编撰欧洲合同法教科书的做法,[156] 同时认为一个法律领域"可以纳入一个固定的体系"是编撰体系化教科书的先决条件。[157] 由于"欧洲法目前正处在日新月异和开放式发展阶段","根据逐条排列的规范加以评注"比笼而统之的描述更适合展现其面貌。[158] 没有必要只是为了展示那些立法材料而去追求这些法条的内部体系化,更不应该因此而束缚住被评注文本的外部体系化构建。当然,在每一条评注的内部还是有必要追求严格的体系化的,其要求也远比专著可能达到的体系化标准要高。

---

[151] 该作品的编辑自己谈到了"欧洲的一堆合同法碎片",*Jansen/Zimmermann*, Labyrinth der Regelwerke (Fn. 136),762.

[152] *M.Schmidt-Kessel* (Hg.), Ein einheitliches europäisches Kaufrecht? Eine Analyse des Vorschlags der Kommission,2012.

[153] 见前注[9]的例子。

[154] *Zimmermann*, Comparative Law (Fn. 10),567 ff.

[155] *Zimmermann*, Comparative Law (Fn. 10),569 f.

[156] *Jansen*, Commenting (Fn. 1),4.

[157] *Jansen/Zimmermann*, Labyrinth der Regelwerke (Fn. 136),764.

[158] *Jansen/Zimmermann*, Labyrinth der Regelwerke (Fn. 136),764.

3. 评注

评注构成了第三大类,尽管在排除了纯粹的国内评注之后,所剩评注并不多。有两种评注和《欧洲统一买卖法》有关,另外两种涉及《联合国国际货物销售合同公约》,还有一种针对国际统一私法协会的《国际商事合同通则》。在这一类型中,有四卷值得特别注意,每一卷都以评注的结构、参照一个国家的法律体系(荷兰、意大利和德国,最后一卷还参照了《共同参考框架草案》)对《欧洲合同法原则》进行了研究。〔159〕 这些卷本确实表现出评注的特点,即使在双重(有时是三重)参考文本中存在一定的困难,即先后解释《欧洲合同法原则》的一个条款和相应的各国规定,并简要比较它们后作出取舍。〔160〕

这些卷册的目的是使《欧洲合同法原则》和各国法律易于理解。在某种程度上,对国家法律的解释是达到目的的手段:如果你是一个德国法学者,想知道关于《德国民法典》的一些情况,你自然会在其他评注中寻找答案。对《欧洲合同法原则》的解释也更像是一个中间形态。准确地说这种方法旨在将欧洲的发展与各国传统联系起来。〔161〕 因此,它们主要是作为一种批评和法的续造的手段;它们着眼于欧洲合同法的进一步发展以及国家法律如何从《欧洲合同法原则》中受益。

4. 百科全书

最后,有 4 本百科全书值得一提,它们以特意选择的形式收集、过滤和整理知识。〔162〕 它们与评注的共同点是深思熟虑地选择了一种特定的格式,使知识能够被获取。然而它们缺乏对被引用的文本的参考,这在按照字母顺序排序的《马克斯·普朗克欧洲私法百科全书》中尤为明显。但它们甚至比评注更有助于描摹一种现状,并从中揭示出未来发展的方向。

在此得到确认的还包括:对于评注这种形式来说,重要的不仅是它具有汇编或者整理知识这些特定的功能,而且是"通过援引基础性文本这样具体的和特殊的方

---

〔159〕 *L. Antoniolli* / *A. Veneziano* (Hg.), The Principles of European Contract Law and Italian Law, 2005; *D. Busch et al.* (Hg.), The Principles of European Contract Law and Dutch Law. A Commentary, 2 Bde., 2002/2006; *S. Leible* / *M. Lehmann* (Hg.), European Contract Law and German Law, 2014.

〔160〕 *Jansen*, Making Legal Authority (Fn. 33), 62,把这些作品作为 PECL 是新的欧洲法律研究的参考文本,该学术研究将 PECL 本身视为文本权威"的例子。

〔161〕 Etwas anders *Zimmermann*, Comparative Law (Fn. 10), 581 f.:通过选择超国家的参考框架,这些著作为外国法学者了解各国法律提供了便利。

〔162〕 Max Planck Encyclopedia of European Private Law (Fn. 4); *S. N. Katz* (Hg.), The Oxford International Encyclopedia of Legal History, 6 Bde., 2009; *J. M. Smits* (Hg.), Elgar Encyclopedia of Comparative Law, 2. Aufl., 2012; sowie die vielen Bände von *R. David et al.* (Hg.) International Encyclopedia of Comparative Law.

式来做到的"[163]。

四、总结

回顾本文所描绘的全景图,开篇所担忧的幻灭感是不是有所减轻了? 取而代之的是评注的文献形式也可被应用于欧洲私法这样清晰的认知。这里所描绘的画面揭示了差异化和特殊性,对整个评注形式也是重要的收获。一个反复提及的观察是作为指导性标准的适用性特征,根据这一特征,不仅解释了条例和指令之间的显著区别,而且对于非立法性规则来说,评注的缺席也恰是因为其适用性的阙如。

此外,需要强调的是在不同著作中都能观察到的指导功能,在文本适用之前或者在欧盟指令转化成国内法的同时,这种功能在评注文本的时候都能得到特别的彰显。在非立法规则领域,指导和合并的意图自然不是针对法律适用者,而是针对(比较法)的学术讨论,也可能是针对一个规则的制定者。特别是在缺乏适用性要素的情况下,与传统的面向国家法律制度的评注不同,这些评注会追求其他的或者额外的目标。

与传统的评注相比,这些评注的另一个特别之处在于对所处理材料的来源要加以说明。就非立法性规则而言,首先是佐证其产生历史的材料,尤其是来自学术讨论中的那些比较法知识。而对于立法性规则来说,至少是潜在的那些司法判例和学术著作——相比法律制度本身更应纳入援引和讨论的范围——理想化的论述或许可以借助专著得到不同程度的实现。

最后,应再次举出欧洲冲突法的例子。评注形式在这一领域的推广和所呈现的多面性使我们有理由相信,国际学术界已经做好了准备,如何去超越国内法对评注这种文献形式的偏好,从而使法律评注这种文献形式的优点在整体上能够充分发挥出来。

---

[163] *Kästle-Lamparter*,Welt der Kommentare (Fn. 2),312.

中德法学论坛

第 19 辑·上卷,第 32～50 页

跨国私法的评注：国家法模式去国家化的边界[*]

[德]拉尔夫·米夏埃尔斯[**] 著　　戴湘荣[***] 译

一、引言

现代法律评注是一项源自德国的文化成就。通过逐条、逐个要件地对法律文本进行学术加工,评注这种文献形式主要存在于德语国家——德国、奥地利、瑞士——其次是荷兰等周边邻国,较少见于普通法法系。带有德国烙印的评注是德国法律文化的一个特色,同时也是民族认同的一种表达。这种表达借由学术对法律的一种特殊附注而被深刻塑造,并因此使得学术加工和法律适用之间的分工成为可能。

然而,凯斯特勒·兰帕特尔(*Kästle-Lamparter*)在他的书中谨慎地指出:这种民族传统滥觞于民族国家产生之前。[1] 从今人的视角观之,民族国家诞生之前的评注文献所参照的文本可被视作具有跨国性——这首先当然是指《民法大全》(*Corpus iuris*),但也包括《格拉提安教令集》(*Decretum Gratiani*)。《民法大全》是一部不具有拘束力的法律文本,作为“成文理性”(ratio scripta)的产物,其恰恰也是通过以下方式在中世纪获得了跨越国家的效力和重要意义,即该法律可以超越国家被评注,进而能与现今发生关联。而今当法律不断更具跨国性的时候,这可能意味着法律评注的德国烙印正在变得过时(尽管在德国境内,民法典评注的爆炸性增长

---

* 本文“Kommentare zum transnationalen Privatrecht Transnationales Privatrecht：Grenzen der Entnationalisierung eines nationalen Modells”发表于 David Kästle-Lamparter/Nils Jansen/Reinhard Zimmermann 主编的 Juristische Kommentare：Ein internationaler Vergleich,2020,S. 395ff.

** [德]拉尔夫·米夏埃尔斯(Ralf Michaels)：法学博士,法学硕士(剑桥),德国(汉堡)马克斯·普朗克外国私法与国际私法研究所所长,伦敦玛丽王后大学全球法教授,德国汉堡大学法学教授。

*** 戴湘荣：南京大学法学院 2022 级博士研究生。

〔1〕 *D. Kästle-Lamparter*, Welt der Kommentare, 2016.

使得这种可能性并不会真的发生)。但是现如今的跨国化趋势是否会使得法律评注回归本源? 本文将试图附带探讨这一问题。在对跨国私法的概念进行界定以及对现有的跨国私法评注进行(难免是不完整的)盘点和分类之后,本文将继续追问凯斯特勒·兰帕特尔和扬森(Jansen)在之前的著述中[2]已经有所回答的一系列问题。本文的结论是,对跨国私法的评注并不意味着回到过去;但是这些评注提供了许多希望并非完全没有价值的见解。

二、跨国私法

跨国私法的概念是模糊和含混的;它在完全不同的意义上被使用。[3] 这并不令人感到惊讶。跨国(私)法不外乎(私法)法律思想领域一种范式的转变,从国家法转向一种包含国家并且超越国家的法律。因此,今天的法律不是非国家的法律,而是跨越国家的法律,这种法律并不忽视或无视国家及其边界,而是超越它们。[4] 在这种范式转变之中,国家法律本身也获得了定位,现在被理解为跨国的法律(或其中的一部分)。[5]

如此宽泛的、无所不包的跨国私法的概念对于本文关于跨国私法评注的讨论来说是没有意义的。从整体上研究私法的跨国化趋势与评注形式之间的关系可能是饶有趣味的——正如 25 年前巴泽多(Basedow)基于欧共体法律的蓬勃发展而对《帕兰特民法典评注》(Palandt)所提出的拷问,[6]今天,在多大程度上国家法模式的评注也接受跨国私法? 在多大程度上国家法模式的评注会失去或者改变其原有的意义? 如此等等。也许本文的研究结果可以促成进一步的思考或至少使其变得容易。但本文的主题并非从整体上研究私法的跨国化趋势,而只是处理那些不属于国家法类型的私法——并且这种私法也不是欧共体法律,因为那会涉及特殊的问题。

国家私法的特点是什么,与这里提到的跨国私法该如何区分? 作为评注中被处

---

〔2〕　*N. Jansen*, Kommentare in Recht und Religion: Einführung, in: D. Kästle/N. Jansen (Hg.), Kommentare in Recht und Religion, 2014, 1 - 14, 3 f. 关于德国法的相关问题收录于 *Kästle-Lampater*, Welt der Kommentare (Fn. 1).

〔3〕　Siehe nur *P. Zumbansen* (Hg.), Oxford Handbook of Transnational Law, im Erscheinen.

〔4〕　Siehe *R. Michaels*, The Mirage of Non-State Governance, Utah LR 2010, 31 - 45.

〔5〕　*R. Michaels*, State Law as a Transnational Legal Order, UC Irvine Journal of International, Transnational, and Comparative Law 1 (2016), 141 - 160.

〔6〕　*J. Basedow*, Euro-Zitrone für den Palandt, ZeuP 1 (1993), 456;关于必要的"适应能力"也可参见 *Kästle-Lamparter*, Welt der Kommentare (Fn.1), 95 f.;最新的发展趋势同上注, 296. 一般地可参见 *G.-P. Calliess*, Kommentar und Dogmatik im Recht, in Kästle/Jansen, Kommentare in Recht und Religion (Fn.2), 381 - 392.

理对象的国家法有三个特性与本文主题相关。第一,它涉及以法律规则的样态出现的形式上的法律。在法律不以规则形式呈现的地方,狭义的评注是不可能出现的——为此,正如在教科书中将英国私法看成文化一样,未以规则形式呈现的判例法只有首先被翻译成规则,随后才能被评注。[7] 第二,这些具有拘束力的被评注的法律规则传统上属于国家法类型,它们迎合了 19 世纪和 20 世纪私法国家化的浪潮:被评注的有诸如(德国)民法典、(瑞士)债务法等等。第三点也是最后一点,评注涉及传统上具有拘束力的法律:对评注的需求首先就在于,受法律拘束者和法律适用者必须理解他们所要遵守或者适用的法律。

　　本文意义上的跨国私法符合第一个标准,亦即这里涉的是对法律规则的评注。卡利斯(*Calliess*)建议,在跨国私法的框架内,也应包括对不成文法律的评注。[8] 这将使得法典评注和其他学术加工形式之间的区分变得困难,[9] 而且这也是没有必要的,因为对于评注撰写来说,当跨国私法以规则的形式呈现,但又不是具有拘束力的法律或者法典时,它们会令人兴味盎然。未以规则形式呈现的跨国私法,如(短暂的)"商人习惯法"(*lex mercatoria*)或者(经常被误读的)"伊斯兰教法"(*Schari'a*),则会在更宽泛的意义上被评注。但是在这里所假定的(对规则的)评注形式中,跨国私法只有以规则形式出现时,也即诸如《国际商事合同通则》[10]或者是以《古兰经》和《圣经》的形式[11],评注才是可能的。

　　跨国私法与国家私法在第二个标准上有所不同:它是指跨越国界或者是希望跨越国界适用的法律。[12] 这不仅包括国家间的、超国家的也包括非国家的法律。除此之外,还有另一种类型的私法应该作为跨国私法来同等对待,即外国私法。显而易见,外国私法也是一国的国家私法,其跨国性来源于其适用。例如,很长一段时间以来,英国公司法也经常适用于德国境内的公司。其跨国的属性也可以来自评注自身,即通过跨国的法律视野来增加跨国性的因素。

　　关于第三个标准——拘束力——也必须加以区分。跨国私法可能是具有拘束

〔7〕 Siehe dazu *N. Jansen*, The Making of Legal Authority, 2010, 128ff.

〔8〕 *Calliess*, Kommentar und Dogmatik in Recht (Fn.6), 381 – 392, 381.

〔9〕 So auch *Kästle-Lamparter*, Welt der Kommentare (Fn. 1), 10.

〔10〕 见下文"三(二)"部分。

〔11〕 宗教法可以被理解为跨国法律(*R. Michaels*, Religiöse Rechte und postsäkulare Rechtsvergleichung, in R. Zimmermann[Hg.], Zukunftsperspektiven der Rechtsvergleichung, 2016, 39 – 101, 56 f. m.w.N.)并且也属于本文的讨论范围。但是由于在法律和宗教共同作用的情形下会出现独具特性的问题,而且此类问题业已在其他地方被广泛讨论过(*Kästle/Jansen*, Kommentare in Recht und Religion[Fn. 2]),故而本文不再赘述。

〔12〕 Dazu *J. Basedow*, Internationales Einheitsrecht im Zeitalter der Globalisierung, RabelsZ 81 (2017), 1 – 31.

力的，如《国际货物销售合同公约》。[13] 这种法律从本质上不同于一国内具有拘束力的法律，因为它必须融合不同的法律文化，而不能依托统一的法律规制框架(恰如这种框架可为《法国民法典》和《德国民法典》的编纂所用，而两部法典任何时候都必须把日耳曼和罗马的法律传统融合在一起，这种规制框架在欧盟内部也隐约可见)。此外，跨国私法的执行也通常需要国家机构；这里很大程度上缺少一个最高法院，诸如德国联邦最高法院或者法国最高法院(Cour de cassation)，其既能够使得法律得到统一的解释又能够进行一般性的法律续造。如同下文即将阐释的那样，所有这些都会对评注产生影响。

然而，这种跨国私法往往没有拘束力。这种不具有拘束力一方面是指区域性的(如《欧洲合同法原则》以及其他区域性文件)或者全球性的(如《国际商事合同通则》)民间法典(Privatkodifikation)[14]。另一方面是指跨国性的标准，这些标准——通常以一般交易条款的方式被订入合同——已经得到广泛执行，以至于相较于当事人合意，其一定程度上已经变得客观化；例如《国际贸易术语解释通则》(*INCO-TERMS*)或者《国际掉期与衍生工具协会主协议》(*ISDA Master Agreement*)[15]。

三、评注的素材

要获得前文定义中的跨国私法评注的概况并不容易。尽管如此，还是应该尝试一下。这里的目的不是要详尽无遗，而是要探究不同类型的特点。

(一)对有拘束力的跨国私法的评注

第一种需要探究的跨国私法类型是国际统一私法。首当其冲的是《国际货物销售合同公约》，该公约以多种语言被评注过。[16] 此外，《国际公路货物运输合同公

---

〔13〕 欧洲私法也具有跨国性，但这里并没有同等对待。Siehe dazu den Beitrag von *J. Klein-schidt*，Kommentare im europäischen Privatrecht：Rezeption einer Literaturform，in diesem Band，361 - 393.

〔14〕 对此概念可参见：*R. Michaels*，Privatautonomie und Privatkodifikation-Zu Anwend-barkeit und Geltung allgemeiner Vertragsrechtsprinzipien，RabelsZ 62 (1998)，580 - 626；新近的相似概念可参见：*I.S. Jarass*，Privates Einheitsrecht，2019，8 ff.

〔15〕 *B，K，Jomadar*，The ISDA Master Agreement-The Rise and Fall of a Major Financial Instrument，2007，〈http：//ssrn.com/abstract＝1326520〉.

〔16〕 Staudinger/*Magnus*，Wiener UN-Kaufrecht (CISG)，Neubearbeitung 2018，XI f. listet über dreißig Kommentare.

约》(*CMR*)也经常被评注。[17] 其他文本的评注文献较少。

此类文本的一个特点在于,往往存在一个职权机构甚或是法律制定者本人的准官方评注。只要这类评注在立法起草阶段或者与法律文本一起产生,如立法委秘书处对(当时还处于草案阶段的)《国际货物销售合同公约》的评注,[18]那么它就在一定程度上以不具拘束力的形式事先确定了准立法者的意旨。[19] 准官方评注的功能有时也由内容广泛的序言或解释性的报告来实现。[20] 所有这些都是为了杜绝其后出现其他评注:评注也许不能被完全杜绝,但法律制定者希望借此至少尽可能地降低被误读的风险。有一些评注源自法律文本的作者本身,如针对《国际贸易术语解释通则》的评注。[21] 而且,这种现象并不仅存在于跨国私法。有时,立法者也对自己的法律进行评注(如荷兰司法部对《债务法》所做的评注)。[22] 或者,更进一步地,法学家评注由其本人起草的法律文本,例如雷内・达维德(*René David*)就曾经评注过他自己所起草的《埃塞俄比亚债务法》。[23]

法律制定者十分想要通过评注将所制定的文本的含义确定下来。其原因在于,在跨国私法领域,由于制度方面的原因,立法者嗣后想为了澄清含义而对文本作出修改是十分困难的。如果嗣后产生了这样的文本,如 CISG 咨询委员会的观点汇编,[24]那么这显然是企图通过创造出问题聚焦点的方式,来在一定程度上统一在特定问题上不同的司法判决,尽管这种做法是没有拘束力的。这样一来,立法解释委

---

〔17〕　Siehe die Liste von Kommentaren und Handbüchern bei *K.-H. Thume* (Hg.), Kommentar zur CMR, 3. Aufl., 2013, 1257 ff.

〔18〕　指《国际货物销售合同公约评注》。由立法委秘书处撰写,载于:Official Records (A/CONF. 97/19), 14-66, online:http://www.uncitral.org/pdf/english/texts/sales/cisg/a-conf-97-19-ocred-e.pdf.

〔19〕　与评注常常相类似的关于《公约》解释性的文献 vgl. *K. Linhart*, Internationales Einheisrecht und einheitliche Auslegung, 2005, 219 f.

〔20〕　*U. P. Gruber*, Methoden des internationalen Einheitsrechts, 2004, 178 f; *Linhart*, Internationales Einheitsrecht (Fn.19), 212 f., 219 f. und passim.

〔21〕　*International Chamber of Commerce*, Commentary on UCP 600: Article-by-article analysis by the UCP 600 Drafting Group, 2007; *M. F. Sturley et al.*, Rotterdam Rules, 2010, vii. Vgl. Auch *F. Eisemann*, Die Incoterms heute und morgen, 1976-Eisemann war Ehrenpräsiden der ICC.

〔22〕　The Netherlands Civil Code Book 6-The Law of Obligations-Draft Text and Commentary (ed. By the Netherlands Ministry of Justice).

〔23〕　*R. David*, Commentary on Contracts in Ethopia, 1973.

〔24〕　*I. Schwenzer* (Hg.), The CISG Advisory Council Opinions, 2017; zur Institution auch etwa *J.D. Karton/L. de Germiny*, Has the CISG Advisory Council Come of Age?, Berkeley Journal of International Law 27 (2007), 448-495.

员会、最高法院和学术性评注的功能就结合起来了。

(二) 对民间法典的评注

对于不具有拘束力的跨国私法尤其是民间法典的评注,必须单独来看。在此无须探寻立法者的意旨,因为此处不存在真正意义上的立法者。[25] 有不具拘束力的法律文本,就有同样不具有拘束力的评注,这使得法律文本和评注之间的联系更加紧密,因而值得特别关注。

与评注国际条约相比,对民间法典的评注会更显然地成为民间法典的一部分。被大多数民间法典奉为国家级典范的美国法重述(US-amerikanischen Restatements)即其范例。美国法重述不仅附加所谓的"评论"(comments)对规则进行解释,也添加了"报告人注释"(reporter's notes)来提供佐证资料以及解释重述中的规则在多大程度上与现行法相符合。因此,负责重述工作的美国法学会在讨论中经常会涉及这样一个问题,即所提炼出的结论究竟属于规则还是属于评论;对这一问题的判断取决于结论的具体含义。在《欧洲合同法原则》中也可以找到类似的评论和注释的模式(不过,与美国法重述不同,《欧洲合同法原则》中的注释不是按照主题,而是按照法律体系来安排)。[26] 另外,《国际商事合同通则》只包含评论,并没有比较法的注释。[27] 评论在此应该属于法律框架的组成部分。[28]

对民间法典的学术性评注是一个让人更加惊讶的事实。这方面最全面的著作当属由福格瑙尔(Vogenauer)和克莱因海斯特坎普(Kleinheisterkamp)编撰的评注(从第2版开始作者只有福格瑙尔),它用超过1500页的篇幅对《国际商事合同通则》进行了逐条评注,其中既有阐释性的注解,也有比较法上的延展。[29] 其他针对《国

---

〔25〕 *Jansen*, Making Legal Authoruty (Fn. 7), 6 f.,用非立法机关制定的法典代替民间法典。

〔26〕 *O. Lando*, Principles of European Contract Law: An Alternative to or a Precursor of European Legislation?, RabelsZ 56 (1992), 261 – 273, 267.

〔27〕 *S. Vogenauer*, Intoduction, in: ders. (Hg.), Commentary on the UNIDROIT Principles of International Commercial Contracts, 2. Aufl., 2015, Rn. 32. Kritisch deshalb etwa *Vogenauer*, *loc. cit.*, Rn. 23; *R. Michaels*, Preamble I, *loc. cit.*, Rn. 4; *R. Zimmermann*, Comparative Foundations of a European Law of Set-Off and Prescription, 2002, 13; *J. Basedow*, Uniform Law Conventions and the UNIDROIT Principles of International Commercial Contracts, Uniform LR 2000, 129, 130 f.

〔28〕 *M. J. Bonell*, Transnational Commercial Contract Law: An International Restatement of Contract Law, 3. Aufl., 2005, 62.

〔29〕 *Vogenauer*, Commentary on the UNIDROIT Principles (Fn. 27). Vgl. zur Einordnung in die Gattung der Kommentarliteratur insbesondere die Besprechung der ersten Auflage 2005 (hg. von *Vogenauer* und *J. Kleinheisterkamp*) durch N. Jansen, JZ 2009, 1008 f.

际商事合同通则》的简短评注本质上都是在向这部评注看齐。[30] 在这里,不具有拘束力的法律完全被当作具有拘束力一样对待。在其他将民间法典与各自国家法律进行比较的评注当中,[31]可以看到通过被国家法所吸收继而实现跨国性法律文本"落地"的需求。

(三) 对标准术语的评注

最重要的跨国私法不是民间法典,而是标准术语。针对其中的一些标准术语,例如《国际贸易术语解释通则》,已经产生了大量的评注。[32]《国际掉期与衍生工具协会主协议》也已经得到了评注。[33] 此类评注(也常常针对一国国内标准术语)主要是为了满足实际需求;它们大多由实务工作者撰写,通常较少考量学术性的要求。处理的都是些实务问题;因而体系化要求往往退居其次。例如,《国际贸易术语解释通则》基本上由各种各样、部分相同的分配不同合同义务的框架性条款组成。[34] 由此在不同术语条款之间产生的重复现象有时也会在评注之中简单地重复。[35]

(四) 对外国私法的评注

最后,关于外国私法的评注是一个特色,它不仅仅是从母国把评注翻译过来这么简单。在这里,不仅要求外国法能被国内的使用者所看懂(例如通过翻译),还要通过评注进行解释。二者之间的界限是变动不居的。例如,早期一位中国法学家(后来成为司法部长)在旅美期间将《德国民法典》翻译为英文,[36]译文当中包括了一些以脚注形式出现的相当简短和一般性的评注(一位评论家曾就其内容提出尖锐

---

〔30〕 *R. B. Bobei*, Concise Commentary on the UNIDROIT Principles of International Commercial Contracts 2016, 2017; *E. J. Brödermann*, UNIDROIT Principles of International Commercial Contracts, 2018; auch in *P. Mankowski* (Hg.), Commercial Law, 2019, 462 - 827.

〔31〕 Etwa *D. Busch et al.*, The Principles of European Contract Law and Dutch Law, 2002; *D. Busch et al.*, The Principles of European Contract Law (Part Ⅲ) and Dutch Law, 2006.

〔32〕 Siehe die Liste bei *B. Piltz / J. Bredow*, Incoterms, 2016, XXI f.

〔33〕 Field Fisher Waterhouse, Commentary on the ISDA Master Agreement, 2008.

〔34〕 Siehe etwa *J. Bredow/ B. Seiffert*, Incoterms 2000, 2000, 12 f.

〔35〕 *Piltz / Bredow*, Incoterms (Fn. 32), Vorwort.

〔36〕 The German Civil Code. 翻译并附有历史介绍和附录 by C. H. Wang, 1907. Vgl. dazu *M. Dittmann*, Das Bürgerliche Gesetzbuch aus Sicht des Common Law, 2001, 190 - 195. Allgemein zum Autor *O. Spiermann*, Judge Wang Chung-hui at the Permanent Court of International Justice, Chinese Journal of International Law 5 (2006), 115 - 128; *Yu, Wei-xiung*, Wang Chung-hui yu Jindai Zhungguo [Wang Chung-hui und das moderne China], 1987.

的批评)。〔37〕 同一时期针对《日本民法典》也出现了类似的英文评注。〔38〕 撰写于1927 年至 1939 年之间的《当代民法》(*Die Zivilgesetze der Gegenwart*)系列的评注内容更为广泛,其中还包含了(有意识地简化的)比较法的提示。〔39〕《西班牙民法典》德文版当中的评注,不仅更加简短,不包含比较法内容,而且还援引了西班牙法院的判决。〔40〕 评注的作者有的来自被评注法典的母国,但更多的来自翻译文本的目标国——但有时,意大利的法学家也会用英语对格鲁吉亚的法典进行评注。〔41〕

对《英国公司法》的评注更多是出于实际考虑。〔42〕 这种做法的背景是,自从欧洲法院针对 Centros 案作出判决以来,英国法律在德国也常常被选作制定公司章程的依据。同样的情形还有针对《收购守则》(*Takeover Codes*)的外国评注。〔43〕 特别有趣的还有新近针对《德国民法典》的大量英文评注。〔44〕 这些评注一方面是为既不懂德语也不了解德国法的使用者筹划的,因此它强调功能性以及比较法的内容。〔45〕 另一方面,编者们也强调,他们的产品在形式和内容上都完全像德国的评注一样,因此也是德国法律文化的一种输出("德国造的法律")。〔46〕

四、评注和被评注文本

在跨国私法之中,评注和被评注的法律文本之间有着特殊的关系。第一个特殊性在于,跨国私法往往存在多种语言版本。大多数评注忽略了这一点并且将评注建

---

〔37〕 *E. J. Schuster*, A Chinese Commentary on the German Civil Code, Journal of the Society of Comparative Legislation 8 (1907), 247 - 249, 248 f.

〔38〕 *J. E. De Becker*, Commentary on the Commercial Code of Japan, 3 Bde., 1913. De Becker 在横滨当过律师并且在当时很不寻常地娶了一个日本女人。

〔39〕 Vgl. *R.-U. Kunze*, Ernst Rabel und das Kaiser-Wilhelm-Institut für ausländisches und internationales Privatrecht, 1926 - 1945, 2004, 153 - 155.

〔40〕 *W. Sohst*, Das spanische Bürgerliche Gesetzbuch, 6. Aufl., 2019.

〔41〕 *A Borroni* (Hg.), Commentary on the Labour Code of Georgia, 2014.

〔42〕 *A. Schall* (Hg.), Companies Act, 2014. Auf Anmerkungen beschränkt ist die Kommentierung in *K. Degenhardt* (Hg.), Companies Act 2006, 2010.

〔43〕 *G. Apfelbacher et al.*, German Takeover Law: A Commentary, 2002; *G. Nyström et al.*, The Swedish Takeover Code-An Annotated Commentary, 2017 (hier wird in der Tat die Dreiteilung des US Restatement in Rule-comment-note (oben III.2) repliziert).

〔44〕 *G. Dannemann / R. Schulze* (Hg.), German Civil Code-Bürgerliches Gesetzbuch (BGB), Bd. 1: Books 1 - 3, 2020.

〔45〕 *G. Dannemann / R. Schulze*, Introduction, in: dies., German Civil Code (Fn. 44), Rn. 63.

〔46〕 *Dannemann / Schulze*, Introduction (Fn. 45), Rn. 64.

立在翻译过来的文本之上,但是当语言问题凸显时,评注中也会将所参照的语言版本指出来。有时,会在所有法律规范的英文原文之后一齐将译文刊登出来。[47]

此外还有一个问题,应该如何划定被评注文本的范围?就其属性来说,被评注文本通常不仅限于规则:除此之外,还有序言,有时也有全面的解释性报告,部分情况下甚至(如《国际商事合同通则》一样)还自带评注和注解。所有这些通常都被解释为是具有拘束力的。但评注文献只是部分地对上述内容加以评注。序言经常被评注——在其发挥重要作用的地方甚至会被全面地评注。比如,在福格瑙尔对《国际商事合同通则》的评注当中,对序言的两篇评注共计占到 119 页,而针对大多数具体条文的评注却只有寥寥数页。[48]解释性报告和内部自带的评注通常只在评注具体条文时被评注——当然,规则的制定者本身常常不登出这些内部自带的评注。

有时候,传统的评注形式并不适合跨国私法的结构。上文已经提及了《国际贸易术语解释通则》中的冗余内容。[49]有时,评注会脱离体系性,从结构来看更像一本教科书。[50]仲裁法的评注中也有类似的情况,评注将不同制度的规则通过索引汇编起来,一起进行评注。总的来说,相比于德国法,跨国私法中的评注和被评注文本的关系更加松散,这一部分原因是跨国私法的拘束力比较低,也有一部分原因是外国学者并不是成长于德国的评注文化中。

五、语言上的和制度上的关联

如果说评注将立法者(对其权威文本进行评注)、判例(司法实践对于评注至关重要)以及学术界(对现行法进行体系化,提出解释意见,往往也承担起评注的责任)联系在一起,那么在跨国私法中,这三个层面都会有其特殊性。

跨国私法之中不存在立法者。即使是有拘束力的跨国私法,如《国际货物销售合同公约》,也不是由立法者所颁布的,而是以国际条约的形式订立的。国际法借由

---

[47] So etwa - *J. Ramberg / J. Herre*, Internationella köplagen (CISG)-En kommentar, 4. Aufl., 2016.

[48] *Michaels*, Preamble I (Fn. 27), 31-109 (79 Seiten); *M. Scherer*, Preamble Ⅱ, in: Vogenauer, Commentary on the UNIDROIT Principles, (Fn. 27), 110-149 (40 Seiten). Länger als acht Seiten sind sonst nur drei Kommentierungen: Art. 1. 6 (Interpretation and supplementation) mit 24 Seiten; Art. 1.7 (Good Faith and fair dealing) mit 21 Seiten; Art. 2.1.6 (Mode of acceptance) mit 15 Seiten.

[49] 见上文"三(三)"部分。

[50] *Ramberg / Herre*, Internationella köplagen (CISG) (Fn. 47).

这种统一法的形式确定下来，对于学术研究具有特殊的意义。[51] 在标准术语的问题上也是如此。不具有法律拘束力的民间法典，其本身就是法学学术的产物；然而，学术界内部对准立法者和评注者的区分有助于民间法典获得合法性。

判例中同样会出现特殊的问题。举例来说，已经实施的跨国私法，如《国际货物销售合同公约》，其相关判例被发布到不同的法律制度当中会有何反响？——此时评注的任务不仅仅是像收集跨国私法的重要法律文本那样收集判例，[52]还要将其融入评注的体系之中。在一些评注中，也可能为外国法源提供入口。[53] 另一些评注只引用国内法，并用它来处理跨国法问题，就好像跨国法是国内法的一部分；这往往是由于无论是作者还是受众都是律师的缘故。[54] 有时，为弥补由此产生的缺憾，某一外国法判例会在其国别报告中被集中论述。[55] 但真正的跨国性是无法通过这种方式实现的。对外国法的评注，如大多数评注一样，仅局限于以被评注的法律为依据作出的判决，因此在这方面的帮助有限：如果有人需要阅读德语版的西班牙民法典评注，那么他通常无法阅读西班牙的判例原文。如果有更多的法律材料能被翻译成目标语言（如果存在这些材料的话），那么这将是极有帮助的；当然，这是一种极高的要求。

其他特殊性来自，跨国私法将多种法律体系和多种语言结合在了一起。后者将导致，一些评注——经常未经大规模的修改——以多种语言形式出版，例如比安卡（*Bianca*）和博内尔（*Bonell*）编写的《国际货物销售合同公约》评注有意大利语版和英语版，施莱希特里姆（*Schlechtriem*）和施文策尔（*Schwenzer*）编写的评注甚至有五种不同的语言版本（德语、英语、西班牙语、葡萄牙语、土耳其语），对于没有法律拘束力的《国际贸易术语解释通则》也是如此，艾泽曼（*Eisemann*）的评注有德语、法语、西班牙语三种版本。[56] 这使得评注不仅可以面向更多的读者，而且理所当然在风格上、

---

〔51〕 然而，在关于统一法律的统一解释的大量文献中，往往缺乏对学术体系化作用的评估；他们的贡献往往被局限在编写比较法判例报告上。Kurz immerhin *J. A. Bischoff*，Auslegung des internationalen Einheitsrechts, in: J. Basedow/K. J. Hopt/R. Zimmermann （Hg.），Handwörterbuch des Europäischen Privatrechts，2009，126 - 130.

〔52〕 Siehe etwa die Ermittlungen zu einzelnen Texten bei *Linhart*，Internationales Ein-heitsrecht (Fn. 19).

〔53〕 *Schlechtriem / Schwenzer* zum CISG；Vogenauer zu den PICC.

〔54〕 Etwa *R. Herber / H. Piper*，CMR，1996(在此可以找到关于选定的欧洲国家国内法的简短报告的方法)。例如对德语法源更大的限制参见 *W. Witz/H.-C. Salger/M. Lorenz*，Internationales Einheitliches Kaufrecht，2. Aufl.，2016 (作者是德国律师).

〔55〕 So in *Thume*，Kommentar zur CMR (Fn. 17)，995 ff.

〔56〕 *F. Eisemann*，Die Incoterms-Zur Klauselpraxis des internationalen Warenhandels-Allgemeine Einführung und Kommentar，1976；*ders.*，Usages de la vente commerciale internationale-Incoterms，1. Aufl.，1972 (3. Aufl.，1988)；*ders.*，Incoterms-Los usos de la venta comercial internacional，2. Aufl.，1985.

有时甚至在内容上都可能呈现出(未必总是有用的)特殊性。

与国家法评注可以建立在统一的法律文化基础之上不同,跨国私法的评注必须克服不同国家之间法律文化上的差异,还要将跨国的和各自国家的法律结合起来。恰恰是因为在跨国法律文本当中缺少可供使用的并非源于特定法律文化的中立法律概念,所以评注者必须对这些概念进行额外的解释,而在国家法的评注中,这项工作对于那些在本国受过专业训练的法学家来说,并非必要。

在不具拘束力的跨国私法当中,评注和被评注的法律文本之间的关系则更加不同寻常。因为这里缺乏一种在国家法当中很常见的角色分工,也即在制度上拥有立法权的立法者和学术界中的评注者之间的分工。在跨国私法中,创制法律和撰写评注都是学术性的活动,有时候参与进来的甚至是同一批人。如果发现一些不具有拘束力的法律也有自己的评注,那么这并不令人感到惊讶。[57] 也许更令人惊讶的是,会有其他人来评注诸如《国际商事合同通则》之类不具有拘束力的法律文本。原则上来说,这涉及的是一种关于学术的学术。当然,也存在范例——在《学说汇纂》的评注者(Digestenkommentatoren)当中,法学家会对其他法学家的文本进行评注——这种现象的合理性在于,在被评注文本的创作和后来的评注之间已经间隔了相当长的时间。这种做法在本质上意味着,评注把这些不具有拘束力的法律文本当作比它实际上拘束力更强的法律来对待。

在跨国私法当中,(当然)不存在对评注的禁止。[58] 对此类禁止的担忧,即评注可能会削弱文本自身的权威性以及改变其含义——对此担忧,从查士丁尼到拿破仑皆有迹可循[59]——在跨国私法中以一种特殊的方式存在着,因为法律的继受和评注都是在典型的国家法的语境下进行的。在这方面,基于统一法的特点所要求的自主解释[60]部分释放了试图通过禁令消隐的评注功能:评注并没有被禁止,但带有国家立场的评注至少会变得十分困难。另一方面,跨国法律的制定者所关心的与其说是他的法律是否会被错误解释,毋宁是这些法律会不会被忽略。而在这方面评注往往是有用的:可以说评注不仅没有削弱反而强化了不具拘束力的法律的重要性。[61]《国际商事合同通则》的主要发起人米夏埃尔·约阿希姆·博内尔(*Michael Joachim Bonell*)起初对关于《通则》的大型评注持相当的保留看法——也因为这些评注对于

---

〔57〕　见上文"三(二)"部分。

〔58〕　见上文"三(一)"部分。

〔59〕　*H.-J. Becker*, Kommentier-und Auslegungsverbote, in: A. Erler *et al.* (Hg.), Handwörterbuch zur deutschen Rechtsgeschichte, 1. Aufl., Bd. 2, 1978, 963 - 974; S. *Vogenauer*, Die Auslegung von Gesetzen in England und auf dem Kontinent, Bd. 1, 2001, 581 ff.

〔60〕　*Basedow*, Internationales Einheitsrecht im Zeitalter der Globalisierung (Fn. 12), 20 f.

〔61〕　Ebenso *Calliess*, Kommentar und Dogmatik (Fn. 6), 391.

《通则》文本总是带有一定的批判性。[62] 但现在,他对于这类学术加工可谓乐见其成。

尽管如此,人们还是不难发现,在法律继受中,被评注的文本和评注仍然保持着分隔的状态。在实践中,《国际商事合同通则》虽然一方面被拿来当作被评注的文本,但另一方面,评注所提供的解释——如果有过的话——却很少被遵照。[63] 因此,在人们看来,《国际商事合同通则》的评注尽管被许多人奉为比较法纲要,但对解释《通则》本身作用有限。官方评注(comments)亦如此,也几乎没有发挥什么作用。

六、形式和媒介

在评注的形式上,与国家法评注相比,跨国私法评注的特殊性很少。然而,这种总体上的相似性本身就很特别。带有德国烙印的现代评注本质上源于法典编纂所带来的适用性需求。[64] 将这种评注的形式适用于具有拘束力的统一法,如《国际货物销售合同公约》,是没有问题的,因为《国际货物销售合同公约》本身在形式和功能上就带有欧洲法典的传统。这在一定程度上当然也适用于重述作品,如美国法重述、《欧洲合同法原则》、《国际商事合同通则》。[65] 由于缺乏法律效力,这些民间法典并不是真正意义上的法典——更确切地说,它们只是借用了法典的形式,并因此从立法制定的法典当中沾染上一点合法性。因此,民间法典的效力不仅来自法典的质量,而且从本质上来自它们的形式。[66] 这种通过形式获得的合法性借由评注而得到扩展:当《国际商事合同通则》的评注"如同对待有拘束力的合同法一样"[67]对待这部不具有拘束力的法律文本时,评注使得它更接近于有拘束力的法律。[68] 换句话说:如果说法律之所以能成为法律,是因为法学家把它当作法律一样对待的话,

---

〔62〕 M. J. Bonell, Bespr. von Vogenauer/Kleinheisterkamp (Fn. 29), Uniform LR 13 (2009), 415 - 417, 416 f. 有点奇怪的是,准立法文本的作者自己评论了对该文本的评注。

〔63〕 *Michaels*, Preamble Ⅰ (Fn. 27), Rn. 108 ff.

〔64〕 Dazu *T. Henne*, Die Entstehung des Gesetzeskommentars in Deutschland im 19. Und 20. Jahrhundert, in: Kästle/Jansen, Kommentare in Recht und Religion (Fn. 2), 317 - 329, 323 - 329; *Kästle-Lamparter*, Welt der Kommentare (Fn. 1), 209 ff.

〔65〕 *N. M. Crystal*, Codification and the Rise of the Restatement Movement, Washington LR 54 (1979), 239 - 273; Jansen, Making Legal Authority (Fn. 7).

〔66〕 *Jansen*, Making Legal Authority (Fn. 7).

〔67〕 *S. Vogenauer / J. Kleinheisterkamp*, Commentary on the UNIDROIT Principles of International Commercial Contracts (PICC), 2009, viii.; wiederabgedruckt in Vogenauer (Fn. 27), x.

〔68〕 *Jansen*, Bespr. von Vogenauer/Kleinheisterkamp (Fn. 29), 1008 - 1009, 1009; *Kästle-Lamparter*, Welt der Kommentare (Fn. 1), 97 f.

那么通过评注把民间法典当作法律对待,就是在一步步"创造法律"。[69]

因此,被评注文本以及评注的合法性均来自从形式上展示出的区分。这也适用于具有拘束力的法律。值得注意的是,丹内曼(Dannemann)和舒尔策(Schulze)在他们对《德国民法典》的最新评注是以联邦司法部发布在网络上的《德国民法典》的译文为蓝本的,尽管译文(不同于德语文本)本身并不是官方的或有拘束力的,并且他们在评注中也零星地对译文进行了批评和改进。[70]但显而易见,相比让一个操外语者通过自己翻译尽可能准确地去理解《德国民法典》法条这种需要,确信评注者对其据以评注的法条已如其所是地将它们和评注严格区分开来,后者显得更为重要。

七、功能

在许多方面,跨国私法评注具有和国家私法评注相同的功能。即使重点放在了跨国私法评注的特殊性之上,上述事实也不应该被掩盖。此外,不同类型的跨国私法之间当然也会存在巨大差异。

(一)释义书(Erläuterungsbuch)

评注的第一个功能就是释义书的功能。[71]关于此点,相较于国家私法评注,跨国私法评注在两个方面有所不同。

一方面,尤其是在不具有拘束力的法律中,释义并不那么重要,因为这里的文本只是一种参考,而不具有拘束力。在这里并不存在必须探寻的立法者本意。例如,《国际商事合同通则》在实践中通常被作为参考的依据或者立法的模板。[72]但它的解释在实践中几乎完全不重要。评注显然不用于此目的。

另一方面,在涉及解释时(特别是在有拘束力的私法中),释义的功能会更加重要。国家私法评注可以预设评注的使用者已经受到该国法律文化的影响并且系统学习过被评注法律,但对于跨国私法来说,这种情况却不常见。评注必须向使用者解释那些不属于他们国家的法律;除此之外,在某些情况下,评注还必须将文本置于

---

[69] *Jansen*, Making Legal Authority (Fn. 7), 75 f.; *Calliess*, Kommentar und Dogmatik (Fn. 6), 291 f.; *Kästle-Lamparter*, Welt der Kommentare (Fn. 1), 98.

[70] *Dannemann / Schulze*, Introduction (Fn. 45), Rn. 65.

[71] *Kästle-Lamparter*, Welt der Kommentare (Fn. 1), 312.

[72] *R. Michaels*, The UNIDROIT Principles as Global Background Law, Uniform LR 19 (2014), 643 - 668, 654 f, 656 f.

比较法的视野当中。因此，有时候会将跨国私法和国家法进行比较〔73〕（这尤其发生在对外国法律的评注中）〔74〕。有时候这种比较是暗含的（却让你由此意识到作者的国家背景或者该作者所预设的读者的国家背景）。

只要文本涉及比较法的准备工作，那么就有必要对其进行比较法解释。如果没有哪一种语言是主要语言，那么通常情况下评注当中就会出现不同的语言，特别是在处理有歧义的问题时。如果在评注某些条款时，相对于与具体规则无关的、而属于一般教科书式的引言，评注描述的总是例外情形，那么有这样的释义需要就毫不奇怪了。

（二）知识存储器和知识过滤器

评注也发挥了作为知识存储器和过滤器的功能——决定何种知识可以被保存，何种知识应该被遗忘。在跨国私法中，这一功能有特殊的意义。一方面，由于许多被评注文本的跨国背景，其对于使用者来说既不具体也不直观。比如，《国际货物销售合同公约》中缺乏对利息数额的规定，这使得即便不带成见的观察者也会感到惊讶。大多数的评注都提到了订立条约的各方在谈判过程中的分歧。针对这些分歧，有些评注没有给出理由，〔75〕某些把重点放在了伊斯兰国家的反对意见上，〔76〕有些还提到了西方国家间不同的政治主张，〔77〕而有些列举了大量的理由。〔78〕从《国际货物销售合同公约》形成的历史来看，伊斯兰国家在这其中产生了重大影响（如果有

---

〔73〕　*D. K. Srivastava / G. Minkang*，Tort Law in China-Commentary on the Tort Law of the People's Republic of China with Insights from the Common Law，2013；siehe auch etwa *Witz / Salger / Lorenz*，Kaufrecht（Fn. 54），V，siehe etwa Art. 21 Rn. 1（Vergleich mit § 150 BGB）.

〔74〕　在此方面特别地如 *E. Braun*（Hg.），German Insolvency Code，2. Aufl.，2019；在引言之后还有更多简短的国别报告，包括词汇表、相关法律文本、对特定条文评注之后尽可能统一的标题：根据《破产法》第 19 条（"启动破产程序的要求"）；第 55 条（"破产财产和债权人分类"）；第 79 条（"破产管理人和债权人机构"）；第 128 条（"履行"）；第 147 条（"破产中的避免"）；第 168 条（"实现"）；第 173 条（"有权单独满足的资产"）；第 186 条（"接受索赔"）；第 269 条（"破产计划"）；第 269i 条（"集团破产法"）；第 285 条（"自我管理"）；第 312—314 条（已废除）（"消费者破产"）；第 334 条（"死者遗产"）；第 358 条（"国际破产法"）。

〔75〕　*Witz / Salger / Lorenz / Witz*，Kaufrecht（Fn. 54），Art. 78 Rn. 1；*Herber / Czer-wenka*，CMR（Fn. 54），Art. 78 Rn. 6；Staudinger / *Magnus*（Fn. 16），Art. 78 Rn. 12；*K. H. Neumayer / C. Ming*，Convention de Vienne sur les contrats de vente internationale de marchan-dises-Commentaire，1993，Art. 78 Rn. 2.

〔76〕　*G. Reinhart*，UN-Kaufrecht，1991，Art. 78 Rn. 4.

〔77〕　Schlechtriem/Schwenzer/*Bacher*（Fn. 53），Art. 78 Rn. 2.

〔78〕　*Bianca / Bonell*，Art. 78 Rn. 1.4.

的话,这些国家全部拒绝关于利息的规定)的说法并不确切[79];少部分评注显然在这里是进行了添油加醋的创作。

评注作为知识过滤器所具有的相反功能,在此也同时得到体现。尤为重要的是过滤掉某些规定的国家背景,以利于对相关条款进行自主解释。《国际商事合同通则》的作者有意识地完全放弃了其比较法的背景信息,正是为了防止在理解相关条款时又回溯到国家法法源中去。[80] 这种做法是否真的有用,可能会受到质疑;那些持否定态度的人希望,评注能够回到作为跨国私法起源的国家法中去,当然也要与国家法相区别。[81]

(三)知识组织、知识构成、批评

跨国私法的评注在知识的组织和构成方面承担着特别的任务。由于评注在形式上借鉴了德国法系的经验,这使得评注在解读被评注文本时与德国法有着天然的亲缘性。来自普通法法域的评注却是另一番景象:一般来说,评注中的体系并不那么严谨;[82]有些评注大部分由制度的生成史构成;有时不按条款而按章节对文本进行评注。[83] 总而言之,它们与其说是独立的学术评注,毋宁说是获取被视为第一手资料(文献资料、判例)的通道,这反映了对于法律和教义学的不同理解。类似的情况还出现在评注内部的秩序上:德国法的评注者会将评注的内容体系化,而普通法的评注者往往只是罗列出具体的要点。[84]

最后,类似的区别也体现在评注者表达观点的意愿上。相比于国家法,在不具拘束力的或者是外国的法律评注当中,获取法律是首要任务,其次才是形成观点。因此,面向实务工作者的评注数量尤其多。如果评注中表达了观点,那么这些观点在跨国私法中可能会相当有影响力,因为立法者几乎没有修正的余地。对被评注文

---

〔79〕 详细的讨论参见 A. F. Zoccolillo, Jr., Determination of the Interest Rate under the 1980 United Nations Convention on Contracts for the International Sale of Goods: General Principles vs. National Law, Vindobona Journal of International Commercial Law and Arbitration 1 (1997), 3 – 43. 此外,当冲突法涉及禁止利息的法律时,主流观点并没有将利率设定为零,而是指借贷成本为零;Staudinger / *Magnus* (Fn. 16), Art. 78 Rn. 17.

〔80〕 *M. J. Bonell* (Fn. 28) 49.

〔81〕 *Vogenauer*, Introduction (Fn. 27), Rn. 23; *Michaels*, Preamble Ⅰ (Fn. 27), Rn. 4.

〔82〕 Zum Beispiel *Y. Baatz et al.*, The Rotterdam Rules: A Practical Annotation 2009, siehe z. B. die Kommentierung zu Art. 6.1.

〔83〕 *M. F. Sturley et al.*, The Rotterdam Rules (Fn. 21). 在德国,有时也会单独对整个章节进行评注,如《德国民法典历史评注》。

〔84〕 Vergleiche etwa die Inhaltsverzeichnisse von Vogenauer / *Vogenauer* (Fn. 27), Art. 1.6 einerseits, Vogenauer / *Anderson* (Fn. 27), Art. 2.1.6, insb. unter Ⅲ., andererseits.

本的批评之所以非常有价值，是因为就国际条约而言，批评可能阻碍它在缔约国内的批准通过；就不具有拘束力的法律而言，批评可能削弱某一条款的说服力。相反，对《国际货物销售合同公约》的评注倒是一项完完全全纯获利益的工作，因为它消除了实践中形成的该公约一方面不够明确，另一方面过于偏袒买方的成见。

（四）具体化、媒介功能、安定性

跨国私法评注最重要的功能是对文本内容的具体化。对于源于某种特定法律传统的国家法典，在具体化时可以借鉴这种传统；经验表明，即便法律文本中存在禁止性规定，亦不能阻止这种借鉴的发生。[85] 不同的法典在此问题上当然会有所不同。但在跨国私法当中却反其道而行之，恰恰要与这种传统相脱离。因此，具体化的任务在这里尤其重要，它对评注可能产生的潜在作用也因此不容小觑。[86] 在《国际货物销售合同公约》中，这一点已经在评注文献当中以令人印象深刻的方式应验了。而对于缺乏充足判例的其他法律文本，评注人要想在规避再次深陷国家主义泥潭的风险的同时完成文本内容的具体化任务，可谓举步维艰。

因此，在跨国私法当中，具体化不仅意味着对被评注文本的解释，还意味着与文本必须在其中适用的特定的国家背景建立联系。此外，还有必要建立与国家法（特别是其中的程序法）之间的联系。这部分是通过与国家法之间的比较，部分是通过在必要时对其中的特殊性进行解释来实现的。总之，跨国私法的评注必须建立起更长的桥梁：通向异域法律文化，也通向外国法。

有些跨国法律本身是不生效力的（不具拘束力的法律），有些跨国法律也并非理所当然地会被司法实践所应用（有拘束力的法律）或者被敬畏（外国法律）。因此，评注往往还具有一个重要的功能，就是使得被评注的法律文本具有适用上的吸引力，这是一种巩固法律文本权威性的极端形式。[87] 反之，在评注中对跨国私法文本的批评也可谓恰逢其时，因为不经选择它们通常是不会自动适用的；这里的批评对立法者影响较小，而对于法律使用者影响较大。最后，在国际条约难以通过立法形式修改的情况下，其更新功能（Erneuerungsfunktion）就显得尤为重要——而这恰恰是一种能在评注中精准实现的教义学作业的功能。[88] 然而，有时候尽管当时的订立

---

〔85〕　Siehe nur zum BGB HKK / *Zimmermann*，Bd. 1, 2003, Einleitung 1, Rn. 13 ff.; zum französischen Code Civil *M. Ascheri*，A Turning Point in the Civil-Law Tradition: From ius commune to Code Napoléon, Tulane LR. 70 (1996), 1041 - 1051.

〔86〕　更进一步的观点可参见 *Jansen*，Bespr. von Vogenauer/Kleinheisterkamp（Fn. 29），1008 f.:《国际商事合同通则》只有通过评注所提供的教义化阐释才能够变成可以实际适用的法。

〔87〕　Vgl. *Kästle-Lamparter*，Welt der Kommentare（Fn. 1），327.

〔88〕　Zum Beispiel *U. P. Gruber*，Methoden des internationalen Einheitsrechts（Fn. 20）.

理由已经不复存在，[89]后来者还是会对这些条约内容作壁上观，例如上述《国际货物销售合同公约》中的利息问题，即使在公约通过时便意识到了法律漏洞，大多数法律适用者还是会拒绝对其进行法律续造。这背后的原因或许是，相比于往往被视作具有时代性并因此可修改的法律重述，国际条约被不自觉地视为离学术性更远并因此也更容易被修改。

（五）法律的创制

最后一个功能可能只存在于跨国法中。相较于国家法，跨国私法更容易被司法实践所忽视。长期以来，《国际货物销售合同公约》就是如此，其经常被当事人双方选择排除适用，即使有适用该公约义务的情况下，也经常被法院所忽视。《国际商事合同通则》更是如此，尽管有大量的学术出版物，但在实践中仍然不被法院适用，仲裁庭显然也极少适用。[90] 这就造成了一个恶性循环：因为没有什么判例，所以当事人就会规避法律的适用，于是导致更没有判例产生。就《国际销售合同公约》而言，一段时间以来已经建立起了相当程度的法律确定性，这当然离不开评注的贡献。

这造就了跨国私法评注的一项特殊功能，即通道功能（Zugangsfunktion）。因此，有的评注很大程度上仅仅是一个获取法律素材的通道，而（不同于国家法）不仅仅是在乎法律文本的新颖性。[91] 另外，还有广告功能。评注者会宣传被评注文本的重要性（并且也间接地为他所撰写的评注做宣传）。[92] 第三点是合法化功能。评注使得被评注文本获得合法性：评注通过将被评注文本当作生效法律一样对待，使得该文本成为潜在的生效法律。在这方面卡利斯是正确的：特别是跨国私法的评注不仅服务于被评注文本，其本身也生产法律。[93]

---

〔89〕 对于第 7.4.9 条 UNIROIT 原则的适用，证明参见 C. Brunner/ B. Gottlieb（Hg.）/ *M. Feit*，Commentary on the UN Sales Law（CISG），2019，Art. 78 Rn. 12 m. w. N.，Rn. 11 Fn. 2876；由于缺乏统一的标准而更加谨慎，Schlechtriem-Schwenzer/ *K. Bacher*（Fn. 53），Art. 78 Rn. 28.

〔90〕 Siehe *R. Michaels*，Global Background Law（Fn. 72）.

〔91〕 *H. M. Holtzmann / J. E. Neuhaus*，A Guide to the UNCITRAL Model Law On International Commercial Arbitration - Legislative History and Commentary，1989；*H. M. Holtzmann et al.*（Hg.），A Guide to the 2006 Amendments to the UNCITRAL Model Law on International Commercial Arbitration - Legislative History and Commentary，2015；weitgehende Beschränkung auf Materialien als Referenz auch in *P. Binder*，International Commercial Arbitration and Conciliation in UNCITRAL Model Law Jurisdictions，3. Aufl.，2010.

〔92〕 Siehe etwa *Brödermann*，UNIDROIT Principles（Fn. 30），zur Empfehlung der PICC.

〔93〕 *Calliess*，Kommentar und Dogmatik（Fn. 6），392；*Kästle-Lamparter*，Welt der Kommentare（Fn. 1），98.

八、评注作为被评注的文本?

扬森(Nils Jansen)和凯斯特勒-兰帕特尔(Kästle-Lamparter)所概括的评注的最后一个功能是权威性的参考资料:"评注事实上成为法源。"[94]对于《学说汇纂》来说——其距后来的法典继受时代已经有几个世纪之久——《法令注释》(Glossa Ordinaria)就担负着法源的作用;[95]作为在德国法系内被高度评价的学术产品,《德国民法典》的评注同样也部分地扮演着类似的角色——这尤其发生在某个评注具有独特地位的情况下。[96]

在跨国私法中,这种作用要小得多。虽然有些评注在一定程度上也具有很大的影响力,但相较于一国法典,对以国际条约形式存在的有拘束力的跨国私法,指望通过评注这样的学术加工方式来赋予其权威地位,显然会遭遇更大的阻力。另一方面,就不具有拘束力的私法而言,无论是民间法典还是标准术语,法律的效力都是基于私人自治,亦即当事人的意志,即便这种意志通常只是假定的,也难以被评注中的解释所取代。

就不具有拘束力的跨国私法评注而言,其权威性尤其来自其他方面。当被评注文本本身不具有拘束力时,那么评注的重要性可能会被消解,从而成为一部独立的比较法纲要,例如福格瑙尔对《国际商事合同通则》的评注就是如此。这类评注的权威性就来自其作为学术著作的特殊形式。

九、结论:国家性与跨国性

最后可以说些什么呢?跨国私法的评注是很常见的。尽管被评注文本之间以及评注之间都存在差异,但相比于国家法典评注,在跨国私法评注当中可以发现很多特殊性。这些特殊性说明了很多现实问题,不仅涉及作为跨国现象的评注的现况,也涉及跨国私法的发展现状。反过来,它也显示出在德国法系为人所熟知的评注在多大程度上是一种特别的德国现象,它是在德国法律文化中发展起来的,对立

---

〔94〕 *Kästle-Lamparter*,Welt der Kommentare (Fn. 1),333.

〔95〕 Vgl. *S. Lepsius*,Auflösung und Neubildung von Doktrinen nach der Glosse-Die Dogmatik des Mittelalters,in:G. Essen/N. Jansen (Hg.),Dogmatisierungsprozesse in Recht und Religion,2010,55 - 94,75 f.

〔96〕 关于《帕兰特民法典评注》的重要意义可参见 *Kästle-Lamparter*,Welt der Kommentare (Fn. 1),334;zur Bedeutung von Azo im Mittelalter („Chi non ha Azzo,non vada al palazzo") *E. Landsberg*,Ueber die Entstehung der Regel *Quicquid non agnoscit glossa*,*nec agnoscit forum*,Diss. Bonn,1879.

法、司法和学术都起到了特别的作用,因而不能轻易地直接嫁接到跨国法律领域。

　　尽管评注还是迈入了跨国私法的领域,但这并不意味着评注完全实现了跨国化。总的来说,评注很大程度上仍然是(即使并不只是)一种出口到德国之外的德国现象。[97] 大多数跨国私法的评注都是用德语撰写或者从德语翻译而来,或者更倾向于选用德国法系的作者来撰写。另一方面,对外国法的评注也大多是德语评注或者对德国法的评注。德国的这种优先地位直到最近才有所减弱。

　　然而,在"后国家时代",跨国私法评注是否会重新恢复"前国家"时代的中世纪的跨国评注的传统?恐怕不会。在中世纪,被评注文本——如《学说汇纂》——被普遍接受:教义学必须与它们相关联才能发展。而如今的跨国私法不再是这样:有拘束力的法律被认为是一种偶然现象,没有拘束力的民间法典终归也只是暂时的。如今,跨国私法评注所扮演的主要角色也更为低调,即在一个被认为是混乱的全球化的法律现实世界之中建立或至少假装建立秩序。在这方面,就像中世纪或者20世纪初的评注一样,跨国私法评注也是时代之子。

---

〔97〕 *Kästle-Lamparter*, Welt der Kommentare (Fn. 1), 96.

中德法学论坛

第 19 辑·上卷,第 51~64 页

法国法中的法律评注:猛犸会重现生机吗?

[法]让-塞巴斯蒂安·博尔盖蒂* 著

蔡　琳** 译

刘青文*** 校

一、绪论

在过去数十年间,法国法学家们对法国法自身的历史表现出一种新的兴趣,这种历史,就是通常在法国所说的法律学说(la doctrine)。[1] 法律学说大多集中于法学家如何理解法律的本质与功能,以及他们如何(或者大部分经常没能做到)结合非法律的因素和学科——例如经济学或社会学——来进行学术研究和从事法律教育。或许令人意外的是,在这一方面法学家们并没有出版什么研究成果。[2] 更准确地说,尽管一些法学研究呈现出某些特定的文献形式[3]——尤其是案例评述(commentaires d'arrêts)[4],

---

　*　让-塞巴斯蒂安·博尔盖蒂(Jean-Sébastien Borghetti):巴黎第二大学民法学教授。

　**　蔡琳:南京大学法学院副教授,中德法学研究所研究员。

　***　刘青文:南京大学中德法学研究所副研究员,法学博士。

　[1]　See e.g. *P. Jestaz* /*C. Jamin*, La Doctrine, 2004; *P. Arabeyre* /*J.-L. Halpérin* /*J. Krynen* (eds.), Dictionnaire historique des juristes français XIIᵉ- XXᵉ siècle, 2ⁿᵈ edn., 2015.

　[2]　然而,亦可参见 *J.-L. Halpérin*, Manuels, traités et autres livres (Période contemporaine), in: D. Alland/ S. Rials (eds.), Dictionnaire de la culture juridique, 2003, 990 - 992.

　[3]　参见 *A.-S. Chambost* (ed.), Histoire des manuels de droit, 2014.

　[4]　关于法国法律文献中案例评述的发展以及它们如何被认可为卓越的(*par excellence*)教义学训练,可参见 *E. Meynial*, Les Recueils d'arrêts et les Arrêtistes, in: Société d'études législatives (ed.), Le Code civil 1804 - 1904: Livre du centenaire, 1904, 173 - 204; *E. Serverin*, De la jurisprudence en droit privé, 1985, 108 - 122. 更多内容亦可参见 *J.-S. Borghetti*, Legal Methodology and the Role of Professors in France. Professorenrecht is not a French word!, in: J. Basedow/H. Fleischer/R. Zimmermann (eds.), Legislators, Judges, and Professors, 2016, 209 - 222; *idem*, Les exercices et ouvrages en usage dans les facultés de droit françaises, reflets de l'importance de la jurisprudence judiciaire comme source du droit français, in: Mélanges en l'honneur du professeur Claude Witz, 2018, 101 - 118.

但法学家撰写的学术著作却鲜有广泛的回响。如同雅曼(*Jamin*)所指出的:"人们很少反思法律文献的历史以及自身偏好的类型或风格(除非考虑到裁判风格),以及它们对法律思维的实质性影响。"〔5〕

这样的现象或许很令人遗憾,但也并不奇怪。法学家们非常清楚这些法律文献是怎么来的——因为就是他们自己写的——而且他们也不觉得有必要去重新反思对他们来说已经如此熟知的东西。〔6〕案例也是如此,它们极少被提及。令人惊讶的是,这些不同种类的法学著作和出版物通常不以一种系统性的方式呈现,其中一些甚至不会在法科学生第一学年都必修的法学导论(introduction au droit)的教科书中被引用。

然而,法国法律文献的一些特点和近期的发展相当引人注目,也值得人们仔细审视。特别是,看起来似乎没人注意到:那些法律专题论文——除博士论文之外——在法国非常少,法律评注亦如是。但这些法律评注——例如在德国,却被认为是一种"大陆法系"国家法律体系的共同特点,而这对于法国法学传统来说已变得如此陌生。更令人惊讶的是,19世纪的大部分时间里,法律评注的风尚在法国还相当常见——无论是关于《民法典》还是法律体系中的其他内容,但在1870年左右就迅速消散无踪了。

必须承认,这不是法国法悖离它所属之大陆法系模式的唯一个案。〔7〕无论如何,法律评注的兴盛与衰落是法国法的特殊问题,而法国法通常被认为是建立在法典和立法制定的规则之上(二),因此,这需要给出一个解释(三)。有趣的是,近年来法国债法的修订推进了法律评注的发展。这是否会是法律评注一次持续的发展(四),还有待继续观察。

二、法律评注在法国法律文献中的兴盛与衰落

现代法国法诞生于拿破仑时代,〔8〕其时通过了五部法典:《民法典》(1804),《民

---

〔5〕　*C. Jamin*, Le droit des manuels de droit ou l'art de traiter la moitié du sujet, in: Chambost, Histoire des manuels de droit (n. 3), 9 - 24, 9: "il est rare qu'on s'interroge en France sur l'histoire de la littérature juridique, les genres qu'elle privilégie, les questions de style (sauf peut-être quand il s'agit des styles juridictionnels) et leur influence sur la substance de la pensée en droit".

〔6〕　*Jamin*, Le droit des manuels de droit (n. 5), 11.

〔7〕　关于法学教授和法官不同角色的议题,参见:*Borghetti*, Legal Methodology and Professors in France (n. 4), 217 ff.

〔8〕　"现代"一词在这里的含义是指我们生活的这个历史时期,而并不是指历史学家所理解的"摩登时代"(modern era)那样的含义。

事诉讼法典》(1806),《商法典》(1807),《刑事诉讼法典》(1808)和《刑法典》(1810)。很显然,其中最为重要的就是《法国民法典》,〔9〕它被证明具有高度适应时代的能力,也被视为法国的市民宪法(the constitution civile de la France)。〔10〕它的稳定性(至少在 20 世纪 60 年代之前)与同一时期法国混乱的宪法史恰成鲜明对照。

19 世纪大部分时间里,那些撰写法国法相关主题的作者都接受了研究法律的共同进路,即限定于对法律条文进行注释分析。他们形成了后世所称之"注释法学派"(exegetic school,École de l'exégèse)的特定传统。〔11〕因此,人们或许认为他们会撰写法律评注。事实上,他们也的确这样做了。然而,他们的评注与当下"德国模式"的法典评注并不相同;而且,这种评注方式也只持续了一个相对短暂的时期。

作为伟大的拿破仑法典化的直接产物,《法国民法典》被认为是全国私法的唯一法律渊源,而且法学界也倾向于只关注《法国民法典》。这很容易解释:不同于法国大革命之前的法律重述,或者也不同于那些处于"中间"阶段——从法国大革命开始到拿破仑法典化时期之间——法官所适用的不确定的法律规范,这些法典的内容很大程度上都是重新制定的。律师们,或者更宽泛一点说,法国公民,他们不得不熟悉新的法律。很显然,熟悉新法律的最好方式就是去阅读这些新法典的法律条文,理解它们的内容,解释它们的含义。〔12〕

对法典的关注同样也是政治压力的结果。拿破仑不仅是现代法国法的奠基者,他也重塑了那些本来已经在大革命时期被关闭了的法国大学。〔13〕但是,他所谓之大学与大革命之前被普遍认可的大学观念并不相同,可以肯定,他并不认为大学是自由追求知识的圣殿。更具体一点来说,随着律师界和法官席在大革命中被彻底粉碎,〔14〕新的法学院倾向于仅训练那些未来的法律实务工作者去适用法律,而不去讨论或是反思法律。有一本讨论新民法典的书甚至引用了拿破仑说过的话:"我的法

---

〔9〕 拿破仑自己显然认为《法国民法典》是他主导的法典化的伟大成就,他的这句话相当闻名:"我真正的光荣,并不是打了四十多次胜仗,滑铁卢一战就让所有战绩一笔勾销。但有一样东西是不会被人忘记的,它将永垂不朽,那就是我的民法典"。参见 C.F.T. de Montholon, Récits de la captivité de l'Empereur Napoléon à Sainte-Hélène, vol. 1, Paris, 1847, 401.

〔10〕 J. Carbonnier, Le Code civil, in: P. Nora (ed.), Les lieux de mémoire, vol. 2, La nation,1986,293 - 300. 然而,这个看法可以回溯到 19 世纪。

〔11〕 J.-L. Halpérin, Histoire du droit privé français depuis 1804, 1996, 45 ff.

〔12〕 J. Charmont/A. Chausse, Les Interprètes du Code civil, in: Le Code civil: Livre du Centenaire (n. 4), 131 - 172, 139.

〔13〕 E. Gaudemet, L'interprétation du code civil en France depuis 1804, 1935, 14 - 15.

〔14〕 J. Carbonnier, Le Code Napoléon en tant que phénomène sociologique, Revue de la recherche juridique 1981, 327 - 333, 330.

典失落了（mon code est perdu）。"[15]在法学系开设的法学课程都非常谨慎地限定了教学内容，其中最重要的当然就是民法典的课程（cours de Code Civil）。[16]

在这种情形下，大部分学者出版与这个新学科相关专著的时候就会沿着《民法典》的法条顺序进行评注，便是意料中事。最早的一批法条注释法学派中，德尔万古（*Delvincourt*）在 1808 年以《法国民法学概要》（institutes de droit civil français）为名出版了三卷本的民法典评注。[17] 另外一个法学家，或许比德尔万古更为知名，图利耶（*Toullier*），《法国民法典条文释义》（Le droit civil français suivant l'ordre du Code）的作者，在 1811 至 1818 年出版了 8 卷本的法典评注。[18] 他的著作第一次尝试在较为宽泛的层面上评述法典——尽管他最终并未完工，[19]后来也因其内容上的错误而广受批评。[20] 直至 19 世纪末，大量关于《法国民法典》的评注在法国和比利时出版，因为比利时也适用同样的民法典。[21] 其中最为著名的[22]或许就是迪朗东（*Duranton*，他是第一个完整撰写了民法典评注的作者）、[23]特霍隆（*Troplong*）[24]和德莫隆布（*Demolombe*）。[25]

---

[15] *Montholon*，Récits de la captivité de Napoléon（n. 9）. 引起反响的这本书是 *J. de Maleville*，Analyse raisonnée de la discussion du Code civil, vol. 1, Paris, 1805，事实上这本书是筹备法典起草的摘要（Maleville 曾是法典编纂起草委员会的秘书）。这本书后来被描述为"朴实的、无个性的、平庸的"：*Gaudemet*，L'interprétation du code civil（n. 13），13.

[16] *Halpérin*，Histoire du droit privé（n. 11），49. 在第 50 页，Halpérin 引用了民法典首席教授之一 Bugnet 教授的话，据传他曾这样说过："我不懂民法，我所教授的是拿破仑法典。"

[17] *C.E. Delvincourt*，Institutes de droit civil français, 3 vols., Paris, 1808. 这本书 1813 年更名为"Cours de Code Napoléon"（Paris），并且在 1825 年之前以"Cours de Code civil"为名重印了两次（Paris, Brussels）。

[18] *C.B.M. Toullier*，Le droit civil français, suivant l'ordre du Code, 8 vols., Paris, 1811 - 1818. 另外三个版本在 1819 至 1824 年间出版。

[19] 在他去世之后，他的工作由 *J.-B. Duvergier* 接续。

[20] *Charmont/Chausse*，Les Interprètes du Code civil（n. 12），143："这是提醒那些自信的人存在一定风险，也是给那些在正确观点和错误观点之间犹豫不决的人的一个指引，有很多案件很难摆脱 *Toullier* 的误导。"

[21] 比利时最重要的法典评注，也是对法国有所影响的，或许是 *F. Laurent*，Principes de droit civil français, Brussels, 1869 - 1878.

[22] 其时另一个重要的有影响力的学者是 *Proudhon*. 尽管他被认为属于注释学派的专家，但他并不出版《民法典》的评注，而是对特定的法律问题自主撰写论文。

[23] *A. Duranton*，Cours de droit français suivant le Code civil, 4th edn., 22 vols., Paris, 1844.

[24] *R.-T. Troplong*，Droit civil expliqué suivant l'ordre des articles du Code depuis et y compris le titre de la vente, 23 vols., Paris, 1834 - 1855.

[25] *C. Demolombe*，Cours de Code Napoléon, 31 vols., Paris, 1846 - 1878.

　　评注民法典的这种方式也运用于其他部门法，例如商法[26]和刑法。[27] 有趣的是，公法领域也出版了法典评注，尽管还并不存在一部公法法典，或者至少一部行政法典。[28] 很显然，法律评注形成了风气，成为展示和解释法律的重要途径。

　　既然这些书籍的内容都是根据法典条文的顺序和结构展开，它们当然属于法典评注那一脉。然而，这并不意味着这些评注与当下那些国家——例如德国——撰写的法典评注有相似之处。首先，法国式评注通常并不会就法典的条文逐一分别进行评述。[29] 特霍隆例外(讽刺的是，他的名字在法语中就是"太长了"之意)，他仅仅想对《法国民法典》的第三部分进行评述，但依然没有完工。[30] 它的基本规则是：书的每一章讨论一个主题，法典中所有与这个主题相关的条文都会合并分析——但这些主题的组织顺序会与法典顺序保持一致。

　　另外，在现代读者看来，这些评注不那么科学化。它们通常并不把这些条文放在历史视角(更不要说比较法的视角)下进行考察，而且它们也并不谨守一个严格而稳定的分析方法。对一个法律条文可能引起的所有法律问题，也缺乏系统性的考量。尽管存在诸多缺陷，它们还是提出了在现代学术专著或教科书中没有被提及的一些问题。这些评注看起来不那么科学化的另一个原因可能是写作风格：那个时代的华丽辞藻与现代法律人的简明风格相去甚远。例如以法条注释法学派(le prince de l'Exégèse)代表人物闻名的德莫隆布，他的风格与口头表达就高度相似，充满了感叹词和插入语，而且也以他不必要的题外话闻名——所有这些都可以用来解释为何他用了 31 卷的评注分析《法国民法典》，却仅仅讨论了法典 2281 条法条中的 1400 条。[31]

　　毫无疑问，尽管获得了成功，但法律评注并没有在法国的法律文献中占据首要地位。[32] 在大革命后法律和学术复苏的时代，法律评论(law reports)、[33]法律释

---

　　[26]　J.-M. Pardessus, Cours de droit commercial, 4 vols., Paris, 1813–1817. 关于拿破仑法典化改革之后最早那些有关商法的书籍，参见 A. Mages, Le manuel de droit commercial, in: Chambost, Histoire des manuels de droit (n. 3)，149–164，156–157.

　　[27]　J.-F.-C. Carnot, Commentaire sur le Code pénal, 2 vols., Paris, 1823; F. Hélie/A. Chauveau, Théorie du Code pénal, 8 vols., Paris, 1834–1843.

　　[28]　D. Serrigny, Traité du droit public des Français, 2 vols., Paris, 1846; E. Laferrière, Traite de la juridiction administrative et des recours contentieux, Paris, 1888–1889.

　　[29]　《商法典》的评注相对比较自由，参见 Mages, Le manuel de droit commercial (n. 26)，157.

　　[30]　参见同上，n.24。

　　[31]　参见同上，n.25。

　　[32]　P. Remy, Éloge de l'exégèse, Droits 1 (1985)，115–123，118.

　　[33]　例如，Merlin 以出版案例和法律意见汇编闻名，参见 P.-A. Merlin, Répertoire de juris-prudence, 13 vols., Paris, 1807–1809; idem, Questions de droit, 2nd edn., 5 vols., Paris, 1810.

义(dictionaries)和法律期刊[34]都得到了繁荣发展。在大革命前,作者们有时候会就特定的法律问题撰写著作(traités),这种倾向一直延续到了 19 世纪的早期。[35]这些论著试图系统性地研究所讨论的主题,不管作者是否受限于法律文本或是法律条文的顺序。[36] 在 19 世纪 20 年代早期,关于作者究竟应该选择以法律评注为主还是撰写专著为主[37]产生了争议。[38] 换言之,法律评注的解经式路径受到了专著那种更为教义式路径的挑战。[39]

有一部特别有影响的著作,是两个来自阿尔萨斯地区的学者奥布里(Aubry)和拉乌(Rau)撰写的《法国民法教程》(Cours de droit civil francais)。他们是在 1870 年阿尔萨斯地区并入德意志帝国之后才搬到巴黎来的。[40] 这部著作的第一版实际上就是德国学者察哈里埃(Zachariae)[41](海德堡大学的法学教授,海德堡其时属于巴登大公国,直到《德国民法典》适用前一直适用《法国民法典》[42])撰写的《法国民法手册》(Handbuch des Französischen Civilrechts,1808 - 1827)的法文翻译。这本手册体现了潘德克顿法学的特点,它并不按照民法典的法条顺序编排,而是基于系统性的考量以另一种方式编排《法国民法典》的内容。有趣的是,这本手册事实上有两个法文译本。一个译本的作者是马塞(Massé)和韦尔热(Vergé),他们将这本手册的内容按照《法国民法典》条文的顺序重组,[43]但却没有获得成功。另

---

[34] 自 19 世纪 10 年代末以来出版的法律期刊的概览,可参见 *P. Remy*, Le rôle de l'exégèse dans l'enseignement du droit, Annales d'histoire des facultés de droit 2 (1985), 82 - 105, 102 - 104.

[35] *C. Chêne*, Manuels, traités et autres livres (Période moderne), in: Alland/Rials, Dictionnaire de la culture juridique (n. 2), 987 - 990; *A.W.B. Simpson*, The Rise and Fall of the Legal Treatise: Legal Principles and the Forms of Legal Literature, University of Chicago LR 48 (1981) 632 - 679, 675.

[36] *Remy*, Eloge de l'exégèse (n. 32), 119.

[37] 这场争议由 *Jourdan* 发起。他是一个年轻的、有独立想法的学者,认为论著优于评注,参见 *Halpérin*, Manuels, traités et autres livres (n. 2), 990.

[38] 然而,有些著者,例如 *Troplong*,其著作就介乎这两类之间。

[39] *Jamin* 讨论了法典评注(解经的方法)和论文写作(教义学方法)之间的争议,参见 *Jamin*, Le droit des manuels de droit (n. 6), 13.

[40] 关于这两位著者,参见 *J.-L. Halpérin*, Aubry, Charles, in: Arabeyre/Halpérin/Krynen, Dictionnaire historique des juristes français (n. 1), 28, and *idem*, Rau, Frédéric-Charles, *loc. cit.*, 853.

[41] *K.S.Zachariae von Lingenthal*, Handbuch des Französeischen Civilrechts, 2 vols., 3rd edn., Heidelberg, 1827.

[42] *C. Aubry/F.-C. Rau*, Cours de droit civil français, 5 vols., Paris, 1836 - 1846.

[43] *G. Massé/C. Vergé*, Droit civil français, 5 vols., Paris, 1854 - 1860.

一个翻译版本，即奥布里和拉乌翻译的版本，则严格保留了原版手册中的顺序，却成了一本畅销书。[44] 关于这本书，奥布里和拉乌前后出版了 4 个版本，每一次都新增了一些个人的研究内容，其最终版本也与察哈里埃的内容相去甚远。[45] 但他们从来没有把顺序回归到《法国民法典》上来。[46] 最终看来，这本书在支持论著，反对评注风格的问题上起到了决定性的作用。[47]

德莫隆布，法条注释法学派（prince de l' Exégèse）的代表人物，于 1887 年去世，笔耕到他最后一刻。尽管他的评注工作由吉尤阿（Guillouard）接任，但他的去世多多少少标志着评注时代的终结。在他去世之后，没有新的关于民法典的宏伟评注出现，而且法学专著和教科书接纳了法律的分析进路，曾经作为一种典型法学学术活动的评注工作很快就黯然失色了。尽管德莫隆布在世时享受荣光和被授予几乎每一个可能的学术荣誉——包括十字勋章，但在他去世之后，他那令人印象深刻的民法典评注看起来很快就被人遗忘了。[48]

20 世纪并没有法律评注出现，至少在民事法律领域是如此。一部法律百科全书，即《民法大全》（Juris Classeur Civil Code），其内容遵照《法国民法典》的顺序，乍一看颇似法典评述。然而在这本百科全书中，法典条文分成了不同的部分，由不同的篇章分别去处理这些不同种类法律条文的普遍性议题，而不是逐一分析这些条文。就形式而言，《民法大全》与第二次法国百科全书学派相似，例如《达洛兹索引》（Répertoire Dalloz），它的篇目就是以字母表的顺序来排列的。

这里也必须提及刑法。1992 年 7 月新法国刑法典通过之后（1994 年 3 月 1 日开始生效），四位教授开启了一个评注项目，着手对每个条文分别进行评析。最初一卷研究成果出版于 1996 年，但其他内容却没有成功出版，而且第一卷也没有再版更新过。[49]

---

[44] 在 *Aubry* 和 *Rau* 的译本中，关于 *Zachariae* 教科书的赞美之词，参见 V. *Chauffour*, Recension du Cours de droit civil français, traduit de l'allemand de M. C.-S. Zachariae; revu et augmenté, avec l'agrément de l'auteur, par MM. Aubry et Ray, Revue de législation et de jurisprudence 12 (1846), 372 – 375, cited by C. *Baldus*, Der Prophet im fremden Land? Zum 250. Geburtstag von Karl Salomo Zachariae, ZEuP 27(2019), 724 – 741, 724.

[45] 脱离这本讲义，关于 *Zachariae* 对于法国法律思维"有限的"的影响力，可参见 *Baldus*, Karl Salomo Zachariae (n. 44), especially 727 – 731.

[46] 本书第四版出版于 1869 至 1883 年间，是被经常引用的文本。在 *Aubry* 和 *Rau* 去世之后，这本书由其他学者继续修订。最后一版是第八版，但这一版仅仅出版了一卷，即 N. *Dejean de la Bâtie*, Responsabilité délictuelle, t. VI-2 du Droit civil français d'Aubry et Rau, 1989.

[47] 尽管有些著者批评 *Zachariae* 以及 *Aubry* 和 *Rau* 的进路，准确地说是这种方式鼓励了脱离法典条文的论述方式，可参见如 *Charmont/Chausse*, Les Interprètes du Code civil (n. 12), 156.

[48] J. *Musset*, Demolombe, Jean-Charles, in: Arabeyre/Halpérin/Krynen, Dictionnaire historique des juristes français (n. 1), 324.

[49] J. *Francillon/B. Bouloc/G.Roujou de Boubée/Y. Mayaud*, Code pénal commenté article par article: Livres I à IV, 1996.

这或许可归咎于第一卷乏善可陈的销售量,这意味着在 20 世纪的法国并没有对法典评注真正感兴趣的读者。

三、法国为何不再有法律评注

为什么论文式写作最终获得了胜利,而评注不仅在法国法学领域某种程度上已消失不见,甚至至少到目前都无法复兴?[50]

一件特定的事情何以没有发生,通常很难解释清楚原因,想当然地认为是源于兴趣的缺乏,是相对稳妥的看法。至少在第一次世界大战后和二十世纪的漫长岁月里,大部分法国学者群体对研究外国法情有独钟,这使法律评注的复兴变得更加遥遥无期。相比其他国家,德国对于法国恢复法典评述至少有些微作用;但法国学者长久以来并不能从邻国出版的法律文献种类中认识到法律评注也可以成为现代学术成果的重要组成部分。

然而,这依然不能成为法国法律评注持续低迷的主要原因。在我看来,至少有两个原因起着主要作用。第一个原因是民法典在体系化结构和实质内容方面的缺陷。第二个原因则是需要考虑判例法在法国法中的重要性。

1.《法国民法典》体系化结构与内容的缺陷

之所以严格遵循条文顺序的法典评注无法长期繁荣发展,一个显著的原因就是法国法——尤其是对于《法国民法典》来说——并没有一个适合法律评注的体系化结构。而且,条文之间存在诸多跳跃。这就是法国法学家转而选择论文写作所考虑的一个因素,法学论文有助于他们运用更有说服力的方式重构和呈现法律问题。

举例言之,原先的《法国民法典》并没有关于契约如何签订的程序性规定,也没有规定要约与承诺。当然,这也可以通过联系其他条文的方式解决这个问题,例如之前的第 1108 条(关于使契约有效所必需的合意)[51],但分析这个条文本身却无法给出具体规则来引导契约签订的整个过程。

《法国民法典》中另一处缺乏实质性内容的地方就是侵权法。法典最初只规定了 5 个条款(第 1382—1386 条),并且自 1804 年生效以来一直没有实质性的改变。[52]

---

〔50〕　关于最近这几年法律评注的再度兴起,可见下文第四部分。

〔51〕　之前《民法典》第 1108 条规定:"下列条件为契约成立的必要条件:负担债务的当事人的同意;订立契约的能力,构成约束客体的确定标的,债的合法原因"。

〔52〕　民法典近来有了一场巨大的变革。2016 年 10 月 1 日生效的一个法规(*Ordonnance n° 2016 - 131 du 10 février 2016 portant réforme du droit des contrats, du régime général et de la preuve des obligations*) 改变了法典中关于契约的一般性规定(例如签订契约的一般规则,与签订特殊契约的规则相对)、债法总则(例如适用于所有的债权债务关系,而不管其法源)以及债的担保。这场变革也改变了《民法典》的结构以及侵权法的法条,尽管实质性的内容并没有改变,但是其顺序则被重新梳理了。《民法典》第 1382 条现在变成了 1240 条,第 1383 条则变为 1241 条,诸如此类。

不仅这些条款非常抽象,而且条文关注的是归责的不同情形,并没有涉及侵权责任的法律后果或者损害赔偿的计算。因此,对这些条文进行分析并不能对理解法国侵权法提供多大帮助。许多撰写侵权法相关主题论文的作者别无选择,只能离开法典文本而研究真正的法律实践——大部分情况下也就是判例法。[53]

《法国民法典》的这些特点意味着,对法典中重要法律条文进行评注的方式在某些方面注定要被放弃。当然,这里有趣的是:事实上是德国潘德克顿法学通过奥布里和拉乌的著作对法国法典评注进行了致命一击,同时也使学术论文变成了法国法学文献的主要形式。这并不是说察哈里埃的手册[54]——至少在法语版中——代表了"纯粹"的潘德克顿法学。例如奥布里和拉乌的书就没有总则部分。然而,这种不遵循法典条文顺序的结构差异呈现出一种典型的德国法学遗产的特点。

在近代历史上,德国法律人不仅是典型法律评注的创始人,而且也对法国法律人背离法律评注承担间接责任,这显然是个悖论。基于德国法典的体系性构造,德国法典评注蓬勃发展起来,尤其是《德国民法典》更是如此,《德国民法典》本身就是潘德克顿法学的产物。而《法国民法典》大部分承继于罗马法,至少债法是这样。但它直接的渊源则来自波蒂埃(Pothier),他研究罗马法的方式与潘德克顿法学相比缺乏体系性——或者至少是遵循另一种体系。法国法学中法律评注的消失与德国法学中法律评注的兴起都可以视为对体系性思维的追求,这更接近于潘德克顿法学而不是波蒂埃的方式。[55]

无论如何,当《法国民法典》在1904年庆祝百年庆典时,一些法学家赞叹说:"这真是一件值得纪念的事,《法国民法典》颁布后不久,国外就发表了重要的相关研究文献。[56] 但也值得注意——如同欧仁·戈德梅(Eugène Gaudemet)数年后所反思的,德国法学家可以运用潘德克顿法学提供的有效工具去评注法典,而法国却因为大革命,大学和学术界都遭到了破坏,法典从天而降般出现在学术和科学的真空之

---

〔53〕 参见 R. Saleilles, Le Code civil et la méthode historique, in: Le Code civil: Livre du Centenaire (n. 4), 95 - 129, 102; J.-S. Borghetti, L'office du juge en droit de la responsabilité civile, Revue de droit d'Assas 13/14 (2017), 108 - 113.

〔54〕 关于 Zachariae 与他那个时代重要的智识潮流之间的关系,参见 Baldus, Karl Salomo Zachariae (n. 44),特别是第 732—736 页。

〔55〕 除此之外,并不是民法典的所有部分都像债法部分那样归功于 Pothier。例如,Domat 对于侵权法、和解或者和解契约 (contrat de transaction) 的发展影响甚大。

〔56〕 Charmont/Chausse, Les Interprètes du Code civil (n. 12), 155: "C'est assurément une chose remarquable que l'un des meilleurs traités sur le droit civil français, nous soit venu du dehors, fort peu de temps après la promulgation du Code".

中。[57] 除此之外,如布拉尼奥(Planiol)所言,一部新法典并不是一种方便的工具
("un Code neuf est un outil incommode ")。[58] 当然,这也很大程度上说明了为什
么早期对法典的分析如此接近于它的文本。因为法国学者不仅需要熟悉这部新的
法典,而且也需要逐渐发展出一套工具去分析文本并从文本的束缚中解放出来。在
法条注释学派对法典盲从式的态度[59]遭受了多年嘲讽之后,雷米(Remy)重新评价
了该学派的功能,[60]他一针见血地指出,第一代评注拿破仑法典的学者:

"并不需要对局限于法典的解读而感到内疚,在我看来恰与之相反,正是通过他
们这些值得尊敬的工作,将'法'从法典中解放出来了。我很愿意用萨莱耶
(Saleilles)那段名言来赞扬:经由法典,超越法典。"[61]

然而,这并不是说在19世纪后半叶法国学者最终背离法律评注时,他们对于研
究法律的进路与德国同行们持有相同的见解。不管德国法律思想在当时的法国能
产生多大的影响和穿透力,[62]法国法和德国法在法律渊源与形式上的实质性差异
意味着这两个不同的法律体系无法通过同样的方式被分析并展现出来。

2. 判例法的重要性

在法国,对于法学写作有重大影响的因素就是判例法的重要性。这里无法详述
这个影响的原因。[63] 只要说这一点就够了:法国立法,尤其是民法典中很多条文文

---

[57] *Gaudemet*, L'interprétation du code civil (n. 13),15,18,他认为在大革命末期法国的
法律教育就像一个"科学的沙漠"。

[58] *M. Planiol*, Inutilité d'une révision générale du Code civil, in Le Code civil: Livre du
Centenaire (n. 4),955 - 968,961.

[59] 对于评注学派的批评开始于19世纪末期,特别是 *F. Gény*, Méthode d'interprétation et
sources en droit privé positif: Essai critique, 1st edn., Paris, 1899 以及 *Saleilles* 撰写的前言。亦
可参见 *J.-J. Bonnecase*, L'école de l'exégèse en droit civil: Les traits distinctifs de sa doctrine et
de ses méthodes d'après les professions de foi de ses plus illustres représentants, 2nd edn., 1924..

[60] *Remy*, Le role de l'exégèse (n. 34); *idem*, Éloge de l'exégèse (n. 32).

[61] *Remy*, Le rôle de l'exégèse (n. 34),92:"Ils ne sont pas coupables d'avoir enfermé le
droit dans les Codes; ils me paraissent au contraire l'en avoir libéré, par un admirable travail. Je
leur appliquerais volontiers le célèbre mot de Saleilles: par le Code, ils sont allés au-delà du Code."

[62] 或许在初期接受德国民法典与第一次世界大战开始之间,德国法在法国的影响力相当
明显。在这方面Saleilles起了重要的作用,作为当时最有名的法国律师,他出版了一本关于德国民
法典的重要著作,即 *R. Saleilles*, Essai d'une théorie géneále de l'obligation d'après le projet de
code civil allemande, Paris, 1890; *idem*, Étude sur la théorie générale des obligations dans la sec-
onde rédaction du projet du Code civil pour l'Empire d'Allemagne, Paris, 1895. 亦可参见 *idem*,
Mélanges de droit comparé. I. Introduction à l'étude du droit civil allemand, à propos de la traduc-
tion française du entreprise par le Comité de législation étrangère, 1904.

[63] 关于这个主题,参见 *Borghetti*, Legal Methodology and Professors in France (n. 4),
217 ff.

本上的开放性，赋予了法国法院巨大的权力，他们与法学家一起，运用各种方法填补了很多法律内容。结果，他们获得了成功，即在 19 世纪末期，判例法已成为法国法的重要法律渊源。相当自然的，法国法律人对这部分法律内容的兴趣逐渐增长，这在法律文献中就会有相应体现。

这使案例评析成了主要的法学研究形式。[64] 或许更为重要的是，这深刻影响了法律在专著和教科书中所呈现的方式。如前所述，19 世纪下半叶法典评注曾被法学专著所取代。之后很长一段时期内法学专著和教科书的写作方式并存，后者同样也吸收了一些体系化的成分（与仅仅按照法典条文排列顺序的方式相对），但重要性要小一些。之前专著通常显得更有声誉，而且也许在学术界也更有影响力。[65] 然而在过去数十年间，大部分专著已经不再修订更新，只有少部分还会再版。[66] 法律类连续出版物明显减少了出版卷数。这一定程度上也伴随着"教育大众化（mass teaching）"[67] 的影响——也即 20 世纪 60 年代以来法科学生数量（大学学生数量普遍）的惊人增长。[68] 这意味着学者们撰写论文，也即撰写学术性论文在时间的挤压下变得更加困难，尤其是学者们还缺少科研助手，高校里的行政事务日渐繁杂，加上大学工资水平较低，他们还不得不挪用部分业余时间去做些实务工作以补贴家用。

尽管学术著作的减少是个有趣的现象，但它并不表示法律研究进路的真正改变。论著的式微和教科书的繁荣仅仅是数量上的改变，而不是本质上的差异。[69] 很显然，相对于论著来说，教科书更为强调教育目的，但是这两种不同的著作都会首先考虑法律的体系化——这并不一定对应法典的结构。因此，它们的写作目的并不仅仅是描述性的，也是教义性的。[70] 出于实践目的，教科书（以及之前出版的专著）

---

[64]　参见 *Serverin*，De la jurisprudence en droit privé（n. 4），169.

[65]　尽管有不少典型的例外，例如 *Maurice Hauriou* 的教科书：Précis de droit administratif et de droit public"，这本书对于将作者的观点扩展至国家性质问题起了决定性作用。这本书第一版出版于 1892 年（巴黎）。在 1929 年他去世之前出版了 11 版，他的工作由其儿子 *André Hauriou* 继承。

[66]　一部重要的论著是 *Ghestin* 组织下出版的"Traité de droit civil"，始于 20 世纪 70 年代。其民事责任的部分由 *Viney* 撰写，很有影响力。20 世纪 80 年代后其他论著在 *Larroumet* 组织下出版，但这些不同卷的内容不再那么论述细致，也更像一系列的教科书。

[67]　参见 e.g.，*Jamin*，Le droit des manuels de droit（n. 5），13.

[68]　根据法国教育部的数据，在 1960 年共有 310 000 个学生接受高等教育，2017 年时这个数据升至 2 680 400 人，其中大约三分之二的学生是接受大学教育。L'état de l'Enseignement supérieur, de la Recherche et de l'innovation en France, 2829, online: ⟨https://publication. enseignementsup-recherche.gouv.fr/eesr/FR/PDF/EESR12-FR.pdf⟩.

[69]　*Jamin*，Le droit des manuels de droit（n. 5），13.

[70]　如同 *Jamin* 所言，它们的功能在于教育学生，通常也教育律师什么是"好的法律"：Le droit des manuels de droit（n. 5），16.

实现了法律评注在其他法律体系中的功能：[71]它们不仅呈现出法律的样态,而且也试图澄清和确定(stabilize)这些法律的内容；与此同时,它们也保持一种批评视角并努力实现某种法律改进。[72]

在论著或教材中所使用的编排顺序鲜明地反映了作者的观点,而且通常想要展现和推广他们自己对于给定主题的体系化方式——进而有可能获得认可甚至博得学术名望。[73] 然而,值得注意的是,大部分专著和教科书都转向了同样的进路和体系化。例如,在合同法领域,所有的专著和教科书无一例外均遵循了时间顺序：从合同的签订一直到合同的终止；继而,相同的主题通常也会随着合同签订和履行的各个阶段按照相同的顺序提出讨论。在侵权法中也可以看到类似的现象,或许在其他部门法中也是如此。

这种转向的原因值得深入探究。然而,至少部分是因为判例法的影响。按照时间顺序即从签订到终止去分析契约,这当然是一种常识,但在专著和教科书中他们所研究的主题通常是判例法的反映。换言之,那些书本中被讨论的问题恰好就是那些在法庭上曾经被提出来的——或者,更准确地说是在最高法院,特别是在民事最高法庭所提出来的那些法律问题。如同我在其他地方写过的那样："相比那些对法官如何实施其自由裁量权的评述和分析,教授们发现他们对于法院判决的影响减弱了。"[74]

这确实是 19 世纪《法国民法典》法典评注和现代教科书或专著之间的巨大差别。对于现代读者而言,前者看起来多多少少不那么体系化,但它们也提出了与法典条文或重要法条相关的一些问题,其中大部分都没有在法庭辩论过。另一方面,现代著作则紧跟判例法的脚步。因而,判例法不仅是法律的一种渊源,它同时——或者更为重要的是——成为法学家透视法律的工具。法学家们讨论那些最高法院提出的法律问题而不去关注那些未被提及的问题。事实确乎如此：如果有人在思考的问题是最高法院近年来都没有讨论过的,那么这些问题在当代的专著和教材中也找不到答案,而它们却多半可以在 19 世纪的法律评注(或专著)中找到。

判例法的重要性,法院判决对学者研究法律的影响,在其中一类法国法律文献中表现得越来越明显,即法典注释——法典(以及只要判例中提及的相关独立法令)的每一个条款后边都会提及并简短地摘录那些适用该条款的案例,或者与这个条款

---

〔71〕 参见,例如,F. *Nagano*, Entwicklung und Stellenwert juristischer Kommentare in Japan: Literaturformen als Spiegel juristischer Denkweise, in diesem Band, 151 - 173.

〔72〕 这并不是说教科书就是法国法律文献中唯一重要的内容。通常来说,法律百科全书具有文件记录功能；论文(尤其是期刊论文或纪念文集)具有重要的批判功能,而案例评述对于如何选择判例和确定判例法起着重要作用。

〔73〕 *Jamin*, Le droit des manuels de droit (n. 5), 16.

〔74〕 *Borghetti*, Legal Methodology and Professors in France (n. 4), 222.

主要问题相关的一些案例——即便这些案例并没有适用该条款。乍一看,这些法典注释与德国的那些简明法律评注看起来没有什么差别,每一个法典条文之后都紧跟着注释。然而,法国的法典注释仅仅是提及这些判例,注释者(真正的但比较有限)的工作只在于选择哪些案例,如何组织这些案例,以及如何呈现要点。

可以说,正是这些被法典注释所引述的判决,构成了法典条文的评注。这看起来好像是法国法学家将法典留给了法庭去评述或创制新法那样。当然,学者和法院之间不会有明显冲突,毕竟法院部分地从学者的著述中获得启发(即便这在他们的判决中表达得并不明显),而且学者本身对于将这些判例组织成一个融贯的体系也起着重要的作用。然而,事实上依然是法院在很大程度上将学者们要讨论的问题"设定了议程"(set the agenda)。是法院给学者们将要讨论的问题设置了边界,而不是学者就如何得出判决画出了蓝图。法典法条仅仅提供一种宽松的、某种意义上来说尚未完成的框架,至少在民法中是如此,它给了法律解释者——不论他们是谁——更大的自由度和解释余地,这使得学者与法官之间的博弈成为可能。

四、法律评注在法国有未来吗?

众所周知,法国债法近期已完成改革。[75]《法国民法典》中超过 300 个条文重新修订,这些条文几乎自 1804 年以来就没有被适用过。这次债法改革的主要精神是为了确保《法国民法典》的延续性。当在特定的问题上要有所创新时,起草者们大多会基于之前的法典内容或法庭对于法条(宽松)的解释努力提出解决方案。[76]

尽管《法国民法典》新旧版本之间存在延续性,但法国债法改革无论是在法国国内还是国外都引起了广泛的关注。相关主题的论文和著作竞相发表和出版,盛极一时。有趣的是,部分研究采用了法律评注的方式。一些评注非常简短,仅仅对新的条文给出最基本的阐释,近似于改写。[77]另外一些评注实质性内容丰富一些,比较接近于(短篇)"德国式"的法律评注。[78]他们逐条分析新法律,区分哪些问题可以

---

〔75〕 参见同上,注释 52.

〔76〕 参见 *J. Cartwright/S. Whittaker* (eds.), The Code Napoléon Rewritten, 2017.

〔77〕 参见,例如,*N.Dissaux/C. Jamin*, Réforme du droit des contrats, du régime général et de la preuve des obligations (Ordonnance n°2016-131 du 10 février 2016):Commentaire des articles 1100 à 1386-1 du code civil, 2016;P. Simler, Commentaire de la réforme du droit des contrats et des obligations, 2nd edn., 2018.

〔78〕 参见,特别是 *G.Chantepie/M. Latina*, Le nouveau Droit des obligations. Commentaire théorique et pratique dans l'ordre du Code civil, 2nd edn., 2018;*O. Deshayes/T. Génicon/Y.-M. Laithier*, Réforme du droit des contrats, du régime général et de la preuve des obligations:Commentaire article par article, 2nd edn., 2018.

通过新法律条文加以解决,哪些问题刻意保持了开放性,哪些问题是因语词使用所致。[79]

　　债法改革带来一个有趣的副作用,就是它改变了法国学者看待《法国民法典》的方式。如前所述,在债法修订之前,法学家们习惯于通过判例去研究《法国民法典》,忽视那些在判决和教科书中通过黑体字呈现出来的对那些重要法条的共识。然而,这次修订唤醒了他们对立法者所使用语词的兴趣,那些业已出版的法律评注足以证明这一点。学者们分析法国民法典中那些新条文的含义——但没有相关的判决去注释这些条文(相关的判决尚未产生)。特别值得注意的是,有些新条款与旧条款非常相似,也使用了相同的语词,昨天学者们还很少关注这些语词的含义,而今天却仔仔细细地审视了起来。

　　因此,近来法国法中关于债法的修订成为新时代的一缕曙光,注释法律条文的方式复苏了,法律评注也重新成为法国法律文献的一个重要内容。这或许更多取决于修订进程的持续性。民事责任法(droit de la responsabilité civile)和担保法(droit des sûretés)的修订正在酝酿之中。如果这些修订得以完成,毫无疑问,新法律的法律评注将会按照新合同法的法律评注的模式出版,这也会进一步确立法国法律文献的一个新标准。

　　主要的问题在于这种修订是否会有一种延续性的影响,以至于将法学研究的核心从判例返回到对法典语词的研究。只有复苏对法典语词的研究,法国的法律评注才有可期的未来,但这并不必然会发生。法院或许不愿意放弃他们在过去两百年来建立的权威,即便有些新法律条文比过去的少模糊了一些,但这还是给法院留下了以法律解释为名进行实质性填补的空间。然而,这最终还是取决于法学教授们的选择,因为判例法的重要性也同样有赖于学术界关于法律的表述。他们越是把法典当回事,他们直接做法典评述就会越多——而不仅仅建立在法院的法律解释之上。

---

　　[79]　根据 *Remy* 的看法,这是一种典型的法典评注:Éloge de l'exégèse (n. 32), 121.

专论

中德法学论坛

第19辑·上卷,第67~84页

破产代偿取回权之疑

王　轶*

摘　要:《〈企业破产法〉司法解释(二)》第32条第一款因何将"不当转让"排除在代偿取回权适用情形之外,原因尚不得而知。就该规范本身来言,其在我国罕有适用空间,造成事实上的"制度虚置"。一般而言,待取回标的毁损、灭失,并无适用代偿取回权之必要,原权利人可直接向加害人主张损害赔偿。在我国当前的法律框架下,权利人仅在否定受害人享有(责任保险)保险金直接请求权时,以及在原取回标的因毁损、灭失而产生代偿财产,且该财产已交付给破产债务人时,有行使代偿取回权的可能。但已为破产债务人受领的给付,若其具有物上代位性,则应依一般取回权取回,排除代偿取回权之适用。当前,司法实务对代偿财产特定化要求过严,导致了代偿取回权在我国的适用空间遭到进一步压缩。未来的(新)《破产法》应对代偿取回权制度予以重构,以破解上述困局,回复该制度本来的价值。

关键词:破产代偿取回权;不当转让;代位;金钱的特定化;破产法修改

一、问题的提出

我国现行《企业破产法》除规定了一般取回权(第38条),还规定了出卖人取回权(第39条),但对学界和实务界广泛认同的代偿取回权却并未规定。有学者认为,最高人民法院(以下简称"最高院")于2002年颁布的《关于审理企业破产案件若干问题的规定》的第71、72条已经隐约勾勒出代偿取回权的制度雏形,但缺陷在于适用性不强。[1]之后,最高院于2013年颁布的《最高人民法院关于适用〈中华人民共和国企

---

* 王轶:德国慕尼黑大学法学院博士研究生。

[1] 参见孙向齐:《破产代偿取回权研究》,载《法学杂志》,2008年第2期;参见王欣新:《破产法》,中国人民大学出版社2002年版,第213页;参见许胜峰主编:《人民法院审理企业破产案件裁判规则解析》,法律出版社2016年版,第134页;最高院亦持相似观点,参见最高院民事(转下页)

业破产法〉若干问题的规定(二)》(法释〔2013〕22 号)〔2〕(以下简称"《司法解释二》")中的第 32 条被普遍认为是我国的代偿取回权规则。〔3〕根据该条第 1 款的规定,债务人占有的他人财产因毁损、灭失而产生的保险金、赔偿金、代偿物尚未交付给债务人,或者代偿物虽已交付给债务人但能与债务人的财产予以区分的,相关权利人得主张取回。

透过该条规定似乎可以得出这样的结论——一般取回权的取回标的〔4〕在"原财产",而代偿取回权的客体则指向"代偿财产",代偿取回权仅为一般取回权行使不能时的一种替代方案。甚至于最高院〔5〕以及我国部分的文献〔6〕直接将"代偿取回权"称为"代偿性取回权"。诚如此,只需对一般取回权作扩张解释即可,似乎并无制定代偿取回权规则之必要。

尚需解释的还有:《司法解释二》将代偿取回权行使的前提限定在"(债务人占有的他人)财产毁损、灭失",这种表述在实务中是否具有实现空间? 在《司法解释二》颁布之前,就有诸多学者建议,在我国的破产法相关立法中引入代偿取回权制度,彼

(接上页)审判第二庭主编(以下简称"最高院民二庭"):《最高人民法院关于企业破产法司法解释理解与适用》,人民法院出版社 2017 年版,第 356—357 页;亦有观点认为第 71 条、第 72 条之规定在某种程度上可以作为代偿取回权的"法律依据",但存在定性不明的问题,见范健、王建文:《破产法》,法律出版社 2009 年版,第 164 页。

〔2〕 该司法解释已于 2020 年修正(法释〔2020〕18 号),但本文主要涉及的《司法解释二》第31 条、第 32 条并未作改动,第 30 条则因《民法典》的施行在条文引述上有所调整,但并不涉及该条的实质内容。

〔3〕 学界主流观点以及最高院均认为《司法解释二》第 29 条也属于关于代偿取回规则的一部分(参见李永军、王欣新、邹海林等:《破产法》,中国政法大学出版社 2017 年版,第 117 页;参见齐明:《中国破产法原理与适用》,法律出版社 2017 年版,第 276 页),然而这种归类并不妥切。笔者认为,当管理人选择将某些财产变价并提存时,意味着由此而产生的"变形物"不再处于破产债务人的管控范围,不再属于债务人财产的一部分(许德风:《破产法论——解释与功能比较的视角》,北京大学出版社 2015 年版,第 233 页。),若将相关权利人受领该变价款的行为认定为"取回",则势必与取回制度本身相冲突,所谓"取回",当是从破产债务人抑或其管理人处取回。

〔4〕 我国的破产法理论,通常会将取回标的限于物,但实际上,以权利形式出现的标的亦可以作为取回权的客体,详见许德风:《论债权的破产取回》,载《法学》,2012 年第 6 期。故,本文以"取回标的"称呼"取回权客体"。

〔5〕 参见《最高人民法院关于上诉人宁波金昌实业投资有限公司与被上诉人西北证券有限责任公司破产清算组取回权纠纷一案的请示的答复》,〔2009〕民二他字第 24 号;时任最高院民二庭庭长的宋晓明在 2007 年 11 月 20 日召开的"全国法院证券公司破产案件审理工作座谈会"上关于取回权问题的总结讲话,https://wenku.baidu.com/view/408957dc5022aaea998f0f3c.html,2020 年 7 月 21 日访问。

〔6〕 参见前注〔1〕,许胜峰主编书,第 132—138 页;参见前注〔1〕,最高院民二庭主编书,第 354 页。

时主流观点亦将"非法转让抑或不当转让"作为代偿取回权行使的前提。[7] 然而，《司法解释二》第30条、第31条的表述却明显否定了该前提。尽管，在《司法解释二》颁布之前的实务操作中，最高院也曾认可"非法转让"是代偿取回权行使的一个前提。[8] 此外，最高院在"制定"代偿取回权规则时，曾重点考察了德国、日本以及瑞士的相关规定，而这些国家无一不是将"(不当)转让"作为代偿取回成立的前提。[9] 最高院因何在该规则的表述中放弃"非法转让"而取"毁损、灭失"，原因不得而知。而在《司法解释二》第30条、第31条尚且有效的情况下，通过法学解释方法将"不当转让"归入到"灭失"的情形中又是否会造成《司法解释二》自身的矛盾与混乱？[10]

诚然，因原物毁损、灭失而产生代偿财产，似是社会生活的惯常之态。但问题在于，该代偿财产是否会再度处于破产债务人的管控之中，或者换言之，破产债务人是否可针对其占有的财产毁损、灭失主张损害赔偿？毕竟，破产法意义上的"取回"，其根本前提建立在权利人从破产债务人处取回自己相关的"权利"或"物"——即，破产债务人须为"中间人"。若代偿财产可不经破产债务人直接"到达"相关权利人处，则自无取回之必要。

就上述这些问题，我国理论界和司法界至今未给出令人信服的解释。而实践中，因《司法解释二》这些条文存在的问题，各级法院在处理代偿取回权相关的纠纷时，又不可避免地与上述规定相背离。[11] 长此以往，司法解释的权威性与稳定性必将受到威胁。有鉴于此，本文以《德国破产法》(Insolvenzordnung)第48条为参照，

---

[7] 学术界的观点在当时并不统一，部分学者否定"(待取回)标的损毁、灭失为代偿取回权发生的一个前提"，如李永军：《破产法——理论与规范研究》，中国政法大学出版社2013年版，第248—249页；但是更多的学者认为，"毁损、灭失"以及"非法转让"均为代偿取回的发生前提，如：前注[1]，范健、王健书，第165页；前注[1]，孙向齐文；韩长印：《破产法学》，中国政法大学出版社2007年版，第141页；王欣新主编：《破产法学》，中国人民大学出版社2008年版，第143；裴印英：《代偿取回权之探究》，载王欣新、尹正友主编：《破产法论坛(第五辑)》，法律出版社2010年，第21页。总体而言，绝大部分学者赞同"非法转让"为代偿取回成立的一个前提。

[8] 《最高人民法院关于上诉人宁波金昌实业投资有限公司与西北证券有限责任公司破产清算组取回权纠纷一案的请示的答复》，(2009)民二他字第24号。

[9] 参见前注[1]，最高院民二庭主编书，第356页。

[10] 《司法解释二》出台后的一些破产法教材，仍将"非法转让"作为代偿取回权行使的一个前提，如王欣新《破产法原理与案例教程》，中国人民大学出版社2015年版，第141—142页；即使是最高人民法院组织编写的书中(同前注[1]，最高院民二庭主编书，第362—363页)，亦肯定了债务人、破产管理人转让取回标的是为代偿取回权行使之前提。

[11] 如在(2017)最高法民申2334号民事裁定书中，最高院就肯定了被证券公司挪用的客户资金，在被管理人追回后，权利人可行使代偿性取回权。该案中，最高院绕开《司法解释二》第32条，以《企业破产法》第38条为裁判依据。类似的还有上海高院对亚洲证券有限责任公司与上海精文投资有限公司一般取回权纠纷上诉案的判决，见(2016)沪民终362号民事判决书。

从立法论和解释论两个层面对我国代偿取回权制度进行梳理和探讨,以回应上述提问,进而寻求我国代偿取回制度的重构之路,以期为我国之后的相关立法有所助益。

二、代偿取回权是为何? ——以《德国破产法》第 48 条为进路

实际上,代偿取回权制度作为一项独特的制度设计,并未被世界各国普遍接受,而仅存于大陆法系部分国家的破产法中。[12] 其中,德国似乎是开创了这一制度的先河——其相关立法最早可追溯至德意志帝国时期的(旧)《破产法》(Konkursordnung)[13]。逾百年的发展,德国代偿取回制度无论是在制度构建上还是在理论研究上均比其他国家更臻成熟。因此,笔者在此仅以德国法的相关规定为参照,对破产代偿取回制度的基本架构予以概括性地介绍。

(一)代偿取回制度的规范目的

根据《德国破产法》第 48 条,"如果债务人在破产程序开始之前或破产管理人在破产程序开始之后将本可取回的标的不当转让,若对待给付尚未履行,则该财产的取回权人可请求让与受领对待给付权利。若对待给付可从破产财团中区分出,则该取回权人可请求从破产财团中拨给对待给付"。其实,即使无代偿取回权规则,依破产法的一般原理,原权利人对于自己所遭受到的"损失",也并非无任何救济的机会:若该"损害"于破产程序开始之前由破产债务人而引起,则相关权利人可就此主张不当得利返还或损害赔偿,依性质该请求权属于一般破产债权;而若该"损害"于破产程序开始之后因破产管理人而发生,则相关权利人通常可因此成为共益债权人,即使是由此而产生了相关替代财产,亦属于共益债务的范畴。诚然,无论是以破产一般债权还是以共益债权进行救济,相关权利人的利益都无法得到等值、圆满的保护。但是,这并不意味没有代偿取回规则的破产法就是不完整的法律。其主要原因就在于,对原具有取回权能的财产的"变形财产"继续赋予取回权能,会使相关权利人获得"特别的"保护,进而损害其他债权人的利益。相当程度上,代偿取回制度是与破产法"债权人平等对待(Gläubigergleichbehandlung)"的基本原则相悖。[14] 尤其是,当代偿取回权的适用范围扩张至破产程序开始之前发生的"转让",在根本上已经构

---

[12] 破产法中明确规定了代偿取回制度的国家有:德国(《德国破产法》第 48 条),瑞士(《瑞士破产法》第 202 条),日本(《日本破产法》第 64 条),韩国(《韩国破产法》第 410 条)等。

[13] 1877 年《德意志帝国破产法》第 38 条规定了破产代偿取回制度,现行《德国破产法》第 48 条总体上延续了旧法。

[14] Beuck, in: Bork/Hölzle (Hrsg.), Handbuch Insolvenzrecht, 2. Aufl., RWS Verlag 2019, Kap. 9 Rn. 132.

成对既有体系的违背。[15]

因此,《〈德国破产法〉政府草案》曾将代偿取回制度的适用范围进行了限缩,否定破产程序开始之前的不当转让,[16]但这一提议最后并未被立法者所采纳。这背后反映出的是一种代位(Surrogation-)抑或是价值追及理念(Wertverfolgungs-gedanken)。[17] 也就是说,基于未让渡于债务人的权利而产生的财产价值仍附着于该权利,当该权利行使受阻时,这些财产价值仍归属于(原)权利人,而非破产债权人。[18] 由此,代偿取回权制度本质上与一般取回权所折射出的公平价值观念——任何人不得以他人财产清偿自身债务,[19]不谋而合。[20] 在这种理念的支持下,德国立法者不惜违反破产法的整体架构,以责任法上之代位(haftungsrechtliche Surrogation)[也称,"破产法上之代位"(insolvenzrechtliche Surrogation)]为路径,[21]赋予部分债法上的偿还请求权以取回力。[22]

而除了一般公平价值观念,防范破产债务人(或管理人)的道德风险则是另一方面的考量——若不赋予部分权利人以代偿取回权,则债务人在得知自己有破产风险时,就可能肆意处分尚处于其管控的他人财物。且从条文表述上来看,代偿取回权的行使并非任意而为,尤其对于已受领给付,仅当其满足可识别的要求时,方可被取回。因此,于破产法中设定代偿取回制度,并不会对相关权利人造成过度保护,进而损害破产债权人整体的利益。

(二) 代偿取回权与一般取回权之区别

首先,代偿取回权的行使必须以一般取回权行使受阻为前提。若一般取回权未消灭,则代偿取回权不得适用。尽管如此,代偿取回权绝非一般取回权的替代,而是一项独立的取回权,具备独立的构成要件。[23] 之所以设立代偿取回权,就是因为立

---

〔15〕 Bork, Einführung in das Insolvenzrecht, 9. Aufl., Mohr Siebeck 2019, Rn. 291.

〔16〕 Begründung zu § 55, BT-Drs. 12/2443, S. 125.

〔17〕 Vgl. Gerhardt, Der Surrogationsgedanke im Konkursrecht-Dargestellt an der Ersatzaussonderung, KTS 1990, 1 ff.; Gottwald/Adolphsen, Insolvenzrechts-Handbuch, 5. Aufl., 2015, § 41 Rn 2.

〔18〕 Behr, Wertverfolgung, 1986, S. 605 f.; Gerhardt, KTS 1990, 1 ff.

〔19〕 同前注〔3〕,许德风书,第209页。

〔20〕 Vgl. MüKoInsO/Ganter, 4. Aufl. 2019, InsO § 48 Rn. 4.

〔21〕 KPB/Prütting, InsO § 48 (64. Lfg.) Rn. 4.

〔22〕 Gottwald/Adolphsen, § 41 Rn 2; MüKoInsO/Ganter, § 48 Rn. 7.

〔23〕 BGH NJW 1972, 873; Grundlach, Die sogenannte "Zweite Ersatzaussonderung", KTS 1997, 453, 457.

法者期望借由取回权实现的结果,仅凭一般取回权制度不能完全实现。[24]

那么,二者的分野是否就在于,一般取回权取回的是"原标的",而代偿取回权取回的是"原标的之变形"? 依据一般民法理论,以变形财产的性质和法律后果进行分类,则主要存在以下两种代位类型,即物上代位(dingliche Surrogation)和债法上之代位(schuldrechtliche Surrogation)。所谓"物上代位"指的是,代偿财产依法直接取代原标的之位,不以当事人的意志为转移。[25] 如《德国民法典》第 1247 条第 2 句,第 1287 条,第 2041 条等规定。与之相对,"债法上之代位"涉及的仅是一项请求权,即请求给予代位财产与原始标的相当的权利地位的权利,典型例子是《德国民法典》第 285 条第 1 款和第 816 条第 1 款。[26] 如,当债务人因依《德国民法典》第 275 条第 1 至 3 款规定无须给付,但就给付之标的获得赔偿或赔偿请求权,权利人根据第 285 条第 1 款的规定,可以向债务人主张该代偿利益,也即请求由该代偿利益代位不具有履行可能之给付。

综上,物上代位依法直接在权利人的原财产上产生代位的效果——即原标的上所附着的权利状况延续至代位标的,而债法上之代位则不能直接发生这种效果,其必须有一个法律行为意义上的转让行为(Übertragungsakt),也即必须有转手取得(Durchgangserwerb)发生。[27] 这是因为,物上代位旨在对某些特定财产的存续实现保护,而债法上之代位则意在平衡错误的财产价值分配。[28] 因此,具有物上代位性质的代偿财产不适用代偿取回权制度,而适用一般取回权制度。[29]

至于代偿取回权,依德国破产法理论,涉及的则是另外一种代位——"破产法上之代位"。该种代位处于物上代位与债法上之代位的中间状态:一方面,其与物上代位一样,都是基于法律而产生,不以当事人的意志为转移;另一方面,其又与债法上之代位相似,都需发生过手取得。[30] 实质上,破产法上之代位仅为破产法的一种特殊规定,是破产法对于(个别)债法上的代偿请求权予以强化,赋予其取回力。[31]

因此,一般取回权与代偿取回权有着本质的不同,并不是所有的变形财产均可

---

〔24〕　Vgl. MüKoInsO/Ganter, § 48 Rn. 5.

〔25〕　同上注。

〔26〕　Ganter, Der Surrogationsgedanke bei der Aus-und Absonderung, NZI 2008, 583, 584.

〔27〕　Vgl. Ganter, NZI 2008, 583, 584.

〔28〕　同上注。

〔29〕　KPB/Prütting, § 48 Rn. 17; Schmidt InsO/Thole, 19. Aufl. 2016, InsO § 48 Rn. 1; MüKoInsO/Ganter, § 48 Rn. 11; Uhlenbruck/Brinkmann, 15. Aufl. 2019, InsO § 48 Rn. 19; Braun/Bäuerle, 8. Aufl. 2020, InsO § 48 Rn. 15.

〔30〕　Ganter, NZI 2008, 584.

〔31〕　Ganter, Zweifelsfragen bei der Ersatzaussonderung und Ersatzabsonderung, NZI 2005, 2, 3.

依代偿取回权取回：具有物上代位性的代偿财产依一般取回权取回即可；单纯具有债法上之代位性的代位财产，原则上不能依据任何一种取回权取回；唯具有破产法上代位性的代位财产得依代偿取回规则取回。

（三）代偿取回权的构成要件

根据《德国破产法》第 48 条，代偿取回权有以下几个构成要件：1. 被转让标的依《德国破产法》第 47 条具有取回权能；2. 该标的被破产债务人或管理人不当转让；3. 转让行为有效；4. 对待给付尚未完成或虽已完成，但可区分。对于要件 1，笔者不做赘述。有必要解释的是，何种情形属于"不当转让"。所谓"不当"，一般指的是破产债务人或管理人无处分权而为之，嗣后又无权利人之追认。而"转让"则应作广义理解，所有处分行为，即转让、负担、废止以及其他改变物权内容等行为都囊括在内。[32] 此外，司法实践认为"受领他人债权"也是"转让"的一种情形。[33] 本条规范下，"转让"行为并不一定得是法律行为，强制执行、征收等亦可被认定为"转让"。[34] 至于可取回标的因第三人的原因毁损或灭失的，则不在此之列，因为此时取回权人（原权利人）对第三人直接享有损害赔偿请求权。[35] 但在第三人损害清算（Drittschadensliqui-dation）[36]的情形下，破产债务人因第三人造成的原取回标的毁损、灭失而享有的对第三人的损害赔偿请求权可被取回；[37]若请求人（即破产管理人）因此获得赔偿，则得将所获得的赔偿返还权利人（类推适用《德国民法典》第 285 条）。[38]

德国通说认为，"转让"行为是否有效，不影响代偿取回权的发生。[39] 在转让行为无效的情况下，权利人只是多了一个选择的机会，即一方面可以主张代偿取回，另一方面也可以向第三人主张权利。如果权利人选择向破产管理人主张代偿取回，则

---

〔32〕 KPB/Prütting，§ 48 Rn. 7；Uhlenbruck/Brinkmann，§ 48 Rn. 7.

〔33〕 Vgl. OLG Köln, ZIP 2002, 947, 949; vgl. OLG Brandenburg, NZI 2014, 861.

〔34〕 Uhlenbruck/Brinkmann，§ 48 Rn. 8.

〔35〕 Häsemeyer, Insolvenzrecht, 4. Aufl. 2007, Kap. 11 Rn. 11.21；MüKoInsO/Ganter，§ 48 Rn. 26.

〔36〕 "第三人损害清算"旨在解决"偶然的损害移转（zufällige Schadensverlagerung）"问题，即因合同相对性原则而产生"有损害但无请求权"与"有请求权但无损害"情形时，赋予赔偿权利人针对加害人主张第三人之损害的权利，如寄送买卖风险转移的出卖人得向承运人主张买受人的损害（详见朱晓喆：《寄送买卖的风险转移与损害赔偿》，载《法商研究》2015 年第 2 期；Ausführliches：Brockmann/Künnen, Vertrag mit Schutzwirkung für Dritte und Drittschadensliquidation, JA 2019, 732 ff.）。

〔37〕 Uhlenbruck/Brinkmann，§ 48 Rn. 11；Häsemeyer, Kap. 11 Rn. 11.21.

〔38〕 Bredemeyer, Das Prinzip „Drittschadensliquidation", JA 2012, 107.

〔39〕 KPB/Prütting，§ 48 Rn. 12 f.；Braun/Bäule，§ 48 Rn. 12；Gottwald/Adolphsen，§ 41 Rn. 16 f.；Nerlich/Römermann/Andres, 40. EL 2020, InsO § 48 Rn. 8.

意味着,其对先前无效转让的行为予以追认;若权利人选择直接对第三人行使权利,则不再有讨论代偿取回权的必要,因为这其中并无"取回"。但问题是,在转让行为无效时,一般取回权的行使并不受阻,也就是说即使转让行为无效,也无须经由代偿取回保障权利人的权益。故,有相当一部分学者反对通说的观点,认为转让行为有效是代偿取回权行使的一个前提。[40] 德国联邦最高法院在最近的判决中亦采纳了该反对观点。[41]

最后要讨论的是代偿取回权客体的特定化的问题。当客体为某一具体的物时,很容易将其从破产财团中识别出来。问题在于,当取回客体为"货币"等种类物和可替代物时,如何将其特定化。货币依其表现形式和性质,一般可以分为实物货币(Bargeld)和存款货币(Buchgeld)。实物货币本质上仍然是物,当其以专门的方式加以保存,如使用专门的保险箱等,当然可认定其已特定。问题是,实物货币发生混合时,应如何处理。依《德国民法典》第 948 条、第 947 条之规定,发生金钱混合时,成立按份共有(Miteigentum),只要权利人对该共有财产的份额可确定,权利人即可依该份额比例主张取回。

至于存款货币,则依账户的性质存在不同的"特定化"要求。对于专门账户,其存在本身即表明,其户内资金已被特定化;对于债务人的营业账户中的入账款,则可通过相关凭证加以确定。[42] 例如,在转账时附言该笔转账为租房押金,即一种特定化方法。[43] 若之后,该账户又有资金流出,德国通说则要求,账户剩余资金须满足"沉积物原则(Bodensatz)",即,若权利人主张取回该对待给付,则直至其主张权利时,案涉账户所留资金至少要与待取回对待给付的金额相同。[44] 然这种要求并无必要。因为账户资金的支出与否只影响权利人的权利范围,若某一账户同时存在数个代偿取回权客体,则在账户资金不再满足"沉积物原则"时,将各权利人的请求按比例减缩即可。[45] 但须注意的是,如果该账户在权利人行使相关权利之前曾一度支空,则即使日后又有资金入账,代偿取回权也不复存在。[46] 至于往来账户,早前通说否认此种账户内资金具有特定化之可能,因为随着账户资金的结转,单笔债权

---

〔40〕 MüKo/Ganter, § 48 Rn. 43; Uhlenbruck/Brinkmann, § 48 Rn. 18; Schmidt/Thole, § 48 Rn. 20.

〔41〕 BGH NZI 2015, 976 Rn. 9.

〔42〕 BGH ZIP, 118, 119; BGH NJW 1999, 1709 f.; Uhlenbruck/Brinkmann, § 48 Rn. 36; MüKoInsO/Ganter, § 48 Rn. 60.

〔43〕 MüKoInsO/Ganter, § 48 Rn. 60.

〔44〕 BGH NZI 2002, 485; BGH NZI 2006, 700, 701; Uhlenbruck/Brinkmann, § 48 Rn. 36.

〔45〕 OLG Köln ZIP 2002, 947, 949; MüKoInsO/Ganter, § 48 Rn. 62

〔46〕 BGH NJW 1999, 1709; OLG Köln ZIP 2002, 947, 949; MüKoInsO/Ganter, § 48 Rn. 71.

将丧失其独立性。[47] 但德国联邦最高普通法院后来改采另一种观点，认为债务更新与账户结转只是银行及其客户之间的一种关系，其与代偿取回权并无经济上之相关性，只要该账户中的资金满足"沉积物原则"，权利人即可为代偿取回。[48]

综上，德国破产法下的代偿取回，以一般取回权行使受阻为前提；对"不当转让"采广义上的理解；对于代偿取回权的客体，并不要求其绝对特定，只要其具有"特定的可能"即可。

三、代偿取回权制度在中国

（一）立法桎梏

1. 设立代偿取回权制度于我国的意义

（1）实现社会公平价值观念

我国学者很早就认识到了，代偿取回权与赔偿请求权在破产时对权利人权益的实现程度存在巨大区别，为公平地维护权利人的正当权益，有必要在破产法中设置代偿取回权制度，[49] 最高院亦采纳了这种观点。[50] 此外，最高院还认为，制定代偿取回权规则可解决在原财产毁损、灭失情形下一般取回权行使的障碍问题，因为《企业破产法》第 38 条只是针对原财产尚存的情形设计的。[51] 这一观点从防范道德风险这个维度来看，亦有其可取性。若在具备取回权能的标的毁损、灭失或被非法转让的情况下，将其权利人一律视为破产债权人，则不仅本可取回的财产不能取回，甚至可能诱发债务人在发生破产原因后非法转让他人财产这样的破产欺诈行为。[52] 从根本上来说，设立代偿取回权制度旨在实现社会一般公平价值观念：若标的原本不属于破产债务人，则不应因破产债务人对其无权处分即允许该债务人的其他债权人就其价值受偿。[53]

---

[47] BGH NJW 1972，872；BGH NJW 1979，1206 f.

[48] BGH NJW 1999，1709，1710；OLG Köln ZIP 2002，947，949；Grundlach, Zur Ersatzaussonderung bei Einzahlung von Erlösen aus dem Verkauf massefremder Gegenstände auf ein Konkurskonto, DZWiR 1999，335；MüKoInsO/Ganter，§ 48 Rn. 63；Uhlenbruck/Brinkmann，§ 48 Rn. 36.

[49] 参见前注[1]，孙向齐文。

[50] 参见前注[1]，最高院民二庭主编书，第 358—359 页。

[51] 参见前注[1]，最高院民二庭主编书，第 355 页。

[52] 同前注[3]，李永军、王欣新、邹海林等书，第 114 页。

[53] 同前注[4]，许德风文。

（2）弥补立法漏洞

如前文述之,《企业破产法》中并无与代偿取回权相关的制度安排,但在实务中,各级法院却要不断面对须运用代偿取回权制度加以解决的现实问题,尤其是在证券公司破产案件中,存在大量挪用客户资金的情况。若不承认相关客户的"代偿请求权",则极易引发道德风险、社会矛盾和攀比效应。[54] 最高院在以往相关案例中以《企业破产法》第38条为准据,进行扩张解释,认为管理人追回的被挪用资金,只要关系清楚,未与证券公司财产混同,就允许相关权利人行使代偿性取回权。[55] 因此,于我国破产法中设立代偿取回权制度不仅有现实的需要,也有弥补立法漏洞之用。

（3）促进法学学科间的协同发展

此外,破产法相关制度的完善,对于我国法学学科间的协同发展亦有裨益。近年来,已有越来越多的民法学者关注到代偿取回权制度,并试图用这一制度为民法上的一些争议问题提供解决思路。从这一层面而言,完善我国代偿取回权制度有利于实现部门法之间的联动。

2. 现行立法状况

据《司法解释二》第32条,在我国成立代偿取回,应具备以下4个要件:(1)权利人的相关财产为破产债务人所占有;(2)该财产于债务人占有期间毁损、灭失;(3)因该财产毁损、灭失而产生了保险金、赔偿金、代偿物等"变形财产";(4)该"变形财产"尚未交付给债务人,或虽已交付但可与债务人的财产相区分。

这里最大的疑问在于,"不当转让"是否涵盖在"毁损、灭失"情形中。若不将"不当转让"解释到"毁损、灭失"情形中,则似乎无法解释,为何在本司法解释出台前,最高院在相关案例中会肯定"代偿性取回权";若"不当转让"可归入到"毁损、灭失"情形中,则"不当转让"与《司法解释二》第30条、第31条所言"违法转让"的区别又在哪里?

3. 可能的原因分析

尽管在"不当转让"的理解上容易陷入进退维谷的境地,但《司法解释二》第32条第1款的表述或有其内在的原因。不难发现,该款与《物权法》第244条第1分句(现《民法典》第461条第1分句)在表述上高度相似。而我国破产学界通说认为,一般取回权是返还原物请求权在破产法上的反映。[56] 李永军教授则进一步认为,代偿取回权制度是民法上"物上代位权"原则在破产程序中的反映。[57] 基于这两种观点,

---

〔54〕 参见前注〔5〕,宋晓明的讲话。

〔55〕 同上注。

〔56〕 参见邹海林:《破产法——程序理念与制度结构解析》,中国社会科学出版社2016年版,第319—320页;参见王利明:《论债权请求权的若干问题》,载《法律适用》2008年第9期;参见前注[1],朱晓喆文;参见范志勇:《论骗取出口退税款的破产清偿顺位》,载《交大法学》2019年第2期。

〔57〕 李永军:《论破产程序中的取回权》,载《比较法研究》1995年第2期;同前注[7],李永军书,第241,248页。

再结合我国立法者在一般取回权立法上将债务人角色定位在"占有人"的安排，或许就不难理解，为何司法解释者会将代偿取回权制度向《物权法》第244条靠拢。因为后者既满足债务人是占有人的角色定位，又关乎"代偿财产的分配规则"。只是这种看似合理的安排，是否能够满足实务需求，还需进一步讨论。

（二）适用困境

欲回答上述提问，须进而分析《司法解释二》第32条第1款的构成要件：

1. 破产债务人当为占有人

《司法解释二》沿袭《企业破产法》第38条的立法表述，规定破产债务人须为相关财产的占有人。类似的，破产债务人之占有可基于仓储、保管、加工承揽、借用、寄存、租赁等基础法律关系产生。虽然司法解释者在《司法解释二》第32条只言"债务人"，但应当认为，破产管理人也包含在内。这是因为，代偿取回标的的归属性并不会因为破产管理人的出现而发生改变。

2. 债务人占有的他人财产毁损、灭失

债务人占有的他人财产毁损、灭失是代偿取回权行使的前提。狭义上，"毁损、灭失"仅指相关标的物因遭受"物理性损害"而价值减损或不复存在。因第三人善意取得标的物的，广义上也被归入到"灭失"的情形中。[58] 依此，当破产债务人或者管理人将占有的他人财产不当转让，而第三人善意取得相关财产所有权的，满足代偿取回权的产生条件。然而从整个《司法解释二》的体系出发，这种理解是不合适的。《司法解释二》第30条、第31条详细规定了，在债务人占有的他人财产被违法转让给第三人时，该如何救济权利人和第三人。虽然这两个条文均使用了"违法"一词对"转让行为"进行限定，但其与"不当"并无实质区别。依第30条，在第三人善意取得时，依转让行为发生时间，来确定原权利人享有的是普通破产债权还是共益债权；在第三人为恶意时，原权利人得追回转让财产。因此，若肯定"不当转让"为"灭失"的一种情形，则会造成《司法解释二》第30条和第32条发生适用冲突。因此，就体系解释而言，应将"不当转让"情形排除在"灭失"情形之外。

笔者试在北大法宝数据库中以"代偿取回权"为关键词对司法案例进行检索，共得出6个相关案例，发生在《司法解释二》颁行之后的有5个。其中，有两个案例涉及原取回标的之毁损、灭失；[59] 另有一个案例虽不涉及破产程序，但法院在裁决时以

〔58〕 最高院物权法研究小组：《〈中华人民共和国物权法〉条文理解与适用》，人民法院出版社2007年版，第707页；黄薇主编：《〈中华人民共和国民法典物权编〉解读》，中国法制出版社2020年版，第843页。

〔59〕 见江苏省泰兴市人民法院（2014）泰中商终字第0247号民事判决书；南京市高淳区人民法院（2019）苏0118民初532号民事判决书。

"代偿取回权"作为解释路径;[60] 还有一个案例,原告同时以《司法解释二》的第 31 条、第 32 条作为裁判基础,认为"取回物毁损、灭失、转让发生在破产申请受理后的,应作为共益债务清偿"。[61] 最后一个案例,上诉人认为对案涉建筑物拍卖而取得的款项,可行使代偿取回权,但因其无法证明案涉建筑物属于其本人,法院并未支持其请求。[62] 在上述案例中,暂不能判断法院对"不当转让"持何种态度,事实上,亦有司法工作人员否定我国代偿取回权之存在。[63]

而再以"代偿性取回权"为关键词进行司法案例检索时,却可以发现,在《司法解释二》颁行之后,最高院以及上海高院的司法裁判中仍存在"代偿性取回权"这样的表述,但其所援引的法条却并非《司法解释二》第 32 条第 1 款,而是《企业破产法》第 38 条。[64] 也就是说,实践中,在涉及"不当转让"时,最高院及其他一些法院会绕过《司法解释二》第 32 条之规定,以一般取回权规则为基础进行处理。进言之,就是"毁损、灭失"情形依"代偿取回权制度"来处理;"不当转让"情形依"代偿性取回权制度"来处理。然而,"代偿取回权"和"代偿性取回权"是两种不同的权利吗? 目前,理论界和司法实务界还都看不出有这种区分。而这样的"变通"处理,似乎也是因为"不当转让"不能通过解释归入到"毁损、灭失"的情形中,而依先前的判例,这些权利人又值得保护,故而不得不在实践中延续之前的做法,以回避《司法解释二》带来的适用问题。

综上,我国法下,"不当转让"并不能被视作代偿取回发生的一个前提。但将代偿取回限于狭义的毁损、灭失情形,于实务而言,极不适当的。

3. 该财产毁损、灭失而产生"变形财产"或相关请求权

依《司法解释二》第 32 条第 1 款之规定,代偿取回权客体当为保险金、赔偿金以及代偿物。但这种理解是不完全正确的。因为当"变形财产"尚未交付时,代偿取回权的客体并不是某一具体的"物",而是一项具体的"权利"。也即,在"变形财产"尚未给付之时,行使代偿取回权实质是请求管理人让与相关请求权。

其次,对于保险金、赔偿金以及代偿物的性质也应先加以区分,再讨论其是否可作为代偿取回对象。具有物上代位性的保险金、赔偿金、代位物,应否定其被代偿取回之可能。因为物上代位基于法律的规定,不以当事人的意志为转移,代偿财产直

---

〔60〕 见浙江省嵊州市人民法院(2019)浙 0683 民初 1720 号民事判决书。

〔61〕 见浙江省淳安县人民法院(2019)浙 0127 民初 3841 号民事判决书。

〔62〕 见江苏省淮安市中级人民法院(2021)苏 08 民终 1958 号民事判决书。

〔63〕 见郭峰:《破产程序中融资租赁物取回权的行使》,载《人民司法(应用)》2020 年第 16 期。

〔64〕 同前注〔11〕。

接代位原标的,原标的上所载有的权利以及所负的义务延续至该代偿标的。[65] 此时,尽管原标的形态发生改变,权利人仍可依一般取回权主张取回。[66] 我国法下,典型的物上代位出现在《物权法》第 174 条(《民法典》第 390 条)。依该规定,担保物权具有物上代位性。故对于担保财产毁损、灭失而获得的保险金、赔偿金或代偿物不适用代偿取回规则,而适用一般取回规则。这里有必要指出的是,对于担保财产是否可以依一般取回权主张取回,不同的担保物权设立方式得出的结论也不同。基于《企业破产法》第 38 条的要求,债务人须占有待取回财产,因此仅留置物、被质押的动产以及部分权利,如汇票、存款单、提单等,可在一定条件下被取回。

4. "变形财产"尚未交付,或虽已交付但具可区分性

(1) 过手取得之可能

权利人行使代偿取回权还须满足一个条件是,相关"变形财产"尚未交付或虽已交付,但可从破产财团中区分出来。但这里需要先考虑的一个问题是,变形财产本身或相关请求权,债务人是否有过手取得之可能。如无过手取得,则无代偿取回权适用之必要。值得考虑的有以下四种情形:

A. 第三人损害清算适用之情形。

首先,债务人的介入最可能发生在涉及第三人损害清算的情形。遵循债之相对性原则,可能就会出现"有损害无请求权"和"无请求权但有损害"这样的矛盾情形。对此,德国民法采"第三人损害清算"理论加以解决。目前在德国的判例中被承认的属于第三人损害清算情形的有:①间接代理;[67]②强制的风险免除;[68]③照管第三人之物的义务,即在照管期间,被照管的他人之物受到侵害,照管人得向加害人就所

---

[65] 目前,我国学界关于"物上代位权"的性质有较大争议,通说采"担保物权延续说",即"担保物权自动存续于代位物之上(陈明添、谢黎伟:《抵押权的物上代位性》,载《华东政法学院学报》2005 年第 3 期;崔建远:《物权:规范与学说——以中国物权法的解释论为中心》(下册),清华大学出版社 2011 年版,第 764—765 页;尹田:《物权法》,北京大学出版社 2017 年版,第 474、531 页;陈华彬:《物权法论》,中国政法大学出版社 2018 年版,第 515—516 页;)";另有较多学者主张"法定债权质权说",即认为"在担保财产毁损或灭失而担保人因此获得保险金、赔偿金以及补偿金的给付请求权时,担保物权人就成为——权利质权人(孙鹏、王勤劳、范雪飞:《担保物权法原理》,中国人民大学出版社 2009 年版,第 57—58 页;程啸:《担保物权人物上代位权实现程序的建构》,载《比较法研究》2015 年第 2 期)"。本文所言"权利与义务的延续",仅指"概括延续",至于该代偿财产上"负担的"是抵押权还是质押权,并作不详细区分。

[66] 因此,本文在这里并不认同李永军教授的观点。代偿取回权并非"物上代位权"在破产法中的反映,尽管代偿取回权制度基于代位理念而产生,但准确地说,其涉及的是一种特殊的代位——破产法上之代位。

[67] BGH NJW 1957, 1838;BGH NJW 1963, 2071;BGH NJW 1996, 2734;BGH NJW 1998, 1864, 1865.

[68] BGH NJW 1963, 2071.

有权人的损害主张赔偿。[69] 首先，我国法下，间接代理原则上不需要引入第三人损害清算这一理论。根据《合同法》第 402 条、第 403 条（《民法典》第 925 条、第 926条），委托人享有"介入权"。而在寄送买卖合同中，采利益第三人合同理论或援引间接代理关系中委托人介入权规则，即可解决我国运输合同中买受人的请求权问题，第三人损害清算在此亦无适用之空间。[70] 最后，即使在涉及债务人有负照管第三人之物义务的情形时，我国学说也尚无讨论"第三人损害清算"的传统，而多以《侵权责任法》第 28 条、第 37 条（现《民法典》第 1175 条、第 1198 条）加以解决。因此，尚不能依第三人损害清算理论为《司法解释二》第 32 条第 1 款之规定正名。

　　B. 占有人之损害赔偿请求权。

　　我国《物权法》于占有保护请求权之外，还赋予了占有人损害赔偿请求权（第 245条），《民法典》沿袭了这种立法传统，不过对该权利的行使加以限定——必须"依法"而为之（第 462 条第 1 款第 3 分句）。《民法典》出台之前，学界关于《物权法》第 245条第 1 款第 3 分句是确立了一项独立的请求权基础还是仅为参引性规范存在争议，实务界也观点各异。[71] 随着《民法典》第 462 条第 1 款第 3 分句明确提出该请求须"依法"为之，这一争论似乎可以告一段落。也即，占有人损害赔偿请求权之行使必须遵循侵权法的一般规则。

　　但占有本身只具有排他效力，并不具有任何财产归属内容，对单纯占有的侵害并不构成侵权，不能以损害赔偿的方式予以救济。[72] 而只有当占有人就占有享有（排他）收益权限时，其方得就损害主张赔偿且仅以该收益为限，于我国法下，因仅有权占有人的收益权限被承认，故实际上只有有权占有人得行使该请求权。[73] 即使承认占有人基于占有享有损害赔偿请求权，也要继续讨论，该请求权所及之给付是否有返还于权利人之必要。因为权利人与占有人之间的内部关系，作为加害人的第三人并不总能清楚知道，因此要求加害人基于占有之内部基础关系进行偿付的，实不可取。比较妥善的做法是，在权利人与占有人均主张损害赔偿时，将二者视为（不真正）连带债权人。也即，加害人向二者任意一方为给付，对另一方均产生免责效力，权利人与占有人就该给付的分配，取决于其内部关系。[74] 由此，若加害人已给

---

　　[69]　BGH NJW 1955，257；BGH NJW 1963，2071 f.；BGH NJW 1969，789，790；BGH NJW 1985，2411.

　　[70]　参见前注[36]，朱晓喆文。

　　[71]　参见吴香香：《〈物权法〉第 245 条评注》，载《法学家》2016 年第 4 期。

　　[72]　同上注。

　　[73]　吴香香：《论侵害占有的损害赔偿》，载《中外法学》2013 年第 3 期；实际上，我国法院支持的占有人损害赔偿诉讼请求案件，均以有权占有为前提，见章正璋：《我国民法上的占有保护——基于人民法院占有保护案例的实证分析》，载《法学研究》2014 年第 3 期。

　　[74]　同前注[73]，吴香香文。

付占有人(即破产债务人),则权利人理论上可就该给付主张(全部或部分)代偿取回。

C. 债务人为责任保险的被保险人。

通常,权利人并不需要请求管理人让与对待给付请求权,因为,权利人对加害人直接享有损害赔偿请求权。需要讨论的是,权利人是否有请求债务人让与保险金请求权之可能。通常,投保人只对自己的财产具有保险利益。例外的,当投保人参保以其对第三人所负的损害赔偿责任为保险标的(即责任保险)时,可间接实现为他人财产投保的结果。关于责任保险事故发生时,受害人是否有权直接向保险人请求赔付,目前我国学界和实务界均无统一的观点。[75] 我国《保险法》并未明确赋予受害人直接请求权,依《保险法》第 65 条第 2 款第 2 句之规定,受害人仅在被保险人怠于行使保险金请求权时,可直接向保险人主张权利。

从《保险法》的条文安排来看,立法者对于责任保险保险金之给付可否突破合同相对性,原则上持否定见。但学界对于赋予受害人以直接的请求权,提出了越来越多的理论支持,如并存的债务承担说[76],法定权利说[77],保全特定债权说[78]等。笔者认为,从责任保险之目的来看,其旨在"免除被保险人之责任"。[79] 若否定受害人的直接请求权,则不仅不利于平衡保险人—被保险人—受害人三者之间的关系,无形中还增加了讼累,甚至有时还增加了被保险人恶意处分保险金的道德风险。实际上,受害人直接请求权并不是一项保险法上的请求权,而是一项具有侵权法属性的损害赔偿请求权。[80] 承认受害人的直接请求权于我国法下亦可以找到理论支持。因此,对于尚未给付的保险金,权利人可直接向保险人主张,而无须请求被保险人让与该权利。也即在被保险人破产时,权利人可不经代偿取回,直接向保险人请求给付相关保险金。

D.《物权法》第 244 条第 1 分句(《民法典》第 461 条第 1 分句)。

如前文所述,《司法解释二》的规范表述与《物权法》第 244 条第 1 分句(《民法典》第 461 条第 1 分句)高度一致。实际上,这相当于将不当得利返还情形中的一种情形

---

〔75〕 唯一的一处例外在"交强险",依《最高人民法院关于审理道路交通事故损害赔偿案件适用法律若干问题的解释》第 16、25 条,受害人可直接向责任保险公司主张赔付。

〔76〕 Langheid/Wandt/W.-T. Schneider, 2. Aufl. 2017, VVG § 115 Rn. 1.

〔77〕 详见邹海林:《责任保险论》,法律出版社 1999 年版,第 245—246 页。

〔78〕 杨勇:《任意责任保险中受害人直接请求权之证成》,载《政治与法律》2019 年第 4 期。

〔79〕 沈小军:《论责任保险中被保险人的责任免除请求权》,载《法学家》2019 年第 1 期;同上注,杨勇文。亦有学者认为,责任保险的直接作用在于"填补被保险人之损害",见温世扬:《"相对分离原则"下的保险合同与侵权责任》,载《当代法学》2012 年第 5 期。

〔80〕 Prölss/Martin/Klimke, 30. Aufl. 2018, VVG § 115 Rn. 1.

在破产法中予以特别"拔擢"。[81] 依前述德国法理论,即司法解释在这里将一债法上之代位予以强化,并将之升格为"破产法上之代位"。尽管,在损害是因第三人造成时,第三人应当承担侵权责任。但第三人基于占有之外观,完全有可能误认债务人为所涉标的"实际的"所有权人,而给付债务人。在这种情形下,否定第三人之给付不合常理。司法解释者在此赋予相关权利人对代偿利益予以破产取回权,有现实意义。若非如此,在第三人因侵权而向债务人为给付时,权利人就代偿财产无权主张取回,只能依破产一般债权或共益债权进行救济。因此,在代偿财产已给付给债务人的情况下,权利人有主张返还代偿权益之可能。

E. 小结。

综上,在我国现行法律框架下,仅在不承认受害人对(责任保险)保险人享有保险金直接请求权时以及在原取回标的因毁损、灭失而产生的代偿财产已给付破产债务人时,相关权利人才有行使代偿取回权之可能。

(2)代偿取回权客体之确定性

对于债务人已经受领之给付,则须继续判断其是否还能从破产财团中区分出来。当代偿财产非为种类物时,一般并不存在判断难点。然而实务中,代偿财产多以"金钱"的形式出现。对于"金钱的特定化",司法实务界承认以下几种方法:① 采取"封金"或"提存"的形式;[82] ② 采"专门账户"保存。[83] 对于资金进入相关账户之后,账户内资金再无转出,是否可据此判断该资金可识别,司法界的观点尚不一致。在(2019)浙 0683 民初 1720 号民事判决书中,嵊州市人民法院肯定了在案涉资金入户后再无支取的情况下,案涉资金具有特定性;然而在(2018)最高法民申 884 号民事裁定书中,最高院认为,货币作为特殊的动产及种类物,自交付时所有权即发生转移,即使该资金入户后该户资金未再有支取、划扣等情形,也不认为该案涉资金具有特定性。

综上可见,我国司法界对于"金钱的特定化"仍采取一种比较严苛的判断标准。这种标准的理论根源在于我国民法学界长久以来奉行的"金钱占有即所有"原则。本文限于篇幅,暂不讨论这一原则是否具有合理性。仅从破产代偿取回规则本身出发,要求待取回财产与破产财团完全区分也是不合理的。如前文所述,取回权规则

---

〔81〕《物权法》第 244 条前半句的规定属不当得利责任,而非损害赔偿责任(同前注〔59〕,最高院物权法研究小组书,第 707—708 页)。

〔82〕 参见广东省高级人民法院(2013)粤高法民二破终字第 2 号判决书;《关于适用〈中华人民共和国担保法若干问题的解释〉》第 85 条。然而"提存"这种特定化方式对于破产代偿取回而言并不合适,具体见前注〔3〕。

〔83〕 参见:《最高人民法院关于河南省高级人民法院就郑州亚细亚五彩购物广场有限公司破产一案中董桂琴等 50 家商户能否行使取回权问题请示的答复》(〔2003〕民二他字第 14 号);参见:最高院(2017)最高法民申 322 号民事裁定书。

的目的在于维护社会公平价值观念,防止债务人以他人财产清偿本人之债。若待取回标的与破产财团可区分,但尚做不到完全分割时,即否定权利人之取回权,实际上起不到任何维护社会公平的作用。因此,笔者在这里同意许德风教授的观点,认为对于代偿取回标的之特定化可采比较宽泛的认定标准,只要相关货币与摘取人的其他资金可通过进出账的记录相区分,即可认定其已经特定化。[84] 此外,对于代偿财产为实物货币的,笔者认为,即使其与债务人其他货币财产发生混合,也不应直接否定权利人的代偿取回权。当然,鉴于我国《民法典》第 322 条只是笼统地对添附加以规定,动产混合是否成立“共有”还需在理论和实务上进一步探讨。

小结

《司法解释二》所“设立”的“代偿取回权”在条文表述上存在严重瑕疵。依该规定,破产代偿取回权在我国仅在极为有限的情形下适用。具体而言,司法解释者仅将不当得利返还情形下的一种情形在破产法上加以强化,使其从“债法上之代位”升格为“破产法上之代位”,进而具备取回之功能。但这种“拔擢”在我国法下是否具有现实意义,则要打上大大的问号。首先,仅将一大类债权中的某一小项债权予以特别对待,构成实质上的不平等,无益于实现“立法初衷”。其次,就物之毁损、灭失而言,权利人实际上并不需要借由“代偿取回权”进行救济。再次,尽管权利人主张权利须破产债务人先让与相关请求权的情形是存在的,但依当前司法解释,也仅在否定责任保险的受害人对保险公司享有直接请求权时,权利人有行使代偿取回权之可能;然而依责任保险之目的以及相关学说理论的发展,“否定论”很难站得住脚。最后,即使承认某些情形下,权利人必须向债务人主张代偿利益返还,而又因为我国司法界对于“代偿标的特定化”采取极为严苛的标准,代偿取回权终究还是流于行使不能。以上,似乎又恰好解释了,为何这 8 年间,我国代偿取回权相关的纠纷寥寥出现。

四、结语与未来展望

破产法从来都不是一门孤立的学科,至于破产法中的各项制度,亦是如此。仅以本文讨论对象“代偿取回权制度”为例,其除了要在破产法的内部与“一般取回权制度”相对应,还要在破产法之外与占有规则、担保物权规则、保险法规则等联动。因此,“代偿取回制度”的失灵,不仅仅是破产法的损失,也是整个中国法的遗憾。当然也应肯定司法解释者在设立代偿取回权制度时的初衷——实现社会公平价值观念。但现实是,这样的解释安排不仅无法达致其初衷,也阻碍了真正的“代偿取回权”在实务中的运用,甚至于最高院自己都绕过自己的解释,以寻求实质公平。在某

---

[84] 同前注[4],许德风文。

种意义上，我国破产代偿取回制度所反映出的问题又不单单指向破产法本身。长期以来，学界虽不时有"物上代位"、"债权人代位"相关的佳作涌现，却鲜有作品对"物的代位"进行深入剖析，这也就导致了在处理原物毁损、灭失而得来的替代财产时，极易掉入"物上代位"的陷阱。

从另外一个角度来说，"代偿取回权"作为破产法的一项制度早已得到我国学术界和司法实务界的肯定，立法上正式引入这项制度，不存在任何障碍。因此笔者在此谨呼吁，立法者在修订《企业破产法》时，对"代偿取回权制度"予以更高的关注，通过更高层级的法律对该项制度予以重新表述，破除《司法解释二》带来的积弊。具体而言，以下几点应在未来的（新）《破产法》中得到体现：1. 明确一般取回权行使不能是行使代偿取回权的前提；2. 确认"不当转让"是代偿取回权行使的前提；3. 明确在代偿财产尚未给付债务人之时，代偿取回权的客体是"权利"，而非"物"；4. 将代偿标的"特定化"的认定标准放宽，以"具有特定之可能"代替"绝对特定"。

中德法学论坛

第 19 辑·上卷,第 85～102 页

"协助决定"理念下行为能力制度的再解释

梁神宝*

摘　要:我国《民法典》依据年龄、智力和精神健康状况的不同,将自然人行为能力划分为完全行为能力、限制行为能力和无行为能力。这种三分法根植于"替代决定"理念的土壤。随着人类对残障认识的加深,以及全社会就如何对待残障和年老失能人士的深入探讨,同时伴随着个人自主决定权的彰显,"替代决定"理念受到"协助决定"理念的挑战。但"替代决定"理念土壤上成长起来的行为能力三分法却未作出相应的改变,这导致行为能力制度滞后于"协助决定"理念的发展。鉴于我国《民法典》新立不久,短期内难以修改行为能力和监护制度的条文。如何在现有法律条文下,通过法律解释来贯彻"协助决定"理念,抑制"替代决定"理念,成为一个有意义的问题。这一系统性任务的其中一个支点便是对行为能力制度进行再解释,使其契合于"协助决定"理念。

关键词:协助决定,替代决定,行为能力

一、引言

我国《民法典》第 35 条第 3 款对成年人的监护人履行监护职责做了原则性规定,该款与《民法通则》相比,是新增内容。有学者认为这一新规定体现了立法者对"协助决定"理念的接纳。[1]"协助决定"理念是一种通过一系列的民事协议、民事实践或者民事安排等形式,使成年人在处于认知障碍时,能够在他人协助下表达自己的

---

* 梁神宝:上海财经大学法学院讲师,法学博士。

[1] 陈嘉白:《协助决定对监护制度的矫变与重塑》,载《华东政法大学学报》2021 年第 5 期,第 133 页;彭诚信、李贝:《现代监护理念下监护与行为能力关系的重构》,载《法学研究》2019 年第 4 期,第 79 页。

意愿,自主作出决定,协助者不能替代本人作出决定。[2]

与协助决定相对立的是替代决定。替代决定理念下,处于认知障碍状态的自然人被法律剥夺自主决定的资格,而由其他人员替代本人作出决定。自罗马法以来,各国民法长期受到替代决定理念支配,在制度层面上体现为禁治产宣告(限制行为能力或无行为能力宣告)、监护以及行为能力的限制。此等制度安排下,法定机关按照法定程序宣告有认知或心理障碍者为限制行为能力或无行为能力人,并为他们设置监护人。上述行为能力缺陷者不能独立为法律行为,须监护人代为法律行为。

法律理念与法律制度从不同层次构造了法律体系,两者都对法律形成及其适用产生影响。法律理念是较为抽象的蕴藏在法律体系中的基本价值观念。例如,个人自主决定权是贯穿于整个法秩序的基本价值观念(或理念);协助决定是个人自主决定理念在监护领域的一个具象化,但协助决定本身还只是一个抽象的理念,未落实到可实施的法律制度层面。法律制度是由规则组成的可实施的法律,相较于法律理念,法律制度更为具体化。例如,《德国民法典》第 1896 条至 1908i 条规定了成年人照管制度,相关个人可以依据该制度提出法律上的请求,相关机关依据该制度可作出一定措施。成年人照管制度是对协助决定理念在制度上的落实。

法律体系应保持内在价值的自洽,法律理念与法律制度在价值取向上应协调而非对立矛盾。自罗马法以降的禁治产宣告和监护制度,其价值取向在于对被监护人提供人身、财产保护。[3] 在这样的价值理念下,衍生出替代决定的理念。即由大众眼中身心健全的人替代心智有障碍的人做决定,以便实现对被监护人的保护。在一定的历史条件下,基于替代决定理念而生的禁治产宣告和监护制度,符合保护被监护人人身、财产的价值理念,制度所体现的价值取向与立法者设计制度时所秉持的价值取向是协调一致的。但随着社会和科学的发展,对残障人士的支援不再仅限于提供人身、财产保护,使其融入社会和最大限度维持其个人自主决定成为重要的价值取向。[4] 传统民法制度没有顾及后两项价值。协助决定理念将保护被协助者利益、使其融入社会以及维持其自主决定等多项价值融合为一体。

从立法上看,我国《民法典》于监护问题上在法律理念层面和法律制度层面未能保持内在价值的一致性。[5] 一方面,从抽象的法律理念层面看,《民法典》第 35 条

---

〔2〕 李霞:《协助决定取代成年监护替代决定》,载《法学研究》2019 年第 1 期第 101 页。

〔3〕 彭诚信、李贝:《现代监护理念下监护与行为能力关系的重构》,载《法学研究》2019 年第 4 期,第 65 页。

〔4〕 陈嘉白:《协助决定对监护制度的矫变与重塑》,载《华东政法大学学报》2021 年第 5 期,第 127—128 页。

〔5〕 陈嘉白:《协助决定对监护制度的矫变与重塑》,载《华东政法大学学报》2021 年第 5 期,第 134 页。

第 3 款显示出,立法者接受协助决定理念,其背后的多元价值本应在民法体系中得到尊重和贯彻;另一方面,从具体的法律制度层面看,监护制度仍依循传统民法而未做变更,故仅能顾及传统民法中保护监护人人身、财产的价值理念,不能体现最大程度维持被监护人自主决定的价值理念。法律理念与法律制度层面的价值取向因此产生不一致,这与法律体系应保持内在价值的自洽产生冲突。

价值取向上的矛盾可以由立法者通过修改法律消弭,或者由司法人员通过法律解释的方法在法律适用中进行纠偏。由立法者修改法律实现内在价值协调的例子有,德国立法者通过《关于改革监护法和成年人保佐法》(后文简称《成年人照管法》),自 1992 年 1 月 1 日起以"成年人照管"制度取代成年人禁治产制度。瑞士立法者通过对瑞士民法典监护制度的全面修改,自 2013 年 1 月 1 日起以"成年人辅助"制度取代成年人禁治产制度。而我国《民法典》制定不久,短期内从立法上对监护制度做重大修改的可能性较小,消除法律体系内在价值冲突的任务便落在法律适用环节。本文试图从解释论的角度,立足"协助决定"理念,对现行的行为能力制度进行解释,以期缓和法律体系内在价值冲突。由于无行为能力人完全不能辨认自己行为,无意思能力自然不能独立为法律行为,由监护人代理其作出法律行为。这一点无论是在"替代决定"理念下还是在"协助决定"理念下,并无不同。故本文仅限于对限制行为能力及其法效果进行合乎"协助决定"理念的目的解释。

二、对限制行为能力的再解释

(一)区分未成年与成年限制行为能力人

《民法典》第 35 条第 2、3 两款就未成年人和成年人的监护人在履行监护职责时,应尊重被监护人的自主决定权有不同表述,此种表述上的差异体现了立法者对待未成年和成年限制行为能力人采纳了不同的价值理念。该条第 3 款在针对成年限制行为能力人时强调监护人应"保障并协助被监护人实施与其智力、精神健康状况相适应的民事法律行为。对被监护人有能力独立处理的事务,监护人不得干涉"。这被解读为立法者对"协助决定"理念的采纳。与此相对,该条第 2 款在针对未成年限制行为能力人时并无上述表述,故应作不同解释,不能将协助决定理念作为未成年监护制度的价值基础。

未成年人和成年人的监护制度采用不同的价值理念,有其合理性。民法就限制行为能力人,只是依是否能完全辨认其行为这一标准,而没有考虑社会生活其他方面。成年与未成年限制行为能力人,其在社会生活中尚存诸多差异。父母照顾未成年子女实乃人之天性,子女日常事务常由父母安排,且未成年人人格之塑造有赖父母之教育培养。[6] 若赋予未成年人太多自由,无益其身心健康成长。故法律将未成年人大多数事务交由其父母决定,赋予未成年人较小的自主决定权尚在情理之中。且未成年人终有成年之时,其自主决定权受限只是暂时。基于这些理由,对待未成年人,并不宜过度强调自主决定和协助决定理念。例如,德国和瑞士以成年照管制度或成年辅助制度取代监护制度,[7] 旨在充分尊重成年行为能力障碍者的自主决定权。这些立法例中未成年人行为能力和亲权制度并未变化。

成年人的人格塑造以及身心健康状况,往往业已定型,并且年老者随着年龄的增加识别能力会逐渐耗损。"替代"决定理念下的行为能力三分法,将所有成年人的行为能力进行刚性化的划分。一旦被认定为完全行为能力人,民法框架下则不作任何支援,任凭其自行决定。若因行为能力障碍而被宣告为无民事或者限制民事行为能力人,则其失去自主决定的资格。此种分类方法被许多学者批评为"太过僵硬"。[8] 从制度背后所承载的价值理念看,三分法旨在保护行为能力障碍者的利益,但牺牲行为能力障碍者的自主决定权。这种理念恰恰与协助决定理念冲突,协助决定理念要求立法者最大程度保护残障人士的自主决定权。

以上分析可知,现行法对未成年限制行为能力人的监护制度并不存在体系内在价值冲突;而对成年限制行为能力人的监护制度,存在内在价值冲突,需要通过法律解释予以缓和。故本文的写作范围也仅针对成年人。

(二)限制行为能力状态是否以宣告为前提

就我国成年限制行为能力人是否以宣告为前提,学界有两种不同观点。一种观点认为,成年人若未被宣告欠缺行为能力,应认定其具有完全意思能力;相反,已宣告为欠缺行为能力的精神病人,在撤销宣告前,即使实际具备完全的判断能力,也认

---

〔6〕　例如,瑞士法上规定亲权(elterliche Sorge,《瑞士民法典》第 301 条):父母有照顾、教育子女的义务,子女有顺从的义务;我国《婚姻法》第 21 条、第 23 条规定,父母对子女有抚养、保护、教育的义务。

〔7〕　李霞:《协助决定取代成年监护替代决定——兼论民法典婚姻家庭编监护与协助的增设》,载《法学研究》2019 年第 1 期,第 111 页以下。

〔8〕　陈历幸:《意思能力与未成年人保护》,载《青少年犯罪问题》2007 年第 2 期,第 39 页以下;李霞:《论我国成年人民事行为能力欠缺法律制度重构》,载《政治与法律》2008 年第 9 期,第 70 页以下;梁慧星:《民法总论》,法律出版社 2011 年版,第 106 页(因新版无上述内容,故引用旧版);张志媛:《成年人监护制度研究》,西南政法大学 2014 年硕士毕业论文,第 26 页以下;徐丽娜:《精神障碍患者监护人权利过大现象之分析》,南京大学 2013 年硕士毕业论文;王月华:《自然人民事行为能力制度研究》,南京财经大学 2014 年硕士毕业论文,第 44 页以下。

定其欠缺行为能力，这样方可达到将意思能力"定型化"的目的。[9] 另一种观点认为，我国《民法典》规定的"不能辨认自己行为"和"不能完全辨认自己行为"是一种客观状态，法院对行为能力欠缺作出宣告前，这种客观状态既已存在。[10]

从我国法条文义和司法实践状况看，笔者更倾向于支持第二种解释：

从法条文义来看，我国限制行为能力制度法条构造有其特殊性，与比较法上（限制行为能力）禁治产制度尚有差异。禁治产制度，以宣告为前提，剥夺或者限制当事人法律行为能力。前一种观点是对禁治产制度的解释，而我国法条言"不能完全辨认自己行为的成年人，为限制民事行为能力人"，文义上看，并不以宣告为前提。

从司法实践来看，第二种解释也得到了印证。[11] 司法实践中会出现虽未被宣告为限制民事行为能力人，但客观上不能完全辨认自己行为者所为法律行为的效力问题。例如，上海市二中院的一则案例，当事人长期在上海市长宁区精神卫生中心进行治疗，期间出卖其名下房产。该案当事人虽未经法院宣告为限制民事行为能力人，但法院依据相关证据，认为当事人在精神障碍患病治疗期间，不得单独进行重大民事活动。[12] 判决的出发点即当事人实际上欠缺行为能力，是就一种自然状态而言。

比较法上，亦有不以宣告为前提而认可行为能力瑕疵。旧德民（本文称《成年人照管法》生效前的德国民法典为旧德民）除了禁治产制度可剥夺或限制成年人行为能力，尚有第 104 条第 2 项，规定自然状态的无行为能力。自然状态的无行为能力不以宣告为前提。基于法条构造，德国学界将无行为能力人分为"自然状态"与"法律状态"。[13] 但由于旧德民法条构造之局限，无法解释出"自然状态"的限制行为能力人。因此学者扩展"自然状态"的无行为能力人内涵，发展出"部分无行为能力"，以涵盖自然状态的限制行为能力人。就此，后文将专门论述。而我国法条构造本身可

---

〔9〕 何恬：《浅析我国民事行为能力欠缺宣告制度的不足与完善》，载《法律与医学杂志》2006年第 4 期，第 306 页；梁慧星：《民法总论》，法律出版社 2017 年 8 月版，第 103 页；李霞：《论禁治产人与无行为能力人的当代私法命运》，载《法律科学》2008 年第 5 期，第 83 页。

〔10〕 李贝：《民法典编纂中自然人行为能力认定模式的立法选择——基于个案审查与形式审查的比较分析》，载《法学》2019 年第 2 期，第 138 页。

〔11〕 司法实践也并非全采上述观点，也有裁判不承认自然状态的限制民事行为能力，认为成年人只有经法院认定之后才能成为限制民事行为能力人或无民事行为能力人。例如（2017）辽 02民终 1424 号民事裁定书。详见李贝：《民法典编纂中自然人行为能力认定模式的立法选择——基于个案审查与形式审查的比较分析》，载《法学》2019 年第 2 期，第 138—139 页。

〔12〕 （2011）沪二中民二（民）终字第 1699 号。

〔13〕 德国法上，在成年人照管制度生效之前，依旧德民第 104 条第 2 款和第 3 款，无法律行为能力人除不满 7 周岁之未成年人，分为因长期不能自由形成意思者和因精神疾病被禁治产者。学者将前者看作是自然状态的无行为能力，后者是法律状态的无行为能力。

以解释出自然状态的限制行为能力,故无必要借助"部分无行为能力"这一概念。

　　根据我国限制民事行为能力人的法条构造,成年限制民事行为能力人可分为"自然状态"与"法律状态"两种。依《民法典》第 22 条,不能完全辨认自己行为的成年人,为限制民事行为能力人。从文义来看,是就自然状态而言,不以宣告为前提。[14]若进而依《民法典》第 24 条第 1 款及《民事诉讼法》第 194 条以下被法院宣告为限制民事行为能力人,则从自然状态变为法律状态。法律状态下,不再关注当事人事实上是否欠缺识别能力。即便其事实上具备完全识别能力,也抽象认定其欠缺行为能力。

　　对自然状态的限制民事行为能力人,诉讼中举证责任在主张行为人为限制行为能力人一方。从一些判决书表述可以看出,即便法律行为当事人未被宣告为限制民事行为能力人,法院仍允许当事人举证证明行为发生时是否客观上欠缺行为能力。诉讼中因举证困难,故就过往行为,法院最终认定自然状态的限制民事行为能力人并不多见。[15]

　　本文区分法律状态的限制行为能力和自然状态的行为能力,实益在于下文章节"二(三)3"部分进行法律解释时须区分不同情形。

(三)引入"部分限制行为能力"概念

1."限制行为能力"概念存在的问题

　　《民法典》第 22 条规定"不能完全辨认自己行为的成年人为限制民事行为能力人……"。法条所言"不能完全辨认",文义上存在两种理解:其一,抽象层面,即就生活领域的所有事务而言,只能辨认其中一部分,而不能辨认全部事务。其二,具体层面,即对某件事务而言,既不是能辨认也不是不能辨认,而是不能完全辨认。但第二种理解从逻辑上无法成立,因为对一件具体事务,要么能辨认,要么不能辨认,并不存在"不能完全辨认"情形。[16]因此我国法上"不能完全辨认",应作抽象理解,也即

---

　　〔14〕　李贝:《民法典编纂中自然人行为能力认定模式的立法选择——基于个案审查与形式审查的比较分析》,载《法学》2019 年第 2 期,第 138 页。

　　〔15〕　例如(2009)沪二中民二(民)终字第 26 号判决书中,当事人 1998 年 4 月被诊断为患有分裂样精神病,服药一段时间后正常上班并无异常,2008 年鉴定机构对当事人离婚事务做精神鉴定,认定当事人就离婚具有限制民事行为能力。法院认为,据此难以认定当事人 2000 年购买公有住房时行为能力受限。(2017)吉 02 民终 2674 号判决书中,当事人 2017 年 1 月被宣告为无民事行为能力人,但没有证据证明当事人在 2014 年 6 月系争法律行为发生时欠缺行为能力,故法院认为法律行为有效。

　　〔16〕　参见蔡伟雄、袁少稳等:《精神病人民事行为能力评定相关问题的探讨》,载《中国司法鉴定》2003 年第 2 期,第 39 页以下。

对某些事务不能辨认,对另外一些事务能够完全辨认。[17]

根据上述限制行为能力概念,一个成年人因对某些事务不能辨认,被宣告为限制行为能力人后,即便其对其他领域的事务能够完全辨认,他对于能够辨认的那些事务的自主决定能力也被限制了。如此,法律制度运行的结果与立法者重视成年被监护人自主决定权以及协助决定的理念相悖。能够消除上述价值冲突并且逻辑上妥当的一个解决办法是:区分生活不同领域,就行为人不能辨认的领域认定行为人具有限制行为能力,其法律行为由他人代理;就行为人能够辨认的领域,不剥夺其行为能力,行为人得独立实施法律行为。这一模式体现的是"部分限制行为能力"思维。

2. "部分限制行为能力"体现协助决定理念

以德国和瑞士为例,协助决定理念支配下的成年人监护改革,其制度设计上都采纳了"部分限制行为能力"的思维模式,即区分不同事务领域而分别决定是否有必要就该部分事务设置照管。

德国法上,成年人监护制度改革后,采成年人照管制度。依成年人照管制度,成年人不再被宣告为限制行为能力人或无行为能力人。但若当事人长期不能自由形成意思,依德国民法典第104条第2款他是自然状态的无行为能力人。除此之外的行为能力障碍者,仅凭为其设置照管人通常不会影响其法律行为能力。照管人就其职责范围内的事务是被照管人的法定代理人(德国民法典第1902条)。被照管人无须照管人允许,可单独实施法律行为;照管人可在其职责范围内,以被照管人名义为法律行为。二者的行为互相独立。

于特别情形,管辖法院可发出指令,要求被照管人为意思表示前须照管人允许(德国民法典第1903条,允许之保留,Einwilligungsvorbehalt)。此情形与限制民事行为能力较为相似,准用德国民法典第108条以下关于限制民事行为能力的规定。所不同的是,限制民事行为能力制度针对生活的所有领域,而允许之保留针对的仅仅是照管人职责覆盖之领域(Aufgabenkreis)。因此有学者给其起名为部分限制行为能力(partielle beschränkte Geschäftsfähigkeit)。[18]

瑞士民法典第394条区分不限制被辅助人行为能力的代理辅助和限制被辅助人行为能力的代理辅助。其中限制被辅助人行为能力的代理辅助以及瑞士民法典第396条共同决定式辅助,都区分不同领域事务而依情形限制或不限制被辅助人的行为能力,与"部分限制行为能力"理念相同。

由此可见,相较于行为能力三分法下的限制行为能力,"部分限制行为能力"思

---

〔17〕 参见蔡伟雄、袁少稳等:《精神病人民事行为能力评定相关问题的探讨》,载《中国司法鉴定》2003年第2期,第39页以下。

〔18〕 Ulrich Höhnberg, Rechtsfähigkeit und Handlungsfähigkeit des Jungen Menschen im Bereich der Freiheitsrechte, S. 71.

维模式更符合现代成年监护制度改革的价值取向,赋予行为能力障碍者更多的自主决定空间,价值上契合于协助决定理念。

3. 在我国采纳"部分限制行为能力"作为解释路径

我国学界亦不乏支持"部分限制行为能力"的学者。例如有学者认为,现行限制行为能力制度,不够尊重限制行为能力人之意志表达,应就不同情形的限制行为能力人进一步设计规范,在限制行为能力下再类型化。[19] 有学者提出,将成年限制行为能力人进一步类型化为限制大部分行为能力、限制一部分行为能力、限制特定部分行为能力,并分别通过监护、保佐、辅助等方式进行法律行为能力的补充。[20]

我国司法鉴定实践,对行为能力的鉴定分三种类型:其一,主张某民事法律行为无效而鉴定相应民事行为能力的;其二,鉴定诉讼行为能力;其三,特别程序案件中对精神病人民事行为能力的鉴定。[21] 只有第三种情形,是就所有生活领域进行抽象鉴定,鉴定结果分为完全行为能力、限制行为能力和无行为能力。对第一和第二种情形,鉴定的是某个领域的事务。例如遗产继承、婚姻、经济纠纷、领养子女、诉讼能力等。[22] 司法鉴定实践区分不同领域事务的思路,与"部分限制行为能力"思维一致。

如前文章节"二(二)"所述,成年限制民事行为能力人可以是经宣告的或自然状态的。下文区分这两种情形分别阐述如何将"部分限制行为能力"作为解释的基本思维。

1. 不能完全辨认自己行为的成年人经利害关系人申请,法院可宣告其为限制民事行为能力人。本文称其为法律状态的限制行为能力人。为保障他们的自主决定权,不能完全剥夺他们独立实施法律行为的能力。法院虽概括宣告其为限制民事行为能力人,但就法效果而言,成年限制民事行为能力人可独立实施"与其智力、精神状况相适应的法律行为",由于其文义上的弹性,其能从事何种法律行为,尚有很大解释空间。可以从此切入,结合医学鉴定的结果,区分不同领域事务而认定限制行为能力人得从事法律行为的范围。例如,可就婚姻、遗嘱、合同等生活领域分别鉴定

---

〔19〕　郑晓剑:《自然人民事行为能力制度的类型化及其效力》,载《南都学刊》2011 年第 5 期,第 85 页。

〔20〕　李霞:《论我国成年人民事行为能力欠缺法律制度重构》,载《政治与法律》2008 年第 9 期,第 74 页。

〔21〕　蔡伟雄、袁少稳等:《精神病人民事行为能力评定相关问题的探讨》,载《中国司法鉴定》2003 年第 2 期,第 39 页以下。

〔22〕　蔡伟雄、袁少稳等:《精神病人民事行为能力评定相关问题的探讨》,载《中国司法鉴定》2003 年第 2 期,第 39 页以下。

其识别能力。[23] 甚至可进一步区分为为重大法律行为的能力、为常见法律行为的能力、赠与能力、诉讼能力、作证能力等。[24] 此种路径恰合德国成年人照管法区分不同事务领域以提供不同程度的照管这一思路,[25] 从价值取向上看,也最大程度地尊重了行为能力障碍者的自主决定权。

2. 某人若不能完全识别其行为,且法院未宣告其为限制民事行为能力人,仅在发生特定领域的纠纷时,行为人的行为能力才会被质疑。此时司法鉴定针对特定领域进行。[26] 此等情形,相较于宣告情形,当事人直到诉讼时实际上被看作完全行为能力人,其行为未受法律限制。诉讼时,由于鉴定直接针对发生争议的事务领域,无形中便贯彻了部分限制行为能力的思路。

未经宣告的限制行为能力思路,在旧德民时期的司法裁判中也有体现。旧德民时期,判例发展出"部分无行为能力"(partielle Geschäftsunfähigkeit)。[27] 这一概念使德国法律行为能力制度的僵硬有所缓解。部分无行为能力,指持续地在生活中某个领域无法律行为能力,但在其他领域有法律行为能力。[28] 德国司法判决一直承认这一概念。与部分无行为能力不同,德国司法否认了相对法律行为能力(BGH NJW 1953,1342)。相对法律行为能力根据事务的难易程度来区分当事人是否就某事有行为能力,某人可能对于特别复杂艰难的事务没有民事行为能力,而对简单事务有民事行为能力。这与部分无行为能力不同,部分无行为能力并不区分事务难易程度,而仅仅区分生活某个领域,比如婚姻。相对无行为能力这一概念不为法院采

---

[23] 李霞:《论我国成年人民事行为能力欠缺法律制度重构》,载《政治与法律》2008 年第 9 期,第 71 页。

[24] 李霞:《论禁治产人与无行为能力人的当代私法命运》,载《法律科学》2008 年第 5 期,第 85—86 页。该文献提出的观点与笔者观点大体相同,所不同点有二:第一,所引文献是从立法论的角度试图建立一套新的成年人行为能力制度,而笔者试图在解释论下完成;第二,所引文献认为是个案审查,笔者以为不同领域的审查与个案审查还有区别,这也是德国法上认可部分无行为能力而否定相对行为能力的原因。迄今为止,德国瑞士法上,对于成年人照管或者辅助也不是个案审查,而是以一个或多个领域为基础。只在涉及人身专属事务时,采取个案审查。该文献与笔者相同观点都认为,可以就各个领域分别鉴定其识别能力,而不是一概而论。

[25] 德国法上虽反对就个案逐一审查识别能力,但不反对就某个生活领域审查是否具有识别能力,《成年人照管法》和此前的部分无行为能力制度,都体现了可以区分不同生活领域而异其识别能力。此种思路可以用于我国法条解释。

[26] 李霞:《论禁治产人与无行为能力人的当代私法命运》,载《法律科学》2008 年第 5 期,第 86 页。

[27] 参见:Müller Gabriele, Betreuung und Geschäftsfähigkeit, Bielefeld 1998, S. 20 ff.

[28] Larenz Karl, Allgemeiner Teil des deutschen Bürgerlichen Rechts (7. Aufl.), München 1989, S. 101;(笔者选取较旧的版本,意在说明当时的情况)。Palandt, Bürgerliches Gesetzbuch (49. Aufl.), München 1990, 3d zu § 104.

纳,拒绝采纳的理由是,相对无行为能力这一概念导致无法明确判断当事人是否具有民事行为能力,而须每次比较当事人的识别能力与事务的难易程度才能做出决定,会导致法律交易不安全。[29]

德国联邦法院的一则离婚判决[30],法院肯定了只就家庭关系和婚姻关系没有民事行为能力和诉讼能力。此案中,女方因丈夫提出离婚而受刺激,就婚姻和离婚相应事务产生失真的观念。她认为,他们的婚姻因某些隐秘不为人知的情况而走向破裂,丈夫只是受色欲之害而提出离婚,她不能和丈夫离婚。经专业鉴定,就不涉及婚姻领域,该女子心智并无障碍,而在婚姻、家庭关系以及离婚诉讼方面,她因精神障碍无法自由形成意思。基于鉴定结果,法院认为,该女在婚姻、家庭关系和离婚诉讼方面无民事行为能力和诉讼能力,但在其他事务上有民事行为能力。

类似的案件还有:[31]某77岁高龄律师,经鉴定,记忆力和其他身体功能都因年老而有所衰退;又因一次错过上诉截止日期受到惊吓,身体功能更加退化;基于鉴定结果,法院认为该律师就系争案件之代理无行为能力,至于其他方面事务是否有行为能力,暂且不论。

(四)"部分限制行为能力"的功能局限

"部分限制行为能力"这一解释路径,使得限制行为能力人不再是任何法律行为都不能独立实施,而是某些领域事务不能独立实施,另外一些领域的事务可以独立实施。从而扩大了限制行为能力人自主决定权所及范围,契合协助决定理念所秉持的尽量让被协助者自己做决定的价值取向。

但法律解释毕竟有其局限,难以完全弥补立法之不足。笔者以瑞士法上成年人辅助制度作为对比,来说明"部分限制行为能力"的功能局限。

瑞士法上,成年人辅助制度将成年行为障碍者分为至少四种类型(因为还有涉及事务极少且轻微的行为能力障碍者不被纳入辅助制度下,参见瑞士民法典第392条)。

第一种是支援性辅助(Begleitbeistandschaft,直译为伴随辅助或者陪同辅助,因此种辅助实质是为当事人提供一种额外援助,并不限制当事人行为能力,笔者意译之)(瑞士民法典第393条)。此种辅助,须经被辅助人同意始得设立。辅助人为被辅助人提供咨询、建议或者其他支持。此种辅助制度不限制被辅助人行为能力,被辅助人仍得独立实施法律行为。[32] 若被辅助人无视辅助人的建议和帮助,虽无直接

---

　　[29]　参见:Müller Gabriele, Betreuung und Geschäftsfähigkeit, Bielefeld 1998, S. 20 ff.

　　[30]　BGHZ 18, 184

　　[31]　BGHZ 30, 112.

　　[32]　Tuor/Schnyder/Schmid/Jungo, Das schweizerische Zivilgesetzbuch (14. Aufl.), Zürich/Basel/Genf 2015, S. 641 ff.

后果,但可能导致由支援性辅助转为其他辅助。[33] 因此种辅助不涉及被辅助人行为能力,被辅助人仍是独立实施法律行为,故无须指明具体事务,而只需指明大的领域即可。"部分限制行为能力"涉及行为能力受限情形,因此无法通过解释产生类似瑞士法上支援性辅助的制度。

第二种是代理性辅助(Vertretungsbeistandschaft)(瑞士民法典第 394 条)。若被辅助人不能完成某些事务而需要代理时,为其设置代理性辅助,其设立无须被辅助人同意。成年人保护机构可以同时限制被辅助人相应事务上的行为能力,也可不限制被辅助人的行为能力。如果被辅助人就相应事务的行为能力未被限制,那么辅助人和被辅助人可以互相独立为相应行为,且法律后果皆归于被辅助人。债法上的代理和委托相关规定于此适用。通过"部分限制行为能力"解释,可以产生瑞士法上限制被辅助人行为能力的代理性辅助,但不能产生不限制被辅助人行为能力的代理性辅助。

第三种是共同决定式辅助(Mitwirkungsbeistandschaft,或译为"协作性辅助")(瑞士民法典第 396 条)。如果被辅助人某些行为须经辅助人同意才足以保护被辅助人,得为其设立共同决定式辅助。于此,辅助人没有代理权,被辅助人自行作出法律行为(故被辅助人就此等事务必须有识别能力),但辅助人有权同意或者拒绝该法律行为。[34] 设立共同决定式辅助时,成年人保护机构须在设立辅助决定中写明哪些事务须经辅助人同意。[35] 此项辅助制度可防止辅助人危害被辅助人利益。通过"部分限制行为能力"解释,不能在我国法解释出功能类似的制度。

第四种是全面辅助(umfassende Beistandschaft)(瑞士民法典第 398 条)。被辅助人长期无识别能力需要帮助的,得为其设立全面辅助。全面辅助人得全面代理被辅助人为法律行为,但法律另有规定的除外(例如,瑞士民法典第 407 条规定的人身专属之权利,第 412 条规定辅助人不得为被辅助人缔结保证、设立基金会、非日常礼节性的赠与行为,第 416 条规定需要成年人保护机构同意的代理行为)。从实质上看,全面辅助制度与之前的监护制度相当。[36] 我国法通过法律解释,可以产生功能相当的制度。

以表格形式比较瑞士成年辅助制度和中国法通过解释能否实现类似功能如下:

---

〔33〕 Tuor/Schnyder/Schmid/Jungo, Das schweizerische Zivilgesetzbuch (14. Aufl.), Zürich/Basel/Genf 2015, S. 643 N 38.

〔34〕 Tuor/Schnyder/Schmid/Jungo, Das schweizerische Zivilgesetzbuch (14. Aufl.), Zürich/Basel/Genf 2015, S. 647 ff.

〔35〕 Hermann Schmid, Erwachsenenschutz Kommentar, Zürich/St. Gallen 2010, Art. 396 N 2.

〔36〕 Hermann Schmid, Erwachsenenschutz Kommentar, Zürich/St. Gallen 2010, Art. 398 N 2.

瑞士法上成年辅助制度类型	1. 支援性辅助	2. 代理性辅助		3. 共同决定式辅助	4. 全面辅助
		不限制被辅助人行为能力	限制被辅助人某些领域行为能力		
中国法通过解释可否弥补	不可以	不可以	可以	不可以	可以

三、对法效果的再解释

协助决定理念与替代决定理念相比,前者更强调被协助者的自主决定权。基于这种价值导向,协助决定理念支配下的制度也尽量保留被协助者独立实施法律行为的资格。与协助决定理念支配下的成年人辅助制度相比,我国现行法采行为能力三分法并为行为能力欠缺者设置监护人,由监护人代理被监护人为法律行为,或者由监护人事先同意或者事后追认限制行为能力人的法律行为。按照传统的解释,这种制度一刀切地剥夺了限制行为能力人和无行为能力人独立实施法律行为的资格。[37] 这与协助决定理念下尽量保留被协助者独立实施法律行为的资格相悖。协助决定理念作为立法者采纳的民法体系的内在价值,势必要对传统的行为能力三分法及其法效果在解释上产生影响。上一章是对三分法中限制行为能力概念做的再解释,当前部分将对法效果进行再解释,合乎目的地解释为何应当使限制行为能力人尽可能广泛地独立实施法律行为,使制度的运行结果向协助决定理念靠拢,而脱离替代决定理念的束缚。

《民法典》第 22 条规定限制行为能力人可以独立实施"……与其智力、精神健康状况相适应的民事法律行为"。依文义,即于个案中依当事人识别能力来确定其行为效力,若其就个案有识别能力,则可独立实施民事法律行为;若其就个案无识别能力,则由法定代理人代理或者经法定代理人允许。[38] 法条自身的弹性,为解释提供了可能。

---

[37] 限制民事行为能力人尚得独立实施一些法律行为。例如:1. 纯获法律上利益的法律行为;2. 日常生活行为;3. 未成人就法定代理人允许其自由处分的小部分财产所作出的法律行为;4. 法定代理人允许未成年人营业的,未成年人为营业所作出的法律行为;5. 法定代理人允许未成年人受雇佣或者提供劳务的,未成年人基于此而实施的法律行为。参见:陈历幸:《意思能力与未成年人保护》,载《青少年犯罪问题》2007 年第 2 期,第 40 页;郑晓剑:《自然人民事行为能力制度的类型化及其效力》,载《南都学刊》2011 年第 5 期,第 86 页;郑晓剑:《自然人民事行为能力欠缺制度之缓和路径研究》,载《私法》2013 年第 2 期,第 114、115 页;张驰:《自然人行为能力样态比较分析》,载《东方法学》2010 年第 3 期,第 14 页以下。

[38] 参见朱庆育:《民法总论》,北京大学出版社 2013 年 8 月版,第 249 页。本书作者反对此种解释。

但若全依法条文义,法律行为能力制度将被肢解。因依文义"有识别能力者即可独立实施民事法律行为","无识别能力者由法定代理人代理或者经法定代理人允许而实施法律行为"[39]。这将导致识别能力取代法律行为能力制度。在法律行为能力制度运行稳定的情况下,当然不能以识别能力架空法律行为能力制度。故不能仅从文义解释相应条文的含义。基于此种考虑,有学者认为上述条文可以删除,即便不能删除也应朝有利于限制行为能力人一方解释。[40] 笔者也不赞同完全依文义解释,但可区分人身专属事务与其他事务,前者采法条文义个案考察行为人识别能力,后者则适用法律行为能力制度。

(一)人身专属事务内涵界定

人身专属事务(höchstpersönliche Angelegenheit)这一概念可见于瑞士民法典第19c条。它指的是与人格紧密联系的那些事务,其本身无法精确定义,内涵也是模糊的,需要法院通过判例发展其内容。瑞士学者如此描述该概念:该权利与人本身以及他的感情、情绪有紧密联系。[41] 单纯追求财产上利益的不属于人身专属事务。人身专属事务可分为绝对人身专属事务与相对人身专属事务。前者无论如何不可被代理,例如夫妻财产制约定、制定遗嘱、认领非婚生子女;后者在当事人无识别能力时可被代理,例如对手术之同意。

身份行为与个人人身关联紧密,属于人身专属事务范畴。关于身份行为的定义,我国学界有不同的观点。"广义说"认为身份行为包括形成的身份行为(导致身份关系产生、变化和消灭的行为)、附随的身份行为(如订立夫妻财产协议、夫妻财产分割协议以及离婚子女抚养协议等)和支配的身份行为(如身份上的同意以及基于亲权而对子女进行的保护、教养等)。[42] 而狭义的身份行为仅包括导致身份关系产生、变更和消灭的行为。[43] 从人身专属事务的涵义来看,上述广义的身份行为都属于人身专属事务。

人身专属事务的外延大于身份行为的外延。除了包含身份行为外,其他与人格紧密联系的事务也可被纳入人身专属事务概念下。例如患者处分之设立(内容为一旦患者无识别能力,由何人处理其事务、选任何人为代理人以及该如何处理其事务的指示)、变更姓名、对医疗行为的同意等。[44]

---

[39] 这样解释,一是肢解民事法律行为制度;二是存在逻辑错误,因为无识别能力者无法做出有效的意思表示,又何谈经法定代理人允许实施民事法律行为。

[40] 朱庆育:《民法总论》,北京大学出版社2013年8月版,第249页。

[41] BSK ZGB I-Bigler-Eggenberger/Fankhauser, Art. 19c N 2.

[42] 田韶华:《民法典编纂中身份行为的体系化建构》,载《法学》2018年第5期,第86页。

[43] 张作华:《亲属身份行为基本理论研究》,法律出版社2011年版,第21页。

[44] BSK ZGB I-Bigler-Eggenberger/Fankhauser, Art. 19c N 7.

瑞士联邦法院依据瑞士民法典第 19c 条第 1 款(2013 年 1 月 1 日之前为第 19 条第 2 款)通过判决确立了一些列人身专属事务。依瑞士判例属于绝对人身专属之权利的有[45]:宗教归属(瑞士民法典第 303 条第 3 款)、订婚(瑞士民法典第 90 条)、结婚(瑞士民法典第 94 条)、同性伴侣登记(瑞士《同性伴侣法》第 3 条)、夫妻财产制约定(瑞士民法典第 183 条)、宣告婚姻无效(瑞士民法典第 107 条)、请求离婚、认领非婚生子女(瑞士民法典第 252 条第 2 款)、生父母同意他人收养自己子女(瑞士民法典第 265a 条第 1 款)、儿童同意被收养(瑞士民法典第 265 条第 2 款)、事先预防委托之设立(Vorsorgeauftrag,内容为一旦无识别能力委托何人处理其事务、选任何人为代理人以及该如何处理其事务的指示,瑞士民法典第 360 条)、患者处分之设立(Patientenverfügung,瑞士民法典第 370 条)等。依瑞士判例属相对人身专属性权利有[46]:人格权受侵害而依民法典第 28 条以下提起的诉讼、依民法典第 30 条变更姓名、对医疗行为的同意、基因检测、子女或其母亲要求确认父子关系的(瑞士民法典第 261 条)等。瑞士司法发展出来的这些人身专属权利类型,可为我国区分人身专属事务与其他事务提供借鉴。

(二) 人身专属事务不适用法律行为能力制度

瑞士民法典第 19c 条规定:"行使与人格紧密联系的权利,以识别能力为已足,但法律规定须法定代理人同意的除外。"依据该条,人身专属事务不适用一般法律行为能力制度,而是在个案中考察行为人识别能力,但法律另有规定的除外。

德国法上虽然没有类似瑞士民法典第 19c 条的法条,但上述规范内容已被德国司法实践所接受。例如在一则医患纠纷案件中,[47]由于手术效果不佳,原告以身体伤害为由起诉医生。医生就手术虽已取得原告同意,但未获原告在民主德国的父母同意。原告 1950 年手术时为 20 又 3/4 岁。当时德国民法典规定,21 周岁成年(1950 年德国民法典第 2 条),结合该法第 106 条,原告属于限制行为能力人。本案的法律关键点在于未成年人能否就手术为有效同意。

联邦法院认为:本院不能采纳帝国法院一直以来的观点。帝国法院一直以来认为,医疗手术正当化原则上经由法定代理人同意而实现,未成年人自身同意并不能排除手术侵袭行为的违法性,即便他成熟到具有一定的理解能力。[48]本院认为,对

[45] BSK ZGB I-Bigler-Eggenberger/Fankhauser, Art. 19c N 5.

[46] BSK ZGB I-Bigler-Eggenberger/Fankhauser, Art. 19c N 7.

[47] BGHZ 29, 33-37 = FamRZ 1959, 200-202 = NJW 1959, 811 = VersR 1959, 308-310.(https://www.uni-trier.de/fileadmin/fb5/prof/BRZIPR/urt/bgbat/bgbat80.pdf,2022 年 1 月 10 日最后访问)。

[48] 帝国法院判决参见:RGZ 68, 431; RG JW 1911, 748.

手术的同意,与德国民法典第 183 条的同意不同。对手术的同意,并非法律行为意义上的意思表示,而是对一个事实行为的授权。德国民法典第 107 条以下关于限制行为能力制度的内容,涉及的是法律行为意义上的意思表示,因此不能直接适用于医疗行为的同意。未成年人若足够成熟能够在医疗侵袭的意义、范围及同意之间做出衡量,那么他可以放弃制定法的特别保护。

上述判决并未直接使用"人身专属事务"这一表达,也并未以此为论证依据。但是学者在评价这一判决时指出,法院在做出这一判决时的出发点是:有识别能力的未成年人有权自主决定其人身专属事务。[49] 法院裁判时从此点出发,不过这一原则当时在民事领域尚未定论,难以直接用于判决,法院需要从法技术上来实现这一效果,实现的路径即为区分意思表示(rechtsgeschäftliche Willenserklärung)和意思表达(Willensäußerung)。

判决从法技术上认为患者同意不是法律行为,故不适用行为能力。此种论证在今天看来是立不住脚的。例如,债务催告为准法律行为不是法律行为,却适用行为能力。因此,患者同意不适用行为能力,并非因为它属于准法律行为,而是因为它是人身专属事务,与人格关系紧密。债务催告虽为准法律行为,但是纯粹追求财产上利益的行为,与人格关系并不紧密,故仍类推适用法律行为能力制度。

德国慕尼黑州高等法院的另一则医疗同意案,判决书强调有识别能力者可单独决定人身专属事务。[50] 法院以德国基本法(Grundgesetz)第 2 条关于个人得自由发展其人格(第 2 条第 1 款)及保持身体完整的权利(第 2 条第 2 款)来论证,有识别能力者得决定人身专属事务。法院认为,基于基本权利的要求,应将人身专属事务,从德国民法典创立的法律行为能力制度中排除,人身专属事务的行使以识别能力为已足。

目前,德国学界也赞同,人身专属事务,原则上不适用法律行为能力。若制定法没有特别规定,则此类事务之处理以识别能力[51]为已足。[52]

---

[49] Höhnberg Ulrich, Rechtsfähigkeit und Handlungsfähigkeit des Jungen Menschen im Bereich der Freiheitsrechte, München 1972, S. 136.

[50] OLG München NJW 1958, 633. 此案前审的说理部分借用了瑞士法上的原则,即行使人身专属之权利原则上具备识别能力即可。州高等法院赞同其说理。

[51] 德国法上并未统一使用"识别能力"这一概念,而是使用诸如 Einsichtsfähigkeit, Urteilsfähigkeit, Einwilligungsfähigkeit 等,笔者统一使用"识别能力"来表示。

[52] 参见:Palandt, Bürgerliches Gesetzbuch (74. Aufl.), München 2015, Art. 630d Rn 2; Müller Gabriele, Betreuung und Geschäftsfähigkeit, Bielefeld 1998, S. 224 ff. Flume Werner, Allgemeiner Teil des Bürgerlichen Rechts, 2. Band: Das Rechtsgeschäft (4. Aufl.), Berlin/Heidelberg/New York 1992, S. 211 ff. 甚至有德国学者建议将此原则纳入法条之中,参见 Dölitzsch Simone, Vom Kindesschutz zu Kindesrechten, Bielefeld 2005, S. 333.

(三)我国法应确立人身专属事务适用识别能力的规则

我国民法并未确立如瑞士、德国的规则:人身专属事务的行使,以识别能力为已足,但法律另有规定的除外。是否有必要在我国法上区分人身专属事务和其他事务而分别适用法律行为能力和识别能力,又涉及目的解释的问题。

追根溯源,决定法律行为效力的,应该是个案中当事人的识别能力。[53]对某法律行为有识别能力的,即可有效为之;无识别能力的,不能有效为之;个案中并不存在介于能识别与不能识别之间的状态。[54]然而,若个案审查识别能力有无,将导致行为人的识别能力于每个法律行为都须被审查,造成极大的不确定性。因此有必要依据一定的客观标准,抽象地区分不同类型的行为能力人以及其行为效力。凭借这样的法技术方法,意思能力便由一种事实状态转为抽象的法律状态,行为能力制度便因此产生。[55]

有一部分人,对生活中的部分事务有识别能力,对其他事务没有识别能力。为了避免识别能力概念的弊端,立法者将这部分人抽象纳入限制民事行为能力人范畴,也不再区分其事实上就个案是否具备行为能力。立法者再就限制民事行为能力人抽象地规定其行为效力。不区分个案中是否有识别能力,而抽象采纳限制民事行为能力制度,必然导致就某具体事务有识别能力者不能独立实施法律行为,其自主决定权受到限制。

在协助决定理念下,合乎民法内在价值的解释路径应当是尽可能扩大个人独立实施法律行为的范围。借鉴瑞士法规则和德国司法实践确立的规则,不一刀切的剥夺限制行为能力人独立处理人身专属事务的资格,而是在个案中判断其对所处理的人身专属事务是否有识别能力,若就某事务有相应的识别能力,则即便是限制行为

---

〔53〕 参见郑晓剑:《自然人民事行为能力欠缺制度之缓和路径研究》,载《私法》2013 年第 2期,第 90 页。该文引王泽鉴言"法律行为系实践私法自治的手段,私法自治的理念在于个人自主及自我负责,因此法律行为须以行为人具有意思能力(或识别能力)为前提,即对事务有正常识别及能预见其行为可能发生如何效果的能力"(王泽鉴:《民法概要》,中国政法大学出版社 2003 年版,第 98—99 页)。

〔54〕 个案中的识别能力要么有要么无,这在瑞士法上是基本原则,但判决中也有提及减弱的识别能力,并且会影响侵权的法律后果,但就法律行为是否有效来说,采取的仍是全有全无原则。参见 Tuor/Schnyder/Schmid/Jungo, Das schweizerische Zivilgesetzbuch (14. Aufl.), Zürich/Basel/Genf 2015, S. 76; BSK ZGB I, Art. 16 N 40 f.

〔55〕 郑晓剑:《自然人民事行为能力欠缺制度之缓和路径研究》,载《私法》2013 年第 2 期,第91 页。

能力人,仍享有独立处理该人身专属事务的能力。[56]

我国法律就一些身份行为,也特别突出了限制行为能力人识别能力的重要性。例如《民法典》第 1104 条规定"收养八周岁以上未成年人的,应当征得被收养人的同意"。《民法典》第 1114 条第 1 款就收养关系的解除也有类似规定:"养子女八周岁以上的,应当征得本人同意。"人民法院审理离婚案件,涉及未成年子女抚养问题的,应当听取有表达意愿能力的未成年子女的意见,根据保障子女权益的原则和双方具体情况依法处理。[57]《民法典》第 1084 条第 3 款就离婚时未成年子女由哪一方抚养的问题,规定:"子女已满八周岁的,应当尊重其真实意愿。"

上述法条涉及的虽然是未成年限制民事行为能力人,但其背后体现的思维是收养、抚养等人身专属事务,其事务处理应适用识别能力,不适用法律行为能力制度。这种思维对于成年限制行为能力人处理人身专属事务,同样适用,并应当将上述法条所蕴含的思想整体类推到整个人身专属事务领域,从而确立"人身专属事务的行使适用识别能力"的规则。

四、结论

立法者将"协助决定"的价值理念纳入《民法典》之中,但在制度设计上却仍沿用了"替代决定"理念下的成年人监护制度,造成了法律内在价值的冲突。"协助决定"理念下,立法者在制度设计时尽可能维持被协助者独立实施法律行为的能力,即便被协助者不能完全辨认自己行为,法院也仅就部分领域为被协助者设置照管人。仅在被协助者长期无识别能力的情况下,才为其设置全面辅助人代理为法律行为。

由于我国《民法典》制定不久,短期从立法上变革成年人监护制度显得难以实现。故本文从解释论的角度出发,通过对既有的行为能力制度进行合乎"协助决定"理念的目的解释,以期缓和《民法典》就成年监护制度所产生的内在价值冲突。缓和的路径主要有两点:其一,引入"部分限制行为能力"概念。对于不能完全辨认自己行为的成年人,不是全面否定其独立实施法律行为的能力,而是就某些领域限制其独立实施法律行为,而在其他领域仍然肯定其独立实施法律行为的能力。其二,人身专属事务不适用法律行为能力制度,而是在个案中审查行为人是否具有识别能力。通过这两条路径,大大扩展了限制行为能力人独立实施法律行为的范围,这与

---

〔56〕 田韶华:《身份行为能力论》,载《法学》2021 年第 10 期。该文认为身份行为与财产行为不同,民事行为能力是基于财产行为而设计的制度,旨在避免个案审查的麻烦以保障交易便捷和交易秩序,这对于不以追求财产利益为目的,更不以效率为其价值取向的身份行为显然不具有可适用性。

〔57〕《中华人民共和国未成年人保护法》第 52 条。

"协助决定"理念最大限度保护被协助者自主决定权的理念相符。

同时应当意识到,解释论有其功能局限,难以完全弥补立法之不足。例如,"协助决定"其中一种情形是不剥夺被协助人行为能力的前提下为其设置协助人,协助人为被协助人独立实施法律行为提供咨询、建议,这通过对我国法律的解释无法实现。不剥夺被协助人行为能力而为其设置代理辅助人,以及共同决定式辅助制度,都无法通过解释我国法律实现。这些功能,须通过法律修改方能实现。

中德法学论坛

第 19 辑·上卷，第 103～123 页

景观生态重建与事前保护：
德国土地复垦立法的规程启示

赵　谦　董亚辉*

摘　要：我国土地复垦在土壤修复、生态重建、可持续性发展等方面的行为规则上，与德国土地复垦具有一定的相似性。德国土地复垦立法强调从景观生态重建目标的内涵、外延到事前保护的预置皆完成体系化的复垦规程设定。可借鉴其复垦行为规则特色，尝试厘清我国土地复垦立法在目标、预置规则面向的规范完善进路。应基于对复垦目标从内涵要素、规范构造到公民个体保护意识、土壤保护规程的相对完备设定，推动我国直观的初阶复垦目标规范设定与隐含的进阶复垦目标规范设定导向景观生态重建目标定位；应基于事前保护型复垦模式的义务预设考量与在事前保护型复垦规划计划预设规定中的行为手段、结果考量，依托损毁土地事实认定规范设定与生态系统指标预设规范设定来确立全流程治理复垦模式。

关键词：土地复垦；目标规则；预置规则；复垦目标；复垦模式

Abstract：China's land reclamation has certain similarities with German land reclamation in its behavioral rules in terms of soil remediation，ecological reconstruction and sustainable development. German land reclamation legislation emphasizes the setting of systematic reclamation regulations from the connotation and extension of the target of landscape ecological reconstruction to the preset of prior protection. We can learn from the feature of its reclamation behavior rules and try

---

* **基金项目**：国家社科基金重大项目"新时代中国特色土地管理法律制度完善研究"（18ZDA151）。

赵谦：西南大学法学院教授、博士生导师；董亚辉：西南大学法学院"公法与国家治理研究中心"助理研究员、博士研究生。

to clarify the perfect route of norms of China's land reclamation legislation in the target and preset rules. We should promote the intuitive setting of primary stage reclamation target norms and the implicit setting of advanced stage reclamation target norms to achieve the positioning of landscape ecological reconstruction targets based on the relatively complete setting of reclamation targets from connotation elements and normative structure to citizens' individual protection consciousness and soil protection regulations. We should establish the whole process governance reclamation mode by setting the fact identification norms for destroyed land and the preset norms of the ecosystem indicators based on the consideration of the obligation preset in prior protection reclamation mode and the consideration of the behavioral means，behavioral result in the prior protection reclamation planning and projecting preset.

Key words：Land Reclamation；Target Rules；Preset Rules；Reclamation Targets；Reclamation Mode

一、问题的提出

德国的土地复垦强调基于追求"景观生态重建"[1]的目标考量，为了"保持土地复垦与生态恢复重建的最小风险"[2]，通过"对地表破坏、土壤污染土地的复垦"[3]，来推动受损土地"恢复其利用价值"[4]。所涉复垦规程即"各类复垦当事人所应当遵循并贯彻实施于复垦全过程各环节"[5]的规范化步骤与程式，以为土地复垦活动的有序推进提供必要的行为规则指引。我国的土地复垦作为一种对损毁土地进行恢复利用的土地整治活动，在土壤修复、生态重建、可持续性发展等方面的行为规则上，与德国的土地复垦具有一定的相似性。

---

〔1〕 梁留科、常江、吴次芳、Klaus Borchard：《德国煤矿区景观生态重建/土地复垦及对中国的启示》，载《经济地理》2002 年第 6 期，第 711 页。

〔2〕 白中科、周伟、王金满、赵中秋、曹银贵、周妍：《再论矿区生态系统恢复重建》，载《中国土地科学》2018 年第 11 期，第 8 页。

〔3〕 潘明才：《德国土地复垦和整理的经验与启示》，载《国土资源》2002 年第 1 期，第 50 页。

〔4〕 刘海龙：《采矿废弃地的生态恢复与可持续景观设计》，载《生态学报》2004 年第 2 期，第 324 页。

〔5〕 赵谦、毛屏楠：《功能整合与法益衡平：美国矿区土地复垦立法的理念启示》，载《重庆大学学报（社会科学版）》2021 年第 3 期，第 122 页。

德国的土地复垦立法以 1980 年《联邦采矿法》[6]（以下简称《采矿法》）、1998 年《联邦土壤保护法》[7]（以下简称《土壤保护法》）和 2009 年《联邦自然保护法》[8]（以下简称《自然保护法》）为典型表征。其中《土壤保护法》第 17 条和《自然保护法》的第 1 条、第 2 条、第 5 条就土地复垦的目标内涵与目标外延予以了方向性指引，《采矿法》的第 2 条、第 4 条、第 39 条、第 50 条、第 55 条、第 57b 条、第 66 条则就土地复垦的义务预置与规划计划预置予以了可操作性指引。这些规范设定指引下的土地复垦行为规则颇具特色，强调从景观生态重建目标的内涵、外延到事前保护的预置皆完成体系化的复垦规程设定。

我国的土地复垦立法围绕 2011 年《土地复垦条例》（以下简称《条例》）和《土地复垦条例实施办法》（2012 年制定，2019 年修改）（以下简称《实施办法》），逐步设定了针对生产建设损毁和历史遗留、自然灾害损毁土地的复垦目标与复垦模式。基于此，我国"命令服从式单向度权力管制型土地复垦监管体系"[9]虽然已经初具规模，但"复垦率达到 45％以上"[10]而切实提升土地资源承载能力的"土地复垦预期规模、绩效目标"[11]达成得仍不尽如人意。既由"机构不健全、缺乏配合、手段落后、人员业务水平不高"[12]等固有的体制机制原因所致，也与略显偏狭的复垦行为规则设定有关。则不妨借鉴德国土地复垦立法所设定的复垦行为规则特色，尝试厘清我国土地复垦立法在目标、预置规则面向的规范完善进路，以实现对土地复垦活动更为周延的体系化行为规则指引。

---

〔6〕《联邦采矿法》，载联邦司法与消费者保护部和联邦司法办公室网，http://www.gesetze-im-internet.de/bbergg/BJNR013100980.html。

〔7〕《联邦土壤保护法》，载联邦司法与消费者保护部和联邦司法办公室网，http://www.gesetze-im-internet.de/bbodschg/BBodSchG.pdf。

〔8〕《联邦自然保护法》，载联邦司法与消费者保护部和联邦司法办公室网，http://www.gesetze-im-internet.de/bnatschg_2009/BNatSchG.pdf。

〔9〕 赵谦：《公私合作监管的原理与策略——以土地复垦为例》，载《当代法学》2021 年第 2 期，第 82 页。

〔10〕《国土资源部 国家发展和改革委员会关于印发〈全国土地整治规划（2016—2020 年）〉的通知》，载中国土地学会网 2017 年 3 月 1 日，http://www.clss.org.cn/xwdt/201703/t20170301_1441285.htm。

〔11〕 赵谦、陈祥：《服务型、标准化及复合化：英国污染土地复垦立法的启示》，载《华中农业大学学报（社会科学版）》2018 年第 4 期，第 148 页。

〔12〕 赵谦：《机构建制与治理：土地复垦监管组织条款的规范分析》，载《东方法学》2018 年第 5 期，第 110 页。

二、德国土地复垦立法所设定的复垦行为规则特色

德国土地复垦立法设定的复垦行为规则特色主要表现在目标规则和预置规则。其在《自然保护法》《土壤保护法》和《采矿法》相关条款中予以了较为清晰的体系化复垦规程设定,既明确了景观生态重建目标的内涵与外延,也进行了事前保护型模式下的义务预置与规划计划预置。

(一)景观生态重建复垦目标

德国《自然保护法》就土地复垦的目标予以了明确规定,并更多地凸显了在"改善和保护生态环境"[13]宗旨下,改造生态系统要素而提升土地利用率和产出率,以确保"所涉自然资源实现良性循环"[14],进而符合"要素—景观—系统"[15]这一生态修复评价体系所设定的标准。只有在生态自然观念同步确立并实践时,才能逐渐趋近"景观生态重建"的目标。《自然保护法》分别从景观生态重建复垦目标的内涵与外延这两个方面予以了相应的规范设定。

1. 景观生态重建复垦目标的内涵

德国"《自然保护法》将景观生态重建设定为土地复垦的目标"[16],而不仅仅是"使损毁土地达到可供利用状态"[17],并尝试从宗旨性与功能性这两个方面来明晰该目标的内涵要素。一方面,将保护自然景观设定为宗旨性要素。例如,第 1 条第(1)款中规定:"应根据以下各项,以其固有价值作为人类生活和健康的基础,保护自然和景观,并负起对后代的责任。保护还包括照顾、开发以及必要时恢复自然和景观。"另一方面,将凸显自然景观保护的可持续性与生态系统的良性循环设定为功能性要素。例如,第 1 条第(3)款之"保护土地,使其能够在自然环境中发挥作用;不能再后续使用的土地和损毁土地表面必须进行恢复,或者在违法或不合理开采的情况

---

〔13〕 杨建波、王利:《退耕还林生态效益评价方法》,载《中国土地科学》2003 年第 5 期,第 58 页。

〔14〕 Stefan Möckel/ André Wolf, Flurbereinigung: Privatnützigkeit und Ökosystemleistungen, NUR 44(2022),S. 11.

〔15〕 韩博、金晓斌、项晓敏、赵庆利、林金煌、洪长桥、金志丰、胡静、周寅康:《基于"要素—景观—系统"框架的江苏省长江沿线生态修复格局分析与对策》,载《自然资源学报》2020 年第 1 期,第 144 页。

〔16〕 Klaus Thomas, Flurbereinigung im Spannungsverhältnis zum Umweltrecht Deutschlands, NUR 36(2014),S. 691.

〔17〕 赵谦:《互助与自足:土地复垦监管的共同体关系及功能》,载《暨南学报(哲学社会科学版)》2017 年第 8 期,第 25 页。

下恢复自然状态"规定,以及第(5)款之"应大范围保护未开垦的景观空间,使其免遭进一步的破坏。在勘探和开采自然资源时,在开挖和掩埋期间,必须避免对自然平衡的永久损害和景观中有价值部分的破坏"规定。

综上所述,德国土地复垦立法对景观生态重建目标的内涵要素予以了较为整全的列明,并初步厘清了该目标从宗旨到功能的二阶规范构造。

2. 景观生态重建复垦目标的外延

《自然保护法》从公民个体保护意识与土壤保护规程这两方面,就景观生态重建复垦目标的外延实现方式予以了较为明确的规定。一方面,就意识依托外延而言,所涉景观生态重建活动应以积极培育公民个体保护意识为依托。例如,第2条中规定:"每个人都应为实现自然保护和景观管理的目标做出贡献,并采取行动使自然和景观不再不可避免地受到环境的影响;联邦和州政府应在其职权范围内支持实现自然保护和景观管理的目标;应考虑到第1条第(1)款提出的所有要求,并不与公众对自然和景观的其他要求相抵触,以最大限度地、必要和适当地来实现自然保护和景观管理的目标;在管理公共部门拥有土地时,应特别注意自然保护和景观管理的目标;应通过适当的手段增进对自然保护和景观管理目标的普遍了解,通过教育和信息提供来提高对自然和景观重要性与管理任务的认知,以积极提升负责任地使用自然和景观的意识。"基于此,应通过促进人在主体性维度的全面发展,强化来自公民个体的真诚拥护和自觉遵守,有必要将注重公民个体的保护意识和实际行为的推进,设定为土地复垦中景观生态重建的主观性实现方式。

另一方面,就规程指引外延而言,"所涉景观生态重建活动应以相对完备的土壤保护规程为指引"〔18〕。例如,第5条第(2)款中规定:"除了适用相关农业法规以及《联邦土壤保护法》第17条第(2)款的相关规定外,在农业耕作过程中还应遵守以下技术规范:必须因地制宜而确保土壤肥力的可持续性与长期可用性;土地的自然产出不能涸泽而渔而超出实现可持续性产量所需的范围。"与该规定形成规范连结的《土壤保护法》第17条第(2)款则就土壤保护基本原则予以了列明:农业土壤利用良好做法的原则即永久保护土壤肥力并凸显土壤作为自然资源的功能能力。所涉基本原则包括:通常应在考虑到天气条件的情况下,以适合于相关场所的方式对土壤进行处置;土壤结构应予以保持或改善;应尽可能地避免压实土壤,特别是要考虑到相关的土壤类型和土壤湿度,并控制农用设备对土壤施加的压力;应尽可能地避免土壤侵蚀,特别要考虑坡度、水和风等条件以及土壤覆盖的情况;应尽量保持土壤的主要原生自然结构要素,特别是树篱、农田灌木林和树木、农田边界和梯田;应通过适当的轮作方式来保护或促进土壤的生物活性;应保持相关场地的典型土壤腐殖质

---

〔18〕 Ernst-Rainer Hönes, Flurbereinigung, Denkmal-und Naturschutz, NUR 36(2014), S. 156.

含量,尤其是通过适当输入有机物质或降低土壤的耕作强度来实现。基于此,应强化操作规程的实施性技术约束,有必要将相对完备的土壤保护技术规范与基本原则,设定为土地复垦中景观生态重建的客观性实现方式。

综上所述,德国土地复垦在土地用途恢复的基础上,更为强调景观生态重建原则的落实。并通过对公民个体保护意识与土壤保护规程这两方面的细致规定,来有效保障该项原则具体践行。

（二）事前保护型复垦预置

德国《采矿法》就土地复垦的实施规程予以了明确规定,并更多地凸显了所涉损毁土地、破坏环境行为发生之前的事前保护型"措施限定与行为限制或制止"[19]。同时,此类规程在"法律价值预设"[20]基础命题之上对"预设规范的提出与选择"[21]提供了实践化路径,进而在相关规范设定中更加强调推动事后治理向"事前保护"转变的实效保护。《采矿法》分别从土地复垦的义务和规划计划这两个方面予以了相应的预置。

1. 事前保护型复垦的义务预置

《采矿法》全面预置了义务主体必须做出或不做出一定行为,来构建损毁土地实现再利用与生态系统恢复的责任规范。

其一,土地复垦义务主体和资金来源。例如,该法第 4 条第 5 款中规定:"企业家是指从事或分包与勘探、开采和处理矿产资源相关的任何活动的自然人或法人或商业合伙企业,且请自行承担相关活动的一切费用。"即将土地复垦义务主体设定为从事或分包相关活动的企业家,相应费用亦由其自行承担。该规定与我国土地复垦"谁破坏,谁复垦"[22]的原则导向是大体一致的。

其二,土地复垦义务的价值目标。例如,该法第 4 条第 4 款中规定:"土地复垦、恢复地表可用性是指在兼顾公共利益的前提下,正确恢复用于采矿的土地和地表面。"即将土地复垦义务主体开展复垦活动的价值目标设定为兼顾公共利益,既明晰了所涉行为的可预测导向,也凸显了其兼顾公众利益的基本定位。

其三,土地复垦义务的豁免情形。例如,该法第 39 条第 3 款中规定:"除非主管当局决定允许对土地进行更改,勘探许可证持有人应在探索性作业结束后,将第三

[19] 苏夏、张顾:《美国"事前性"历史环境保护探究——美国历史资源注册登录系统探析》,载《建筑学报》2015 年第 1 期,第 110 页。

[20] 谢晖:《诗性、修辞与法律价值预设——制度修辞研究之二》,载《现代法学》2012 年第 5 期,第 3 页。

[21] 邓哲、叶展、王再东、余芳:《法律思维中的科学逻辑方法》,华中师范大学出版社 2014 年版,第 47 页。

[22] 曹明德:《矿产资源生态补偿法律制度之探究》,载《法商研究》2007 年第 2 期,第 24 页。

方土地复垦使其恢复到其先前的状态,以供随后的开采作业使用,或者为了恢复土地的可用性,下令离开先前的区域。"即基于"义务相对豁免"[23]的理论指引,就土地复垦义务主体可以不履行复垦义务的具体事项予以了列明,而在一定程度上预置了义务豁免的法定事由。

综上所述,德国土地复垦义务预置规范明确了由从事分包、勘探、开采和处理矿产资源相关任何活动的相关自然人和法人来承担复垦义务,并在此基础上列明其义务豁免的情形。只要是不存在豁免情形的复垦义务人,都必须依循复垦兼顾公共利益的价值目标来开展复垦活动。

2. 事前保护型复垦的规划计划预置

《采矿法》就对损毁土地采取整治措施以恢复其可用性的规划安排和矿产资源处置活动的具体方案,予以了从手段到结果的规划计划之同步性全面预置,以实现"边开采边治理"[24]。

其一,土地复垦规划与采矿计划均须提前告知主管部门。例如,该法第 50 条第 3 款中规定:"企业家应在开采操作工程的建造或开始通知中附加开采计划以告知主管部门,其中应包括计划开采的所有重要信息:有关土地复垦、恢复开采过程中表面可用性措施的信息以及有关操作终止后一段时间内的相关预防措施信息。"即从行为手段角度出发,要求作为复垦义务主体的企业家必须事先将附有土地复垦重要信息的采矿计划,在采矿活动开始前就告知主管部门。进而"置于行为结果立场,强调通过事前调查收集有关土地复垦的必要信息,来供有权批准采矿计划的主管部门具体参考"[25]。

其二,土地复垦规划与采矿计划均须提前获得批准。例如,该法第 55 条第 1 款中规定:"如果符合以下条件,则应批准第 52 条规定的采矿计划:在符合正确使用或清除因操作产生的任何废物;在所需范围内已采取必要的准备措施以恢复地表面的可用性和开展土地复垦工作。"又如,该法第 55 条第 2 款中规定:"恢复被终止操作使用区域的地表面。"即将土地复垦规划设定为批准采矿计划的一项前提要件。再如,第 57b 条第 1 款规定:"主管部门可在规划正式批准之前批准计划的启动,同时保留撤销该批准的权利。不必担心对自然景观造成不可逆转的破坏;企业家同意在执行批准决定之前对计划执行所造成的任何损失进行赔偿,且如果计划未被批准,则将

　　〔23〕 唐绍均、蒋云飞:《论环境保护"三同时"义务的履行障碍与相对豁免》,载《现代法学》2018 年第 2 期,第 169 页。

　　〔24〕 胡振琪、肖武、赵艳玲:《再论煤矿区生态环境"边采边复"》,载《煤炭学报》2020 年第 1 期,第 351 页。

　　〔25〕 OVG Lüneburg, Privatnützigkeit einer vereinfachten Flurbereinigung bei auch fremdnützigen Zwecken,NUR 39(2017),S. 121.

受影响的区域恢复到原始状态。"即从行为手段角度出发,要求作为复垦义务主体的企业家必须对土地复垦规划相关事项有着明确认知。进而置于行为结果立场,将自然景观不会遭受不可逆转的破坏且企业家就相关事项有着明确认知,设定为主管部门所批准采矿计划提前生效的必备要件。

其三,土地复垦规划与采矿计划须同时实施。例如,该法第 2 条第 1 款中规定:"在勘探、开采和处理可自由开采和永久持有的矿产资源期间和之后,开展土地复垦工作以恢复地表面的可用性,否则不允许开矿。"即将土地复垦规划的实施贯穿于采矿计划实施的全过程,两者应在时间上具有一定的同步协调性。又如,该法第 66 条中规定:"在满足一定条件的情况下,基于开展土地复垦而恢复地表面可用性的目的考量,可发布法令(采矿法令)来明确:在勘探,开采和处理过程中和之后应采取哪些预防、实施措施以及相应措施的具体要求。"即从行为手段角度出发,要求土地复垦规划与采矿计划必须同时实施。进而置于行为结果立场,明确了规划与计划同时实施的规范依据事项。

综上所述,德国土地复垦规划与采矿计划均应在采矿活动开展前通知相关主管部门,并皆须获得相关部门的批准。在具体批准方式上,既可以先批准规划后批准计划,也可以在保留撤销权的情况下,先批准计划后批准规划,经过批准的规划和计划须同时实施。最终尝试确立了在行为手段与行为结果这两个方面的规划计划预设规则。

三、目标规则启示下我国土地复垦立法的景观生态重建目标定位

目标规范设定往往基于所涉"利益和目的"[26]以及"反映了资源优化配置程度"[27]的效益导向,来明晰相关规范所蕴含的目的导向与预期设想。我国土地复垦立法的复垦目标设定,主要围绕《条例》第 2 条的"达到可供利用状态"和《条例》第 1 条、《实施办法》第 2 条的"土地利用的社会效益、经济效益和生态效益"规定所明晰的土地利用与耕地保护事项,来定位"对某个法律应然作用的期待"[28]。其中"达到可供利用状态"作为一种"经济效益"表征,是最直观的也是对"初阶利益目标"[29]的表达;"社会效益和生态效益"则作为一种隐含的目标设定,为复垦目标的未来进阶提

〔26〕 [德]菲利普·黑克:《利益法学》,傅广宇译,商务印书馆 2016 年版,第 17 页。

〔27〕 王雨晴、宋戈:《城市土地利用综合效益评价与案例研究》,载《地理科学》2006 年第 6 期,第 743 页。

〔28〕 刘风景:《立法目的条款之法理基础及表述技术》,载《法商研究》2013 第 3 期,第 54 页。

〔29〕 赵谦:《公私合作监管的原理与策略——以土地复垦为例》,载《当代法学》2021 年第 2 期,第 88 页。

供了必要的扩张空间。旨在应对"土地资源和植物资源损毁与景观破坏"〔30〕问题的景观生态重建，作为一种从恢复、再生到系统规划下可持续发展的目标表达，具有较强的理论张力与规范设定可能。德国相关立法对该目标从内涵要素、规范构造到公民个体保护意识、土壤保护规程的相对完备设定，可为我国土地复垦立法所借鉴，从而为明晰"土地复垦活动应有的长期生态用途效益"〔31〕之景观生态重建目标定位确立途径。

（一）直观的初阶复垦目标

"经济效益"作为直观的初阶复垦目标，主要围绕《条例》第 2 条规定的"达到可供利用状态"，来展开土地利用事项的具体设定。例如，《新疆维吾尔自治区实施〈土地复垦规定〉办法》（1994 年制定，2010 年修改）第 18 条进一步将该目标界分为"恢复原来利用状态"的恢复性目标与"能够经济合理地重新提供利用"的合理利用性目标。

1. 恢复性目标

该类目标规范设定主要指向根据不同的土地类型来设定相应的恢复性目标要求。例如，《中华人民共和国土地管理法实施条例》（1991 年制定，1998 年、2011 年、2014 年、2021 年修改）第 20 条将"恢复种植条件"设定为耕地类复垦的目标要求。《中华人民共和国森林法》（1984 年制定，1998 年、2009 年、2019 年修改）第 38 条将"恢复植被和林业生产条件"设定为林地类复垦的目标要求。《中华人民共和国草原法》（1985 年制定，2002 年、2009 年、2013 年、2021 年修改）第 40 条将"恢复草原植被并及时退还"设定为草原类复垦的目标要求。所涉目标要求虽然从恢复种植生产条件角度对不同类型的土地予以了差异化目标定位，但未能进一步充实耕地类、林地类与草地类复垦的可持续生态发展意涵。

则不妨借鉴德国土地复垦立法对景观生态重建目标内涵要素的整全性列明，尝试丰富我国土地复垦立法"恢复原来利用状态"之恢复性目标的具体意涵。应立足于"从生态理念、生态价值和生态制度方面为生态话语权建设提供基础保障"〔32〕的可持续发展导向，围绕所涉"社会、经济、生态三位一体可持续发展的价值追求"〔33〕，来类型化明晰该类目标规范设定。其一，就耕地类复垦的恢复性目标而言。应在充

〔30〕 胡振琪：《关于煤炭工业绿色发展战略的若干思考——基于生态修复视角》，载《煤炭科学技术》2020 年第 4 期，第 36 页。

〔31〕 赵谦、毛屏楠：《功能整合与法益衡平：美国矿区土地复垦立法的理念启示》，载《重庆大学学报（社会科学版）》2021 年第 3 期，第 127 页。

〔32〕 李颖超：《习近平生态文明思想视域下的生态话语权建设研究》，载《重庆理工大学学报（社会科学）》2021 年第 12 期，第 25 页。

〔33〕 丁霖：《论法律秩序视角下环境法典总则一般规定的构建》，载《苏州大学学报（法学版）》2021 年第 4 期，第 15 页。

实耕地的"水文调节、净化、土壤污染物循环过滤"〔34〕等生态治理型恢复要义的基础上,尝试增加适当的"耕地生态系统服务价值"〔35〕恢复乃至提升考量。其二,就林地类复垦的恢复性目标而言。应在充实林地的"涵养土壤水分和补充地下水、森林拦蓄降水、调节河川流量"〔36〕等生态涵养型恢复要义的基础上,尝试增加适当的"林下经济发展模式"〔37〕选择乃至促进考量。其二,就草地类复垦的恢复性目标而言。应在充实草地的"碳汇、气候调节、水源涵养、防风固沙与养分固持、环境净化和生物多样性保护"〔38〕等生态保护型恢复要义的基础上,尝试增加适当的"有机物生产、水土保持、水源涵养等草地生态系统服务价值"〔39〕恢复乃至提升考量。

　　2. 合理利用性目标

　　该类目标规范设定主要指向在生产建设活动中设定的土地损毁预防控制措施。例如,《实施办法》第 24 条列明的"表土剥离、合理取土、地下施工保护、限制排废"这四类预防控制措施。所涉预防控制措施虽然围绕可能受损的土壤资源展开了较为明确的阶段性设计,但更多地局限于相关生态系统"某个环节、某一过程或者多个环节、多个过程"〔40〕的平衡点或节点控制,未能就凸显"生物多样性、永久性、自我持续性和植物演替"〔41〕的各类土壤资源环境要素予以必要的体系性考量。

　　则不妨借鉴德国土地复垦立法对土壤保护规程的相对完备设定,围绕我国土地复垦立法"能够经济合理地重新提供利用"之合理利用性目标,尝试充实预防控制措施所涉体系性环境要素。一方面,就合理利用所涉土壤本体生态结构要素而言。应围绕"不同的土壤固相、液相和气相组成所产生的不同土壤性质和肥力"〔42〕而成就

---

〔34〕 孔祥斌:《中国耕地保护生态治理内涵及实现路径》,载《中国土地科学》2020 年第 12 期,第 3 页。

〔35〕 何旺、潘润秋:《浙江省耕地破碎化与其生态系统服务价值的空间关联特征》,载《湖北农业科学》2021 年第 5 期,第 59 页。

〔36〕 李莉、苏维词、葛银杰:《重庆市森林生态系统水源涵养功能研究》,载《水土保持研究》2015 年第 2 期,第 97 页。

〔37〕 韩增信:《林业生态建设与林下经济产业发展探析》,载《世界热带农业信息》2021 年第 9 期,第 77 页。

〔38〕 潘庆民、孙佳美、杨元合、刘伟、李昂、彭云峰、薛建国、夏昊、黄建辉:《我国草原恢复与保护的问题与对策》,载《中国科学院院刊》2021 年第 6 期,第 666、667 页。

〔39〕 刘洋洋、任涵玉、周荣磊、巴桑参木决、张伟、章钊颖、温仲明:《中国草地生态系统服务价值估算及其动态分析》,载《草地学报》2021 年第 7 期,第 1522 页。

〔40〕 杨胜苏、刘卫柏:《基于恢复生态学的洞庭湖区"山水林田湖草"生态修复研究》,载《生态学报》2021 年第 16 期,第 6432 页。

〔41〕 胡振琪、赵艳玲、程玲玲:《中国土地复垦目标与内涵扩展》,载《中国土地科学》2004 年第 3 期,第 6 页。

〔42〕 熊毅:《试论土壤生态系统》,载《土壤》1983 年第 4 期,第 122 页。

的土壤生态系统，来尝试明晰预防控制措施所指向的土壤本体结构要素。进而依循消除低产因素、提高肥力的土壤合理利用基准考量，来确立相应的生物、物理和化学控制标准，并展开相关技术个殊化运用与评价指标表列等预防控制工程技术指南设计。另一方面，就合理利用所涉土壤环境生态结构要素而言。应围绕"土壤环境质量目标值、指导值和土壤污染危害临界值"〔43〕所表征的土壤环境生态系统，来尝试明晰预防控制措施所指向的土壤背景结构要素。进而依循将相关空气、林地、鱼类和野生动植物等间接背景性"环境要素保护位序予以明确"〔44〕的防范土壤污染延展考量，来细化、健全相关"土壤监测点位布设、监测指标、分析技术、评价方法和全程序质量控制"〔45〕的土壤环境监测技术体系，以及充实、修订《土壤环境质量标准》（GB 15618—1995）、《土壤环境监测技术规范》（HJ/T 166—2004）所表征的土壤环境监测标准。

（二）隐含的进阶复垦目标

"社会效益和生态效益"是隐含的进阶复垦目标。社会效益主要围绕《条例》第4条规定的"优先用于农业"和《实施办法》第2条规定的"优先复垦为耕地"，来凸显"实施科学化复垦活动的效益回馈'企图'"〔46〕；生态效益则主要指向《条例》第16条规定的"保护土壤质量与生态环境"和《实施办法》第27条规定的"生态环境影响"。可尝试围绕"农业、耕地、保护"导向的目标功能限制与"优先、影响"导向的目标用途激励这两类目标结构要素，来展开耕地保护事项的具体设定。

1. 目标功能限制

该类规范设定主要指向从土地用途管制的角度对耕地实行特殊保护。例如，2020年《中华人民共和国民法典》第244条和《中华人民共和国土地管理法》（1986年制定，1988年、1998年、2004年、2019年修改）第4条皆确立了严格限制农用地用途变更的基本原则，并分别从规范土地征收与建设用地总量控制这两个方面予以了专门规定。所涉特殊保护规定虽然通过"农业、耕地、保护"导向的设置强化了耕地保护与保障粮食安全的基本功能定位，但"所有自然资源是相互联系、相互制约的一个

〔43〕 夏家淇、骆永明：《我国土壤环境质量研究几个值得探讨的问题》，载《生态与农村环境学报》2007年第1期，第1页。

〔44〕 赵谦、毛屏楠：《功能整合与法益衡平：美国矿区土地复垦立法的理念启示》，载《重庆大学学报（社会科学版）》2021年第3期，第128页。

〔45〕 陆泗进、王业耀、何立环：《中国土壤环境调查、评价与监测》，载《中国环境监测》2014年第6期，第22页。

〔46〕 赵谦、董亚辉：《土地复垦监管行为规范的主体性合作治理形式选择》，载《中国土地科学》2020年第3期，第25页。

有机整体"〔47〕,有必要将相应用途管制目标扩展至整个自然生态空间,在"开放共享、相互联系、相互依存的物质、能量和信息交换"〔48〕过程中来适当充实土地复垦的目标功能事项。

则不妨借鉴德国土地复垦立法从宗旨到功能的景观生态重建目标之二阶规范构造,尝试明晰我国土地复垦立法从相对单一的"农业、耕地、保护"之耕地保护导向迈向生态空间重建的目标功能进阶规范设定。应首先基于"生态底线与精明增长导向的自然生态空间用途管制策略"〔49〕,尝试在"优先用于农业"和"优先复垦为耕地"的基础目标导向外,针对生态环境脆弱的复垦区域增设必要的生态空间用途但书条款。进而依据相应的生态脆弱区风险评价与"复垦土地用途灵活化评估"〔50〕结果,设置复垦后土地"羁束性用途与裁量性用途"〔51〕的弹性比例。生态脆弱区的复垦后土地应以生态用途为主导、以农业用途为补充,可将三分之二以上的复垦后土地用途设定为羁束性生态用途,将三分之一以下的复垦后土地用途设定为裁量性农业用途。其他生态适宜区、生态良好区的复垦后土地则应以农业用途为主导、以生态用途为补充,相应的用途比例则较之生态脆弱区予以反向配置。

2. 目标用途激励

该类规范设定主要指向通过不同类型的激励措施来促进农用地复垦。例如,《条例》第 32 条和《实施办法》第 41 条皆将退还耕地占用税设定为相应的物质激励措施,《条例》第 35 条和《实施办法》第 42 条、第 43 条皆将补充耕地指标折算设定为相应的许可激励措施。所涉激励措施规定虽然将复垦验收结果设定为申请不同类型激励的前提要件,进而确立了结果准据型激励原则。但既有"损毁土地复垦补充耕地 28.3 万公顷(425 万亩)"〔52〕和"复垦率达到 45％以上"〔53〕的规模化目标,易导向

〔47〕 刘洋:《自然生态空间用途管制的法律问题分析》,载《中国土地》2020 年第 4 期,第 27 页。

〔48〕 党双忍:《生态空间:颜值与峰值——关于释放生态空间生态生产力的思考》,载《绿色中国》2021 年第 3 期,第 41 页。

〔49〕 沈悦、刘天科、周璞:《自然生态空间用途管制理论分析及管制策略研究》,载《中国土地科学》2017 年第 12 期,第 17 页。

〔50〕 孙婧:《发达国家矿区土地复垦对我国的借鉴与启示》,载《中国国土资源经济》2014 年第 7 期,第 43 页。

〔51〕 赵谦、毛屏楠:《功能整合与法益衡平:美国矿区土地复垦立法的理念启示》,载《重庆大学学报(社会科学版)》2021 年第 3 期,第 128 页。

〔52〕 《国土资源部关于发布实施〈全国土地整治规划(2011—2015 年)〉的通知》,载北大法宝网,https://www.pkulaw.com/chl/157ad5a13c47a570bdfb.html? isFromV5＝1。

〔53〕 《国土资源部 国家发展和改革委员会关于印发〈全国土地整治规划(2016—2020 年)〉的通知》,载中国土地学会网 2017 年 3 月 1 日,http://www.clss.org.cn/xwdt/201703/t20170301_1441285.htm。

"片面追求数量"[54]的数量激励型模式而非凸显"复垦技术革新"[55]的数量与质量并举的生态发展激励模式。此外,受激励对象仅限于作为责任主体的"土地复垦义务人和参与土地复垦的其他行为人"[56],以利益相关者身份参与复垦活动的各类土地复垦权利人未能纳入其中,不利于相应当事人实现积极参与所需"实践精神面向的能力要素"[57]的整体提升。

则不妨借鉴德国土地复垦立法对土壤保护技术规范和公民个体保护意识的细致规定,尝试充实我国土地复垦立法的目标用途激励方式与激励对象规范设定。一方面,就目标用途激励方式而言。应立足于《条例》第9条"鼓励和支持科学研究和技术创新"的科技激励导向,围绕"有否改善所涉土地的生态功能乃至提升相关生态系统的质量与稳定性即为更进一步获得相关激励性资助或指标投放的必备要件"[58],进一步明确梯次化的生态发展激励方式设定。有必要充实复垦验收合格确认书中载明的"验收结论"事项,具体界分验收合格结论的评价定性,并设定差异化的激励措施。首先,将实现了复垦后土地资源价值市场化提升的"经济效益型验收合格"设定为初阶评价,可据此办理退还耕地占用税事项并免于承担相关惩罚性法律责任;其次,将实现了复垦后土地利用结构优化的"社会效益型验收合格"设定为进阶评价,可据此在初阶评价激励基础上增加补充耕地指标激励;最后,将实现了复垦后土地生态功能改善与生态系统质量、稳定性提升的"生态效益型验收合格"设定为终阶评价,可据此在进阶评价激励基础上增加专项生态补贴激励。

另一方面,就目标用途激励对象而言。应基于"平等、公正地化解成员之间各种既有的或可能的分歧"[59]角度,来考量所涉复垦权利人在复垦活动中的利益诉求与行为逻辑。进而从复垦权属激励和意见保障激励这两个方面,尝试确立必要的复垦权利人激励规范,以切实提升相应当事人实现积极参与所需个体保护意识等能力要素。其一,在复垦权属激励方面。有必要立足于《条例》第35条和《实施办法》第42

---

〔54〕　褚丽华、何传新:《农村土地整理与土地资源优化配置浅析》,载《国土资源》2011年第3期,第53页。

〔55〕　胡振琪:《中国土地复垦与生态重建20年:回顾与展望》,载《科技导报》2009年第17期,第29页。

〔56〕　赵谦:《互助与自足:土地复垦监管的共同体关系及功能》,载《暨南学报(哲学社会科学版)》2017年第8期,第24页。

〔57〕　赵谦、王鹏尧:《素质、协同与互动:土地复垦合作监管的规范"三题"》,载《华中农业大学学报(社会科学版)》2020年第4期,第166页。

〔58〕　赵谦:《公私合作监管的原理与策略——以土地复垦为例》,载《当代法学》2021年第2期,第88页。

〔59〕　赵谦:《互助与自足:土地复垦监管的共同体关系及功能》,载《暨南学报(哲学社会科学版)》2017年第8期,第27页。

条、第 43 条的"补充耕地指标"规定,具体落实 2010 年《国务院关于严格规范城乡建设用地增减挂钩试点切实做好农村土地整治工作的通知》在"总体要求"中提出的节约指标调剂给城镇使用所涉"土地增值收益必须及时全部返还农村"的方向指引,来延伸性拓展相应的激励对象范围。可以历史遗留、自然灾害损毁土地复垦为突破口,针对当年指标折抵后剩余的无他项权利的复垦后土地,依循必要的申请核准程序,将其承包经营权调配给有经营意愿和必要经营能力的临近农户个体或农村集体经济组织来实施具体管护。并根据所涉土地的承载力状况来限定其用途范围,给予适当管护补贴,定期开展相应的管护效果评估监督。其二,在意见保障激励方面。有必要立足于《条例》第 28 条和《实施办法》第 11 条、第 36 条的"听取权利人意见"规定,在"促进民众主动参与并充分尊重他们的意见"[60]的前提下,进一步明确权利人意见对方案论证和验收结果的评价定性影响。在方案论证环节,可将完成权利人意见征求并就相关建议采纳与否皆予以明确回应,设定为方案是否通过审查的一项程序要件。在检查验收环节,可将权利人"设定为做出验收结论的第三方"[61],其是否提出异议以及异议核查结论即为验收是否合格的一项实体要件。

四、预置规则启示下我国土地复垦立法的全流程治理模式设定

预置规范往往基于"更为现实的假设和对于效率的追求的目标指向"[62],来明晰相关规范所指引的一般行为模式。我国土地复垦立法的复垦模式设定,具体围绕《条例》第 3 条的"'谁损毁,谁复垦'原则"和《条例》关于"土地复垦义务人"的 33 处规定、《实施办法》关于"土地复垦义务人"的 44 处规定而具体展开。其旨在针对损毁土地的客观事实,通过"生产建设单位或者个人"、"县级以上人民政府"的责任主体设定,来实现对相关"利用土地"活动的"事实构成—法效果"[63]式事后干预。该类事后治理型复垦作为一种修复型耕地保护举措,往往强调"对问题的关注和解决是在问题发生之后"[64],从而通过对既成损毁土地事实在"空间和时间上的

〔60〕 韦宝玺、孙晓玲:《矿山生态修复的利益相关者分析及共同参与建议》,载《中国矿业》2020 年第 8 期,第 50 页。

〔61〕 赵谦、董亚辉:《土地复垦监管行为规范的主体性合作治理形式选择》,载《中国土地科学》2020 年第 3 期,第 28 页。

〔62〕 杨兵:《建立在事前与事后途径融合基础上的公共部门治理结构初探》,载《中国行政管理》2005 年第 6 期,第 59 页。

〔63〕 刘连泰:《中国合宪性审查的宪法文本实现》,载《中国社会科学》2019 年第 5 期,第 112 页。

〔64〕 朱力、邵燕:《社会治理机制的新转向:从事后倒逼到事前预防》,载《社会科学研究》2017 年第 4 期,第 94 页。

末端治理"[65],来有效补正损毁土地行为。事实上,伴随损毁土地方式渐趋复杂,损毁土地结果的不可逆性亦逐渐显现,则转向适用"'超前的'修复战略"[66]之事前保护型复垦的模式有必要提上议事日程。德国相关立法基于事前保护型复垦模式的义务预设考量与在事前保护型复垦规划计划预设规定中的行为手段、结果考量,可为我国土地复垦立法所借鉴,围绕"源头控制、过程监管和末端治理"[67],来探究事前事后治理并重导向下的全流程治理复垦模式。

(一) 损毁风险规则预置

该类规范往往围绕损毁土地事实认定活动而展开,旨在面向"对土地生态环境的显性破坏"[68]的损毁事实,根据不同的损毁方式和特征,通过相应的技术手段,来类型化厘清后续复垦活动的客体对象。其大致可界分为损毁风险预判维度的确认规范与损毁风险监测维度的鉴定规范这两类。

1. 风险预判维度的损毁土地确认

该类规范旨在就损毁土地予以生产建设损毁与历史遗留、自然灾害损毁的宏观定性。例如,《条例》第 10 条从损毁方式角度列明了"地表挖掘、地表塌陷、固体废弃物压占、基础设施建设和临时占用"这五种生产建设损毁类型。《实施办法》第 28 条从成就特殊生产建设损毁的状态特征角度列明了"土地复垦义务人灭失、《土地复垦规定》实施以前"这两种历史遗留损毁类型。《条例》第 21 条和《实施办法》第 27 条则强调通过"调查评价"的方式来对历史遗留、自然灾害损毁予以定性。所涉宏观定性虽然视角多维,可操作性也较强,但皆属于针对既成事实状态的不同事后评价,未能通过更为理想状态下的损毁风险预判设定,来引导各类生产建设活动实施可能的前置性"生态—经济冲突的源头规避"[69]。其中自然灾害作为不可抗力事件,往往超出各类行为人的主观意志影响范围,生产建设损毁则具有较强的行为主观意志性。有必要增设相应生产建设活动的损毁风险预判规则,以强化相关复垦治理效能的

〔65〕 白中科、周伟、王金满、赵中秋、曹银贵、周妍:《试论国土空间整体保护、系统修复与综合治理》,载《中国土地科学》2019 年第 2 期,第 5 页。

〔66〕 胡振琪、杨秀红、鲍艳、高向军、罗明、王军、龙花楼:《论矿区生态环境修复》,载《科技导报》2005 年第 1 期,第 39 页。

〔67〕 孔祥斌:《中国耕地保护生态治理内涵及实现路径》,载《中国土地科学》2020 年第 12 期,第 1 页。

〔68〕 胡振琪:《再论土地复垦学》,载《中国土地科学》2019 年第 5 期,第 4 页。

〔69〕 彭建、李冰、董建权、刘焱序、吕丹娜、杜悦悦、罗明、吴健生:《论国土空间生态修复基本逻辑》,载《中国土地科学》2020 年第 5 期,第 20 页。

"系统性、层次性与融贯性"[70]。

则不妨借鉴德国土地复垦立法基于事前保护型复垦模式的义务预设考量,尝试设定我国土地损毁风险预判规则。一方面,就损毁土地定性而言。有必要依循"包括问题形成、风险分析和风险表征的土地生态风险评价框架"[71],来尝试评判土地的可避免或不可避免的损毁风险,进而将损毁土地界分为可避免损毁的低损毁风险土地与不可避免损毁的高损毁风险土地。可将固体废弃物压占、临时占用所致损毁土地设定为低损毁风险土地,将地表挖掘、地表塌陷、基础设施建设所致损毁土地设定为高损毁风险土地。基于此,确立损毁影响最小化原则。即应以防范低损毁风险土地损毁发生为原则、以管控低损毁风险土地损毁范围为例外;应以管控高损毁风险土地损毁范围为原则、防范高损毁风险土地损毁发生为例外。

另一方面,就损毁修复行为选择而言。应首先基于损毁土地的不同"生态脆弱性"[72]与"生态恢复力"[73],来明晰其可自然修复或需工程修复抑或不可修复的不同行为选择方向。其一,自然修复行为选择往往指向低损毁风险土地,其主要是在物理表象形态方面发生程度较轻的轻度损毁。该类损毁能够通过土壤系统的"自我组织、自我维持和自我更新等恢复力"[74],来"充分发挥生物和生态的内在潜力"[75]以实现生态修复,从而最大限度地避免工程修复行为对于生态的可能二次破坏。其二,工程修复行为选择往往指向高损毁风险土地,其主要是在结构本质性状方面发生程度较重的中度、重度损毁。该类损毁只能是运用"土地平整、疏排、挖深垫浅、充填、整形整地、土壤重构、地貌重塑和迅速恢复植被"[76]等生态环境修复技术,通过物理修复、化学修复和生物修复等措施手段,来开展各种污染、退化土地修复工程与农用地综合整治、生态环境修复整治、闲置低效建设用地整治等全域土地综合整治

---

〔70〕 严金明、张东昇、迪力沙提·亚库甫:《国土空间规划的现代法治:良法与善治》,载《中国土地科学》2020 年第 4 期,第 3 页。

〔71〕 刘勇、邢育刚、李晋昌:《土地生态风险评价的理论基础及模型构建》,载《中国土地科学》2012 年第 6 期,第 21 页。

〔72〕 徐广才、康慕谊、贺丽娜、李亚飞、陈雅如:《生态脆弱性及其研究进展》,载《生态学报》2009 年第 5 期,第 2578 页。

〔73〕 袁顺、赵昕:《灾害视角下的生态恢复力提升问题国际研究进展》,载《国外社会科学》2016 年第 5 期,第 83 页。

〔74〕 张绍良、张黎明、侯湖平、陈浮、马静:《生态自然修复及其研究综述》,载《干旱区资源与环境》2017 年第 1 期,第 161 页。

〔75〕 张宏、韩敏玉:《论生态的自我修复能力与环境保护》,载《中国环境管理》2001 年第 5 期,第 6 页。

〔76〕 胡振琪、龙精华、王新静:《论煤矿区生态环境的自修复、自然修复和人工修复》,载《煤炭学报》2014 年第 8 期,第 1753 页。

与生态修复工程。其三,不可修复行为选择往往指向临界"生态阈值"[77]甚至已经达到"生态终点"[78]的损毁土地。该类损毁通常是永久性地、不可逆的资源耗竭或系统性毁坏,例如核污染损毁,已不可能通过自然修复、工程修复来实现补正与回复,或相应的修复成本远远超出可能的生态收益,则只能采取相对消极的控制性或贮存性举措来固化或冻结损毁事实,以防止损毁范围进一步扩大。

2. 风险监测维度的损毁土地鉴定

该类规范旨在就土地损毁形态、程度予以微观评判。例如,《土地复垦质量控制标准》(TD/T 1036—2013)分别就前述五种生产建设损毁方式所造成的"土地挖损、土地塌陷、土地压占、土地污染"这四种土地损毁形态予以了定义界分,并通过附表就土地损毁予以了三级分类。《土地复垦方案编制规程 第3部分:井工煤矿》(TD/T 1031.3—2011)以附录形式分别表列了因采煤沉陷的水田、水浇地、旱地和林地、草地损毁程度的"轻度、中度、重度"之分级标准。安徽省地方标准《耕地损毁程度鉴定技术规范》(DB34/T 3730—2020)以附录形式分别表列了不同类型耕地损毁的"轻度、中度、重度"之级别鉴定指标与程度鉴定因素。所涉微观评判虽然通过定义分类、指标因素的不同方式,就土地损毁予以了定性、定量之科学事实厘清。但更多的局限于"损毁土地界定所涉直接危害指标,未涉及相关间接土地破坏指标"[79]。有必要从损毁可能性预防的角度,围绕"环境污染、环境破坏、地质灾害"[80]所表征的损毁土地整体普适性风险和"自然灾害损毁、煤炭钢铁基地损毁、有色金属钢铁化工基地损毁、高速公路沿线损毁、高铁沿线损毁和南水北调水利工程损毁"[81]这六类主要土地复垦区域所表征的损毁土地局部差异性风险,来增设相应生产建设活动的损毁风险监测规则。从而为提前发现土地损毁隐患,对可能的损毁土地行为实施前置性、预防性干预提供必要的技术依据。

则不妨借鉴德国土地复垦立法基于事前保护型复垦模式的义务预设考量,尝试设定我国土地损毁风险监测规则。一方面,就监测信息收集通报而言。应依托《条例》第7条和《实施办法》第5条规定的"土地复垦信息管理系统"来收集、分析、研判

〔77〕 侯利萍、何萍、范小杉、徐杰、任颖、李代魁:《生态阈值确定方法综述》,载《应用生态学报》2021年第2期,第711页。

〔78〕 许学工、林辉平、付在毅、布仁仓:《黄河三角洲湿地区域生态风险评价》,载《北京大学学报(自然科学版)》2001年第1期,第113页。

〔79〕 赵谦、陈祥:《服务型、标准化及复合化:英国污染土地复垦立法的启示》,载《华中农业大学学报(社会科学版)》2018年第4期,第152页。

〔80〕 付梅臣、王金满、王广军编著:《土地整理与复垦》,地质出版社2007年版,第129页。

〔81〕 《国土资源部 国家发展和改革委员会关于印发〈全国土地整治规划(2016—2020年)〉的通知》,载中国土地学会网2017年3月1日,http://www.clss.org.cn/xwdt/201703/t20170301_1441285.htm。

各类土地损毁因素的监测信息，并将相应数据报告及时通报给所涉复垦监管当事人。该系统主要通过"地理信息系统、数据库和软件工程技术"〔82〕等手段，具体利用"国土资源综合信息监管平台"〔83〕，按照不同的行政区域来对损毁、复垦情况进行动态监测。

另一方面，就风险监测计划的类型化而言。应从"对社会经济具有直接的扰动和打击、导致生态系统结构和功能损伤等负面影响的风险受体损失度评估"〔84〕角度，来尝试针对土地损毁的整体普适性风险制定基准监测计划，针对土地损毁的局部差异性风险制定专项监测计划。在基准监测计划中，有必要基于"水平变形"、"附加倾斜"、"下沉"、"沉陷后潜水位埋深"、"积水情况"、"田面坡度"等物理表象形态测算指标，"土壤容重"、"砾石含量"、"土壤有机质含量"、"耕作层厚度"、"土壤污染物含量"、"生产力降低"等结构本质性状测算指标，来确立相对统一的、普适性损毁等级鉴定指标体系。各类主要土地复垦区域围绕"土地挖损、占用及塌陷等最直接生态风险源"〔85〕和"生态环境空间异质性的影响因素"〔86〕，往往呈现出因不同地貌特征、地带性规律和工程技术所致的"损毁类型多样、损毁空间点多面广"〔87〕等特点。则有必要针对《土地复垦质量控制标准》（TD/T 1036—2013）所列明的"东北山丘平原区、黄淮海平原区、长江中下游平原区、东南沿海山地丘陵区、黄土高原区、北方草原区、西南山地丘陵区、中部山地丘陵区、西北干旱区、青藏高原区 10 个土地复垦类型区"，结合其不同的区域范围、生物气候带特征、水土资源分布状况、生产建设项目类型与相应的复垦方向，来明晰相应的监测风险类型、监测区域、监测频次、监测方法等计划要素与操作规程，以设定凸显不同区域特色的专项监测计划。

（二）生态系统指标预置

该类规范往往强调所涉复垦规划计划活动应从行为手段与行为结果这两个方

---

〔82〕 孙尚宇：《矿区土地复垦信息管理系统设计与实现》，载《矿山测量》2014 年第 4 期，第 84 页。

〔83〕 范延平、吴洪涛：《国土资源综合信息监管平台建设与展望》，载《国土资源信息化》2012 年第 4 期，第 3 页。

〔84〕 许妍、高俊峰、郭建科：《太湖流域生态风险评价》，载《生态学报》2013 年第 9 期，第 2899 页。

〔85〕 常青、邱瑶、谢苗苗、彭建：《基于土地破坏的矿区生态风险评价：理论与方法》，载《生态学报》2012 年第 16 期，第 5164 页。

〔86〕 赵源、黄成敏：《基于 RRM 的市级土地利用总体规划生态风险评价》，载《长江流域资源与环境》2015 年第 7 期，第 1103 页。

〔87〕 周伟、曹银贵、白中科、王金满：《煤炭矿区土地复垦监测指标探讨》，载《中国土地科学》2012 年第 11 期，第 69 页。

面,对相关生态系统的要素、标准等指标事项展开预设。例如,《土地复垦方案编制规程 第 1 部分:通则》(TD/T1031.1—2011)即将该类事项界分为"人工修复或重建生态系统"的手段性系统要素与"达到系统自维持状态"的结果性系统标准。

1. 手段性系统要素

该类规范主要指向修复或重建生态系统所需的各种"工程、生物和农业综合技术措施"[88]。例如,《中华人民共和国水土保持法》(1991 年制定,2009 年、2010 年修改)第 38 条设定的四类"应当"式地表保护技术措施。《中华人民共和国水土保持法实施条例》(1993 年制定,2011 年修改)第 16 条基于"禁止开垦坡度"的对象范围禁止前提,设定的三类"应当"式防治水土流失技术措施。《中华人民共和国环境保护法》(1989 年制定,2014 年修改)第 30 条则从授权"依法制定方案并实施"与"应当采取措施"这两个方面,设定了生物多样性保护技术措施。所涉技术措施规定虽然较为全面地列明了各类技术手段,但多为凸显"权益保护宣示与范围限定"[89]的"应当"式义务性规范,在规范结构的整全性与可操作性方面存在一定的瑕疵。

则不妨借鉴德国土地复垦立法在事前保护型复垦规划计划预设规定中的行为手段考量,尝试明晰我国所涉禁止或义务事项指向的生态系统要素。有必要围绕水要素、土壤要素以及林木、空气、生物等景观要素,在《实施办法》中增设相关技术标准的附录规定,以确立所涉行业内部控制技术标准与复垦手段目标规范设定之间的必要规范连结。例如,《地表水环境质量标准》(GB 3838—2002)中有关水要素质量控制与水质评价的项目、限值、分析方法及标准规定;《土壤环境质量农用地土壤污染风险管控标准(试行)》(GB 15618—2018)中有关土壤要素污染风险的筛选值、管制值以及监测、实施和监督规定;《农田防护林生态系统服务功能评估规范》(DB65/T 4065—2017)中有关森林防护、保育土壤、净化大气环境、生物多样性保护等景观要素的保护与恢复规定。进而依循禁止在前、义务在后、授权兜底的规范逻辑,凸显所涉授权事项指向的"方案"与"措施"在价值目标与规范事项等方面的实施性设定,并尝试明晰相应的权力行使环节规程,以设置指南性的"行为理性选择顺序"[90]。

2. 结果性系统标准

该类规范主要指向各类国家标准、行业标准、地方标准与技术指南所列明的,达到生态系统自维持状态的"土地生态评价指标、机理模型与方法"[91]。例如,《土

〔88〕 杨子生:《试论土地生态学》,载《中国土地科学》2000 年第 2 期,第 42 页。

〔89〕 李岩:《〈民法典〉中非规范性条款研究》,载《东北大学学报(社会科学版)》2020 年第 4 期,第 83 页。

〔90〕 刘风景:《立法目的条款之法理基础及表述技术》,载《法商研究》2013 第 3 期,第 54 页。

〔91〕 郭旭东、谢俊奇:《新时代中国土地生态学发展的思考》,载《中国土地科学》2018 年第 12 期,第 3 页。

复垦质量控制标准》(TD/T 1036—2013)针对不同的土地损毁类型与复垦类型,就损毁土地复垦应遵循的技术要求与质量指标、质量控制标准予以了体系性规定。《广东省建设用地土壤污染修复工程环境监理技术指南(试行)》针对不同的建设用地土壤污染修复工程模式,列明了修复主体工程的具体内容事项与相应的二次污染防治环境监理要点。此外,围绕《中华人民共和国土地管理法》(1986 年制定,1988 年、1998 年、2004 年、2019 年修改)第 42 条规定的"改善生态环境"所涉"田、水、路、林、村"等生态要素,亦设定了相应的建设、保护评价标准。例如,针对"田"生态要素的《高标准基本农田建设标准》(TD/T 1033—2012)、《高标准农田建设通则》(GB/T 30600—2014)、《土壤环境质量农用地土壤污染风险管控标准(试行)》(GB 15618—2018);针对"水"生态要素的《地表水环境质量标准》(GB 3838—2002)、《地下水环境监测技术规范》(HJ 164—2020);针对"路"生态要素的《乡村道路工程技术规范》(GB/T51224—2017);针对"林"生态要素的《生态公益林建设 导则》(GB/T 18337.1—2001)、《生态公益林建设规划设计通则》(GB/T 18337.2—2001)、《生态公益林建设技术规程》(GB/T 18337.3—2001)、《生态公益林建设检查验收规程》(GB/T 18337.4—2008);针对"村"生态要素的《村镇规划标准》(GB50188—93)等。所涉标准指南规定虽然较为全面地列明了各种结果评价指标,但所涉标准的国家标准、行业标准、地方标准、团体标准、企业标准之标准定位与强制性标准、推荐性标准之标准属性是不清晰的,特别是在土地复垦领域缺乏必要的强制性国家标准设定。事实上,土地复垦工程建设标准即应属于 1990 年《中华人民共和国标准化法实施条例》第 18 条所列明的强制性标准范围。

则不妨借鉴德国土地复垦立法在事前保护型复垦规划计划预设规定中的行为结果考量,尝试梳理各类相关标准而形成凸显土地复垦"维持多种生态系统功能和服务能力"[92]的标准体系,以强化土地复垦结果评价指标的整全性与羁束性。应首先依循 2020 年《自然资源标准化管理办法》所确立的归口管理、分工负责标准制定的基本原则,凸显在自然资源统一管理体制下相关部门间的沟通协调,来科学设定相关强制性国家标准,以厘清土地复垦工程所涉水、土壤与景观等要素置于"生态系统性能单元"[93]维度的通用型、基础性指标事项。基于此,来系统识别"技术导则"、"技术指南"、"技术规范"、"评估规范"、"编制规程"、"调查规程"、"术语"、"管理名录"、"验收规程"、"设计通则"、"控制标准"、"管控标准"、"质量标准"、"设计标准"等名称繁杂的相关技术标准。应立足于通过相应代号、编号来界分不同标准类型的既

---

〔92〕 徐炜、马志远、井新、贺金生:《生物多样性与生态系统多功能性:进展与展望》,载《生物多样性》2016 年第 1 期,第 58 页。

〔93〕 李双成、郑度、杨勤业:《环境与生态系统资本价值评估的若干问题》,载《环境科学》2001 年第 6 期,第 104 页。

有识别方式，尝试从名称使用角度来展开必要的标准属性定义。例如，"标准、术语"名称仅用于国家标准；"指南、名录"名称仅用于行业标准；"通则、导则"名称仅用于地方标准；"规程"名称仅用于团体标准；"规范"名称仅用于企业标准。进而通过《实施办法》附表就不同标准类型予以类型化列明，以确立必要规范效力连结。

五、结语

通过对德国土地复垦立法相关条款的体系化解构，可以明晰该类立法在景观生态重建目标和事前保护预置方面的复垦行为规则特色。我国土地复垦立法在这两个方面的复垦目标与复垦模式设定则略显偏狭。一方面，可借鉴德国土地复垦立法在目标规则面向的要素列明、保护规程与二阶构造、个体意识，尝试就我国土地复垦立法的恢复性目标具体意涵、所涉体系性环境要素、目标功能进阶与目标用途激励规范设定予以针对性调整，以导向景观生态重建目标定位。另一方面，可借鉴德国土地复垦立法在预置规则面向的义务预设考量与行为手段、结果考量，尝试设定我国土地损毁风险预判、监测规则，并明晰所涉生态系统要素与标准体系，以确立全流程治理复垦模式。基于此，可初步检视我国土地复垦立法与德国土地复垦立法在复垦目标、模式方面的规范趋同性，适当借鉴德国相关立法的行为规则特色，来完善我国相关规范以实现更为周延的体系化行为规则指引。

中德法学论坛

第 19 辑·上卷，第 124～149 页

继受与发展：中国行政法之行政行为存续力

马生安*

摘　要：作为德国行政法上的一个重要术语，Bestandskraft des Verwaltungsaktes 在中国行政法上被译为"行政行为存续力"，其在内涵上系"行政行为上存在或存续的法律效力"之义，在外延上主要包括保障行政行为自身合法存续的效力及行政行为的形式效力两个方面的内容。目前，我国学者对德国行政行为存续力理论的理解和认识还不尽全面和准确。我国在学习、借鉴德国行政行为存续力理论时，唯有在继受的基础上对相关概念和术语予以本土化的改造和发展，方能建立符合中国现实国情的行政行为存续力理论。受汉语语言符号及汉语语言文化的双重制约，中国行政法之行政行为存续力、行政行为形式存续力及行政行为实质存续力术语应该具有其不同于德国行政法的特定内涵，中国行政法之行政行为存续力理论应该是与汉语语言及文化高度和谐统一、"两质态论"与"三效力说"下的行政行为效力理论。

关键词：存续力；形式存续力；实质存续力；形式效力；行政行为

Abstract：As an important term in German administrative law, bestandskraft des verwaltungsaktes is translated as "the persistent legal effect of administrative act" in Chinese administrative law. Its connotation is the meaning of "the persistent legal effect of administrative act when it survives", and its extension mainly includes two aspects: the legal effect to survive on administrative act and the formal legal effect of administrative act. At present, Chinese scholars' understanding of German theory of the persistent legal effect of administrative act is not comprehensive and correct. When studying and learning from the German theory of the persis-

　　* 马生安：江苏省高级人民法院二级高级法官，法学博士，主要研究方向为行政法学、诉讼法学与司法制度。本文系 2019 年度国家社科基金后期资助项目"行政行为效力理论之反思、批判与重构"（项目编号 19FFXB007）的阶段性成果。

tent legal effect of administrative act, only by localizing and developing the relevant concepts and terms on the basis of inheritance, can we establish the theory of the legal effect to survive on administrative act in line with China's actual national conditions. Restricted by the system of Chinese language symbols and Chinese language culture, the terms of the legal effect to survive on administrative act, the formal legal effect to survive on administrative act, the substantial legal effect to survive on administrative act in Chinese administrative law have their specific connotations which are different from those of Germany. The theory of the legal effect to survive on administrative act in Chinese administrative law should be a theory of the legal effect on administrative act under the condition of highly harmonious and unified with Chinese language and culture, and a theory of "two-quality-state" and "three-effect-theory" about the legal effect on administrative act.

Keywords：Legal Effect to Survive; Formal Legal Effect to Survive; Substantial Legal Effect to Survive; Formal Legal Effect; Administrative Act.

引言

行政行为存续力（Bestandskraft des Verwaltungsaktes）是源自德国行政法的行政行为效力理论，目前学界关于这一理论的研究成果尚不多见，除了赵宏教授的专著《法治国下的行政行为存续力》一书外，[1]其他只有少量的论文及散落于书刊中的零星论述。[2] 行政行为存续力概念的本质内涵是什么？行政行为存续力理论的价值与意义何在？这一理论对我国行政行为效力问题的研究具有怎样的启示意义？我们又该如何学习和借鉴它？等等，这些都是非常值得研究的问题。因为研究不够深入及概念或术语翻译上的问题，我国学者对这一理论的认识还存在一些偏差和不足。例如，关于德国行政行为存续力、形式存续力及实质存续力概念的定义问题，我国学者的理解和认识就不尽准确，且存在较大的争议。本文以符号学方法、历史分

〔1〕 参见赵宏：《法治国下的行政行为存续力》，法律出版社 2007 年版。

〔2〕 笔者以"存续力"为主题在中国知网进行检索，只检索到如下几篇论文：郭殊：《行政行为存续力理论之评析与思考》，载《重庆社会科学》2005 年第 12 期；赵宏：《从存续性到存续力——德国行政行为效力理论的生成逻辑》，载《法商研究》2007 年第 4 期；董利冰：《法治国视角下行政行为的存续力》，中南大学 2011 年硕士学位论文。以"存续力"为篇名，在我国台湾地区"月旦知识库"进行检索，检索到的文献有：张文郁：《行政处分之形式存续力和依法行政原则之维护》，载《月旦法学杂志》2002 年第 9 期；谢承运：《行政程序重开制度之研究——以行政处分存续力之变动为中心》，台湾大学 2016 年硕士论文。由此可见，我国学者关于行政行为存续力问题的研究非常有限；其他书籍中的相关零星论述，在此不再一一赘述。

析方法及规范实证方法,对德国行政行为存续力理论进行了初步的研究和探索。本文的研究发现,德国的行政行为存续力系"行政行为上存续的法律效力"之义,其与日本行政法上的行政行为公定力概念类似,在本质上就是行政行为的形式效力。[3]行政行为存续力理论关涉行政行为的存续性及法律效力,其既揭示了行政行为效力的行政程序性、相对性,又揭示了行政行为效力的普遍性及特殊性,[4]对我国行政行为效力的研究具有重要的学习和借鉴意义。在继受德国行政行为存续力理论的过程中,对这一理论的正确理解与把握至关重要。对相关概念与术语的准确翻译,则又是其中一个非常重要的技术环节。受汉语语言符号及汉语语言文化双重制约,我国在这一理论的引进上绝不能囫囵吞枣、食洋不化;唯有在继受的基础上对其予以本土化改造和发展,才能建立与汉语语言文化相适应的中国行政法之行政行为存续力理论。本文的研究主要围绕以下几个方面展开:一、行政行为存续力:源自德国行政法的重要理论;二、《联邦德国行政程序法》之行政行为存续力制度;三、中国行政法术语之行政行为存续力;四、中国行政法术语之行政行为形式存续力与实质存续力;五、中国行政法行政行为存续力理论之科学建构。

一、行政行为存续力:源自德国行政法学的重要理论

(一)行政行为存续力术语的产生

在司法领域,基于法的安定性要求,判决被依法赋予了确定力。所谓判决的确定力(Rechtskraft des Urteils),是指生效判决所具有的确定法律关系或法律效果的

---

〔3〕 行政行为的形式效力,是指行政行为基于其形式合法性而依法产生的效力;行政行为的实质效力,是指经过司法程序的审查,行政行为基于其实质合法性而依法产生的法律效力。行政行为的形式效力与实质效力理论,即为笔者提出的行政行为效力之"两质态论"。参见马生安:《论行政行为对司法裁判的拘束力——基于应然与实然的双重视角》,载《司法改革论评》2019 年第 2 辑,第 147—148 页。根据行政行为效力之"两质态论",行政行为的实质存续力,是指经过司法程序的审查,行政行为基于其实质合法性而依法产生的效力。在德国行政法上,如果行政行为经过生效的行政判决确认为合法有效的,则此时其产生的存续力(形式存续力或实质存续力)在中国行政法上均属于行政行为实质效力的范畴。非经过生效的行政判决确认为合法有效的行政行为,其存续力(形式存续力或实质存续力)在中国行政法上均属于行政行为形式效力的范畴。

〔4〕 《联邦德国行政程序法》第三章第二节以"行政行为存续力"(Bestandskraft des Verwaltungsaktes)为标题,在第二节的第 43 条、第 44 条规定的是行政行为的有效与无效制度,也就是行政行为的形式效力制度;形式效力是对行政行为各种效力的概括和统称,属于反映和揭示行政行为效力普遍性的范畴;第 45 条至第 52 条规定的行政行为的撤销、补正、转换、废止及行政行为的程序重开制度,即关于行政行为本身合法存续的保障制度,是保障行政行为得以合法存续的效力,属于反映和揭示行政行为效力特殊性的范畴。

法律效力。[5] 在德语中,Recht 有"法""法律"之义,[6]Kraft 有"效力"之义,故 Rechtskraft 一词在汉语中就有"法律效力"之义。[7] 在中国法上,德国的判决之确定力(Rechtskraft des Urteils)其实就是指判决的法律效力。在德国,判决的确定力有形式确定力与实质确定力之分。如果法律救济措施已经用尽、上诉期限已过或者根本没有上诉,当事人将无法再通过普通的上诉程序寻求救济,则判决的形式确定力(formelle Rechtskraft)随之产生。[8] 基于判决的形式确定力,生效判决一经确定,当事人不得以上诉的方式请求上级法院将该判决废弃与变更。[9] 实质确定力(materielle Rechtskraft)是指最终生效判决的约束力,无论法院的判决是否正确,各方当事人都受到最终生效判决的实质性约束。作为司法程序的结果,实质确定力不受当事人意志的左右,当事人不能放弃实质确定力的拘束力,但通过庭外和解协议有另外约定的除外。[10] 判决的实质确定力,即判决的既判力,是指生效判决一经确定,其就诉讼中出现的实体主张所为之判断,就成为规范双方当事人间法律权利义务关系的法定依据,双方当事人均不得就同一实体性事项再行讼争或提出不同的主张,法院也不得就同一实体事项再次以诉的形式受理或做出不同的判断。[11] 形式确定力的产生意味着普通的法律救济程序本身的结束,而实质确定力则是判决对当事人及其他判决产生的约束力。虽然实质确定力旨在确保判决的实质性内容超出封闭的诉讼程序的范围发挥作用,但形式确定力的产生却是实质确定力得以发挥作用的先决条件。[12] 也就是说,形式确定力意味着判决已经无法通过普通的方式获得法律救济,而判决的实质确定力则又必须以判决的形式确定力为基础和前提。[13] 不过,德国联邦宪法法院的最终裁决却是个例外,其既具有形式确定力,亦具有实质确定力,且二者同时产生。

在汉语语境下,判决所具有的确定法律关系或法律效果的效力,其实就是指判决的法律效力。作为法律秩序的重要构成要素之一,法的安定性要求行政行为应具

〔5〕 在中国法上,判决的确定力(Rechtskraft des Urteils)其实就是指判决的法律效力。Rechtskraft 一词在德语中有"法律效力"之义,Rechtskraft des Urteils 一词在汉语中被直译为"判决的法律效力"或"判决的效力"更为适宜。

〔6〕 参见潘再平主编:《新德汉词典》,上海译文出版社 2000 年版,第 932 页。

〔7〕 同前注〔6〕,潘再平书,第 691 页。

〔8〕 Lindner,in:Beck OK VwGO,56.Ed.1.1.2020, VwGO § 121 Rn.5 - 8.

〔9〕 参见王甲乙、杨建华、郑健才:《民事诉讼法新论》,三民书局股份有限公司 2002 年版,第487 页。

〔10〕 Lindner,in:Beck OK VwGO,56.Ed.1.1.2020,VwGO § 121 Rn.9 - 10.

〔11〕 参见丁宝同:《大陆法系民事判决效力体系的基本构成》,载《学海》2009 年第 2 期。

〔12〕 Clausing/Kimmel,in:Schoch/Schneider VwGO,39.EL Juli.2020.VwGO § 121 Rn.6.

〔13〕 Clausing/Kimmel,in:Schoch/Schneider VwGO,39.EL Juli.2020.VwGO § 121 Rn.13.

有与制定法及司法判决类似的法律效力。如同以司法判决为原型构建起行政行为概念一样，在法治国的背景下，学者们以司法判决之确定力为蓝本，并将其移植于行政领域，从而形成了行政行为的确定力（Rechtskraft von Verwaltungsakte）概念，意指生效的行政行为所具有的确定法律关系或法律效果的法律效力。[14] 行政行为的确定力也包括形式确定力和实质确定力两个方面。行政行为的形式确定力，是行政行为对于相对人的"不可争力"，即由于超过法定救济期间，或者法律救济措施已经用尽，相对人无法通过普通的救济途径寻求救济的，则行政行为的形式确定力（formelle Rechtskraft）随之产生，相对人不得请求变更、撤销或废止行政行为，因此，行政行为的形式确定力又被称为行政行为的"不可争力"。行政行为的实质确定力，是指行政行为对于行政主体的不可变更力及行政行为对相对人等的拘束力。后来，学者们在这种简单移植的过程中发现，由于行政活动的灵活性、机动性等特点，行政行为的确定性、稳定性远不及司法判决。与司法判决的效力相比，行政行为的效力更容易因行政行为的撤销、变更或废止而不复存在。为了使行政行为的效力在理论上更好地区别于司法判决的效力，行政法学者渐渐地不再使用与司法判决相同的确定力（Rechtskraft）术语，而代之以行政行为存续力（Bestandskraft des Verwaltungsaktes）术语。[15]

（二）行政行为存续力概念

行政行为存续力这一术语，源于奥地利学者班纳兹克在其 1886 年所著《司法判决与实质确定力》一书中提出并使用的行政行为"确定力"（Rechtskraft）术语。班纳兹克认为，行政行为与司法判决一样，其会产生确定力或类似的存续效力。1956 年，德国学者沃尔夫在所著的《普通行政法教程》第 1 版中首次引入行政行为"存续力"概

---

〔14〕　在中国法上，司法裁判、行政行为或民事行为的效力被统称为"法律效力"，并不像德国法那样，司法裁判的效力被称为"Rechtskraft"，行政行为的效力被称为"Bestandskraft"。德语 Rechtskraft 一词在汉语中有"法律效力"之义，故 Rechtskraft von Verwaltungsakte 在汉语中应该译为"行政行为的效力"而非"行政行为的确定力"更为适宜，Bestandskraft des Verwaltungsaktes 在汉语中应该译为"行政行为的效力"而非"行政行为的存续力"更为适宜。因为将 Rechtskraft von Verwaltungsakte 和 Bestandskraft des Verwaltungsaktes 分别被不当译为"行政行为的确定力""行政行为的存续力"，从而导致了人们对于 Rechtskraft von Verwaltungsakte 和 Bestandskraft des Verwaltungsaktes 术语理解与认识上的诸多困难。

〔15〕　德国也有学者认为存续力和确定力之间的概念更替会将已存在的概念不确定性和混乱进一步扩大了，主张应该继续沿用确定力术语指称行政行为的效力。即使在《联邦德国行政程序法》已经吸纳了"存续力"术语之后，仍有学者反对以"存续力"替代"确定力"术语。参见前注〔1〕，赵宏书，第 28—30 页。

念,并向学界大力推荐,"存续力"概念由此正式进入德国行政法学者的视野。[16]
1976 年的《联邦德国行政程序法》第三章第二节以"行政行为存续力"(Bestandskraft
des Verwaltungsaktes)为标题,[17]行政行为存续力这一学理上使用的术语终于为
立法所采纳,从而成为正式的法律用语,由此成为德国行政行为效力理论中的核心
概念之一。[18]但迄今为止,无论 1976、1992 还是 1997 年的《联邦德国行政程序
法》,都未对行政行为存续力术语从法律上予以定义。这一由司法判决和学理共同
建构的概念,曾经被德国著名行政法学者昂斯特·福斯特霍夫称为"概念之谜"。[19]
笔者通过 Beck-online(德国法学数据库)查找了大量关于行政行为存续力术语的文
献资料,却没有发现关于行政行为存续力概念的直接定义。笔者认为,行政行为存
续力概念的定义乃是行政行为存续力理论上的一个基础性的重要问题,实有深入研
究之必要。

(三) 行政行为形式存续力与实质存续力

在德国的行政法学理论上,行政行为存续力有形式存续力(Formelle Bestandskraft)与实质存续力(Materielle Bestandskraft)之分。所谓行政行为的形式存续力,
即行政行为的不可争议性,或是由于普通的法律救济措施已经用尽,或是由于诉诸
法律救济的期限届满,[20]相对人即丧失通过普通或常规法律救济途径对行政行为
予以讼争的权利。[21]所谓行政行为的实质存续力,是指已经具有形式存续力的行
政行为对相对人、行政机关和法院的限制与约束力。在德国,行政行为实质存续力
的概念是在行政程序法的基础上发展起来的;行政行为是否具有实质存续力以及具
有怎样的实质存续力,一直是现代行政法形成以来不断探讨的问题之一。[22]

---

〔16〕 参见前注〔1〕,赵宏书,第 18—25 页。

〔17〕 Schemmer,in:Beck OK VwVfG,50.Ed.1.1.2021,VwVfG § 43 Rn.20,20.1.

〔18〕 参见立法研究组编译:《外国国家赔偿行政程序行政诉讼法规汇编》,中国政法大学出版
社 1994 年版,第 240—242 页。

〔19〕 参见前注〔1〕,赵宏书,第 16 页。

〔20〕 Die Formelle Bestandskraft ist Folge eingetretener Unanfechtbarkeit, wenn etwa die entsprechenden Rechtsbehelfe erschöpft sind oder die jeweiligen Fristen abgelaufen sind.
Goldhammer,in:Schoch/Schneider VwVfG,0.EL Juli.2020,VwVfG § 43 Rn.85 - 89.

〔21〕 这里所谓的普通或常规法律救济手段,就是指行政复议与行政诉讼。参见前注〔1〕,赵
宏书,第 48—49 页。

〔22〕 Lee Hyon-Soo.行政行爲 不可變力[J].*Administrative Law Journal*,2005(14):147 -
165.

二、《联邦德国行政程序法》之行政行为存续力制度

1976 年《德国行政程序法》第三章第二节以"行政行为存续力"为标题,存续力由此成为德国行政行为效力的法律术语之一。1997 年《联邦德国行政程序法》第三章第二节共有从第 43 条到第 52 条计 10 个条文,通过对这 10 个条文具体内容的分析,有助于我们更为准确地理解德国行政行为存续力理论和制度。[23]

(一) 行政行为的有效制度

《联邦德国行政程序法》(1997 年)第 43 条规定:1. 行政行为对行政相对人及有关之人,于其被通知时起对其发生效力。行政行为以其被通知之内容发生效力。2. 行政行为未被撤销、废止、以其他方式终止或通过期限届满或其他方式消灭之前,持续有效。3. 无效之行政行为,不发生效力。关于本条的规定,德国学者将其称为 Wirksamkeit des Verwaltungsaktes,即"行政行为的有效性"。[24] 德国学者所谓的行政行为的有效性与日本的行政行为公定力极为类似,相当于日本行政行为之有限公定力。与日本行政行为公定力概念不同的是,德国行政行为的有效性系基于《联邦德国行政程序法》的规定而依法产生的法定效力,并非行政行为公定力所谓的"推定"的效力。

(二) 行政行为的无效制度

《联邦德国行政程序法》(1997 年)第 44 条第 1 款规定,行政行为有特别重大之违法,依其一切足以斟酌之情形,加以合理之判断,可认为公然者,无效。第 44 条第 1 款为行政行为的无效确立了重大且明显违法的判断标准。第 44 条第 1 款规定的判断行政行为无效的通常标准,在德语中属于行政行为的 relative Nichtigkeitsgründe,即"行政行为的非法定情形无效"。《联邦德国行政程序法》(1997 年)第 44 条第 2 款规定,不论前款规定的要件是否存在,行政行为于下列情形时无效:(1) 要求书面形式的行政行为,其未表明作出行政行为的行政机关的;(2) 依法律规定,行政行为应该给予证书才能成立,但并未给予证书的;(3) 行政机关在其依第 3 条第 1 款第 1 项规定之管辖权以外所为的行政行为,系未经授权作出的;(4) 行政行为的内容对于任何人事实上均无法完成的;(5) 行政行为所要求之内容,构成刑罚或罚款要件之违法行

---

〔23〕 本文第二部分较多地引用了《联邦德国行政程序法》(1997 年)的相关条文,为行文简洁之考虑,如非特别说明,均参见应松年:《外国行政程序法汇编》,中国法制出版社 1999 年版,第 179—184 页的相关内容,恕不一一注明。

〔24〕 Mann/Sennekamp/Uechtritz,VwVfG,2. Aufl 2019,VwVfG §43 Rn. 1 - 76；Ziekow, VwVfG,4. Aufl 2020,VwVfG §43 Rn. 1 - 21.

为的；(6)行政行为违背善良风俗的。本款具体列举的导致行政行为无效的六种情形，在德语中属于 absolute Nichtigkeitsgründe，即行政行为的"法定情形无效"，与行政行为的"非法定情形无效"相对。[25]《联邦德国行政程序法》(1997年)第44条第3款规定，下列行政行为并不当然无效：(1)未遵守有关土地管辖法律法规的，但第2款第3项之情形不在此限；(2)依第20条第1款第2至第6项之规定应回避之人参与行政行为的；(3)根据法律规定，参与行政行为召集的委员会未达成行政行为所规定的决议，或不足法定人数而无法决议的。依法律规定，必须参与的其他行政机关未参与的。本款从反面列举了不会导致行政行为无效的具体情形，即行政行为无效的消极范围。《联邦德国行政程序法》(1997年)第44条第4款规定，行政行为仅一部分无效，而其无效部分如此重要，剔除行政行为无效部分，行政机关不会作出行政行为的，则行政行为全部无效。本款系关于行政行为全部和部分无效的规定。《联邦德国行政程序法》(1997年)第44条第5款规定，行政机关得随时依职权确定行政行为之无效，申请人确定有正当利益而提出申请时，行政机关应当确定行政行为无效。

(三)行政行为的补正与转换制度

《联邦德国行政程序法》(1997年)第45条第1款规定，除该行政行为依第44条第1款违反有关程序与方式之规定而无效者外，应视下列情形而为补正：(1)为行政行为所必要之申请，于事后已提出的。(2)必须说明之理由，于事后说明的。(3)对于当事人必要之听证，已补办的。(4)作成行政行为时必须参与之委员会之决议，于事后作成的。(5)必须参与之其他行政机关，已于事后参与的。《联邦德国行政程序法》(1997年)第45条第2款规定，前款第2项至第5项之(补正)行为，只得于行政复议程序终结前补正之；如无复议程序时，只得于向行政法院起诉前为之。《联邦德国行政程序法》第45条第3款规定，行政行为因未说明应说明之理由，或未举行作出行政行为前应举行之当事人之听证，致无法于法定期间对其诉请撤销者，所迟延之法律救济期间，视为无过失责任。依第32条第2项所定回复原状期间，自其所迟延之程序行为补正时起算。《联邦德国行政程序法》(1997年)第46条规定，行政决定非依第44条而无效的，如对该事项不可能有其他行政决定时，不得只因其成立违反有关程序、方式或土地管辖之规定而被请求撤销。《联邦德国行政程序法》(1997年)第47条系关于违法行政行为之转换制度，具体内容此处从略。

---

〔25〕　有学者将德国行政行为的 absolute Nichtigkeitsgründe 和 relative Nichtigkeitsgründe 分别直译为行政行为的"绝对无效"和"相对无效"，很容易使人误以为行政行为的无效有两种不同的标准，故而不够科学。可见，在引进行政行为的 absolute Nichtigkeitsgründe 和 relative Nichtigkeitsgründe 术语时，如果翻译不当，就容易引起人们的误读；基于符号学之语义学原理，将二者分别译为行政行为的"法定情形"与"非法定情形无效"较为适宜。

(四) 行政行为的撤销与废止制度

《联邦德国行政程序法》(1997 年)第 49 条(合法授益行政行为的废止)规定,合法之非授益行政行为,于其确定后亦得全部或一部使其对将来失效而废止之,但应重新为内容相同之行政行为或因其他原因不许废止者,不在此限。《联邦德国行政程序法》第 50 条(法律救济程序中之撤销与废止)规定,对于已由第三人诉请撤销之授益行政行为,于诉愿程序或行政法院诉讼中被废弃时,以其诉愿或诉讼因而获得解决者为限,不适用第 48 条第 1 款第 2 句、第 2 款至第 4 款与第 6 款以及第 49 条第 2 款、第 3 款与第 5 款之规定。

(五) 行政行为的程序重开制度

《联邦德国行政程序法》(1997 年)第 48 条系关于具有形式存续力行政行为依职权之撤销制度,亦即行政机关依据职权对行政行为的行政程序重开制度。《联邦德国行政程序法》(1997 年)第 48 条规定,违法行政行为于法定救济期间经过后,原行政机关得依职权全部或部分撤销行政行为。《联邦德国行政程序法》(1997 年)第 51 条系关于具有形式存续力的行政行为之依申请撤销、废止或变更的规定,即依据当事人申请的行政行为行政程序重开制度,该条规定,行政行为于法定救济期间经过后,具有下列各款情形之一者,相对人或利害关系人得向行政机关申请撤销、废止或变更之。但相对人或利害关系人因重大过失而未能在行政程序或救济程序中主张其事由者,不在此限。

(六) 行政行为撤销导致的证书、物品之收回制度

《联邦德国行政程序法》(1997 年)第 52 条规定,行政行为因撤销或废止,或因其他原因失其效力后,而有收回因该行政行为而发给之证书或物品之必要者,行政机关得命所有人或占有人返还之。

总之,从《联邦德国行政程序法》(1997 年)第三章第二节关于行政行为存续力的 10 个条文的具体内容来看,其主要是关于保障行政行为存续之效力及行政行为的形式效力两个方面的制度:一是行政行为上存续的法律制度,即第 43 条、44 条规定的行政行为有效与无效制度,也就是行政行为的形式效力制度。形式效力是行政行为基于其形式合法性而产生的效力,是行政行为基于行政程序而产生的法律约束力。因为第 44 条规定重大且明显违法的行政行为无效,故第 43 条、44 条规定的是行政行为的有限形式效力制度;二是保障行政行为本身得以合法存续的制度,即第 45 条至第 52 条规定的行政行为的撤销、补正、转换、废止及行政行为的程序重开等制度。就《联邦德国行政程序法》(1997 年)第三章第二节的内容而言,存续力这一术语仅仅出现在《联邦德国行政程序法》第三章第二节的标题里,在这一节的 10 个条文中却并

没有出现。行政行为存续力制度在内容上其实是包含了众多的原则和规则,其"为行政行为提供了法律上有保障的存在和法律效力"。[26] 也正是《联邦德国行政程序法》(1997 年)第三章第二节关于行政行为存续力标题及其 10 个条文,为我们正确理解德国行政行为存续力理论和制度提供了根本依据。

三、中国行政法之行政行为存续力

(一)德国行政行为存续力概念的正确理解

在我国大陆地区的行政法学上,对于 Bestandskraft des Verwaltungsaktes 的翻译分别有"行政行为的公定力""行政行为的确定力"及"行政行为的存续力"之别。[27] 在德语中,Bestand 有"持续""持久"之义,Kraft 有"力量""效力"之义,Bestandskraft 作为这两个词所组成的合成词,可直译为"持续力"或"存续力";[28]如果仅从字面上来说,基于符号学之语义学原理,"行政行为的存续力"这一译法相对较为科学。那么,行政行为存续力概念的内涵与外延又应该如何理解呢?

德国行政行为存续力概念的产生,亦是在法治国的宏大历史背景下,基于法的安定性要求,以司法判决确定力为蓝本而进行理论建构的结果。在德国的诉讼法上,司法裁判具有确定力(Rechtskraft des Urteils)。就司法裁判的确定力概念而言,其含义是指司法裁判具有的确定法律效果的法律效力。笔者认为,在汉语语境下,司法裁判的确定力其实就是司法裁判的效力。行政行为存续力概念(Bestandskraft des Verwaltungsaktes)系从诉讼法司法裁判的确定力概念演化而来,其本质就是"行政行为的效力"。行政行为存续力概念表达的意蕴是,因为行政行为并不如司法裁判那样稳定,其产生的法律效果也不如司法裁判的法律效果那样确定。德国的行政行为存续力概念其实就是为了区别于司法裁判的确定力而使用的一个术语,其本质上就是行政行为的效力。诚如吴庚教授所言:"这种与行政处分相伴而生与并随行政处分的存续而存在的法律效力,与法院判决的实质确定力不同。总之,存续力概念并非否认行政处分之确定效果,而是比确定力概念更具有弹性,故存续力与确定

---

　　[26] Die Bestandskraft vermittelt dem Verwaltungsakt rechtlich gesicherte Existenz und Wirksamkeit. Schemmer, in: Beck OK VwVfG, 50. Ed. 1.1.2021, VwVfG § 43 Rn. 20.

　　[27] 这三种译法分别参见应松年:《外国行政程序法汇编》,中国法制出版社 1999 年版,第 137 页;[德]平特纳:《德国普通行政法》,朱林译,中国政法大学出版社 1999 年版,第 234 页;[德]哈特穆特·毛雷尔:《行政法学总论》,高家伟译,法律出版社 2000 年版,第 266 页。

　　[28] 关于"Bestand"词条的涵义,参见德汉词典编写组:《德汉词典》,上海译文出版社 1987 年版,第 184 页;前注[6],潘再平书,第 177 页。"Kraft"词条的涵义,参见前注[6],潘再平书,第 691 页。

力之差异不在本质而在程度。"[29]德国的 Bestandskraft des Verwaltungsaktes 术语的产生,是一向以严谨著称的德国法学家为了区别和强调行政行为及其法律效果与司法裁判及其法律效果稳定性的不同所致。正是在对判决确定力概念进行借鉴和移植的基础上,德国法学家从行政行为的存续性导出了行政行为存续力的概念与理论。

需要进一步指出的是,在德国行政法学上,行政行为的效力属于其行政程序法上的概念,是指行政行为基于其形式合法性而产生的形式效力。基于德国《联邦德国行政程序法》(1997 年)第三章第二节关于"行政行为存续力"的 10 个条文内容的进一步分析可以证实,德国之行政行为存续力也就是行政行为基于其形式合法性而依法产生的形式效力,是行政行为基于行政程序而依法产生的法律效力。李震山教授认为,行政处分除非自始无效者外,其法律效果并非完全确定的,法律效果的确定与否取决于该行政处分是否可依法撤销、变更或废止;在行政处分被依法撤销、变更或废止之前,其效力继续存在。是故,存续力概念是公定力与确定力概念的折中。[30] 根据对德国《联邦德国行政程序法》(1997 年)第三章第二节 10 个条文内容的分析,德国的行政行为存续力制度包括两个方面的内容:一是行政行为上存续的法律效力(法律效果),即第二节的第 43 条、44 条规定的是行政行为的有效与无效制度,也就是行政行为的形式效力制度。二是保障行政行为自身得以合法存续下去的法律效力,即非因法定事由,并经法定的程序,不得对行政行为予以撤销、变更或废止的法律效力。第二节第 45 条至第 52 条规定的行政行为的撤销、补正、转换、废止及行政行为的程序重开制度,为关于行政行为本身得以合法存续的保障制度,亦即保障行政行为合法存续的效力制度。相应地,行政行为存续力理论也包括两个方面的内容:其一,是行政行为的形式效力理论。形式效力是行政行为基于其形式合法性,通过行政程序而产生的法律效力。形式效力是对行政行为各项效力内容的概括和统称,属于反映和揭示行政行为效力之普遍性的范畴。其二,是行政行为的存续性理论,又称行政行为的"限制撤销性"理论,即非有法定事由并经法定程序,不得对行政行为予以撤销、变更和废止。作为保障行政行为自身得以合法存续的效力制度,其属于反映和揭示行政行为效力之特殊性的范畴。由此可见,德国的行政行为存续力理论关涉行政行为的存续性及其法律效力,既揭示了行政行为效力的普遍性,又揭示了行政行为效力的特殊性。[31]

---

〔29〕 参见吴庚:《行政法之理论与实用》,三民书局股份有限公司 1992 年版,第 286—299 页。

〔30〕 参见李震山:《行政法导论》,三民书局股份有限公司 1999 年版,第 291—299 页。

〔31〕 《联邦德国行政程序法》(1997 年)第三章第二节以"行政行为存续力"(Bestandskraft des Verwaltungsaktes)为标题,在第二节的第 43 条、第 44 条规定的是行政行为的有效与无效制度,也就是行政行为的形式效力制度;形式效力是对行政行为各种效力的概括和统称,属于反映和揭示行政行为效力之普遍性的范畴;第 45 条至第 52 条规定的行政行为的撤销、补正、转换、废止及行政行为的程序重开制度,即关于行政行为本身合法存续的保障制度,是保障行政行为得以合法存续的效力,属于反映和揭示行政行为效力之特殊性的范畴。

总之，法的安定性要求行政行为自身必须具有一定的存续性，行政机关不得任意对其撤销、变更与废止。在德国，这一制度就是《联邦德国行政程序法》(1997 年)第二节第 45 条至第 52 条规定的行政行为之存续性保护制度，其构成了德国行政行为存续力制度的重要内容之一；此外，行政行为必须具有法律效力，其才能对社会关系进行法律调整，在国家与社会治理中发挥作用，这就是《联邦德国行政程序法》(1997 年)第二节的第 43 条、44 条规定的行政行为的形式效力制度，其构成了德国行政行为存续力制度的又一重要内容。在德国行政法理论上，因为学者们认为行政行为不如司法裁判那样稳定，行政行为的效力被另外称为"存续力"(Bestandskraft)而非"确定力"(Rechtskraft)。在汉语语境下，行政行为存续力在本质上就是行政行为的法律效力。因为行政行为存续力制度的产生，行政行为获得了与司法判决效力类似(尽管其不如司法判决那样稳定)的持续性和稳定性，法的安定性要求由此在公共行政领域真正得以贯彻落实，这也是行政行为存续力概念与理论重要的法治国功能之一。此外，行政行为存续力制度还能够对社会关系进行调整，在国家与社会治理中发挥其积极的作用。行政行为存续力理论与制度的这两种法治国功能正如一枚硬币的正反两面，二者彼此紧密联系。

(二) 德国行政行为存续力与公定力概念之异同

前已述及，德国行政行为存续力系"行政行为上存续的法律效力"之义，其在理论上包括两个方面的内容：一是行政行为上存续的法律效力，即《联邦德国行政程序法》第 43 条、44 条规定的行政行为的有效与无效，也就是行政行为的形式效力；二是保障行政行为本身得以合法存续的效力，即行政行为的撤销、补正、转换、废止及行政行为的行政程序重开等。行政行为公定力，是指行政行为(重大且明显违法的除外)一经成立，即应当被推定合法有效；在未经有权机关通过法定程序和方式否定其效力之前，所有机关、组织或者个人都应该对其予以尊重和服从的法律效力。德国行政行为存续力和日本行政行为公定力的区别在于：其一，公定力强调其是推定的效力，而存续力则是法定的效力，即依据《联邦德国行政程序法》而产生的法定效力，也就是本文所谓的行政行为之形式效力。行政行为(无效的行政行为除外)一经成立，即依法产生形式效力。形式效力是指行政行为基于其形式合法性而依法产生的法律效力，其具有法定性、行政程序性、形式性、相对性之特征。所谓行政行为的形式合法性，是指行政行为在外在形式或外观上的合法性。[32] 其二，德国行政行为存续力理论的内容较日本行政行为公定力理论的内容更为丰富。德国行政行为存续力理论既包括了行政行为的形式效力，又包括了保障行政行为自身得以合法存续的

---

〔32〕 参见马生安：《论行政行为对司法裁判的拘束力——基于应然与实然的双重视角》，载《司法改革论评》2019 年第 2 辑，第 146—164 页。

效力,而后者是公定力理论所没有的内容。可见,德国的行政行为存续力与日本之行政行为公定力概念类似,其本质上是行政行为的形式效力,[33]但其在内容上却远比公定力要丰富得多。二者虽然在本质上都是行政行为的形式效力,但存续力概念的内涵更为丰富、存续力理论也更为科学。存续力理论既揭示了行政行为效力的普遍性(形式效力),又揭示了行政行为效力的特殊性(行政行为的存续制度)。由于德国行政行为存续力是其行政程序法上的概念,且行政行为的强制执行由《联邦德国行政法院法》(1960 年)《联邦德国行政执行法》(1953 年)予以规定,故德国的行政行为存续力在效力内容上一般只涉及行政行为的限制撤销性及行政行为拘束力,而不涉及行政行为的强制执行力。

(三)中国行政法行政行为存续力术语的涵义

在现代汉语中,"行政行为存续力"是一个偏正词组,由"行政行为"对于"存续力"的修饰限定而成。因此,行政行为存续力的含义基本上由"行政行为"和"存续力"两个语词的含义所确定。按照通常的理解,行政行为存续力一词的重心是"存续力"。何物的存续力? 行政行为的存续力。是故,行政行为存续力正常的理解,就应该是"行政行为存续下去的力量(效力)",或者说是"保障行政行为得以合法存续下去的法律效力"。德国的 Bestandskraft des Verwaltungsaktes 术语,其内涵是"行政行为上存续的法律效力",与"保障行政行为得以合法存续下去的法律效力"之间存在相当的差异。前已述及,Bestandskraft des Verwaltungsaktes 与日本的行政行为公定力类似,其本质就是行政行为的形式效力。我国台湾地区的"行政程序法"(2001 年)第二章第三节的内容与《联邦德国行政程序法》第三章第二节的内容大致相同,但却以"行政处分的效力"为标题。也就是说,在这里,Bestandskraft des Verwaltungsaktes 并没有被译为"行政行为存续力",也没有被译为"行政行为公定力",而是被译为"行政处分之效力"。这也在一定程度上反映了,我国台湾地区也认为将 Bestandskraft des Verwaltungsaktes 译为"行政行为存续力"并不准确,而将其译为"行政处分之效力"较为适宜。笔者认为,在中国行政法上将 Bestandskraft des Verwaltungsaktes 译为"行政行为的效力"较为适宜,即使译为"行政行为的公定力",也要比译为"行政行为存续力"要好得多。这是因为,在汉语语境下,Bestandskraft des

---

〔33〕 在中国行政法学上,行政行为的形式效力,是指行政行为基于其形式合法性而依法产生的效力;行政行为的实质存续力,是指经过司法程序的审查,行政行为基于其实质合法性而依法产生的效力。据此,如果行政行为经过生效的行政判决确认为合法有效的,则此时其产生的存续力(在德国法理论上属于形式存续力或实质存续力)均属于行政行为实质效力的范畴。非经过生效的行政判决确认为合法有效的行政行为,其存续力(在德国法理论上属于形式存续力或实质存续力)均属于行政行为形式效力的范畴。

Verwaltungsaktes 主要是指行政行为的形式效力，即行政行为基于其形式合法性而依法产生的形式效力。总之，在汉语语境下，行政行为存续力这一术语（语言符号）能够有效表达"保障行政行为得以合法存续下去的法律效力"之义，却难于表达德国的 Bestandskraft des Verwaltungsaktes 术语"行政行为上存续的法律效力"之内涵。

德国行政行为存续力概念在外延上包括两个部分：一是行政行为上存续的形式效力（法律效果），二是保障行政行为自身合法存续的法律效力，即非因法定事由并经法定程序，不得对行政行为予以撤销、变更或废止。德国的行政行为存续力理论对于发展和完善我国的行政行为效力理论与制度具有一定借鉴和参考价值。我国在学习和借鉴德国行政行为存续力理论与制度时，绝不能囫囵吞枣、照搬照抄，对相关概念和术语进行本土化改造至关重要。如前分析，Bestandskraft des Verwaltungsaktes 在汉语中应该译为"行政行为的效力"而非"行政行为存续力"，在现代汉语中，行政行为存续力这一术语只能表达"保障行政行为持续合法存在的效力"这一含义。基于符号学之语义学原理，概念的名称（术语）必须能够准确地反映和揭示事物的本质及其特征，即术语必须准确地反映和揭示事物的指称意义，概念的名称（术语）与内涵和外延必须保持一致而不能有所矛盾。有鉴于此，本文对中国行政法之行政行为存续力概念作如下定义：行政行为的存续力，是指非因法定事由并经法定的程序，任何组织和个人不得对行政行为予以撤销、变更和废止的法律效力。在此，行政行为存续力概念已不是原来德国行政法上的行政行为存续力概念，而是经过更新、改造之后的中国行政法之行政行为存续力概念。正确地理解这一概念，有如下几个方面值得注意：

其一，行政行为存续力是指行政行为依法产生的法律效力，其具有法定性。例如，我国台湾地区"行政程序法"（2001 年）第 116 条关于行政处分的转换、第 117 条关于行政处分的撤销、第 123 条关于行政处分的废止及第 128 条、129 条关于行政程序重新进行等规定，就是实在法关于行政行为存续力立法的典型例证。我国《行政许可法》（2019 年）第 8 条关于擅自改变已经生效的行政许可的规定，就体现了行政许可存续力的法定性。〔34〕 另外，《山东省行政程序规定》（2011 年）第 7 条、第 133 条及《湖南省行政程序规定》（2008 年）第 8 条、第 162 条、第 163 条关于行政决定的撤销，也是体现了行政行为存续力的规定；《江苏省行政程序条例》（2022 年）第 8 条、第

---

〔34〕 我国《行政许可法》（2019 年）第 8 条规定："公民、法人或者其他组织依法取得的行政许可受法律保护，行政机关不得擅自改变已经生效的行政许可。行政许可所依据的法律、法规、规章修改或者废止，或者准予行政许可所依据的客观情况发生重大变化的，为了公共利益的需要，行政机关可以依法变更或者撤回已经生效的行政许可。由此给公民、法人或者其他组织造成财产损失的，行政机关应当依法给予补偿。"

60 条、第 62 条、第 63 条、第 64 条关于行政决定的撤销、补正或更正,也是作出了类似的规定。《中华人民共和国行政程序法(专家建议稿)》(2015 年)第 5 条及第 155 条涉及的行政处理决定的确定力,其实就是指行政行为的存续力。[35]《中华人民共和国行政程序法(专家建议稿)》(2015 年)第 156 条、157 条、158 条关于行政处理撤销的规定,第 164 条关于行政处理废止的规定,第 166 条关于行政处理程序重新进行的规定,其实都体现了行政行为的存续力。[36]《中华人民共和国行政程序法(试拟稿)》第 132 条(行政决定对决定机关和当事人的约束效果)第 2 款规定:"未具备法定撤销或废止事由,行政机关不得撤销或者废止行政决定。"[37]该条第 2 款的内容,也是关于行政行为存续力的规定。

其二,行政行为存续力概念的内涵,是非因法定事由并经法定程序,不得对行政行为予以撤销、变更及废止的法律效力。存续力作为保障行政行为不被非法撤销、变更及废止而持续存在的法律效力,其价值与功能即在于此。应该说,基于符号学之语义学原理,在中国行政法上,把行政行为存续力概念的内涵限定于行政行为的"限制废除性"是比较科学的,即"行政行为存续力"这一术语的内涵主要是指"限制任何组织和个人在以后撤销、变更或废止行政行为的法律效力"。当然,行政行为存续力对以后撤销、变更或废止行政行为的限制并不是绝对的,而是"有限制的废除性"。基于公共行政的灵活性、多变性等诸多因素,行政行为依然存在较大的被撤销、变更或废止的可能性。作为法律秩序的构成要素之一,行政行为是行政机关最重要的活动手段与方式,其合法的持续性存在对公民具有非常重要的意义。假如允许行政机关毫无限制地撤销、变更或废止行政行为,或者其他公权力机关可以随意撤销、变更或废止行政行为,其结果必然导致法律秩序安定性的破坏,一方面会损害行政相对人的信赖利益,另一方面也会导致国家公信力的丧失。为了保障行政行为合法、持续地存在下去,就需要有一个制度来对其进行保护,这一制度即为行政行为的存续力制度。

行政行为的存续力并不像拘束力那样,其内容和要求明确地表现在行政行为的内容本身,而是体现在据以作出行政行为的相关行政程序法、行政行为法等法律制

---

〔35〕《中华人民共和国行政程序法(专家建议稿)》(2015 年)第 5 条规定:"行政行为应当诚实信用。行政行为依法成立后,不得擅自撤回、撤销或改变,如果因为法律依据改变或客观情况发生重大变化,为了公共利益的需要必须撤回、撤销或改变已经生效的行政行为,应当依法补偿行政相对人因此造成的损失。"第 155 条规定:"生效行政处理对行政机关具有确定力。行政机关不能擅自撤销、撤回、改变或废止生效行政处理。行政机关撤销、撤回、改变或废止生效行政处理的条件和程序由本法和其他法律、法规规定。"

〔36〕《中华人民共和国行政程序法(专家建议稿)》(2015 年)相关条文的内容,参见姜明安等著:《行政程序法典化研究》,法律出版社 2016 年版,第 436—437 页。

〔37〕参见王万华:《行政程序法典试拟稿及立法理由》,中国法制出版社 2010 年版,第 35 页。

度之中。也就是说，行政行为存续力是由相关法律规定而非行政行为内容本身得以体现的，这是其与行政行为拘束力的重要区别之一。例如，某人因赌博受到公安机关的行政处罚，行政处罚决定书会有体现拘束力的处罚内容，但不会出现"非因法定事由并经法定的程序，任何公权力机关不得对行政处罚决定予以撤销、变更和废止"等体现存续力的内容。但是，该行政处罚决定肯定是具有存续力的，其存续力法律依据存在于相关行政程序法、行政行为法或行政诉讼法之法律制度之中。如果某一行政行为缺乏存续力之法律依据，则需要完善行政程序法、行政行为法或行政诉讼法等相关立法，以解决行政行为存续力的法律依据问题。

其三，行政行为存续力的约束对象是所有可能危及行政行为合法存续的任何组织和个人。通常而言，存续力的约束对象应该是公权力机关、组织以及掌握公权力的特定个人。实际上，并非所有的公权力机关、组织和个人都能够撤销、变更和废止行政行为。危害行政行为合法存续的，只能是部分特定的公权力主体，即有权力、有能力且有可能撤销、变更和废止行政行为的公权力机关、组织和个人。无权力、无能力撤销、变更和废止行政行为的公权力机关和组织实际上并不会成为行政行为存续力的约束对象。对于行政行为的相对人、利害关系人来说，由于其无法直接撤销、变更或废除行政行为，故不会威胁行政行为的合法存续。但是，行政行为的相对人、利害关系人可以通过行政复议或行政诉讼等方式，请求行政机关或法院等国家机关撤销或变更行政行为，从而挑战行政行为的存续，因此，行政行为的行政相对人、利害关系人也应该属于行政行为存续力的约束对象。在穷尽普通的救济程序之后，或者是超过法定的救济期限以后，相对人、利害关系人无法通过讼争的手段改变或撤销行政行为时，行政行为存续力对相对人、利害关系人的约束作用此时就表现得特别明显。行政行为合法存续的最大威胁来自作出行政行为的原行政机关本身，为实现法的安定性对行政行为持续性存在的要求，就必须限制原行政机关对行政行为予以撤销、变更或废止的权力。[38] 除了原行政机关，其他公权力机关是否也会威胁行政行为的合法存续呢？回答是肯定的。例如，行政机关的上级行政机关就有权改变或撤销下级行政机关"违法或不适当"的行政行为。[39] 实际上，存续力的约束对象除了作出行政行为的原行政机关、上级行政机关之外，还有司法机关和立法机关。例如，法院只能依法而不能随意地判决确认行政行为无效或判决撤销、变更行政行为，这就体现了行政行为存续力对司法机关的约束和限制。如果原告没有起诉，法院就

---

[38] 参见前注〔1〕，赵宏书，第3—4页；赵宏：《从存续性到存续力——德国行政行为效力理论的生成逻辑》，载《法商研究》2007年第4期。

[39] 对于行政机关而言，应该是作出行政行为的上级行政机关和原行政机关才能对行政行为予以撤销、变更或废止，平级的行政机关无权撤销、变更或废止上级行政机关的行政行为；其他行政机关也无权撤销、变更或废止与其平级的行政机关的行政行为。

不能判决确认行政行为无效或判决撤销、变更行政行为。在特定的情况下,行政行为存续力的约束对象还可能包括立法机关。例如,《立法法》第 97 条第 1 款第 2 项规定:"全国人民代表大会常务委员会有权撤销同宪法和法律相抵触的行政法规,……。"《立法法》第 97 条第 1 款第 5 项规定:"地方人民代表大会常务委员会有权撤销本级人民政府制定的不适当的规章。"上述由立法机关依法对行政法规和规章进行的合法性审查并作出相应的决定,就体现了行政行为存续力对立法机关也具有约束作用。存续力制度是对于行政行为撤销、变更、废止予以限制以保护其存续性的法律制度,行政行为的存续性不仅会受到原行政机关的威胁,而且也会受到其他上级行政机关、司法机关和立法机关等公权力机关的威胁。行政行为存续力的约束对象包括原行政机关、上级行政机关、司法机关和立法机关等一切公权力组织,这样能够更好地保障行政行为存续力义务的实现,从而有效保障行政行为的合法存续。[40]

其四,行政行为的存续力是相对的,而不是绝对的。与行政活动变动不居的特点相适应,行政行为的存续力并非绝对禁止撤销、变更及废止行政行为,而是令其撤销、变更及废止权限受到一定限制。经过法定的程序,有权机关仍然可以对行政行为予以撤销、变更和废止。所谓行政行为的"有限制的废除性",正是对行政行为存续力的非常准确的描述,"有限制的废除性"也是行政行为存续力作用的界限所在。此外,并非所有的行政行为都具有存续力,无效的行政行为自始无效、绝对无效,故其也就根本没有存续力可言。

四、中国行政法之行政行为形式存续力与实质存续力

(一)德国行政行为形式存续力与实质存续力概念的本质内涵

在德国的行政法上,在 Bestandskraft des Verwaltungsaktes(行政行为存续力)的概念之下,其又分为 formelle Bestandskraft 和 materielle Bestandskraft。其中,就 formelle Bestandskraft 术语而言,formelle 一词主要是"形式(上)的""正式的"之

---

[40] 因为德国的行政行为存续力实际上就是"行政行为上存续的法律效力"之义,其约束对象是非常广泛的,包括原行政机关、上级行政机关、司法机关等一切公权力组织,而并非有学者认为的原行政机关。例如,许宗力先生认为,行政处分的存续力是指行政处分对本处分机关的拘束效力,行政处分一经作成,即具有的限制处分机关之废弃权限的效力。参见许宗力:《行政处分》,载翁岳生主编:《行政法》(上),中国法制出版社 2009 年版,第 651 页。又如,赵宏教授认为,存续力是指行政行为成立以后,行政行为所产生的限制原行政机关以后随意撤销、变更或废止行政行为的法律效力。参见前注[1],赵宏书,第 3—4 页。

义，[41]Bestandskraft 一词主要是"持续力""存续力"之义。[42] 在中国行政法上，formelle Bestandskraft 术语多被学者们译为"形式存续力"，亦即行政行为的不可争力，即相对人诉诸法律手段的期限届满，不能再采取普通的法律手段要求撤销行政行为。formelle Bestandskraft 的规制对象是行政相对人，一旦超过了法定的救济期限，相对人就会丧失依常规救济手段对行政行为予以争讼的权利。由此，行政行为获得了更为稳定地存在下去的效力，此即行政行为的 formelle Bestandskraft。[43] formelle Bestandskraft 的功能在于，对行政相对人超过法定救济期限质疑行政行为的请求权进行排除，以实现法律秩序安定的目的。需要指出的是，formelle Bestandskraft 的本质意蕴是，由于普通的法律救济措施已经用尽，或是诉诸法律救济的期限届满，[44]相对人即丧失以普通或常规法律救济手段对行政行为予以争讼的权利。普通的法律救济措施已经用尽及诉诸法律救济的期限届满，均可以导致 formelle Bestandskraft 的产生。国内的很多学者是从诉诸法律救济的期限届满这一方面论及 formelle Bestandskraft 的产生，应该说在认识上还不够全面。章剑生教授认为，行政行为的形式存续力，也称"不可争力"，是指行政行为因行政相对人提起行政救济被驳回或者行政行为因行政相对人在法定救济期限内没有提起行政救济而产生的效力。[45] 应该说，章剑生教授的理解和认识还是比较准确的。就 materielle Bestandskraft 术语而言，德语 materielle 一词一般是"物质上的""物质的""实际的"之义，[46]Bestandskraft 一词系"存续力"之义。在中国行政法学上，materielle Bestandskraft 术语被学者们译为"实质存续力"。关于 materielle Bestandskraft（实质存续力）概念的内涵，德国学者的理解存在一定的分歧。以哈特穆特·毛雷尔为代表的主流观点认为，materielle Bestandskraft 包括行政行为的约束力和限制废除性两个方面的内容。所谓行政行为的"约束力"，是指其对相对人和行政机关的拘束力；所谓行政行为的"限制废除性"，是指非经法定的程序及符合法定的条件，行政机关

---

[41] 参见叶本度主编：《朗氏德汉双解大词典》，外语教学与研究出版社 2010 年版，第 646 页；前注[6]，潘再平书，第 417 页。

[42] ZHOU Hengxiang, Deutsch-Chinesisches Rechtswörterbuch, Berlin ,Duncker & Humblot,2017,S.49.

[43] Schemmer,in:BeckOK VwVfG,50.Ed.1.1.2021 VwVfG § 43 Rn.20,20.1.

[44] Die Formelle Bestandskraft ist Folge eingetretener Unanfechtbarkeit, wenn etwa die entsprechenden Rechtsbehelfe erschöpft sind oder die jeweiligen Fristen abgelaufen sind. Goldhammer,in:Schoch/Schneider VwVfG,0.ELJuli 2020，VwVfG § 43 Rn.85 - 89. 参见前注[1]，赵宏书，第 25 页。

[45] 参见章剑生：《现代行政法总论》（第 2 版），法律出版社 2019 年版，第 154—155 页。

[46] 参见前注[41]，叶本度书，第 1195 页；前注[6]，潘再平书，第 769 页。

不得对行政行为予以撤销或变更；[47]即行政行为依法成立后，行政主体即不能任意撤销、变更或废止该行政行为，其目的和作用在于限制行政机关以后对行政行为撤销、变更或者废止的权力，以维护相对人因信赖行政行为所产生的利益。相比较而言，哈特穆特·毛雷尔教授关于行政行为实质存续力概念的理解较为科学。

（二）德国行政行为形式存续力与实质存续力之间的关系

形式存续力（formelle Bestandskraft）的本质是行政行为的"不可诉请撤销性"，在普通的法律救济措施尚未用尽或是法定救济期限届满之前，或是相对人还没有放弃救济权利的，行政行为是可以受到质疑甚至要求撤销的，此时其存续力只是一种临时或暂时的效力。在普通的法律救济措施已经用尽或是法定救济期限届满之后，或是相对人放弃救济权利时，行政行为最终才得以正式地确定下来。笔者认为，因为 formelle 一词在德语中亦有"正式的"之义，formelle Bestandskraft 在汉语中或许被译为"正式存续力"更为适宜，以与"临时或暂时"的效力相区别。形式存续力与判决的形式确定力相对应，它对法律确定性的重要性与司法判决同样重要。[48]在司法上，随着判决的生效，则判决的形式确定力开始产生。如同判决一样，随着行政行为正式确定下来（不可再诉请撤销），行政行为的形式存续力开始产生。形式存续力并非绝对的，在依法对行政行为进行行政程序重开时，行政机关有权对行政行为的合法性再次进行审查，并进而决定是否对行政行为予以撤销、变更或废止。因此，行政程序重开事实上构成了形式存续力的界限范围。

随着行政行为形式存续力的产生，行政行为不再受到反对者及普通或常规救济措施的质疑，行政行为的实质存续力（materielle Bestandskraft）亦开始显现并发挥作用。行政行为的实质存续力与判决的实质确定力（既判力）相对应，其表达的是生效的行政行为对相对人、利害关系人及行政机关等各方产生的实质性的法律约束力。就行政行为对相对人及其他行政机关的拘束力而言，只有行政行为得以正式确定下来，其对外才能产生相应的法律上的规制作用。从这一方面来说，形式存续力与实质存续力的产生有着先后的承继关系，实质存续力的产生必须以形式存续力的产生为基础和前提。关于这一点，我国学者在介绍德国的理论时并没有完全交代清楚。"实质存续力作为诉讼法既判力的对应物，其核心是行政行为的限制废除性。它防止行政机关背离先前有效的行政行为的内容，在作出行政行为时无视先前有效的行政行为的存在。"[49]"实质存续力来自有效行政行为的事实效果，在行政行为尚未废除、未予处理或未作任何无效认定的情况下，实质存续力不仅约束行政行为的相对

---

〔47〕　参见前注〔33〕，[德]哈特穆特·毛雷尔书，第 267—268 页。

〔48〕　Schemmer, in: Beck OK VwVfG, 50. Ed. 1. 1. 2021, VwVfG § 43 Rn. 20, 20.1.

〔49〕　Schemmer, in: Beck OK VwVfG, 50. Ed. 1. 1. 2021, VwVfG § 43 Rn. 21 - 24.

人和作出行政行为的行政机关,而且约束非作出行政行为的其他行政机关和法院。"[50]在德国,因为行政行为实质存续力的概念系从行政行为实质确定力的概念演化而来,而行政行为实质确定力的概念又是从司法裁判的既判力演化而来,故 materielle Bestandskraft 这一概念在外延上不仅包括行政行为的有限制的废除性,而且包括对相对人和行政机关的拘束力也就不难理解了。[51]其中,有限制的废除性作为行政行为实质存续力的重要内容,其是自行政行为成立即开始生效,而并非要等到行政行为的形式存续力产生之时。因此,如果从这一方面来说,形式存续力与实质存续力的产生又并非完全的先后承继关系,此时实质存续力的产生并不以形式存续力的产生为基础和前提,反而是在其之前产生。

行政行为形式存续力与实质存续力是依据何种标准进行的分类?或许很多人都会有这样的疑问。形式存续力与实质存续力概念并非在某一标准之下行政行为存续力的具体分类,而只是从不同角度对行政行为存续力的描述和表达。形式存续力体现了行政行为的不可争辩性,而实质存续力则体现了行政行为的约束力。德国行政行为存续力本质上主要是指行政行为的形式效力,行政行为的存续力与司法裁判的效力应该是一个平行或并列的关系,但司法裁判的效力却具有结论性和最终性。德国行政行为的存续力乃是基于行政程序法而产生的效力,且这种效力并不具有最终性,其与司法裁判的效力有着本质的不同。

(三) 中国行政法行政行为形式存续力与实质存续力术语的涵义

汉语语言符号具有很强的表意性,汉语中"行政行为存续力"术语的含义,应该是指行政行为"持续性存在下去的力量或法律效力"之义。笔者前文关于中国行政法行政行为存续力概念的定义,实际上已经对德国行政行为存续力的概念作了更新和改造。同样,德国行政行为形式存续力(formelle Bestandskraft)与实质存续力(materielle Bestandskraft)术语,也可以为我国行政法学借鉴和移植。在汉语中,"形式"与"实质"是相对而存在的一组概念,各有其特定的含义。鉴于语言符号的系统

---

[50] Die Formelle Bestandskraft ist Folge eingetretener Unanfechtbarkeit, wenn etwa die entsprechenden Rechtsbehelfe erschöpft sind oder die jeweiligen Fristen abgelaufen sind. Goldhammer, in: Schoch/Schneider VwVfG, 0. EL Juli 2020, VwVfG § 43 Rn. 85 – 89.

[51] 韩国也有学者认为,行政行为对相对人和行政机关等的拘束力,应该属于行政行为实质存续力的范畴。为此,韩国学者提出和使用了行政行为"规范力"的概念。所谓规范力,是从法律关系形成的角度而言的,系指行政行为具有能够单方面确定法律关系的效力。"属于规范力的内容也可以看作是实质存续力。有必要改变对行政行为存续力的认识,以这种新的认识为基础,从拘束效果的角度来认识它。在解决行政行为违法性的继承问题上,从防止行政行为相互矛盾的角度来看,规范力的观点是有用的,其体现了系统论的思想。"Kim Jung-Kwon.행정행위의 효력과 구속효의 체계에 관한 소고[J].*Public Law Journal*,2012,13(2):345 – 379.

性与社会性,在"形式""实质"及"存续力"概念含义确定的情况下,"形式存续力"与"实质存续力"概念只能根据"形式""实质"及"存续力"概念的含义予以解释和定义。汉语中"形式"一词的含义是"事物的组织、结构等",即事物的"外观""外形"之意。[52]"形式存续力"作为一个偏正词组,是"形式"一词对"存续力"一词限定而成,故本文将形式存续力的概念定义为"行政行为基于其形式合法性而依法产生的存续力"。在中国行政法上,行政行为的形式存续力具有行政程序性、形式性及相对性之特征,其与德国行政行为形式存续力(formelle Bestandskraft)有着明显的不同。[53]汉语中"实质"一词的含义是"本质"或与"形式"相对的"实在内容"之意。[54]"实质存续力"作为一个偏正词组,在语词结构上由"实质"一词对"存续力"一词限定而成,故本文将实质存续力的概念定义为"行政行为基于其实质合法性而依法产生的存续力"。由于行政行为的实质合法性及实质效力必须通过司法程序才能得以确定和产生,故这里的实质存续力,是行政行为基于司法程序而获得的存续力。[55]如此,本文关于行政行为形式存续力与实质存续力概念的定义,是将行政行为的形式效力与实质效力之"两质态论"引入存续力概念的进一步分析而得出的结论,其已与德国行政行为形式存续力与实质存续力概念有着本质的不同。

在中国行政法上,缘何要对德国的 formelle Bestandskraft(形式存续力)和 materielle Bestandskraft(实质存续力)术语的内涵予以改造或者说是重新定义? 这是因为,符号学之语义学原理要求,语言符号(术语)必须能够准确地反映和揭示事物的本质及其特征,即术语必须准确地反映和揭示事物的指称意义。我国台湾地区学者当初在引进德国的行政行为存续力理论时,将 formelle Bestandskraft 和 materielle Bestandskraft 分别译为"形式存续力"与"实质存续力",从直译的角度来说似乎没有问题。但是,在汉语中"形式存续力"与"实质存续力"术语有着其特定含义,形式存续力与实质存续力术语根本无法有效反映和揭示 formelle Bestandskraft

---

〔52〕 参见中国社会科学院语言研究所词典编辑室编:《现代汉语词典》(修订本),商务印书馆1997 年版,第 1410 页。

〔53〕 最高人民法院的裁判认为,基于法的安定性原则,行政行为在法定救济期限届满后,其具有形式确定力而具有不可诉请撤销性。这里的形式确定力,又称"不可争力",其实就是指行政行为的形式存续力。相对人放弃救济权利的,行政行为也会依法产生形式存续力。参见陈新明诉四川省泸州市江阳区人民政府政府信息公开案,最高人民法院(2017)最高法行申 6861 号行政裁定书。

〔54〕 参见中国社会科学院语言研究所词典编辑室编:《现代汉语词典》(修订本),商务印书馆1997 年版,第 1146 页。

〔55〕 根据本文关于形式存续力与实质存续力的分类,经过行政诉讼确认实质合法有效而未被撤销、变更的行政行为,其依法产生实质存续力;行政行为经过行政复议,且行政复议为终局裁决的,如果行政行为未被撤销、变更的,则其产生效力的依然为形式存续力。

和 materielle Bestandskraft 概念的原有内涵,从而导致了形式存续力与实质存续力术语与其内涵之间的矛盾。具体来说,formelle Bestandskraft 在汉语中被直译为"形式存续力",但其内涵却是以相对人为约束对象的不可争力。materielle Bestandskraft 在汉语中被直译为"实质存续力",但其内涵却不仅仅是行政行为存续之法律效力,还包括行政行为对相对人和行政机关的拘束力。在汉语中,无论是形式存续力还是实质存续力术语,均不能准确地反映和揭示其需要指称的事物的意义。这就是本文对德国的 formelle Bestandskraft 和 materielle Bestandskraft 术语进行重新翻译以及对中国行政法之形式存续力与实质存续力进行重新定义的原因所在。在德国行政法上,Bestandskraft、formelle Bestandskraft 和 materielle Bestandskraft 均是其行政程序法意义上的概念,应该属于行政行为形式效力的范畴。从 formelle Bestandskraft 和 materielle Bestandskraft 术语的内涵考虑,其在中国行政法上就不宜被译为"形式存续力"与"实质存续力",而是将其分别译为"不可争力"与"既决力"较为适宜。[56] 可见,在引进域外理论的概念与术语时,正确的理解及准确的本土语词选择非常重要。当然,因为语言的局限性,准确选择本土语词以与外来术语精准地对应,有时候确实是非常困难的。

五、中国行政法行政行为存续力理论之科学建构

(一)德国行政行为存续力理论和制度的价值与意义

德国行政行为存续力术语是在借鉴和移植司法裁判之确定力术语基础上逐渐形成的,体现了德国行政法学者的智慧和创造。如前文对《联邦德国行政程序法》(1997 年)第三章第二节关于存续力条文具体内容的分析,德国行政行为存续力包括两个方面的内容:一是行政行为上存续的法律效力,即《联邦德国行政程序法》(1997 年)第 43 条、第 44 条规定的行政行为的有效与无效制度,也就是行政行为的形式效力制度;二是行政行为本身的存续效力,即《联邦德国行政程序法》(1997 年)第 45—52 条所体现的行政行为撤销、补正、转换、废止及行政行为的程序重开制度等。德国

---

〔56〕 "既决力"是江必新教授在论及行政行为效力时所使用的一个术语,其含义和要求是:行政行为中的意思表示和认定的事实,相对人、行政机关、监督机关以及其他社会主体都有义务作为既定事实加以承认和尊重,都受既决的行政行为内容的约束,不得作出与该行政行为相反的认定和处理决定。参见江必新:《行政行为效力体系理论的回顾与反思》,载《江苏社会科学》2008 年第 5 期。笔者认为,德国法上 materielle Bestandskraft des Verwaltungsaktes 实际上就是 materielle Rechtskraft des Urteils(司法裁判之既判力)的对应物,司法裁判有"既判力",行政行为有"既决力",故在汉语中将 materielle Bestandskraft des Verwaltungsaktes 译为行政行为的"既决力"还是较为适宜的。

行政行为存续力不同于司法裁判的确定力,司法裁判的确定力只关涉司法裁判确定的法律效果,而行政行为存续力既关涉行政行为上存续的法律效果(形式效力),又关涉行政行为本身的存续效力。德国行政行为存续力显然也不同于日本的行政行为公定力,德国行政行为存续力系基于实在法规范而产生的法定效力,而日本的行政行为公定力理论则主张行政行为公定力系推定的法律效力。从总体上看,德国的行政行为存续力理论要比日本的行政行为公定力理论更为科学,对于我国行政行为效力的研究具有重要的学习和借鉴意义。

(二) 德国行政行为存续力理论的借鉴与移植

德国的 Bestandskraft des Verwaltungsaktes 本质上就是"行政行为的效力",我国台湾地区的"行政程序法"第二章第三节的内容与《联邦德国行政程序法》(1997年)第三章第二节的内容大致相同,但却以"行政处分的效力"为标题,应该就是明证。[57] 如上所述,德国 Bestandskraft des Verwaltungsaktes 概念在外延上包括两个方面的内容,一是行政行为上存续的法律效力(法律效果),二是保障行政行为自身合法存续的法律效力。为此,本文将德国行政行为存续力概念从外延上拆分成两个部分:一是行政行为上存续的法律效力(法律效果),二是保障行政行为自身合法存续的法律效力。对于前者,本文将其归纳为"行政行为的形式效力",《联邦德国行政程序法》(1997年)第43条、第44条规定的行政行为的有效与无效制度及相关理论,对我国的行政行为形式效力理论及制度建设具有重要的借鉴和参考价值。对于后者,本文将其归纳为"行政行为存续力",即"保障行政行为自身合法存续的法律效力",从而将其改造成为中国行政法之行政行为存续力概念。《联邦德国行政程序法》(1997年)第45—52条规定的撤销、补正、转换、废止及行政行为的程序重开制度等及相关理论,对我国的行政行为的存续保护理论及制度建设亦具有重要的借鉴和参考价值。如前文所述,从 formelle Bestandskraft 和 materielle Bestandskraft 术语的内涵考虑,本文将其分别译为"不可争力"与"既决力"。[58] 根据中国行政法之行政行为存续力概念的定义,不可争力和不可变更力均属于行政行为存续力的范畴,故在中国行政法上可以将其作为行政行为存续力的下位概念予以保留和使用。对

---

〔57〕　参见我国台湾地区"行政程序法"(2001)第二章第三节。

〔58〕　在德国行政法上,materielle Bestandskraft 术语的外延不仅包括行政行为的限制撤销性,而且还包括行政行为对相对人和行政机关的拘束力。在中国行政法上,如果把 materielle Bestandskraft 术语译为"不可变更力",等于是限缩了其外延。在德国法上 materielle Bestandskraft des Verwaltungsaktes 实际上就是 materielle Rechtskraft des Urteils(司法裁判之既判力)的对应物,司法裁判有"既判力",行政行为有"既决力",故在汉语语境下将 materielle Bestandskraft des Verwaltungsaktes 译为行政行为的"既决力"还是较为适宜的。关于"既决力"术语的含义,具体参见前注〔56〕,江必新文。

于 formelle Bestandskraft 和 materielle Bestandskraft 术语的原译名,即"形式存续力"和"实质存续力"术语,本文则赋予其以新的内涵,作为中国行政法之行政行为存续力的术语予以使用。

(三)中国行政法行政行为存续力理论的基本内容

中国行政法行政行为存续力理论至少包括但不限于如下几个方面的内容:1. 关于行政行为存续力概念的定义;2. 关于行政行为存续力在行政行为效力体系中的地位与作用;3. 关于行政行为的形式存续力与实质存续力;4. 关于行政行为存续力相关的原则与制度;5. 关于行政行为的撤销、变更与废止;6. 关于行政行为的行政程序重开。

中国行政法之行政行为存续力理论应该是与汉语语言及汉语文化高度和谐统一的行政行为效力理论。在汉语语境下,行政行为存续力这一术语能够有效表达"保障行政行为得以合法存续下去的法律效力"之义,却难于表达"行政行为上存续的法律效力"之义。因此,中国行政法之行政行为存续力是仅指"保障行政行为得以合法存续下去的法律效力"。将中国行政法之行政行为存续力概念的内涵作如此界定,较为符合汉语语言的表达习惯,能够使其与汉语语言及汉语文化较好地保持一致性。

中国行政法之行政行为存续力理论应该是存续力、拘束力及强制力"三效力说"下的行政行为效力理论。存续力、拘束力及强制力之"三效力说"作为内在关联、有机统一的整体,科学地揭示了行政行为效力的所有内容。"三效力说"属于反映和揭示行政行为效力之特殊性或个别性的理论;其中,存续力是指非因法定事由并经法定程序,不得对行政行为予以撤销、变更和废止的法律效力;拘束力是指行政行为基于其内容依法产生的,约束与保障行政相对人、利害关系人、国家行政机关及司法机关等履行行政行为义务的法律效力;强制力是行政行为依法产生的,在行政主体或行政相对人等违反或拒不履行存续力或拘束力之法定义务时,有权机关采取相应的措施,以保障其存续力或拘束力义务得以实现的法律效力。[59]

中国行政法之行政行为存续力理论应该是形式效力与实质效力之"两质态论"下的行政行为效力理论。依据效力产生基础的不同,行政行为有形式效力与实质效力两种不同性质及形态的法律效力,即行政行为效力之"两质态论"。因为存续力产生的行政行为合法性基础的不同,行政行为的存续力有形式存续力和实质存续力之分。行政行为的形式存续力,是指行政行为基于其形式合法性而依法产生的存续力;行政行为的实质存续力,是指经过司法程序的审查,行政行为基于其实质合法性

---

〔59〕 存续力是前提和基础效力,拘束力是目的与核心效力,强制力是手段与保障效力,每一项效力都具有特定的法律意义与制度功能;三者的本质属性不同,价值目标和制度功能不同,产生的时间和条件也有所差异;三者之间彼此相互独立,不存在内涵交叉或重叠的现象。

而依法产生的存续力。行政行为的形式存续力与实质存续力的主要区别在于:一是产生的基础和根据不同。形式存续力以行政行为的形式合法性为基础和根据,实质存续力以行政行为的实质合法性为基础和根据。二是产生的程序不同。形式存续力产生于行政程序,实质存续力则产生于司法程序。三是形式存续力与实质存续力的稳定性以及强度不同,实质存续力的稳定性及强度高于形式存续力。行政行为的效力从形式效力向实质效力转化,须经过司法程序对行政行为实质合法性的审查和确认。行政行为(无效的行政行为除外)在成立以后,由于实质合法性未经司法程序的审查和确认,因而始终处于形式效力阶段,具有形式存续力;经过司法程序的审查和确认,根据审查和确认结果的不同,行政行为存续力的情况又有所不同。一是经过司法程序的审查,行政行为被确认无效的,行政行为没有形式存续力,当然更不具有实质存续力;二是经过司法程序的审查,行政行为不具有实质合法性而被撤销的,行政行为不复存在,行政行为的形式存续力消亡,当然也就不会存在实质存续力的问题;三是经过司法程序的审查,行政行为具有实质合法性的,行政行为的形式效力转化为实质效力,行政行为的形式存续力亦转化为实质存续力;四是虽然经过了司法程序的审查,但是,如果司法程序未对行政行为的实质合法性予以审查和确认的,则行政行为依然处于形式存续力的状态。例如,相对人对行政行为提起撤销之诉,法院以超过起诉期限驳回起诉的,则行政行为仍然处于形式效力状态,其所具有的存续力为形式存续力。对于形式存续力的行政行为,如果没有超过法定的期限,相对人可以申请行政复议或行政诉讼,要求对行政行为予以撤销或变更;行政机关也可以依照法定程序,对行政行为予以撤销、变更或废止。对于产生实质效力的行政行为,行政相对人不得提起行政复议和撤销之诉,行政机关一般也不得对其撤销、变更或废止。

结　语

德国的行政行为存续力(Bestandskraft des Verwaltungsaktes)乃"行政行为上存续的法律效力"之义,主要是指行政行为基于其形式合法性而依法产生的形式效力。Bestandskraft des Verwaltungsaktes 这一术语的产生,是一向以严谨著称的德国法学家为了区别和强调行政行为与司法裁判法律效果稳定性的不同所致。Bestandskraft des Verwaltungsaktes 的本质其实就是行政行为的形式效力,其在汉语语境下被译为"行政行为的效力"更为适宜。可能是 Bestandskraft des Verwaltungsaktes 被不当译为"行政行为存续力",导致了我国学者在理解和认识 Bestandskraft des Verwaltungsaktes 这一概念上的混乱和错误。从 formelle Bestandskraft 和 materielle Bestandskraft 概念的内涵考虑,formelle Bestandskraft 和 materielle Bestandskraft 术语在汉语中不能被译为"形式存续力"与"实质存续力",而是应该分别译为"不可争力"与"既决力"较为适宜。全面、深刻理解和把握德国行政行为存续力理论与制度的精髓,准确翻译引进这一理论相关的概念与术语,对于借鉴吸收其合理成分,移植有关的理论与制度,从而建构中国行政法之行政行为存续力理论与制度,具有重要而积极的现实意义。在汉语语境下,中国行政法之行政行为存续力、行政行为形式存续力及行政行为实质存续力术语应该有其不同于德国行政法的特定内涵,中国行政法之行政行为存续力理论应该是与汉语语言及文化高度和谐统一、"两质态论"与"三效力说"下的行政行为效力理论。

中德法学论坛

第 19 辑·上卷，第 150～178 页

论第三人清偿之债务不存在时的不当得利返还

——从债务人启动的第三人清偿说起

邬演嘉[*]

摘　要:在所谓债务人启动的第三人清偿,当所清偿之债务不存在时,就不当得利之返还学说上存在"与指示给付相同处理"和"与普通的第三人清偿相同处理"两种观点。由于两种观点均有合理之处,使上述案型在不当得利返还方向上的判定存在争议。通过厘清"指示"的真正涵义可知,将上述案型与"指示给付"相同处理是不可行的;而基于尊重生活实际、避免评价矛盾之考量,"与普通的第三人清偿作相同处理"也难具正确性。事实上,债务人启动的第三人清偿之所以在不当得利返还方向上争议不断,是因为主流学说将第三人清偿的不当得利返还效果不当地设置为了直索。为了彻底解决上述案型在得利返还上的困境,更是为了保障制度设计的合理性、消除评价矛盾,应摒弃直索模式,将不当得利的返还模式改为跨角。与这一价值判断相适应,在教义学上可认为,第三人清偿的给付目的虽由第三人作出,但在对价关系,第三人的给与应作为假想债务人对假想债权人的给付。当所清偿之债务关系不存在时,应由假想债务人向假想债权人主张得利返还。第三人的直索主张,仅在例外情况下始应得到支持。

关键词:第三人清偿;债务不存在;给付目的;给付关系;返还义务人

---

　　* 邬演嘉:华东政法大学民商法博士研究生。本文受华东政法大学博士研究生海外访学项目,及优秀博士学位论文培育项目"民法典编纂背景下的不当得利制度"(项目编号 2019‑1‑005)资助,为上述项目研究成果。

Abstract: In cases of the so-called debtor-initiated third party payment on debtor's non-existing debt, there are two views to take care of the return of the unjust enrichment, namely the theory of the same treatment as an instruction case and the theory of the same treatment as an ordinary third party payment case. Since both theories possess reasonable points, the above case turns out to be controversial in determining the direction of return of unjust enrichment. By clarifying the true meaning of "instruction", it is clear that it is not appropriate to treat the above case as same as an instruction case. Taking the characteristics of fulfillment behavior of reality life into account, and in order to avoid evaluation conflicts, the above case can also not be treated in the same way as an ordinary third party payment case. In fact, the controversy mentioned above arises because the prevailing doctrine incorrectly insisted that the unjust enrichment claim in cases of third party payment on debtor's non-existing debt should accrue between the third party and the putative creditor. In order to solve the dilemma regarding to the determination of the direction of unjust enrichment claim, and to maintain the rationality of the system, also to eliminate evaluation conflicts, the cross-corner returning model should be adopted in place of the direct claim model in dealing with the cases of third party payment on debtor's non-existing debt. In accordance with this value judgment, in dogmatic terms, it can be considered that although the purpose of the payment is expressed by the third party, but the giving, which is also provided by the third party, should be regarded as the performance by the putative debtor to the putative creditor. When the debt being paid turns out to be inexistent, it should be the putative debtor, who is entitled to claim the return of unjust enrichment against the putative creditor. A direct claim by a third party shall be upheld only in exceptional circumstances.

Key words: Payment of Another's Debt; Non-existing Debt; Purpose of Performance; Performance Relationship; Person Obligated to Return

一、问题的提出

所谓第三人清偿(Leistung durch Dritte),指第三人以自己的名义有意识地清偿他人的债务。[1] 由于债权人仅重视债权得否实现,至于履行由谁为之,则并不关心,故就第三人之清偿,比较法上多允许之。[2] 我国《民法典》第 524 条亦对第三人清偿做了明文规定,从文义上看,仅适用于"第三人对履行该债务具有合法利益"之情形,但即使第三人清偿并不符合上述要件,我国学理上亦肯认其效力。[3] 就第三人清偿所需满足之要件,及清偿成功时发生的法律效果,我国学者已有较多讨论,[4]但就第三人清偿失败时的不当得利返还,则鲜有文献对此着墨。[5]

根据我国台湾地区的学说,就第三人清偿时的不当得利返还关系,须区分两种情况而作不同处理:若第三人是本着自己的意思(自动)清偿第三人债务,则应由第三人对受领给付的债权人主张给付不当得利请求权,就此学说似无分歧。[6] (以下简称此种情形为"普通的第三人清偿")与此不同的是第三人出于债务人启动清偿他人之债(Veranlasste Drittzahlung)[7]的情形。(以下简称为"债务人启动的第三人清偿")在此以经常提及的保险案为例:

甲在保险人丙处投保了机动车交通事故责任强制保险。其后不久,甲所投保的

---

〔1〕　参见韩世远:《合同法总论》,法律出版社 2018 年版,第 332 页。

〔2〕　参见前注〔1〕,韩世远书,第 332 页;冉克平:《民法典编纂视野中的第三人清偿制度》,载《法商研究》2015 年第 2 期。

〔3〕　参见谢鸿飞、朱广新主编:《民法典评注:合同编通则 1》,中国法制出版社 2020 年版,第 490 页。

〔4〕　参见王轶:《代为清偿制度论纲》,载《法学评论》1995 年第 1 期;施建辉:《第三人代为清偿研究——兼论预备债务抵销抗辩》,载《法学评论》2007 年第 6 期;前注〔2〕,冉克平文;陆家豪:《民法典第三人清偿代位制度的解释论》,载《华东政法大学学报》2021 年第 3 期;同前注〔3〕,谢鸿飞、朱广新书,第 487 页以下。

〔5〕　熊贤忠博士的《试论合同无效之返还财产制度——以第三人代为清偿后合同无效为研究视角》一文,对第三人以自己名义清偿他人不存在债务的不当得利返还略有论述,可做初步参考。参见熊贤忠:《试论合同无效之返还财产制度——以第三人代为清偿后合同无效为研究视角》,载《武汉大学学报(哲学社会科学版)》2012 年第 2 期。

〔6〕　参见王泽鉴:《不当得利》,北京大学出版社 2015 年版,第 236 页;刘昭辰:《不当得利》,五南图书出版社 2018 年版,第 97 页;杨芳贤:《不当得利》,三民书局股份有限公司 2009 年版,第 59 页;姚志明:《无因管理与不当得利》,元照出版有限公司 2016 年版,第 189 页。

〔7〕　王泽鉴教授将 Veralasste Drittzahlung 翻译为"第三人清偿出于债务人启动",本文从之。前注〔6〕,王泽鉴书,第 236 页。但为保障语言之流畅性,在下文中,本文将视语境以"惹起"一词指代"veranlassen"。

车辆遇到了车祸,而致行人乙受伤,遂通知保险人,要求丙进行理赔。丙按照理赔流程审核后向乙作了赔付。嗣后发现,车祸实是因行人乙故意碰瓷所致,故甲无赔偿义务,丙遂主张赔付款项之返还。问题在于,丙应当向谁主张返还?[8]

在此存在"与指示给付相同处理说"和"与普通的第三人清偿相同处理说"(以下简称第三人清偿说)两种学说。前者认为,甲要求第三人丙向乙清偿债务,其情形同指示给付,应依指示给付处理,即债务人(甲)对债权人(乙)有给付型不当得利请求权。[9]后者则认为,在没有指示的情况下,不当得利请求权不应该属于甲;[10]丙是基于自己的意思主动为给付,故而应由丙向乙请求不当得利返还。[11]

那么在保险案,究竟应该选择适用上述哪一种学说呢?

二、债务人启动的第三人清偿:案型、学说及评议

(一)保险案之特点与所谓"债务人启动的第三人清偿"

在上述保险案中我们可以看到两个特点,其一是保险公司丙的理赔行为是经由甲的"理赔通知"惹起的(veranlasst);其二,是否进行理赔是由丙按照理赔程序进行审核自主决定的,并不因甲之通知而有无条件的赔付义务。

---

〔8〕　本案例改编自德国法上有名的保险案(BGHZ 113,62)。需要提及的是,就机动车第三者责任保险而言,在德国法上是将保险人作为负有损害赔偿责任的投保人的共同债务人对待的,学说认为,此种连带责任源于法定债务加入。Vgl. Martin Schwab, in: Münchener Kommentar BGB, Band 7, 8. Aufl., 2020, § 812 Rn. 214. 故在德国,机动车第三者责任保险的保险人向受害人支付赔偿金,并不属于第三人清偿"他人"之债。而在我国法下,则情况有所不同:虽然依据《中华人民共和国保险法》第 65 条第 2 款,第三人"有权就其应获偿部分直接向保险人请求赔偿保险金",但须以"被保险人怠于请求"为前提。根据条文释义,该款的设计是借鉴了民法债权人代位权的规定。参见安建主编:《中华人民共和国保险法(修订)释义》,法律出版社 2009 年版,第 107 页。据此,《保险法》第 65 条所谓第三人得"直接向保险人请求赔偿保险金",并非赋予第三人(受害人)一个自己的请求权,而仅是允许其得代为行使投保人对保险人的请求权。综上,在我国法下,第三者责任保险人并未加入投保人的损害赔偿债务,也并不基于保险合同的利益第三人性质与受害人之间发生自己的合同关系,保险人所须清偿的仍是投保人对受害人的债务,即就投保人和受害人之间的债务关系而言,保险人是作为第三人提供清偿的。

〔9〕　Vgl. Karl Larenz/Claus-Wilhelm Canaris, Lehrbuch des Schuldrechts, 13. Aufl., 1994, S. 242 f; 前注〔6〕,王泽鉴书,第 236 页。

〔10〕　Vgl. Werner Flume, Studien zur Lehre von der ungerechtfertigten Bereicherung, 2003, S. 189.

〔11〕　参见前注〔6〕,刘昭辰书,第 97 页以下。如无特别说明,在下文中,丙、甲、乙将分别指代作清偿的第三人、(假想)债务人以及(假想)债权人。

基于上述第二个特点,学说通常认为是丙向乙作出了清偿目的,即丙是作为第三人"清偿"了甲的债务。[12] 至于第一个特点中所提到的"理赔通知",学说一般认为其并非指示,或者退一步而言,即使其构成指示,丙也并未遵循之。[13]

通过对上述两个特点进行分析可以看到,保险案所涉及的情形确实可能无法归入"指示给付",也与普通的第三人清偿有所不同,其核心特征可归纳为,第三人基于债务人的惹起行为,无视可能存在的指示以自己名义清偿他人债务。

可见,债务人启动的第三人清偿虽通常以保险案为例,但其外延不限于此。

(二)学说争议

在了解债务人启动的第三人清偿之基本特征后,接下来需要确定当清偿失败时,应由何者向何者主张不当得利返还。如上所述,"与指示给付相同处理说"及"第三人清偿说"在此针锋相对。

1. 与指示给付相同处理说

该说主张,当所清偿的债务不存在时,应由甲向乙主张不当得利返还。其代表人物卡纳里斯(Canaris)认为,当所清偿之债务不存在时,本质上是对价关系存在瑕疵,[14]并提出无论从乙的视角(认为应该把钱还给甲),还是从丙的视角(对甲有给付目的)来看,返还关系均应当"跨角"。[15]

为了加强这一论证,卡纳里斯从"债务人启动的第三人清偿"与"指示给付"的相似性及利益衡量两方面展开了论证。

(1)两种案型的相似性

就"与指示给付相同处理"的合理性,卡纳里斯提出的一个重要主张在于,两种案型非常相似,因而没有理由作不同的处理,否则会导致严重的评价矛盾。[16] 在卡

---

[12] Vgl. Stephan Lorenz, in: Staudingers Kommentar zum BGB, 15. Aufl., 2007, § 812 Rn. 44; Dieter Medicus/Jens Petersen, Bürgerliches Recht, 27. Aufl., 2019, Rn. 685. 即使是持"与指示相同处理说"的学者也认可这一点,参见 Larenz/Canaris (Fn. 9), S. 242. 相反观点,参见 Martin Schwab, in: Münchener Kommentar BGB (Fn. 8), § 812 Rn. 194. 在施瓦布看来,在保险案中保险人丙不是作为第三人进行清偿,而是传递了被保险人甲的清偿目的。

[13] Vgl. Stephan Lorenz, in: Staudingers Kommentar zum BGB (Fn. 12), § 812 Rn. 44; Medicus/Petersen, a.a.O., Rn. 685;前注[6],刘昭辰书,第98页以下。

[14] Vgl. Claus-Wilhelm Canaris, Der Bereicherungsausgleich bei Zahlung des Haftpflicht-versicherers an einen Scheingläubiger, NJW 1992, S. 868. 如无特别说明,下文将假想债务人甲和假想债权人乙之间的法律关系称为对价关系,第三人丙和假想债务人甲之间的法律关系则称为补偿关系。

[15] Vgl. Canaris, a.a.O., S. 869 f.

[16] Vgl. Larenz/Canaris (Fn. 9), S. 242.

纳里斯看来,如果连法学家都搞不清楚是应该把债务人启动的第三人清偿放入指示案型,还是放入第三人清偿,那实践中就更搞不清楚了。从给付受领人乙的视角来看,他只知道这笔钱是"替"投保人甲付的,这个"替"在教义学上的涵义,真的这么重要吗?此外卡纳里斯尚提及,若乙须遭受来自丙的不当得利请求权,仅仅是因为法学家通过微妙的教义学解释分析得出,丙在给付时追求的是自己的清偿目的,而不是在传递甲的清偿目的,则这对乙来说显然是令人费解的。[17]

施瓦布(Schwab)甚至认为,保险案不仅在价值上与指示情形相似,在所有事实要素上也都是相同的。并据此认为,这里发生的实际上就是指示给付。[18]

（2）利益衡量的必然要求

除上述论证外,卡纳里斯主张在利益衡量上必须确保对乙来说,给付来自丙还是来自甲不存在差别——只要认为乙不能拒绝第三人丙的给付,就应当承认这一点;而丙和乙通过给付目的对不当得利返还当事人的认识,也可以印证这一点。[19]在此基础上,卡纳里斯尚从抗辩与破产风险的分配角度详细分析了返还关系采"直索"可能对当事人造成的不利影响:

首先,会导致乙无法主张对甲的抗辩。例如在保险案中,甲尽管明知未发生保险事故但仍然指示他人向乙支付赔偿款,则本有"明知无给付义务而仍为清偿"之得利返还排除事由的适用。[20]若其他条件无变化,当甲并非自己付款,而是惹起丙的付款时,不应该有差别。然而一旦允许直索,则将无此抗辩事由之适用余地。[21]

其次,会对乙向甲主张抵销造成影响,进而影响风险分配。例如,甲乙之间有持续的商务往来,而乙对甲基于此存在一个其他请求权。[22]当甲破产时,若允许丙向乙直索,则乙仅能向甲申报破产债权而获得部分清偿,但其原本可以通过向甲主张抵销完全实现此请求权。此外,丙本来是需要承担甲的破产风险的,现在却从乙处取回了赔偿款,可见若允许直索,将使本应由作为甲之合同相对人的丙承担的甲之破产风险变成由乙承担。[23]

---

[17]　Vgl. Canaris (Fn. 14), S. 869.

[18]　Vgl. Martin Schwab, in: Münchener Kommentar BGB (Fn. 8), § 812 Rn. 194.

[19]　Vgl. Canaris (Fn. 14), S. 869 f.

[20]　卡纳里斯指出,丙之所以这么干,或许是为了免去跟乙处理纠纷的麻烦,或者他可能考虑到一旦卷入诉讼可能使其名誉受损、陷于尴尬的境地或处于类似的状况。Canaris, a.a.O., S. 870.

[21]　Vgl. Canaris, a.a.O. 盖此时丙为给付人,由于丙不涉及"明知无给付义务而仍为清偿"情事,乙不能对丙主张上述抗辩事由。

[22]　在本案涉及的机动车交通事故责任强制保险,并不涉及此种情形。但在他种类型的责任保险,则极有可能发生。

[23]　Vgl. Canaris (Fn. 14), S. 870.

最后,会损害甲的利益。仍以保险案为例,若甲乙之间存在长期商业关系,此时甲可能并不希望向乙再提保险事故赔偿金返还问题,以免其和乙之间的友好关系受损。此外,对甲更为不利的情况在于,若允许直索,一方面丙可从乙处直接取回赔偿金而避免与甲发生诉讼;另一方面,若甲正好对乙有一个债权,则在乙虽向丙返还赔偿金但仍相信自己有权索赔时,会基于损害赔偿请求权向甲主张抵销,而迫使甲采取法律行动维权(在这种情况下,甲甚至都弄不清楚应该起诉乙还是丙)。[24] 在卡纳里斯看来,这显然是违反抗辩风险的分配的,因为就保险事故是否存在,以及乙得否主张索赔这些事实的确认,本应在合同相对人丙与甲之间处理。[25]

(3) 债务人甲的返还范围

基于上述理由,该说主张在保险案,应由丙向甲、甲向乙分别主张不当得利返还。而甲应向丙返还的得利客体,亦与指示给付无异。按照卡纳里斯的观点,这是因为甲基于"排除抗辩的风险归责"原理对丙承担责任,甲所承担的责任不取决于甲对乙的不当得利请求权是否存在或得否实现。[26] 根据施瓦布的观点,甲通过要求丙提供赔付,"处置"了丙所提供的给付,此种情形应和丙先将保险金交给甲,甲再赔付给乙的情形作相同处理,[27] 由此所应返还者,当然为保险金额。

2. 第三人清偿说

第三人清偿说则强调,在债务人启动的第三人清偿是第三人作出了清偿目的,[28]这一清偿目的发生在丙和乙之间,[29]故应由丙径行向乙主张不当得利返还。

在此基础上,持第三人清偿说的学者进一步否认了将讨论案型与"指示给付"等同的可能性。例如弗卢梅(Flume)指出,要将丙的给付作为甲的给付,需要特别的理由。指示以及广义上的指示,其内涵在于,指示人遵照指示,将被指示人的给付作为以自己的责任财产为基础的给付。若仅仅是启动了第三人给付的发生,启动人是不

---

〔24〕　Vgl. Canaris, a.a.O.

〔25〕　Vgl. Canaris, a.a.O.

〔26〕　Vgl. Claus-Wilhelm Canaris, Der Bereicherungsausgleich im Dreipersonenverhältnis, FS Karl Larenz, 1973, S. 846 f. 卡纳里斯在此提到的"排除抗辩的风险归责(bereicherungsrechtlichen Einwendungsausschlusses kraft Risikozurechnung)",对应该文第 814 页以下关于"当事人如何通过指示分配风险"的论述。卡纳里斯认为,债务人甲"要求"丙赔付的行为为自己创造了风险,这一"可归责"于甲的行为使甲必须在对价关系存在瑕疵时,承受来自乙的抗辩和破产风险,故无论甲得否从丙处取回利益,均应向丙返还给付,而不是仅仅向丙返还甲对乙的不当得利请求权。相似见解,参见 Manfred Wandt, Gesetzliche Schuldverhältnisse, 10. Aufl., 2020, § 13 Rn. 62.

〔27〕　Vgl. Martin Schwab, in: Münchener Kommentar BGB (Fn. 8), § 812 Rn. 194.

〔28〕　Medicus/Petersen (Fn. 12), Rn. 685.

〔29〕　Vgl. Michael Martinek, Der Bereicherungsausgleich bei veranlaßter Drittleistung auf fremde nichtbestehende Schuld-Besprechung des BGH-Urteils vom 28. 11. 1990, JZ 1991, S. 399.

打算以自己的财产为基础承受给付的,此时若给付不存在法律上的原因,则不当得利请求权不应该属于启动人。[30] 而勒文海姆(Loewenheim)就卡纳里斯所主张的"风险归责"思想针锋相对地提出,在没有指示的情况下,甲没有可归责性,不应使其替代丙作为给付人。[31] 尚有观点从甲之得利入手,认为由于甲什么也没得到,因而给付不可能"跨角"。[32]

和"与指示给付相同处理说"相对,第三人清偿说也从抗辩和破产风险的角度对当事人的利益状况进行了衡量:

其一,就允许丙向乙直索可能造成的抗辩关系之破坏而言,主要关涉乙的利益,而乙的利益通过允许其主张得利丧失抗辩即可获得充分的保护。[33] 与此相对,允许跨角保护反而是过于优待了乙:因为第三人清偿对乙来说本质上是一种运气,仅当乙因受领了丙的清偿而提供了本可主张同时履行抗辩的对待给付时,乙才有受保护的必要。若乙在第三人清偿前已经向甲作了对待给付,则在返还丙之给付时,无保障其取回对待给付的必要。[34]

其二,就破产风险的分配来看,由于是丙决定付款,故应由丙而不是甲承受给付风险。[35] 在此并无将"由债务人启动的第三人清偿"和"普通的第三人清偿"作区别对待的理由。[36] 与此相对,当甲发生破产时,若以"跨角"方式进行不当得利返还,则甲之债权人可得享有的破产财产将有所增加,[37]这很难令人接受。

(三) 学说评议:两种学说的较量、困境及出路

1. 两种学说的较量

从上文的分析中可以看出,两种学说均未在论理上相对于另一种学说取得压倒性优势:

首先,在返还方向的教义学解释上,"第三人清偿说"主张以作出给付目的之人

---

[30] Vgl. Flume (Fn. 10), S. 189.

[31] Vgl. Ulrich Loewenheim, Bereicherungsrecht, 3. Aufl., 2007, S. 50.

[32] Vgl. Dieter Reuter und Michael Martinek, Ungerechtfertigte Bereicherung, 1983, S. 465; Stephan Lorenz, in: Staudingers Kommentar zum BGB (Fn. 12), § 812 Rn. 44.

[33] Vgl. Martinek (Fn. 29), S. 400.

[34] Vgl. Dieter Reuter und Michael Martinek, Ungerechtfertigte Bereicherung, 2. Aufl., 2016, S. 126 und 128 f.

[35] Vgl. Martinek (Fn. 29), S. 399 f.

[36] Vgl. Martinek, a.a.O.

[37] Vgl. Martinek, a.a.O., S. 398 und 400.

为不当得利债权人,给付人确定的给付对象为不当得利债务人,[38]从而使返还关系发生在丙乙之间。[39]如上所述,"与指示给付相同处理说"则认为不当得利之返还应该"跨角",即在甲乙、丙甲之间发生。在理由上,施瓦布认为在保险案根本不涉及第三人清偿,本质上是指示给付的观点,[40]背离了通常是保险人作出自己的给付目的这一基本认识,难具说服力。但卡纳里斯在此提出的本质上是对价关系存在瑕疵这一论述,辅之以乙、丙视角对返还关系的认识,也使得"跨角模式"的主张具有相当合理性。

其次,就两种情形的相似性是否意味着其应相同处理的问题,两种学说的博弈也难分胜负。在卡纳里斯看来,甲"要求"丙付款与甲"指示"丙付款并无不同,均是可归责地"惹起"了第三人清偿的发生。[41]与此相对,持第三人清偿说的学者则认为两种情形不可相同处理。理由有二,其一,这里并无指示故甲未"以自己的责任财产为基础承受给付",或者说甲没有可归责性;其二,使返还关系"跨角"违反甲并未得利这一"法律事实"。从对"指示"和"要求"的区分来看,"第三人清偿说"的观点更契合教义学,但无论在教义学上就抽象的"可归责性"标准作何种理解,并无助于两种情形是否存在"相似性"这一问题的解决,诚如卡纳里斯所言,有什么理由将保险案的处理,与甲先向乙付款,其后丙将金额补偿给甲的情形在处理结果上差别对待呢?[42]这一价值判断上的反问掷地有声。

最后,在抗辩与破产风险分配上,两种学说所坚持的价值判断也各有合理之处。就"与指示给付相同处理说"而言,卡纳里斯所提出的"给付来自丙还是来自甲不存在差别"的观点有其正当性,盖若债务基于第三人清偿而被履行时,若事后发现债务并不存在而允许丙向乙直索,则"第三人清偿"之效力就不如"债务人清偿",乙也会因担心其对甲的抗辩无法得到保障而在事前拒绝第三人清偿。这样的结果显然是怪异的。与此同时,若基于本国第三人清偿制度之设计,在债务人未表示异议的情况下债权人竟还无法拒绝受领第三人给付时,此种法效果上的差别就更难以被接受。从这个角度出发,卡纳里斯认为若采"直索"将对各方当事人带来不利,确属的论。但"第三人清偿说"所坚持的利益衡量,也同样具有合理之处,尤其是"若采'跨角',则当甲发生破产时,甲之债权人将取得额外财产"这一点,确实是对"与指示给

---

〔38〕　此为德国主流学说,参见 Hans Josef Wieling/ Thomas Finkenauer, Bereicherungsrecht, 5. Aufl., 2020, § 3 Rn. 7. 我国学者将这一学说称为"主观原因说",参见赵文杰:《给付不当得利返还之客观原因说批判——以德国的理论与实践为借鉴》,载《私法研究》(第 18 卷),法律出版社 2015 年 12 月版,第 262 页。

〔39〕　Vgl. Loewenheim (Fn. 31), S. 48.

〔40〕　Vgl. Martin Schwab, in: Münchener Kommentar BGB (Fn. 8), § 812 Rn. 194.

〔41〕　Vgl. Canaris (Fn. 14), S. 871.

〔42〕　Vgl. Canaris, a.a.O.

付相同处理说"的有力回击,这一后果的不合理性也容易获得法感情上的肯认。

2. 困境及解决"债务人启动的第三人清偿"案型返还问题的出路

综上,鉴于两种学说到目前为止所展示的理由均无法足够反驳相对学说,讨论案型的处理即陷入了困境。为了解决此种案型下的不当得利返还,有必要进行更深入的分析:

就上文已经显现的争议点而言,两种学说均有各自的教义学架构,对此进行讨论显然难以取得突破性进展。而就抗辩与破产风险分配而言,由于"跨角"和"直索"模式各具合理性,也难以作为突破口。

与此不同,在"相似性"这一争议点上,则有突破之可能,盖一旦证明两种案型相似或不相似,则可作出相同或不同之处理,其后"套用"合适的教义学架构自是顺理成章,而抗辩与破产风险之分配模式也将随之确定。准此而言,两种案型是否具有相似性,可否相同处理,即问题之关键。

三、"指示"的真正涵义及"与指示给付相同处理说"的失败

为确定此种相似性是否具备,首先应当思考的问题是,所谓"要求"与"指示"是否有所区别?若有区别,则如卡纳里斯所质疑的那样,区分第三人是受指示付款,还是基于通知付款,真的这么重要吗?[43]

(一)"指示"的真正涵义

1. 学说争议

为了回答上述问题,首先需要厘清"指示"的内涵。对此学术界存在较大争议。

(1) 双重授权说

一种观点认为,指示在性质上属于一种双重授权,即领取人因指示人的授权,得以自己名义请求给付(受领授权),而被指示人亦因指示人的授权,得为指示人的计算,向领取人为给付(清偿授权)。[44]

(2) 类推代理说

该说认为,对指示的理解可以参照代理。在此种观点看来,指示和代理均是向"对他人发生法律效力之行为"的授权:尽管方式不同,两者均使被授权者之行为得

---

〔43〕 在卡纳里斯看来,"债务人要求"和"债务人指示"并没有区别,至少就债务人启动的第三人清偿案件之处理,没有决定性的区别。Vgl. Canaris (Fn. 14), S. 871.

〔44〕 前引〔6〕,王泽鉴书,第 213 页;德国民法典第一草案亦采此种观点,参见 Jan Wilhelm, Die Zurechnung der Leistung bei Widerruf einer Anweisung, insbesondere eines Schecks, AcP 175 (1975), S. 333.

对授权人发生效力，并干涉后者的法律关系。与在代理中代理意思的作出相同，在
指示给付，则是"为了他人之计算"的表示决定了由谁承担行为的后果。[45] 弗卢梅
亦持此种见解，其指出，（与代理类似，）被指示人基于'指示'有权向指示受领人为给
与，其结果是，给与基于指示的作用，成为指示人向指示受领人的给付，以及被指示
人向指示人的给付。[46] 有学者甚至更进一步，认为在"指示"的作用下，无论是给与
关系（Zuwendug）还是给付关系（Leistung），均发生在被指示人和指示人、指示人和
给付受领人之间。在被指示人和给付受领人之间则是没有给与关系的，这与在代理
中，除了被代理人与相对人之间的合同关系外，代理人与相对人之间不会发生合同
关系是一致的。[47]

（3）受领权限结合清偿指定说

第三种观点则从乙的受领权限（Empfangszuständigkeit）和清偿指定（Tilgung-
swirkung）的角度理解"指示"。如罗伊特 Reuter 和马丁内克 Martinek 认为，指示的
法律意义在于授予乙一个受领权限，使乙得替甲接受给付，而乙所受之给付将在清
偿和给付层面被归于甲。[48] 与此不同，利布（Lieb）则认为（对价关系中的）清偿指
定也是指示的必要组成部分。[49]

（4）委托合同说

该说认为，指示蕴含有"向指示受领人为给与，并传递指示人的清偿意思"的义
务内容。[50] 从补偿关系来看，当被指示人执行指示时，他就清偿了对指示人的这一
债务。只有当第三人（即被指示人）的给付行为并未涵盖在债务内容之中时，指示人
才需要额外地同意第三人的给与行为以发生清偿效力。[51] 从对价关系来看，指示人
通过向给付受领人表示被指示人作出的给与是为了清偿特定的债务即可使清偿效果发

---

〔45〕 Vgl. Gerhard Hassold, Zur Leistung im Dreipersonenverhältnis, 1981, S. 26.

〔46〕 "在代理中代理人是表意人，这一行为的结果却归属于被代理人，因为代理人是基于被
代理人之授权，为被代理人行事的。同样的，被指示人基于"指示"有权向指示受领人为给与，其结
果是，给与基于指示的作用，成为指示人向指示受领人的给付，以及被指示人向指示人的给付。"
Flume（Fn. 10），S. 167. 相似的表述尚有，指示作为一种授权，使被指示人得"以指示人的财产为
负担"向给付受领人作出给付，此与得就他人财产进行处分的授权并无不同。凭借指示的效力，当
被指示人依据授权向给付受领人作出给付时，这一给付将被归咎于指示人，指示人将因此取得给
付，而给付受领人也会接收到来自指示人财产的给付。Vgl. Wilhelm（Fn. 44），S. 338.

〔47〕 Vgl. Hassold（Fn. 45），S. 32.

〔48〕 Vgl. Reuter/Martinek（Fn. 34），S. 8 und 10.

〔49〕 Manfred Lieb, in: Münchener Kommentar BGB, Band 5, 4. Aufl., 2004, § 812
Rn. 68.

〔50〕 Vgl. Chris Thomale, Leistung als Freiheit, 2012, S. 290 und 305 ff.

〔51〕 Vgl. Thomale, a.a.O., S. 290.

生。指示人当然也可以通过被指示人作出这一清偿意思,但不拘于此。[52]

2. 本文观点

上述学说均旨在解决这样一个问题,即如何在指示给付中将丙对乙的给与在法律上转化为丙对甲、甲对乙的给付,从而在清偿法上,使丙对甲、甲对乙的债务得到清偿;在不当得利法上,使可能出现的返还关系发生于丙甲、甲乙之间。

为了厘清"指示"的真正涵义,我们需要寻找其中最契合民法传统理论的解释。在此首先可以排除的是第一种观点。且不论其所称之双重授权来自《德国民法典》第783条关于指示证券的明文规定而有其特殊性。[53]"双重授权说"所谓领取人的"受领授权"以及被指示人的"清偿授权"究竟具有何种涵义,实模糊不清而有诸多争议,[54]有学者直接指出,这两种授权实际上指向相同的内容。[55]鉴于"双重授权"在内容上的不清晰性,此种观点为本文所不取。

(1) 指示的真正涵义:授予乙一个受领权限

在剩下的观点中,本文赞同第三种观点下罗伊特和马丁内克对于"指示"的理解,理由如下:

在补偿关系,凭借甲赋予乙的受领权限以及丙的清偿指定(消灭丙甲之间的债务),丙向乙的给与可对甲发生清偿效力,这契合清偿理论。[56]有观点认为,此种解释路径仅对丙甲之间存在债务时具有解释力而无法解释所有的"指示"案型。[57]若哈索尔德(Hassold)的此种观点是指当嗣后发现补偿关系无效或根本不存在时,甲授予乙的受领权限也失其效力,则显然不妥。只要法律允许"向第三人清偿",则当所清偿之债不存在时,理应允许债务人向债权人主张"所受给付"之返还。为了维持这一价值判断,应认为给与被归咎于债权人的受领授权具有抽象性,即其有效性不取决于法律上的原因是否存在。[58]据此无论债是否实际存在,给与均可归咎于甲。

在对价关系,一般认为清偿是通过丙的给与,以及丙作为甲的使者向乙传递清偿意思[59]实现的。也正因此,利布认为这一清偿指定也是"指示"的必要组成。但诚如罗伊特和马丁内克所言,虽然这一清偿指定和受领权限通常是一起作出的,但

---

〔52〕 Vgl. Thomale, a.a.O., S. 289. 被指示人可能作为指示人的使者传递这一清偿意思,也可能作为指示人的代理人作出这一清偿意思。

〔53〕 比如说依据《德国民法典》第784条,被指示人对指示证券受领人有给付义务。

〔54〕 相关争议情况参见 Hassold (Fn. 45), S. 17 ff.

〔55〕 Vgl. Reuter/Martinek (Fn. 34), S. 12.

〔56〕 Vgl. Dirk Looschelders, Schuldrecht Allgemeiner Teil, 18. Aufl., 2020, § 17 Rn. 5.

〔57〕 Vgl. Hassold (Fn. 45), S. 20.

〔58〕 Vgl. Reuter/Martinek (Fn. 34), S. 47.

〔59〕 Vgl. Manfred Lieb, in: Münchener Kommentar BGB (Fn. 49), § 812, Rn. 37.

涉及的法律关系不同,不应被统一判断而应单独评价。[60] 事实上就对价关系下清偿指定之确定,不仅可以通过使丙传递甲之意思实现,亦可通过代理甲作出表示实现,[61] 甚至甲可自行作出清偿指定。[62] 此外,清偿指定也可能根本不存在,例如甲"指示"丙将快递交与乙代为接收,此时并不存在清偿指定。[63] 综上,将"清偿指定"作为"指示"的一部分是不合适的,这实际上是杂糅了两个可能同时发生的表示,会掩盖"指示"原有的真正涵义。

将"指示"理解为"授予乙一个受领权限",具有非常好的解释力和体系融贯性:[64] 从清偿层面看,基于乙的受领权限,补偿关系通过"向第三人清偿"而消灭;对价关系的清偿则通过(类推)"由第三人清偿"得以实现。从不当得利层面看,当补偿关系存在瑕疵时,由于丙对甲的给付目的和乙所享有之受领权限使丙对乙的给与被归咎于甲,故应由甲向丙返还"所受之给付";当对价关系出现瑕疵时,一般认为是甲作出了给付目的,故不当得利返还自应在甲乙之间发生。据此,丙对乙的给与行为顺利转化为了丙对甲、甲对乙两个给付。

(2) 对其他学说的回应

当然,目前为止的论述仅说明"受领权限说"具有可行性,为了证成其"最契合民法传统理论",尚需要就其他学说的解释力作检讨:

"委托合同说"与第三种观点非常相近,尤其在对价关系,两者作了一致的解释。区别主要在于补偿关系:"委托合同说"将指示理解为委托付款合同,当丙按照指示向乙为给与时,丙对甲的债务因履行而消灭。问题在于,丙在接到甲的指示时,可能并不希望负有向乙作给与的义务,若认为此时存在委托合同,则丙虽收到指示但仍选择向甲作给付之情形会构成违约,这显然有违当事人之真意。在缩短给付仅是出

---

〔60〕 Vgl. Reuter/Martinek (Fn. 34), S. 10 f. 在该书中,两位学者以表意人的意思表示瑕疵为例进行了说明。

〔61〕 Vgl. Reuter/Martinek,a.a.O.,S. 9.

〔62〕 Vgl. Hassold (Fn. 45), S. 23.

〔63〕 根据《中华人民共和国民法典》第 890 条,保管合同自保管物交付时成立,但是当事人另有约定的除外。准此而言,交付保管物必然不是出于清偿债务的目的,而是期望成立保管合同。

〔64〕 "受领权限说"除在清偿和不当得利层面的解释力外,其"授权既可向第三人作出,也可向债务人作出,甚至可向第三人和债务人同时作出"的事实,也在很大程度上回应了第一种观点所描绘的"双重授权"表象以及是否仅须保留其中一种授权的争议。关于授权可向何者作出,参见王洪亮:《债法总论》,北京大学出版社 2016 年版,第 160 页。关于双重授权涵义的争论,Vgl. Wilhelm (Fn. 44), S. 333 f. 在该文中,Wilhelm 对德国民法典两个立法草案中的不同观点进行了考证:德国民法典的第一草案(der 1. Entwurf)虽主张双重授权,但同时认为主要是对被指示人的授权具有实际意义,甚至有观点认为只有对被指示人的授权才具有意义。与此相对,在先草案(Vorentwurf)则认为,只有给付受领人才是被授权人。

于便捷之考虑时,此种当事人意思之违背就尤为明显。[65] 此外,这种观点其实质是认为通过甲的"指示",丙在补偿关系下的义务从"向甲履行"变更为"向乙履行"。这会导致当补偿关系存在瑕疵时,"委托合同"亦受瑕疵影响,此与"指示"的抽象性存在矛盾。综上,"委托合同说"在事实层面拟制了当事人的意思,在体系层面突破了指示的抽象性,其解释力和体系融贯性均不如"受领权限说"。

第二种观点是通过类推代理,将丙的给与归咎于甲。首先需要指出的是,此种观点既采类推适用思路,即已相较"受领权限说"为劣。在指示给付问题已可由相应的清偿法和不当得利法规则加以妥当解决的情况下,再类推适用民法总则关于代理的规定将给与归咎于甲,不仅在方法论上不妥,而且也容易导致代理制度的滥用和体系上的混乱:例如上述哈索尔德的观点甚至将代理观点类推适用于指示给付中的物权移转层面,认为甲之所以在过渡取得(Durchgangserwerb)情形可以取得物之所有权,其原理与代理的效果归属于被代理人是相似的,[66]并由此推导出一个一般性结论,即给与和给付关系均只能发生在丙甲、甲乙之间。[67] 这不仅使得本用以解释过渡取得的指令给付(Geheißerwerb)理论显得多余,[68]而且在给与涉及事实行为时,更与事实相违背。[69] 其次,此种观点所谓指示与代理的相似性也难以成立:"丙干涉甲法律关系的行为"基于代理制度的规定通常需要被代理人甲授权,这一点是没有问题的。但其无法推导出在指示情形,丙对甲之法律关系的干涉也同样需要甲的授权。以对价关系为例,依据比较法的通常规定,即使没有甲之授权,丙清偿甲之债务的行为亦能发生效力。[70] 由此可见,"干涉他人法律关系"并不必然以"他人之授权"为前提,这一推论的不成立,也足以说明"指示"和"代理"并不具有足够的相似

---

〔65〕 罗伊特和马丁内克已经注意到了这一点。Vgl. Reuter/Martinek (Fn. 34), S. 8.

〔66〕 Vgl. Hassold (Fn. 45), S. 70.

〔67〕 Vgl. Hassold, a.a.O., S. 32 und 75.

〔68〕 关于在指示给付情形以指令取得构建过渡取得的理论,参见 Martin Schwab, in: Münchener Kommentar BGB (Fn. 8), § 812 Rn. 72;赵文杰:《给付概念和不当得利返还》,载《政治与法律》2012 年第 6 期,第 108 页。

〔69〕 例如,电信公司丙基于甲订购的电信套餐对甲负有一个安装家庭宽带的义务,由于甲的家中已经安装了一个宽带,故将这个新的宽带赠与乙使用并指示丙直接将宽带安装到乙的家中。在此发生于丙乙之间的给与关系显然无法被拆分为丙对甲、甲对乙的两个给与。

〔70〕 例如《德国民法典》第 267 条第 1 款明确指出债务人的允许是不必要的。而根据同条第 2 款,无利害关系的第三人清偿仅在债务人和债权人均表示反对的情况下才无法发生效力。而根据《日本民法典》第 474 条第 2 款及第 3 款,第三人清偿也同样仅在违反债务人或者债权人意思的情况下才有可能不发生效力。德、日对无利害关系的第三人清偿的规定虽有不同,但均未以债务人的授权作为第三人清偿得以生效的前提条件。以上比较法之规定,参见陈卫佐译:《德国民法典》,法律出版社 2015 年版,第 90 页;刘士国等译:《日本民法典》,中国法制出版社 2018 年版,第 116 页以下。

性。综上,"类推代理说"亦不可取。

综上,"指示"的真正内涵为授予他人一个补偿关系下给付的受领权限。

(二)"与指示给付相同处理说"的失败

通过对指示涵义的分析可知,"与指示给付相同处理说"的主要问题在于补偿关系之解释。

如上所述,指示的本质是授予受领人乙一个补偿关系下给付的受领权限,在债务人启动的第三人清偿由于缺乏指示,乙即缺乏受领权限,如此一来当丙甲之间存在债务关系时,丙无法通过向乙作出给与清偿补偿关系;当丙甲之间不存在债务关系时,丙所作给与也不能被归咎于甲。

当然,保险案存在特殊性:补偿关系本身即包含向第三人履行作为清偿方式的约定。这意味着,若乙是真正的损害赔偿债权人,则丙向乙赔偿保险金,即可实现补偿关系的清偿。当保险事故发生时,甲无须再行授予乙一个"受领权限",因为补偿关系本身就赋予了真正的损害赔偿债权人受领权限。卡纳里斯据此错误地认为甲"要求"或"指示"丙付款并无不同,盖无论甲是否发出指示,补偿关系均可得清偿。[71] 但卡纳里斯忽略的是,在保险事故并未发生而丙错误向乙支付保险金的情形,乙是没有"受领权限"的,盖其不是保险合同"向第三人履行"约定中的合格第三人。据此,当保险事故并未发生时,由于给与不可归咎于甲,补偿关系的不当得利返还不能类推指示给付。卡纳里斯主张丙可向甲要求价额偿还的观点由此难以成立,而施瓦布在未经检验"受领权限"的情况下径行主张"保险案不仅在价值上与指示情形相似,在所有事实要素上也是相同的",显然也难具正确性。

上述解释也契合朴素的法感情,即在甲不愿发出指示,而由丙来决定是否赔付之情形,不应使甲承受清偿失败的不利后果。[72] 这也是主张第三人清偿说的学者强调在保险案中甲没有可归责性,并未"以自己的责任财产为基础承受给付"的原因。卡纳里斯认为,保险案与"甲先向乙付款,其后丙将金额补偿给甲的情形"在处理上不应有所差别。但在后者,当甲向乙"垫付"款项时,甲已经承担了给付风险,[73]这与保险案显有不同。

综上,在保险案以及其他债务人启动的第三人清偿案型,其补偿关系中的教义学结构和利益状况与指示给付有别,因而不能类推指示给付作相同处理。

---

〔71〕 Vgl. Canaris (Fn. 14), S. 871.

〔72〕 在此体现为承受自乙处取回赔偿金的风险。

〔73〕 当事后证明债务并不存在时,甲须承担从乙处取回保险金的风险。

四、对价关系相同处理的必要性及"第三人清偿说"的缺陷

（一）对价关系相同处理的必要性

"与指示给付相同处理说"的失败并非宣誓了第三人清偿说的胜利。其仅意味着在所讨论案型，补偿关系的处理不能类推"指示给付"。那么在对价关系中，两种案型得否相同处理呢？

1. 对价关系中的"相似性"？

在对价关系中，容易看到一个"相似点"，即与在"指示给付"下丙是基于甲的指示向乙作给与相似，在所讨论案型下，丙是基于甲的"要求（通知）"向乙作给与。据此，在两种情形下丙的给与均因甲的"惹起"而发生。然而这一"相似点"对于证成两种案型在对价关系下的相同处理并无帮助。这是因为对价关系的清偿与不当得利返还，仅取决于丙的给付目的是否指向对价关系，丙的给与是否符合债之本旨以及对价关系是否有效。至于丙的给与是否因甲的惹起而发生，在所讨论案型中并不具有决定意义。

2. 与指示给付相同处理的必要性

与上述相似点相比，卡纳里斯的以下论述则值得注意：即从乙的视角看，他只知道这笔钱是"替"甲付的……，若乙需要遭受来自丙的不当得利请求权，仅仅是因为法学家通过微妙的教义学解释分析得出，丙在给付时追求的是自己的清偿目的而不是传递甲的清偿目的，则这对乙来说是费解的。[74]

从卡纳里斯的论述中我们可以提取到两个关键信息：

其一，在实际案例中，给付目的究竟由谁作出不一定具有清晰性。这契合日常生活的情况：有时丙可能只会表明给与是"替"甲给的，不一定会特别说明其是作为甲的使者、代理人还是第三人进行清偿。甚至丙可能不作表示，而乙凭给与本身的特性即可将其与对价关系相关联。

其二，受领人乙仅关心给与是"替"谁给的，而不在意给付目的由谁作出。据此，即使可以明确是丙作出了给付目的，[75]在对价关系出现问题时，乙也仍会希望将给付返还给甲，因为在他看来，给与就是"替"甲给的。

从中可以看到，一方面，基于给付目的的不清晰性，对价关系究竟是基于指示给付还是基于第三人清偿而得消灭，难以区分。另一方面，以给付目的由谁作出确定返还方向，也与受领人乙朴素的法感情不符。在此，卡纳里斯"没有理由作不同的处

---

[74] 详细参见本文二（二）1.（1）"两种案型的相似性"部分。

[75] 例如丙在提供的货物上标注了自己公司的名称。

理,否则会导致严重的评价矛盾"的呐喊,则显得额外响亮。当然,两种案型之间的"相似性",应当理解为两者不宜在法效果上作区别对待,而非两者本身相似。

(二)"第三人清偿说"的缺陷

持第三人清偿说的学者注意到了给付目的在实际生活中并不清晰的问题。但仍坚持可以通过意思表示解释规则从受领人视角(Empfängerhorizont)确定给付目的,并认为当给付目的之确定存在疑问时,若在补偿关系中甲并非仅享有一个"请求丙清偿对价关系下甲所负债务之权利",而是对丙有一个"和甲在对价关系下所负债务内容相同的"自己的债权,则只要乙可以认识到这一点,即应当将丙作为履行辅助人。[76] 因为这里"通常"发生的不是第三人清偿,而是指示给付。[77]

从表面上看,上述(理性)受领人视角为区分"指示给付"还是"第三人清偿"提供了解释规则。但实际上其不仅没有解决问题,反而间接承认了第三人清偿与指示给付的难以区分:

例如罗伊特和马丁内克认为在保险案中,丙基于保险合同对甲所负担之义务是清偿甲对受害人(乙)的债务,与此相对,甲并不享有请求给付损害赔偿金额的自己的权利。这意味着保险合同的本质内容,是由丙替甲处理其与受害人(乙)的纠纷,也就是说,丙是作为独立第三人而非作为甲的履行辅助人(即基于甲之指示)为清偿。[78] 在本文看来,此解释规则存在问题。首先需要强调的是,指示作为一种受领授权仅在补偿关系发生作用,此与乙对给付目的的认识无关,故在保险案中究竟涉及指示给付,还是第三人自己为清偿,并不能通过受领人视角加以确定。可通过此视角加以确定的,仅为"给付目的"由谁作出。其次,从丙的给付目的来看,无论合同是约定向甲给付,还是向乙给付,均不影响丙向乙提供给与是旨在清偿补偿关系,故其首先当然对甲具有给付目的。至于丙对乙是否具有自己的给付目的,与丙甲之间关于给付目的的约定有关(如作为使者传递甲的给付目的,也可能没有特别约定),此种合同内容难为乙所"可得而知",与丙在补偿关系下所负有的义务内容是清偿其对甲的自己的债务,还是清偿对价关系下的债务并无关联。最后,由于乙并不在乎究竟是谁作出了给付目的,所谓以"理性受领人视角"确定给付目的的在此是否可以起到作用,亦值得怀疑。

当然,除受领人视角这一解释工具外,在保险案也可基于丙需要自行审核是否

---

[76] Vgl. Reuter/Martinek (Fn. 34), S. 129 f.

[77] Vgl. Reuter/Martinek, a.a.O., S. 130.

[78] Vgl. Reuter/Martinek, a.a.O., S. 129.

赔付保险金这一点证明就是第三人丙作出了给付目的，[79]从而在保险案贯彻第三人清偿说。但即便如此，在其他"债务人启动的第三人清偿"案型，甚至普通的第三人清偿，就和给与关联的给付目的之解释，仍会发生上述困境。更何况即使在保险案，以"丙需要自行审核"这一点推断一定是丙作出了给付目的也未必正确。诚如卡纳里斯所说，赔付与否由丙自行决定这一点，仅涉及丙是否付款，而丙希望向谁付款则完全是另一个问题。[80]虽然在保险案丙通常是作为第三人为给付，但其也可例外决定向甲为给付，并作为甲的代理人向乙提出给付。此时作出对价关系中给付目的的，就不再是丙。

综上，在所讨论案型就对价关系之处理而言，"与指示给付相同处理说"的观点可避免评价矛盾，相较"第三人清偿说"更具有优越性。

（三）债务人启动的第三人清偿案型发生争议的根本原因

那么在所讨论案型，不当得利返还究应采何种方案？在回答此问题前，我们首先需要了解所讨论案型在不当得利返还效果上争议不断的根本原因。

结合上文分析不难看出，要求在对价关系中就所讨论案型与指示给付作相同处理的两个核心点，即"清偿人不一定会表明清偿身份"，"受领人并不在意给付目的由谁作出"同样适用于普通的第三人清偿。而惹起行为的存在，不过加重了清偿失败时返还关系应当"跨角"的法直觉与给付目的由第三人作出时返还关系应为直索的法规则之间的冲突；凸显了乙不关心给付目的由谁作出却偏偏以"理性人"乙的视角确定返还方向这一悖论。从卡纳里斯将得与指示给付相同处理的第三人清偿案型从"债务人惹起"放低到"债务人未提出异议"，[81]可看出其也意识到了"相似性"主张在一般第三人清偿的适用可能性。

据此，在普通的第三人清偿也同样存在所讨论案型面临的问题。在实际案件中，给付目的被归属于丙，或被归属于甲，因"第三人清偿"和"指示给付"在不当得利返还上的差异，[82]会导致截然相反的判决，在案情相似的情况下，容易引发评价矛盾。卡纳里斯在债务人启动的第三人清偿提出"相似性"论证，本意是为了证明其与

---

〔79〕 卡纳里斯指出，在保险案之情形，即使外行人也能认识到，保险人并非传递了投保人的意思表示，而是以自己的名义作出了给付。Vgl. Canaris（Fn. 14），S. 869.

〔80〕 Vgl. Claus-Wilhelm Canaris, Noch einmal: Die Rückkehr der Praxis zur Regelanwendung und der Beruf der Theorie im Recht der Leistungskondiktion, NJW 1992, S. 3145.

〔81〕 Vgl. Canaris（Fn. 14），S. 872.

〔82〕 在第三人清偿，当所清偿之债不存在时，通说认为不当得利返还关系是发生在丙乙之间，且两者之间的不当得利请求权类型为"给付型"。Vgl. Loewenheim（Fn. 31），S. 48. 而在指示给付，当对价关系存在瑕疵时，则是甲向乙主张不当得利返还，不当得利请求权之类型同样为给付型。前注〔6〕，王泽鉴书，第215页。

"指示给付"应当相同处理,但其就对价关系之得利返还不走"跨角"会引起评价矛盾的论述,却意外地揭示了"第三人清偿"与"指示给付"两个架构在处理不当得利返还问题上的不协调性。

当实务案例可以基于其显见的典型特征归入相应案型时,[83]"指示给付"与"第三人清偿"两种制度在处理返还问题上的摩擦尚不明显,但在位于两种案型中间地带的保险案,两个架构即因其法效果设置之差别而爆发激烈冲突。在本文看来,在讨论案型之所以争议不断,其根本原因即在于通说将第三人清偿他人不存在之债的不当得利返还方向设置为直索。在所讨论案型不能类推指示给付处理得利返还的情况下,"直索"带来的体系上不协调尤为明显。

故如欲彻底结束"债务人启动的第三人清偿案型"在不当得利返还上的论争,必须要解决此种体系上之不协调性。

五、被"遗弃"的"跨角模式"及其复活可能性

要解决此种体系上之不协调性,可能性有二。其一是在坚持"直索模式"的前提下,尝试消除体系冲突。其二则是修改第三人清偿的法效果,在不当得利返还上改采与指示给付一致的"跨角模式"。

（一）修复"第三人清偿说"缺陷的可能性

若能不改变通说的基本主张即可消除直索模式带来的缺陷,当然是上佳之策,本部分将讨论此种径路的实现可能性:

1. 第三人清偿适用范围上的限缩

如上所述,在债务人启动的第三人清偿案型,"第三人清偿说"的缺陷主要在于通过意思表示解释规则确定给与的返还方向容易引起评价矛盾。为了解决这一问题,可以考虑限缩第三人清偿的适用范围,即仅丙向乙明示其是作为第三人清偿的情况下,才得套用第三人清偿处理得利返还问题,在其他情况下,则按照指示给付处理。如此可避免在相似案型因意思表示解释不当带来评价矛盾。

但不利之处在于,如此一来第三人清偿的适用范围会变得非常窄,尤其在债务人启动的第三人清偿,只要丙没有向乙明示第三人清偿之意思,则此类案型将被归入指示给付。在上述保险案,若认为丙的给付意思有解释之空间,则其亦将被归入指示给付,这显然违反"第三人清偿说"的初衷。

---

[83] 典型的指示给付案型如"经销商甲基于便捷之考虑指示丙直接将货物交付给消费者乙,事后发现甲乙之间合同无效",典型的第三人清偿案型如"舅舅丙为了减轻贫穷的侄子甲的生活负担替其向房东乙清偿了所欠房租,事后发现甲业已自行支付房租"。

而即使撇开"丢失阵地"这一不利不谈,在第三人明示自己清偿意思的余下案型,也仍存在问题:盖如上所述,在社会经济交往中,债权人仅重视给付指向哪一个法律关系,而并不在意给付人是谁。"给付目的"为法学上之术语,即使丙向乙明示是自己作了给付目的,乙也难解其中之奥妙,当所清偿之债务不存在时,令其由此承受"直索"的不利后果,难具妥当性。

就法律关系之解释固然可以运用各种术语及构造,此体现法律人之专业性;但就法律解释之结论,则须为一般民众所接受,断不能强求民众亦能理解法律上设计的复杂性。

综上,体系上的不协调性无法通过限缩"第三人清偿"的适用范围加以克服。

2. 通过其他制度消弭法效果差异的可能性

在债法理论中,有所谓债权准占有,即在某些情况下,债务人虽然向第三人为给付,但为了保障交易安全与迅捷,其所为给付也会发生清偿效力。[84] 若给付由第三人丙提供时债权人乙可得债权准占有之保护,则此时即使在第三人清偿坚持"直索模式",也不会与指示给付产生体系冲突,盖即使乙搞错了返还对象,也可免于二次给付的风险,不会遭受不利。

但本文认为,通过债权准占有消弭"指示给付"和"第三人清偿"在不当得利返还上的体系冲突在我国法难以实现:

首先,我国并未明确规定债权准占有。现行法在何种情形下才承认债权准占有之思想,本身即存在问题。[85]

其次,即使在学理上,债权准占有的构成要件也不明晰。就债务人的可归责性而言,有学者认为须主观上没有过失;[86]也有学者认为,虽因过失而不知,其清偿亦属有效;[87]还有学者认为,虽不以无过失为必要,但不能有重大过失。[88] 在债权表见让与之情形,甚至有学者认为,不问债务人为善意抑或恶意,均发生同等效力。[89]至于是否要求债权人的可归责性,学说上的态度更暧昧不清。[90] 此外尚有学者主

---

〔84〕 参见其木提:《论债务人对债权准占有人清偿的效力》,载《法学》2013 年第 3 期,第 87 页。

〔85〕 有学者甚至对债权准占有制度的存在必要性提出了质疑。参见杨佳红:《我国物权立法应否定准占有制度》,载《现代法学》2006 年第 3 期,第 149 页。

〔86〕 参见杨立新:《论对债权之准占有人给付效力及适用》,载《中外法学》1994 年第 3 期,第 28 页以下。

〔87〕 前注〔84〕,其木提文,第 92 页。

〔88〕 参见史尚宽:《债法总论》,中国政法大学出版社 2000 年版,第 774 页。

〔89〕 参见徐涤宇:《〈合同法〉第 80 条(债权让与通知)评注》,载《法学家》2019 年第 1 期,第 187 页。

〔90〕 前注〔84〕,其木提文,第 92 页。

张,在确定归责事由时应进行类型化研究。[91]

最后,在学理通常提到可得适用债权准占有的案型,从未延伸至不当得利返还领域。[92] 故在不当得利返还能否以及应当如何适用债权准占有,也有研讨之余地。

综上,鉴于债权准占有思想本身在理论架构上的重重迷雾,若有其他方式可解决"指示给付"和"第三人清偿"在返还法效果上的冲突,即不应将希望托付于尚不完善的债权准占有,否则反而容易引起更多的混乱。

3. 小结

综上,在不改变"直索模式"的前提下,上述用来调和第三人清偿和指示给付在不当得利返还上之差异的手段,其效果均未能尽如人意。据此,"第三人清偿说"之缺陷无修复之可能性。为了彻底解决"第三人清偿"和"指示给付"在得利返还问题上的不协调性,也是为了结束"债务人启动的第三人清偿案型"的争议,剩下可以考虑的只有改变第三人清偿在得利返还上所采的直索模式。

在不能类推指示给付效果的前提下,此是否可能呢?

(二) 修改"直索模式"的可能性

1. 被"遗弃"的不当得利请求权返还说其基本观点

事实上,将第三人清偿在不当得利返还上的效果从"直索"调整为"跨角"完全是可能的,也曾有不少学者持此说。此说主张在第三人清偿,当所清偿之债务(对价关系)不存在时,虽然是丙作出给付目的,但不当得利返还应发生在甲乙之间,[93] 此和"与指示给付相同处理说"一致;但有所不同的是,当补偿关系同时无效时,此种学说认为甲之得利仅为其对乙的不当得利请求权,丙仅能请求甲向自己返还这一请求权(Kondiktion der Kondiktion)。[94] 为了与"与指示给付相同处理说"区分,本文基于其在处理双重瑕疵时的特性,暂将此说称为"不当得利请求权返还说"。

此说的代表人物为约瑟夫·埃塞尔(Josef Esser),[95] 在此说看来,当丙以第三人的身份清偿甲对乙之债时,丙实际上做了两个给付目的。其一,向甲为给付的意

---

[91] 同前注[84],其木提文,第 92 页。

[92] 适用债权准占有制度的典型情形,如表见继承、债权表见让与、持有债权证书请求付款等。同上文,第 88 页以下。

[93] Vgl. Eike Schmidt, Der Bereicherungsausgleich beim Vertrag zu Rechten Dritter: Zugleich eine Auseinandersetzung mit dem gleichnamigen Werk von Walther Hadding, JZ 1971, S. 607.

[94] Vgl. Wieling/Finkenauer (Fn. 38), § 7 Rn. 4.

[95] Vgl. Martinek (Fn. 29), S. 397; Canaris (Fn. 26), S. 848.

思，[96]例如基于赠与因(donandi causa)，或者基于负担因(credendi causa)。[97] 其二，基于第三人清偿制度赋予的权限，替甲作了一个给付目的，由此形成了一个甲对乙的给付。[98]而丙对乙则没有自己的给付目的，[99]故当所清偿之债不存在时，丙乙之间不可能发生给付不当得利。[100] 与此同时，基于非给付不当得利的补充性原则，丙乙之间也不可能发生非给付不当得利。[101]

值得一提的是，在此说内部也存在分歧。主要争议在于，是否要区分第三人对所清偿之债务有否合法利益而作不同处理。以我国民法典为例，若有合法利益，则根据第 524 条第 2 款，债权人乙接受丙履行后，如甲和丙无特别约定，乙对甲的债权将法定移转给丙。有学者认为在此种情形下，丙对乙有自己的给付目的，即希望通过向乙给付，获得乙对甲之债权。若丙的给付目的未能实现，则应允许其向乙直索。(可能发生的)债权法定移转从一开始就阻碍了三角关系的发生。[102] 相反观点则认为，第三人对债务有无合法利益，在不当得利返还其利益状况上并无不同，均应禁止直索。[103]

2. 忽视利益衡量的"不当得利请求权返还说"？

"不当得利请求权返还说"自提出以来，受到激烈批评。如有学者认为，此说会导致抗辩和破产风险在第三人丙身上积累，从而严重损害丙的利益；也会使债务人甲的破产债权人平白无故地获利，但这笔钱是建立在丙的费用或行为之上的，本不应属于甲的破产财产。[104] 也有学者认为，若认为丙须同时承受双重风险，则这里的价值判断会与"欠缺指示的指示给付"案型发生评价矛盾。盖在后者，至少在给与受

---

[96] Vgl. Josef Esser, Schuldrecht Besonderer Teil, 4. Aufl, 1971, S. 348.

[97] Vgl. Wieling/Finkenauer (Fn. 38), § 7 Rn. 2.

[98] Vgl. Heinrich Wieling, Drittzahlung, Leistungsbegriff und fehlende Anweisung, JuS 1978, S. 803.

[99] Vgl. Esser (Fn. 96), S. 346.

[100] Vgl. Heinrich Wieling (Fn. 98), S. 803.

[101] Vgl. Heinrich Wieling, a.a.O., S. 803；Wieling/Finkenauer (Fn. 38), § 7 Rn. 2.

[102] Vgl. Esser (Fn. 96), S. 347；Hartmut Reeb, Grundprobleme des Bereicherungsrechts, 1975, S. 28 f.

[103] Vgl. Heinrich Wieling (Fn. 98), S. 804；Vgl. Johannes Köndgen, Wandlungen im Bereicherungsrecht, Dogmatik und Methode Josef Esser zum 65. Geburtstag, 1975, S. 67 f.

[104] Vgl. Canaris (Fn. 26), S. 847. 所谓抗辩和破产风险在第三人身上积累，即第三人丙不仅需要承受相对人甲的抗辩，在丙受让甲对乙的不当得利请求权并向乙主张权利时，还需要承受乙可对甲主张的抗辩。与此同时，丙在此过程中不仅需要承担甲的破产风险，还需要承担乙的破产风险。Larenz/Canaris (Fn. 9), S. 205.

领人知道指示不存在的情况下,是无争议地允许直索的。[105] 尚有学者认为,当第三人所清偿之他人债务并不存在时,不会发生丙对甲的给付,甲也不会通过除给付外的其他方式有所得利,因为甲根本什么也没得到——认为甲获得了不当得利请求权,不过是循环论证。(petitio principii)[106]有学者更进一步指出,由于甲通常与第三人清偿根本无关,将其拉入返还关系是对一个完全未参与(第三人清偿法律关系的)人的骚扰。[107]

基于这些利益衡量上的理由,主流观点认为"不当得利请求权返还说"绝对化了给付概念,忽视了价值判断,从而导致了不合理的结果。[108] 卡纳里斯甚至毫不留情地指出,埃塞尔甚至不对其所得出的怪异结论进行价值判断上的正当性证明,只有简单粗暴的一句"不当得利的返还问题可以通过不当得利法上的给付概念得到清晰的回答"论证就结束了,这不禁让人联想到概念法学鼎盛时期的糟糕情形。[109]

鉴于这些质疑的存在,主张直索的学说最终成为主流,[110]而与此相对的,"不当得利请求权返还说"则逐渐丧失影响力。在埃塞尔的后续版本教科书中,续写者韦尔斯(Weyers)也放弃了"不当得利请求权返还说",转而支持直索模式。[111] 依据笔者有限的阅读,目前仍坚定采此说者,仅有汉斯·约瑟夫·威林(Hans Josef Wieling)和托马斯·芬克诺尔(Thomas Finkenauer)。[112]

3."不当得利请求权返还说"的复活可能性:对通说观点的反驳

(1)核心理由:"不当得利请求权返还说"是利益衡量本身所要求的

主流观点对"不当得利请求权返还说"的核心批判在于,此说绝对化了给付概念,忽视了利益衡量。在笔者看来,这一批判难以成立:

---

[105]　Vgl. Reuter/Martinek (Fn. 34), S. 127; Martin Schwab, in: Münchener Kommentar BGB (Fn. 8), § 812 Rn. 187; Medicus/Petersen (Fn. 12), Rn. 685.

[106]　Vgl. Stephan Lorenz, in: Staudingers Kommentar zum BGB (Fn. 12), § 812 Rn. 43; Martinek (Fn. 29), S. 398; 前注[5],熊贤忠文,第 92 页。

[107]　Vgl. Reuter/Martinek (Fn. 34), S. 127.

[108]　Vgl. Canaris (Fn. 26), S. 848; Stephan Lorenz, in: Staudingers Kommentar zum BGB (Fn. 12), § 812 Rn. 43.

[109]　Vgl. Canaris, a.a.O., S. 812.

[110]　Vgl. Martin Schwab, in: Münchener Kommentar BGB (Fn. 8), § 812 Rn. 187 f.

[111]　仅在保险案,韦尔斯仍维持"跨角"模式,但从其"相反,其补偿关系的特点表明,本案的处理方式应与甲先自行承担了赔偿责任,其后从保险人丙处取得补偿的情形相同"的论述可以看出,韦尔斯在保险案的主张更接近"与指示相同处理说"。此也侧面印证了韦尔斯在第三人清偿他人不存在之债务的不当得利返还模式上,已经彻底放弃了"跨角"模式的原有观点。Vgl. Josef Esser/Hans-Leo Weyers, Schuldrecht Besonderer Teil Teilband 2 Gesetzliche Schuldverhältnisse, 8. Aufl., 2000, S. 59 f.

[112]　Vgl. Wieling/Finkenauer (Fn. 38), § 7 Rn. 2 ff.

如上所述,乙不关心甚至根本不清楚到底是谁作出了给付目的,其所关心的,不过是这一给与是"替"谁给的,与哪个债务关系相联系。在此种背景下,期望凭借指示给付和第三人清偿就作出给付目的之人的不同,在不当得利返还上赋以"跨角"和"直索"两种截然不同的效果,显然会迫使理性的乙在受领给与时,去调查究竟是谁作出了给付目的,在甲仍具清偿能力的情况下,乙会尽量避免接受第三人清偿,以免在债务关系不存在时,因"直索"而遭受不利。若认为乙须负有这种调查义务,则不仅违背生活实际,也有悖于第三人清偿的设立初衷,在债权人不能单方拒绝第三人清偿的立法例,更有损乙的利益。

与此同时,由于乙并不在意给付目的由谁作出,以其视角判断一个"理性的乙"应当如何理解谁是作出给付目的之人,也是不可能完成的任务。此时若坚持"直索模式",强求法院结合具体案情确定其更接近"指示给付"还是"第三人清偿",容易造成相似案件的不同处理,从而引起评价矛盾。

据此,当所清偿之债不存在时,返还关系之所以仅可"跨角"而不能"直索",恰恰是基于价值层面的考虑,是由利益衡量本身所决定的,而并非机械地推演"给付概念"的结果。

(2)对学界利益衡量层面批评的回应

通说认为"不当得利请求权返还说"是概念法学的产物,是对此说的误解,已如上所述。而学界认为此说在利益衡量上一系列的不妥之处,也难以成立:

首先是所谓"会导致抗辩和破产风险在丙身上积累,从而严重损害丙的利益"。这一理据来自卡纳里斯所总结的处理多人关系的三大原则,简言之,即当事人原则上仅应承受来自合同相对人的抗辩和破产风险,而"不当得利请求权返还说"的基本观点与此相悖。[113] 然而需要指出的是,即使在卡纳里斯的理论下,这三个原则的适用也不是没有例外的。[114] 据此,从丙可能遭受抗辩和破产风险的双重积累这一现象,并不能推导出丙的利益"不合理地"遭受严重损害这一结论。丙清偿甲对乙之债务的行为蕴含着丙对甲的给付目的,故即使令丙承受来自甲的抗辩和破产风险,也难谓不公平。而丙既然自愿介入甲乙之间的债务关系,令其因此承受来自乙的抗辩

---

〔113〕 所谓三大原则,即其一,在原因关系无效时,一方当事人应当可以保持对相对方当事人的抗辩。其二,一方当事人不应当承受来自相对方当事人与第三人之间法律关系的抗辩。其三,各方当事人仅应当承受其自己选择的相对方当事人的破产风险。Vgl. Medicus/Petersen (Fn. 12), Rn. 670;Canaris (Fn. 26), S. 802. 采"不当得利请求权返还说",会违反这里的第二、第三原则。

〔114〕 例如在不当得利债务人是基于赠与取得利益,或者其为无、限制行为能力人时,卡纳里斯认为应当允许返还义务人仅返还其对第三人的不当得利请求权,盖在此要允许返还义务人得主张得利丧失抗辩。Vgl. Larenz/Canaris (Fn. 9), S. 206 und 329.

和破产风险,也非属不当。

其次,通说认为甲没有得利,且"认为甲获得了不当得利请求权,不过是循环论证"这一论断也没有说服力。一方面,只要支持"不当得利请求权返还说",当然也可以反过来主张,认为甲没有得利不过是循环论证而已。另一方面,不当得利法上的得利,可以是事实上的,也可以是法律上的。前者如劳务或物的使用利益;后者如债务消灭。[115] 在利益衡量要求返还采"跨角模式"的情况下,将甲对乙的不当得利请求权作为甲因丙的给付在法律层面之得利,不会在得利认定层面遭遇障碍。

与此同时,将甲纳入返还关系,也不会构成"对一个完全未参与(第三人清偿法律关系的)人的骚扰"。只要认为甲受有"不当得利返还请求权"的得利,则当甲对此无正当之保有原因,自应向丙返还这一得利。认为只有"参与"了法律关系,甲才能作为债务人被纳入返还关系的观点,实在令人费解。盖在不当得利,甲是否被作为债务人纳入返还关系,仅取决于其是否得利,以及得利是否存在法律上的原因,与甲是否"参与"了法律关系根本无关。

再次,所谓必须与"欠缺指示的指示给付"相同处理,否则会产生评价矛盾的观点,也是错误的。在"欠缺指示的指示给付",主流学说认为只要指示的欠缺不可归责于甲,则丙可基于非给付型不当得利向乙主张直索。[116] 可以看到,在此甲的可归责性对"直索"、"跨角"模式的选择,起了关键的作用。在第三人清偿他人不存在之债的情形,主流学说同样基于这一"可归责性",主张当清偿并非由甲惹起时,应作相同处理。[117] 然而此种同样不具有"可归责性"所以应当相同处理的论证是失败的,两种案型之间实际上存在本质的差别。即在"欠缺指示的指示给付",之所以仅能成立直索,是因为由于在对价关系中欠缺了指示人的清偿目的,丙对乙的给与不能被作为甲对乙的给付。[118] 据此,丙的清偿不仅不能消灭甲对乙的债务(不取决于甲对乙的债务是否真实存在),也不能使甲获得对乙的不当得利请求权,这使得甲在这种情况下根本没有得利。在这种背景下,不当得利返还也就只能在丙乙之间发生。但在"第三人清偿他人不存在之债"的情形,则有所不同。在对价关系,丙希望清偿甲乙之间债务的意思,即对价关系的给付目的并无瑕疵,故丙的给与可被归咎为甲的

---

[115] Vgl. Hans Brox/Wolf-Dietrich Walker, Besonderes Schuldrecht, 45. Aufl., 2021, § 40 Rn. 4 f.; 前注[6],王泽鉴书,第 53 页。

[116] Vgl. Dirk Looschelders, Schuldrecht Besonderer Teil, 16. Aufl., 2021, § 57 Rn. 12.

[117] Vgl. Medicus/Petersen (Fn. 12), Rn. 685.

[118] 学说一般认为,丙对乙的给与不能被作为甲对乙的给付,其原因在于欠缺指示。Vgl. Looschelders (Fn. 116), § 57 Rn. 12. 但此种说法不够精确,实际上,之所以在欠缺指示时,丙对乙的给与不能被作为甲对乙的给付,是因为欠缺了指示人(甲)的清偿目的。Vgl. Dieter Medicus/Stephan Lorenz, Schuldrecht II Besonderer Teil, 18. Aufl., 2018, § 69 Rn. 20.

给付。在补偿关系,由于甲至少获得了对乙的不当得利请求权(当甲乙之间存在相应债务时,则获得债务消灭的得利),当甲就得利并无保有原因,丙自能向甲主张得利返还。据此不同于"欠缺指示的指示给付",在后者,当原因关系存在瑕疵时采"跨角模式"处理不当得利返还并无障碍。综上,甲是否具有"可归责性"不能作为两种案型应相同处理的核心理据,两种案型并不类似。

最后,所谓采"不当得利请求权返还说",会使甲的破产债权人平白无故地获利的观点,也有研讨之余地。主流学说之所以认为采此说会导致在甲破产时其债权人不正当地获得额外的好处,是因为在主流学说看来,当所清偿之债务不存在时,丙的给与不会使甲的财产受益。盖"清偿他人债务的人,只希望在债务存在的时候为给付,若债务不存在,则其希望能从受领人处取回已经给付的价金"[119]。但这一论断不无疑问。在丙出于赠甲金钱的意思,替甲清偿其对乙(实际上已缴清)的房租时,主流学说的上述论断即尽显谬误,盖若认为丙能从乙处径行取回给与,显然不仅违背生活现实,也悖于诚实信用。实际上,丙之所以清偿甲对乙的债务,本质上就是希望增益甲的财产,实现丙对甲的给付目的。故就给付关系而言,本来就是丙向甲、甲向乙。只要甲确有得利,这里就谈不上当甲破产时,其破产债权人会享有"额外的好处"。[120] 而就丙而言,一旦丙甲之间发生返还之诉,其对甲的返还请求仅能部分实现,本即给付人丙所应当自担的风险。退一步而言,若是在价值观上无法接受丙的错付行为莫名其妙增加甲的破产财产的事实,也应该在破产法解决这个问题,比如说,将此种财产的增益排除在破产财产之外。[121] 所谓"破产债权人平白无故地获利",并非多人关系不当得利发生原因关系双重瑕疵时所特有的问题,即使在两人关系,例如错误汇款,偏惠破产债权人的问题亦同样存在[122]据此,"破产债权人平白无故地获利"这一"瑕疵",不足以否定"跨角模式"的合理性。再者,即使在"直索模式"下,也同样存在此种偏惠得利人之破产债权人的情况:假设乙在收到丙的给与后向甲作了对待给付,其后发现其和甲之间并无债务,而乙此时陷于破产。在此丙只能从乙处按比例实现其不当得利请求权,而乙却可自甲处完好地取回给付——乙的破

---

[119] Ernst v. Caemmerer, Bereicherungsansprüche und Drittbeziehungen, JZ 1962, S. 386.

[120] Vgl. Heinrich Wieling (Fn. 98), S. 804.

[121] 在现行破产法中,已有此种思想的雏形:例如《中华人民共和国企业破产法》第 42 条以及第 43 条规定,人民法院受领破产申请后发生的不当得利债务,是作为共益债务处理的,其优先于一般债权,由债务人财产随时清偿。

[122] "(错误付款人)只是一时行为失误……付款人不得对抗第三人对于债务人的强制执行,结果未尽合理。"参见朱晓喆:《存款货币的权利归属与返还请求权——反思民法上货币"占有即所有"法则的司法运用》,载《法学研究》2018 年第 2 期,第 134 页以下。

产债权人同样会"平白无故"地得利。[123]

(三) 本文观点

1. 第三人清偿的不当得利返还,应改采"跨角模式"

综上所述,为使第三人清偿的不当得利返还效果契合生活实际,更为避免就相似案型作出不同处理从而引起评价矛盾,应摒弃目前通说所主张的"直索模式",而改采"不当得利请求权返还说"所主张的"跨角模式"。"跨角模式"不仅可确保第三人清偿和债务人清偿对受领人而言具有同样的效力,也与解除的法效果更为协调。[124]

在"跨角模式"下,仍然是希望清偿他人债务的丙作出给付目的,只不过与主流学说不同,其所做的给付目的并不旨在建立一个丙乙之间的"给付关系",而是在丙甲、甲乙之间分别建立"给付关系"。

在此种观点下,重要的不是给付目的由谁作出,而是给与和什么债务关系相联系。就对价关系而言,当乙得基于理性受领人视角,将丙之给与和对价关系相联系时,即存在一个甲对乙的给付。当这一债务关系并不存在,则应由甲向乙主张得利返还;至于丙则仅能在其对甲的给付目的未实现时向甲主张返还。由于甲并未赋予乙补偿关系下给付的受领权限,且丙所清偿之对价关系债务不存在,故丙的给付仅使甲获得了一个对乙的不当得利请求权,甲仅负有向丙返还这一请求权的义务。

与此同时,无论第三人对履行他人债务是否具有合法利益,当所清偿之债务不存在时,不当得利返还均应采"跨角模式"。这是因为上述用以支持得利返还须采"跨角模式"的利益衡量上之核心理由,[125]在两种情形下并无不同。考虑到在具有合法利益的情形,受领人乙甚至没有拒绝给付的权利,[126]出于保护乙之利益,及维护第三人清偿制度之价值的考量,更应禁止直索。

综上,第三人清偿,当所清偿之债务不存在时,不当得利之返还原则上发生在假想债务人甲与假想债权人乙之间。

2. 例外可能发生"直索"的情形

当然,有原则就有例外。本文认为,在以下情形,当丙所清偿之债务不存在时,

---

[123]　Vgl. Heinrich Wieling (Fn. 98), S. 805.

[124]　根据解除法的返还效果,若对合同债务进行清偿的并非合同相对人,而是第三人,则给付并非还给第三人,而是应当返还给合同相对人。Vgl. Manfred Löwisch, in: Staudingers Kommentar zum BGB, 15. Aufl., 2012, § 346 Rn. 116; Florian Faust, in: juris PraxisKommentar BGB, Band 2, 5. Aufl., 2010, § 346 Rn. 19.

[125]　参见本文五、(二)3. (1)部分。

[126]　前注[3],谢鸿飞、朱广新书,第 491 页。

可例外承认"直索"：

（1）给与之客体其权属仍归丙

若认为我国不采物权行为无因性，则当所清偿之他人债务并不存在时，乙所受之给与，其权属可能仍归于丙。此时丙对给与标的具有所有权，当然应当允许丙主张直索：

诚然，第三人清偿往往以金钱清偿为典型情形[127]，盖第三人提供相同品质和数量之物的能力，与清偿他人金钱债务的能力不可同日而语。在金钱债务之情形，若第三人清偿采转账等方式，则基于账面货币之特殊性，即使所清偿之债务不存在，乙亦可取得账面货币之权属。[128] 而在现金支付之情形，乙亦通常可基于添附规定取得所有权。故金钱债务之返还基本不受不采无因性的影响。

但不可否认的是，亦存在丙所作给与其内容指向标的物的情形。[129] 若标的物本身未发生毁损灭失以及添附等情形，则当所清偿之债务并不存在时，丙可基于原物返还请求权主张直索，而不受不当得利返还必须"跨角"的限制。

（2）丙在清偿时明示其直索意思，乙未提出异议

例如，丙在进行清偿时明确向乙表示，当所清偿之债务不存在时，其希望直索取回给付，而乙在接受给与时并未对此提出异议。此时亦应允许直索，盖没有理由不尊重当事人的意思自治。

（3）乙以为丙是为自己利益而给付

例如，乙基于理性受领人的视角，误认丙是想清偿自己的债务。若丙乙之间不存在债务，自应准许丙向乙直索。

（4）得类推《民法典》第988条规定

可能发生的是，丙虽提到给与是替甲为之，但乙却无法将给与和特定的甲相联系。在此种情形下，乙首先负有确定甲之身份的义务：包括询问身边姓名为"甲"之人是否对此知情以及向丙问询甲之身份。[130] 但若尽了义务却仍无法确定甲之身份，则在此极端情形下，可认为所谓"甲"根本不存在。此时可类推《民法典》第988条

---

[127]　前注〔6〕，王泽鉴书，第234页；前注〔6〕，刘昭辰书，第96页；Medicus/Petersen（Fn. 12），Rn. 684.

[128]　在通过账面货币进行交易的情形，受领人可基于银行的抽象债务允诺取得账面货币的权属，这一对银行债权的有效性不受原因关系无效的影响。关于银行转账中抽象债务允诺说的介绍，参见凌超羿：《错误转账的类案分析——以银行结算合同之理论为基础》，2018年华东政法大学硕士学位论文，第8页以下。

[129]　盖只要债务不具有人身专属性，均可由债务人以外的第三人进行清偿。Vgl. Looschelders（Fn. 56），§ 12 Rn. 7.

[130]　在此种情形下，乙尚不能基于丙之请求，将给与径行返还给丙。盖若如此处理，则在甲已经向丙作了对待给付之情形，会破坏丙甲之间抗辩与破产风险的安排。

之规定,例外允许直索。

六、结论

　　本文主要探讨了,当第三人所清偿的他人债务不存在时,受领人应将给与返还给假想债务人("跨角模式")还是第三人("直索模式")的问题。在主流学说看来,跨角模式在利益衡量上存在种种弊端,而直索模式的合理性则不言而喻。然而一旦把直索效果放入三角关系作体系考量,就会发现其与对价关系瑕疵的指示给付在法效果上存在明显冲突。当第三人清偿因债务人的惹起行为而发生时,这种法效果上的冲突尤为明显。在本文看来,"直索模式"是以保险案为代表的债务人启动之第三人清偿案型在得利返还上陷入疑难并引发持久争议的根源。主流学说所坚持的"直索模式",甚至一度让学者认为三角关系问题无法在教义学上得到妥当地解决。[13]

　　与主流学说相反,本文认为正是基于利益衡量上的考量,第三人清偿的不当得利返还不能采直索模式。主流学说用以决定返还方向的决定因素,"给付目的由谁作出",在民事经济交往中实不具、也不能具有重要性:一方面,受领人并不在意给付目的由谁作出,而仅关心给付指向哪个债务关系,以给付目的由谁作出确定返还方向,违背生活实际;另一方面,清偿人也不一定会表明自己的清偿身份,而其给付目的也难通过意思表示解释规则加以妥当地确定。在此种背景下,仍坚持以给付目的决定返还走"直索"还是"跨角",容易就相似案型作出截然相反的判决,造成评价矛盾。

　　本文主张,就第三人清偿的不当得利返还,原则上应采"跨角模式"。即当对价关系发生瑕疵时,应由假想债务人甲而不是清偿人丙向假想债权人乙主张不当得利返还。而丙仅能在其对甲的给付目的未实现时向甲主张返还。由于甲并未赋予乙补偿关系下给付的受领权限(例如通过指示丙向乙付款),且对价关系债务不存在,此时甲的得利仅为其对乙的请求权,甲仅须向丙返还这一请求权。

　　在这一原则的基础上,丙可主张直索的例外情形有四:其一,因清偿失败,丙未丧失给与物之所有权;其二,丙在作清偿时明示其希望在清偿失败时直索取回利益,而乙未提出异议;其三,理性的乙以为丙是为自己利益作给付;其四,根据具体案情得类推适用《民法典》第 988 条之规定。

---

　　[13]　Vgl. Horst Heinrich Jakobs, Die Rückkehr der Praxis zur Regelanwendung und der Beruf der Theorie im Recht der Leistungskondiktion, NJW 1992, S. 2524 ff.

中德法学论坛

第 19 辑·上卷,第 179~206 页

传统概念下的主观权利保护及其客观化趋势[*]

〔德〕克里斯蒂安·马克森[**] 著

刘绍宇[***] 译

摘　要:权利保护的主观性是德国行政诉讼制度的一项核心原则。然而,该原则面临着相当大的适应压力。本研究分析了主观权利保护原则及其在当前行政法院实践和研究中可以发现的客观化趋势。本研究会表明,权利保护的客观化现象并非欧盟环境法的孤立现象,在其他法律领域也出现了相应的法律问题。本研究会表明,客观化趋势能够以及如何能够在不造成系统破坏的前提下被整合到为主观权利保护设计的框架之中。

关键词:行政诉讼;主观权利;客观化

Abstract:Die Subjektivität des Rechtsschutzes ist ein zentrales Prinzip der deutschen Verwaltungsgerichtsbarkeit. Allerdings steht dieses Prinzip unter erheblichem Anpassungsdruck. Die vorliegende Untersuchung analysiert das Prinzip des subjektiven Rechtsschutzes sowie die Tendenzen seiner Objektivierung des Rechtsschutzes, die sich in der gegenwärtigen verwaltungsgerichtlichen Praxis und

---

　* 本译文原文刊登在 Christian Marxsen, Der subjektive Rechtsschutz nach klassischem Konzept und Tendenzen seiner Objektivierung, Die Verwaltung 53(2020), S. 215 - 252.

　** 克里斯蒂安·马克森(Christian Marxsen):德国马普比较方法和国际法研究所研究小组主任。作者非常感谢 Prof. Dr. Dr. h.c. mult. Eberhard Schmidt-Aßmann、Prof. Dr. h.c. Anne Peters、Dr. Laura Hering、Robert Stendel、Florian Kriener 和 Felix Herbert 对本文先前版本的批评和指正。

　*** 刘绍宇:中国社会科学院法学研究所助理研究员,法学博士后,浙江大学法学院"百人计划"研究员。

　本文系国家社科基金重大项目"行政诉讼类型制度的构建研究"(项目号 19ZDA163)的阶段性成果。

Wissenschaft finden. Gezeigt wird, dass Tendenzen zur Objektivierung des Rechtsschutzes kein einziges Phänomen im Bereich des unionsrechtlichen Umweltrechts sind, sondern entsprechende rechtliche Fragestellungen auch in anderen Rechtsbereichen aufgeworfen werden. Es wird auch verdeutlicht, dass und wie sich die Tendenzen zur Objektivierung ohne einen Systembruch in den auf subjektiven Rechtsschutz ausgelegten Rahmen integrieren lassen.

Keywords:Verwaltungsprozess; Subjektive Rechte; Objektivierung

一、前言

权利保护的主观性是德国行政诉讼法的基本原则。权利保护的重点在于个人主观权利的维护,排除公民诉讼,以及在具体案件中虽然有利益但无法证明与其自身权利有利害关系的人。[1] 然而,尽管权利保护的主观性原则占据着中心地位,但其受到显著的改革压力。持续数年围绕着权利保护客观形式的引入和扩大而展开的争论,即是这一趋势的明证。

本文欲分析在行政诉讼法学理及实务中存在的主观权利保护原则及其客观化趋势,重点在于此种以导入"超个人权利保护"[2]要素的客观化趋势,是否以及在何种范围内将对主观保护原则产生怀疑。质言之,目标在寻找一个不以传统个人权利去理解的权利保护的可能性,以及对于行政行为的客观合法性控制。[3]

本文首先梳理的是主观保护原则的理论与历史背景(第二部分),以及其在行政诉讼中的定位(第三部分)。随后权利保护客观化的五种模型将被阐释(第四部分)。

客观化的发展与需求将以三个案例分析的形式被进一步观察。第一个案例分析欧盟环境法,其争议的焦点围绕引入超个人权利保护而展开(第五部分)。第二个案例则涉及情报法领域,若以严格主观权利保护原则处理就将存在巨大的法律漏洞,从而有讨论客观化的迫切必要(第六部分)。第三个案例则涉及国际法规范的国内适用及有关的权利保护可能性(第七部分)。

通过案例分析将焦点扩大到欧盟环境法,更加清楚地了解问题的一般范围和解决问题的方法。第八部分和第九部分总结研究结果并提出结论。

---

〔1〕 关于这两种模式的对立立场的基本信息参见 Skouris, Verletztenklagen und Interessentenklagen im Verwaltungsprozeß, 1979.

〔2〕 基本信息参见 Schlacke, Überindividueller Rechtsschutz, 2008.

〔3〕 参见 Gärditz, EurUP 2015, S. 196 (204).

二、主观与客观权利保护

（一）两种权利保护模式

两种类型的权利保护可以作为模型进行比较：客观和主观的权利保护制度。[4]然而这两种模型在过去和现在均未能以纯粹的形式实现。但是两类规范观点及目标设定依其特性而仍有说明价值，此外，其对于目前的演变趋势尚有帮助，因为其呈现两种立场的基本预设。

主观权利保护模型传统上一直以来在巴登-符腾堡州区域适用，[5]虽然同时有观点认为此类适用有过度之嫌，[6]盖历史性权利保护模型重要相似性的进一步观察应被重视。[7]主观权利保护原则基本上将个人及其权利放在行政诉讼的中心。该模型的出发点与核心在于将主观公权利的存在视为行政合法性控制的必要条件与保护目标。[8]主观权利决定了能否提起诉讼并界定了超越合法性脉络下的行政诉讼审查范围。因此，主观权利是审查标准的决定因素与目标。其只有在同时保障主观权利或与主观权利有密切关联下，才允许引入客观标准。[9]

相比之下，客观法控制标准，历史上存在于普鲁士法律之中，[10]目标在于对整

〔4〕 详细参见 Sommermann/Schaffarzik, Handbuch der Geschichte der Verwaltungsgerichtsbarkeit in Deutschland und Europa, Bd. I, 2019, §§ 4 - 21；另见：Rüfner, in: Jeserich/Pohl/ v. Unruh (Hrsg.), Deutsche Verwaltungsgeschichte, Bd. Ⅲ, 1984, S. 909 (913ff.)；generell zur Entwicklung der Verwaltungsgerichtsbarkeit: Stolleis, DVBl. 2013, S. 1274 (1274ff.).

〔5〕 参见 Sarwey, Das öffentliche Recht und die Verwaltungsrechtspflege, 1880, S. 79.

〔6〕 Franzius, UPR 2016, S. 283；另见 Gärditz, Funktionswandel der Verwaltungsgerichtsbarkeit unter dem Einfluss des Unionsrechts-Umfang des Verwaltungsrechtsschutzes auf dem Prüfstand, Gutachten D zum 71. Deutschen Juristentag, 2016, S. D15.

〔7〕 Pietzcker, in: Schmidt-Aßmann/Hoffmann-Riem (Hrsg.), Verwaltungskontrolle, 2001, S. 89 (99).

〔8〕 基本信息参见 Bühler, Die subjektiven öffentlichen Rechte und ihr Schutz in der deutschen Verwaltungsrechtsprechung, 1914, S. 21；vgl. auch: Bauer, AöR 113 (1988), S. 582 (588f.).

〔9〕 Krebs, in: FS Menger, 1985, S. 191 (193f.).

〔10〕 同样观点见 Bühler, Rechte (Fn.8), S. 264ff. V. Gneist/ders 的论文也特别涉及了此点, Der Rechtsstaat und die Verwaltungsgerichte in Deutschland, 2. Aufl. 1879, S. 270ff. 另见 ders., in: v. Holtzendorff (Hrsg.), Rechtslexikon, 3. Aufl. 1881, Bd. 3, 2. Hälfte, S. 1113 (1117). 然而归根结底, 主观权利保护在普鲁士法律中也发挥了核心作用: vgl. § 127 Landesverwaltungsgesetz v. 30.7.1883 (abgedruckt in: Friedrichs, Landesverwaltungsgesetz, 1910, S. 276).

体公益的维护。这也是程序法的动机与正当性深化目标。传统上,个人的诉权与申请权被视为从国家诫命所导出的权利。[11] 在客观控制之下起诉的个人只是确保行政合法性的工具,承担了行政控制的职能。[12] 按照 v. Geneists 见解,个人权利不被允许作为行政法和行政管辖的基础,因为公法权利在个人对抗政府的个人诉权中已可解决。[13]

一个理想的客观法控制在于考虑行政行为合法性的所有因素,并且针对这些因素展开普遍的公民诉讼。[14] 因为理想的客观法控制基于可控资源有限性而不可能实现,所以在客观体系下有些限制仍不可避免,例如通过列举允许的诉讼理由[15]或者要求诉讼利益的必要性。即使如此原则透过客观模式可得出尽量放低起诉门槛的假设,盖此亦可符合"增强合法性"的预设。[16]

尽管这两种模式在合法性基础上存在差异,但并不存在根本上的冲突[17]。相反,在这两种模式之中,尽管可能表现形式有所不同,但权利保护最终具有双重功能。其目的既是保护主观权利,也是维护法秩序。[18] 正如一个基于客观体系建构的制度通过客观法律的规范也间接保障个人权利一样,主观设计的制度也通过保护主观权利来确保行政行为的客观合法性,[19]当然这只能被视为一个法控制的附带作用。[20]

(二) 主观权利保障的系统性决定

主观与客观行政诉讼的目标设定之争在联邦共和国初期存在。[21] 然而尽管如

---

〔11〕 V. Gneist, Über die rechtliche Natur, die Zuständigkeit und die Verhandlungsform der Verwaltungsjurisdiktion, Verhandlungen des zwölften Deutschen Juristentages 1875, Bd. 3, S. 221 (233).

〔12〕 Krebs, in: FS Menger (Fn.9), S. 193.

〔13〕 V. Gneist, Verwaltungsjurisdiktion (Fn.11), S. 233.

〔14〕 Rennert, DVBl. 2015, S. 793 (798).

〔15〕 Krebs, in: FS Menger (Fn.9), S. 195.

〔16〕 Gärditz, Funktionswandel (Fn.6), S. D19.

〔17〕 Nolte, Die Eigenart des Verwaltungsgerichtlichen Rechtsschutzes, 2015, 52; Mehde, Die Verwaltung 43 (2010), S. 379 (381).

〔18〕 Mangold/Wahl, Die Verwaltung 48 (2015), S. 1 (16f.).

〔19〕 Huber, Konkurrenzschutz im Verwaltungsrecht, 1991, S. 558;补充参见 Jellinek, VVDStRL 2 (1925), S. 8 (48).

〔20〕 Nolte (Fn.17), S. 52; Marsch, Subjektivierung der gerichtlichen Verwaltungskontrolle in Frankreich, 2011, S. 86.

〔21〕 参见 Niese, JZ 1952, S. 335 (355); Forsthoff, Lehrbuch des Verwaltungsrechts, Bd. 1 (Allg. Teil), 3. Aufl. 1953, S. 412.

此，当时主流见解仍认为行政诉讼合法性控制主要功能在对主观权利的保障，客观法秩序控制仅为附带功能。[22] 这样的见解主要是立足于德国《基本法》（下文简称为《基本法》）第 19 条第 4 款。这一条款包含了"权利保护委托"[23]，其主要内容是主观权利保障[24]。

因此《基本法》第 19 条第 4 款经常被强调作为"个人权利保障的基本决定"[25]，对于行政诉讼的法律框架起到决定性的作用。这样的基本决定正当性在于，其将个人置于中心地位。《基本法》第 19 条第 4 款，正如德国联邦宪法法院强调的那样，旨在消除行政权相对人民的单方支配性。[26] 着眼于行政诉讼权利保护的定位，意味着不仅涉及国家行为正确性，而且必须在救济管道中有助于个人权利的实现。[27] 原则上其要求起诉者不仅开启程序，而且其自身主观公权利是诉讼程序的实际标的。[28]

这样的结果使得主观公权利成为行政诉讼的关键范畴。[29] 这样的权利可通过法律明文赋予。若缺乏明文规定则可以通过保护规范理论推导得出。[30] 该理论一般认为主观公权利可经由"不只保护公共利益，至少同时也保护个体利益的法规范"得出。[31]

（三）欧洲的诉讼救济

在欧洲的比较法框架下，严格的主观权利保障系统是一个特例。[32] 明显强调客观保障的系统才是主流。客观模式的原型是法国的法律保护，其目的便是客观的合法性控制。即使在法国法律体系的背景下，也没有规定普遍的民众诉讼。[33] 然

---

〔22〕 Bettermann, DVBl. 1953, S. 163 (164); Becker, VVDStRL 14 (1956), S. 96 (114).

〔23〕 Schmidt-Aßmann, VVDStRL 34 (1976), S. 221 (236).

〔24〕 Vgl. Klein, VVDStRL 8 (1950), S. 67 (115f.).

〔25〕 Schmidt-Aßmann/Schenk, in: Schoch/Schneider/Bier (Hrsg.), VwGO, 23. EL, 2012, Einleitung, Rn. 21a.

〔26〕 BVerfGE 10, 264 (267).

〔27〕 Bettermann, DVBl. 1953, S. 163 (164).

〔28〕 Krebs, in: FS Menger (Fn.9), S. 197.

〔29〕 Kahl, in: v. Bogdandy/Cassese/Huber, IPE V, 2014, S. 77 (138).

〔30〕 Held, DVBl. 2016, S. 12 (13); 参见保护规范理论的变迁: Bauer, AöR 113 (1988), S. 582 (587ff.).

〔31〕 BVerfGE 27, 297 (307); BVerwGE 52, 122 (128).

〔32〕 Franzius, UPR 2016, S. 283 (283f.).

〔33〕 Marsch (Fn.20), S. 52.

而,一项利益——"intérêt à agir"——足以获得司法保护。[34] 这种利益可以是合法的,但也可以是事实的、理想的和道德的,[35]因此在法国有极其广泛的司法控制途径[36]。

在其他法秩序下,客观要素和主观要素不同程度地结合在一起。即使起诉的要件主要在主观权利保障,[37]但此类要件通常宽松而可将客观的观点纳入。判断标准通常为具备合理的利益。在此,西班牙可作为一个典型。[38] 在瑞士,起诉人除了受行政决定影响,必须对撤销具有值得保护的利益。[39] 而在英国,获得原告资格的要件为"具有足够利益"。[40] 在波兰[41]和希腊[42]则要求有法律上利益。意大利行政诉讼虽然原则上着眼于个体利益之保护,[43]但如果有特殊利益,[44]超越个体利益的组织利益也包含在其中。客观权利保障系统的一般特征在于起诉必须具有合理的利益。[45]

严格的主观权利保障系统仅见于德国与奥地利。[46] 起诉必须以主张公法上主观权利被侵害为必要。欧盟法整体较偏向法国法,其相较德国法起诉门槛较低。欧洲各国虽有不同,但相似处在于有些要求有合理权益,有些要求可能发生权利侵害。[47]

---

〔34〕 Broyelle, Contentieux Administratif, 5. Aufl. 2017, S. 72 - 83; Wahl, in: Schoch/ Schneider/Bier (Hrsg.), VwGO, 37. EL, 2019, Vorb. § 42 Abs. 2, Rn. 21; Woehrling, NVwZ 1999, S. 502 (502).

〔35〕 参见 Wahl, in: Schoch/Schneider/Bier (Fn.34), Vorb. § 42 Abs. 2, Rn. 21.

〔36〕 Gonod, in: IPE V (Fn.29), § 75, Rn. 126.

〔37〕 Huber, in: IPE V (Fn.29), § 73, Rn. 178.

〔38〕 Art. 19 Abs. 1 a) Ley 29/1998, de 13 de julio, reguladora de la Jurisdicción Contencio-so-administrativa; 另见: Sastre, in: v. Bogdandy/Huber/Marcusson, IPE Ⅷ, 2019, § 137, Rn. 19.

〔39〕 Art. 37 Verwaltungsgerichtsgesetz (Schweiz),与之相联系的是 Art. 48 Abs. 1 Verwal-tungsverfahrensgesetz (Schweiz); Art. 89 Abs. 1 Bundesgerichtsgesetz (Schweiz). Vgl. Schindler, in: IPE Ⅷ (Fn.38), § 136, Rn. 54.

〔40〕 Craig, in: IPE V (Fn.29), § 77, Rn. 94;此处对原告资格的规定较为宽松。

〔41〕 Biernat/Dabek, in: IPE V (Fn.29), § 80, Rn. 236.

〔42〕 Efstratiou, in: IPE V (Fn.29), § 76, Rn. 82.

〔43〕 Fraenkel-Haeberle/Galetta, in: IPE Ⅷ (Fn.38), § 131, Rn. 101.

〔44〕 De Pretis, in: IPE V (Fn.29), § 78, Rn. 166f.

〔45〕 Groß, Die Verwaltung 33 (2000), S. 415 (426).

〔46〕 参见 Art. 132 Abs. 1 Bundes-Verfassungsgesetz (Österreich), Fassung v. 27.2.2020. 另见 Olechowski, in: IPE Ⅷ (Fn.38), § 133, Rn. 35.

〔47〕 Hong, JZ 2012, S. 380 (381).

人们经常强调，欧盟法律是由法国模式塑造的。[48] 无论如何，正如将在第五部分中详细讨论的那样，其开辟了比传统德国行政诉讼法背景下更广泛的诉诸法院的途径。

尽管存在这些差异，但研究表明，欧洲在权利保护模式方面存在趋同性。[49] 例如，一项利益一方面被认为是合法利益，另一方面也可能同时被认为是权利侵害。[50]

三、主观权利保护在行政诉讼中定位

主观权利保护的基本决定在德国行政诉讼法有决定性地位，并在司法裁判中作为解释的支配性原则。对于撤销诉讼与课以义务诉讼这两种诉讼类型，该原则表现为两种表述方式。在《行政法院法》第42条第2款规定诉讼权能的必要性，并要求起诉人的权利因行政处分或其拒绝或不作为而受到侵害，这样的规定明文排除公民诉讼[51]并建立"行政法权利保障的基本建构原则"，[52]按照通说对于一般给付诉讼也有适用。[53] 在实体合法性的判断上也必须涉及原告主观权利。[54]

对于《行政法院法》第43条的确认之诉是否需要具备诉讼权能这一问题，仍有争议。司法实务采肯定见解，[55]并且在实质合法性审查上也会进行考虑。[56] 学说上则认为确认利益为一特别要件而予以否定。[57]

《行政法院法》第47条规定的规范审查程序则较有特殊性。在此程序下，对根据《建筑法典》制定的在州法位阶下的行政规章的合法性也可以进行审查。这样的程

---

[48] 参见 z.B. Kokott, Die Verwaltung 31 (1998), S. 335 (348).

[49] Schmidt-Aßmann, DVBl. 1997, S. 281 (285); Fromont, in: Festgabe 50 Jahre Bundesverwaltungsgericht, 2003, S. 93 (93ff.); Kahl, VerwArch. 95 (2004), S. 1 (28ff.); Everling, in: FS Starck, 2007, S. 535 (543f.); Neidhardt, Nationale Rechtsinstitute als Bausteine europäischen Verwaltungsrechts, S. 115ff.; Lasser, Judicial Transformations, 2009, S. 244ff.; Kahl/Ohlendorf, JA 2011, S. 41 (48).

[50] Mangold/Wahl, Die Verwaltung 48 (2015), S. 1 (14).

[51] BT-Drs. 3/55, Anl. 1, S. 32.

[52] BVerwGE 154, 328 (332f.) (Rn. 16).

[53] Schenke, in: Kopp/Schenke (Hrsg.), VwGO, 24. Aufl. 2018, § 42, Rn. 62.

[54] 参见 § 113 Abs. 1 S. 1 und Abs. 5 S. 1 VwGO.

[55] BVerwGE 130, 52 (56).

[56] BVerwGE 152, 55 (59) (Rn. 12).

[57] 参见 Glaser, in: Gärditz (Hrsg.), VwGO, 2. Aufl. 2018, § 43, Rn. 85.

序有两个功能，分别为主观权利保障及客观法秩序维护，[58]并且特别着重后项功能。[59]

原始版本的行政诉讼法仅要求规范控制程序的程序合法性要件须有"不利益"，1996 年修法改为主观权利侵害可能。即使起诉条件中有主观权利条款限制，在实质合法性审查上，客观法律判断方式仍有其重要性，而不取决于主观权利被侵害。[60]在第 47 条的程序下仍有客观控制的残留，[61]但并不具有体系影响。

对于主观权利保护的例外可能主要见于第 42 条第 2 款所谓"其他法律未有特别规定"的要件。通过此规定起诉门槛可被降低，例如机关诉讼或者其他有利益之人或团体也可被允许。同时欠缺个人关联的公民诉讼[62]也可能被允许。在此联邦法或州法都可能作为依据。就此其他法律不须明文规定，也可能通过规范的意义与目的得出。[63]

四、权利保护客观化的五个释义学模型

客观权利保护目前正受到调整压力，超越个体利益的权利保护的增强动力在很多层面被体现，在学说及实务上主要为以下五种。

（一）保护规范范畴的界定

第一种在学术和实务中被认可的模式在于对主观权利概念[64]的扩张，又称为"保护规范理论的解放"（die Liberalisierung der Schutznormtheorie）。[65] 在过去，主观公权利的概念已被认为具高度弹性。[66] 基于保护规范理论所为的权利保障可

---

〔58〕 BT-Drs. 13/3993，Anl. 1，S. 10.

〔59〕 Ziekow, in: Sodan/Ziekow (Hrsg.)，VwGO，5. Aufl. 2018，§ 47，Rn. 37；Nolte (Fn. 17)，S. 53.

〔60〕 另见 Masing, Die Mobilisierung des Bürgers für die Durchsetzung des Rechts, 1997, S. 120f.

〔61〕 Gärditz, Funktionswandel (Fn.6)，S. D18.

〔62〕 Wahl/Schütz, in: Schoch/Schneider/Bier (Hrsg.)，VwGO，36. EL，2019，§ 42 Abs. 2，Rn. 37.

〔63〕 BVerwGE 28，63 (65).

〔64〕 参见 Gärditz, EurUP 2010, S. 210 (218ff.).

〔65〕 参见 Wegener, Rechte des Einzelnen, 1998, S. 102.

〔66〕 Franzius, DVBl. 2014，S. 543 (546).

能性扩张在建筑法领域的邻人诉讼，[67]计划法中的注意诫命[68]和领土保护权[69]等方面特别显著。主观公法权利在经济法中的竞争保护也被承认。[70] 这些解释上的开放性也可以作为未来权利保障的扩张的推进作用。[71]

（二）承认公民诉讼

第二个模型则建立在保护规范理论的概念修订与扩张之上。这种模式一直以来在学术讨论上也受到支持，[72]同时在司法裁判中也有所体现。[73]该模式核心意涵是主观公权利相对公共利益的概念已被开启。在此种权利保护概念扩张的背景下，存在"功能性公权利"（funktionale öffentliche Rechte）[74]的概念，其不仅将个体主体呈现为私人行动者，而且还作为面向公共利益的行动者，并考虑到权利的可执行性而赋予他们相应的检察地位。这里特别重要的是人的概念性扩张，即强调人的社会性，并将社会利益视为与个人相关。

在此脉络下，Masing 认同保护规范理论的扩张：某一规范因此当赋予人民利益或承认公益最后的归属者为人民时，可建立公民诉讼的地位。[75] 在这样的观点之下并无疑问的是，私人主张公益亦能被允许。核心的问题在于利益分配，这最终决定了谁应该能够在程序上主张哪些利益。[76]

因此，在这种开放的基础上，有可能对主观权利保护的原则进行明显更灵活的处理，从而更好地保护公共利益。

---

[67] König, Drittschutz, 1993, S. 37ff.；Mangold/Wahl, Die Verwaltung 48 (2015), S. 1 (2)；Klinger, NVwZ 2013, S. 850 (851)；Schoch, VBlBW 2013, S. 361 (365f.).

[68] BVerwGE 32, 173；BVerwGE 52, 122.

[69] Ramsauer, in: FS Koch, 2014, S. 145 (153f.)；vgl. auch: Ramsauer, in: Koch/Hofmann/Reese (Hrsg.), Handbuch Umweltrecht, 5. Aufl. 2018, § 3, Rn. 191ff.

[70] 参见 Huber, Konkurrenzschutz (Fn.19), S. 298ff.

[71] Gärditz, NVwZ 2014, S. 1 (1).

[72] Masing, Mobilisierung (Fn.60), S. 221ff.；Krüper, Gemeinwohl im Prozess, 2009, S. 138ff.；Masing, in: Hoffmann-Riem/Schmidt-Aßmann/Voßkuhle (Hrsg.), GVwR I, 2. Aufl. 2012, § 7, Rn. 96, 107；Hong, JZ 2012, S. 380 (383ff.)；Schmidt-Aßmann, Verwaltungsrechtliche Dogmatik, 2013, S. 113ff；Schmidt-Aßmann, Kohärenz und Konsistenz des Verwaltungsrechtsschutzes, 2015, S. 67；Franzius, UPR 2016, S. 283 (295).

[73] BVerwGE 147, 312 (325) (Rn. 46f.).

[74] Krüper, Gemeinwohl (Fn.72), S. 21.

[75] Masing, in: GVwR I (Fn.72), § 7, Rn. 107.

[76] Krüper, Gemeinwohl (Fn.72), S. 138.

（三）扩大团体诉讼

另一种权利保护客观化的方式体现在团体诉讼可能性的扩大。一般认为,团体诉讼在特定领域,尤其是仍有待更详细研究的环境法领域,以一种有意义的方式补充了权利保护原则,并且绝没有对主观权利保护原则提出质疑。[77] 团体诉讼填补了主要以客观规范为特征的法律领域的保护漏洞。[78]

《行政法院法》第 42 条第 2 款提供了扩大团体诉讼可能性的诉讼法基础,虽然该条如前所述[79]并未明确承认团体诉讼,但条文有扩大解释的可能。但基于允许的扩张解释很难显著地实现超越个体利益的诉讼救济,而有修法的必要。[80]

除此之外,在许多联邦州,有利于动物保护团体的团体诉讼被引进,[81]在其他领域也呈现扩张趋势。在这方面,信息技术领域和国家监督措施的相关潜在干扰尤其明显,需要在第六部分中进一步考察。

（四）一般性的引进团体诉讼

最后,一项根本的改革在于引进团体诉讼作为一般性行政诉讼机制,这也是部分学者所提倡的。[82] 透过对《行政法院法》第 42 条第 2 款的扩充可涵盖利他性团体诉讼的要件。这样引进一般性控制可能性的变革背后体现的正是客观法秩序遵守的理念(预防性团体诉讼)。[83] 借此可防止团体诉讼的适用在各部门领域呈现割裂情况,并有助于确保一般行政法教义学。[84] 然而,绝大多数学者并不承认这样的可能性。[85]

---

〔77〕 Mangold/Wahl, Die Verwaltung 48 (2015), S. 1 (16).

〔78〕 Franzius, DVBl. 2014, S. 543 (548); Gärditz, Funktionswandel (Fn.6), S. D43f.

〔79〕 参见前文第三章节。

〔80〕 Schmidt-Aßmann, in: GS Brügger (Fn.72), S. 426.

〔81〕 参见 Ley, Das Instrument der Tierschutz-Verbandsklage, 2018; 批判观点: Gärditz, Funktionswandel (Fn.6), S. D42.

〔82〕 Schlacke, Rechtsschutz (Fn.2), S. 508; Wahl, in: Kluth/Rennert (Hrsg.), Entwicklungen im Verwaltungsprozessrecht, 2. Aufl. 2009, S. 53 (75f.); Schlacke, NVwZ 2011, S. 804 (805); Durner, NVwZ 2015, S. 841 (844); Schlacke, DVBl. 2015, S. 929 (937); 其他赞成观点: Schrader, UPR 2006, S. 205 (206); 无论如何持保留意见的观点: Franzius, UPR 2016, S. 283 (287). 对此另见 Ziekow, EurUP 2005, S. 154 (159ff.).

〔83〕 Schlacke, DVBl. 2015, S. 929 (935).

〔84〕 Wahl, in: Entwicklungen (Fn.82), S. 76; vgl. auch: Schlacke, NuR 2004, S. 629 (633); Breuer, Die Verwaltung 45 (2012), S. 171 (184f.).

〔85〕 Alleweldt, DÖV 2006, S. 621 (626f.); vgl. Gärditz, EurUP 2010, S. 210 (220).

（五）扩大法律主体的范围

最后可能填充法律漏洞的一个看似激进的调节螺旋在于法律主体的概念，这是主观公权利的前提与参照点。主观公权利的扩张可借由法律主体概念的扩张达成。法技术上承认非自然人的法是有可能的。[86] 故应思考将非人类法律主体纳入考虑。[87] 在世界领域内这样的承认都存在。例如阿根廷与哥伦比亚承认动物作为法律主体。[88] 在新西兰[89]及印度[90]，河川则被承认为法律主体。在德国法上，此类非人类则不被承认为法律主体。[91] 很明显此类非人类主体需要有诉讼代理人的配套制度（特别关于选任代理人及其代理范围）。对于非人类主体的承认，会使原先客观保护的法律主观化，例如本来保护生物多样性和自然栖息地的法律，同时也在保护某些非人类的法律主体。

五、案例研析一：环境法领域的客观化——欧盟及国际法的影响

欧盟法为德国行政管辖范围内权利保护的客观化提供了决定性的推动力。由此，人们开始质疑之前对主观权利保护原则的严格解释，对公民与行政之间的关系有着截然不同的理解，这最终也影响到德国行政法的基础。这些发展集中于环境法。[92]

（一）环境法的功能性主观化

在欧盟法下客观化的要素一直有重要性，并且是根植于对个人与团体角色的特别理解。欧盟法自始即强调实现与促进权利的非集中化机制。[93] 同时人民的关键角色是：通过欧盟法其他部分的优先及直接适用，人民对欧盟法的遵守具有控制与监督者的关键地位。[94]

---

〔86〕 对此问题的基本信息参见 Augsberg, Rechtswissenschaft 2016, S. 338（338ff.）; Stone, Southern California Law Review 45（1972）, S. 450（450ff.）.

〔87〕 详细参见 Fischer-Lescano, ZUR 2018, S. 205（205ff.）.

〔88〕 参见 m.w.N. Peters, AJIL Unbound 111（2017）, S. 252（253）.

〔89〕 对此参见 Sanders, Journal of Environmental Law 30（2018）, S. 207（207ff.）.

〔90〕 O'Donnell, Journal of Environmental Law 30（2018）, S. 135（135ff.）.

〔91〕 参见 VG Hamburg, Beschl. v. 22.9.1988, NVwZ 1988, S. 1058.

〔92〕 Seibert, NVwZ 2013, S. 1040（1040）.

〔93〕 参见 Wegener, Rechte（Fn.65）, S. 17ff.

〔94〕 Kahl, in: Hoffmann-Riem/Schmidt-ABmann/VoBkuhle（Hrsg.）, GVwR Ⅲ, 2009, § 47, Rn. 238; Kokott, Die Verwaltung 31（1998）, S. 335（352f.）.

个人法律地位的承认与权利贯彻的目标被称为"功能性的主观化"[95],这可以被认为是欧盟法秩序的建构原则。[96] 因此,在欧盟法框架下的个人诉权比在严格主观权利保护原则下更能实现整体法律秩序的执行。[97] 由此,在欧盟法中主观权利有双重功能。[98]

该基本取向也导致了公民角色与其和行政机关关系的另一种理解。公民并不仅被视为私人行动者和有产者,更被认为是市民,而且被视为能够而且应该合法地并且如果需要也使用自己的行为来服务于公共利益的市民:这是主观权利保护的一个维度,而在传统德国法秩序中很少被观察到。[99]

功能主观化主要的发生场域是环境法。该法律发展的一个重要背景是"关于信息向大众公开化,决定程序的公众参与,以及环境诉讼的起诉要件的协议"(《奥胡斯公约》)。[100] 这些要求通过被纳入欧盟法具备了最初没有预料到的执行效果。[101]

(二)欧盟法的客观化趋势

1. 欧盟法院:主观权利的扩大理解

就权利保护的客观化趋势来说,欧洲法院对主观权利的扩大解读是显著的,也是被欧盟法院采取的。在 Janecek 一案中关于空气质量指令,法院认定在具有空气污染超标危险时,直接被影响之人得参与空气质量计划的制定。[102]

一般来说,在主观公权利的承认上,欧盟法院实务在很多方面都比德国法宽松。[103] 例如程序权的强化,其运行相较德国法很大程度与实体权利的运行脱钩。[104]

2. 基于欧盟法的团体诉讼扩张

欧盟法对于团体诉讼扩大的影响也值得观察。主观公权利的功能化不只使人

---

[95] Ruffert, Subjektive Rechte im Umweltrecht der Europaischen Gemeinschaft, 1996, S. 188 f.; Ruffert, DVBl. 1998, S. 69 (71); Schoch, in: Festgabe 50 Jahre BVerwG (Fn.49), S. 507 (517).

[96] Ruffert, in: GVwR I (Fn.72), § 17, Rn. 126; Franzius, UPR 2016, S. 283 (287).

[97] Masing, in: GVwR I (Fn.72), § 7, Rn. 93b.

[98] Franzius, UPR 2016, S. 283 (285).

[99] Masing, in: GVwR I (Fn.72), § 7, Rn. 95, 102.

[100] Aarhus, 25.6.1998, in Kraft seit 30.10.2001, 2161 UNTS 447.

[101] Franzius, UPR 2016, S. 283 (288).

[102] EuGH, Urt. v. 25.7.2008, C-237/07, Rn. 42 (Janecek).

[103] 参见 Dörr/Lenz, Europäischer Verwaltungsrechtsschutz, 2. Aufl. 2019, S. 292f. (Rn. 538); Kokott, Die Verwaltung 31 (1998), S. 335 (353); 相同的阐释另见 BVerwGE 147, 312 (325) (Rn. 46). 对此又见: Kahl, in: FS Schmidt-Preuß, 2018, S. 135 (135ff.).

[104] 参见 Dörr/Lenz (Fn.103), S. 297 (Rn. 544f.).

民更能主张欧盟法权利,也对团体有影响。[105] 欧盟法许多判决中团体起诉的可能性大大增加。首先基于《奥胡斯公约》应朝向对团体起诉有利的方向解释,国内法在起诉要件上应与公约精神尽量一致。[106]

联邦行政法院对此的做法有批评之处。根据《环境救济法》第 3 条,环境团体的诉讼权能通过主观权利的侵害得出。法院因此肯定此类团体具主观权利(制作空气合标计划)并能提起公民诉讼意义的诉讼。[107]

在 Trianel 一案中,团体的参与权被提升。在一开始的环境救济法版本,团体诉讼是与"保护规范紧密联结",[108] 所以团体必须在该规范之上提起诉讼,而该规范仅赋予个人权利。[109] 欧盟法院认为此与欧盟法不符。[110] 环保团体能主张的规范并不只是以个人主观权利为目标的,而是所有欧盟法下所转化的法规命令,以及可直接适用的欧盟法规。[111] 环保团体能主张的规范因此包含促进一般利益的规范。[112]

一项团体诉讼权扩张的重要案例是 Protect 案。在本案中欧盟法院认定,会员国若对《奥胡斯公约》第 9 条第 3 款有适用并制定以欧盟法为圭臬的程序规定,则欧盟法及《欧洲基本权利宪章》有所适用。[113] 结合第 47 条则会员国有义务确保有效的权利救济通道。[114] 欧盟法院不仅要求内国法解释,其明白指出:"如果符合欧盟法的解释无法达成,则提交法院就该涉及环保团体诉讼权的程序权条文,在个案中应不予适用。"[115] 在此脉络下,欧盟法院也诉诸 Simmenthal 的见解,[116] 其为了维持欧盟法的有效性而导致相违背的内国法而不予适用,不需立法者自行废除或修改。[117] 本案意味着,透过《欧盟基本权利宪章》的适用得将《奥胡斯公约》第 9 条第 3

---

[105]　Schlacke，ZUR 2011，S. 312 (316).

[106]　EuGH，Urt. v. 8.3.2011，C 240/09，Rn. 50 (Lesoochranárske zoskupenie VLK).

[107]　BVerwGE 147，312 (325) (Rn. 46f.). 批判观点：Kahl，JZ 2014，S. 722 (730)；Gärditz，Funktionswandel (Fn.6)，S. D45.

[108]　Koch，NVwZ 2007，S. 369 (370ff.)；Berkemann，NordÖR 2009，S. 336 (338).

[109]　§ 2 Abs. 1 Nr. 1 UmwRG a.F. (gültig bis 29.1.2013).

[110]　EuGH，Urt. v. 12.5.2011，C-115/09，Rn. 44 (Trianel).

[111]　EuGH，Urt. v. 12.5.2011，C-115/09，Rn. 48 (Trianel).

[112]　Sauer，ZUR 2014，S. 195 (197f.).

[113]　EuGH，Urt. v. 20.12.2017，C-664/15，Rn. 44 (Protect).

[114]　EuGH，Urt. v. 20.12.2017，C-664/15，Rn. 44 (Protect). Kritisch：Kahl/Gärditz，Umweltrecht，11. Aufl. 2019，S. 183 (§ 5，Rn. 30).

[115]　EuGH，Urt. v. 20.12.2017，C-664/15，Rn. 55 (Protect).

[116]　EuGH，Urt. v. 20.12.2017，C-664/15，Rn. 56 (Protect).

[117]　EuGH，Urt. v. 9.3.1978，Rs. 106/77，Rn. 21 – 24 (Simmenthal)；EuGH，Urt. v. 5.4.2016，C-689/13，Rn. 40 (PFE)，m.w.N. 另见：Dörr/Lenz (Fn.103)，S. 266ff. (Rn. 485ff.).

款也纳入适用,并作为诉讼权基础,无须内国法的转换。[118]

3. 小结:权利保护的欧盟法扩张

欧盟法权利保护的客观化在很多层面得到体现。首先,欧盟法架构下功能化的主观权利将导致主观权利的理解扩大。这不仅涉及欧盟法对规范保护作用的理解,也与欧盟法的原则开放性有关,据此团体得提出公民诉讼。最后,欧盟法在环境法领域特别建立了团体诉讼。

毫无争议的一点是欧盟法上的发展会对德国法的主观权利保护体系产生改革压力。[119] 其挑战了德国法对保护规范理论的基本理解。[120] 透过欧盟法的发展,也引进并且扩张了欧盟环境法的团体诉讼可能性。[121] 透过欧盟法与国际法所带来的改变在过去受到不同评价。有学者认为这给主观权利保护带来了危机,[122]并讨论保护规范理论的存在必要[123]。

相反,亦有观点认为欧盟法的发展不一定造成主观权利保护体系的破毁,[124]即使欧盟法已对德国行政诉讼法产生重塑。[125] 这样的演变结果遭到了学界的广泛批评。例如联邦行政法院裁判认为团体诉讼权可评价为《行政法院法》第 42 条第 2 款的主观权利。[126] 在环境法领域的更多突破效应则更为明显。特别是有利于团体的公民诉讼,只要给予自然人个人主观权利即得成立。[127] 尽管如此,主观权利保护并未受质疑,而所生的危机也不存在。

即使仍符合主观权利保护,客观化趋势也启发了超出环境法的动力。虽然环境法上的具体发展与《奥胡斯公约》有关,而欧盟法植基于该公约的缺陷也可能发生在

---

[118] Wegener, ZUR 2018, S. 217 (219); Kahl/Gärditz, Umweltrecht (Fn.114), S. 183 (§ 5, Rn. 30); Schmidt/ Zschiesche, NuR 2018, S. 443 (445f.).

[119] Rennert, DVBl. 2015, S. 793 (793).

[120] Klinger, EurUP 2014, S. 177 (178); Sauer, ZUR 2014, S. 195 (195ff.).

[121] Ramsauer, in: FS Koch (Fn.69), S. 146.

[122] 参见 Hoffmann-Riem, in: Schmidt-Aßmann/Hoffmann-Riem (Hrsg.), Strukturen des Europäischen Verwaltungsrechts, 1999, S. 317 (366f.); Oestreich, Die Verwaltung 39 (2006), S. 29 (58f.).

[123] Pernice, JZ 2015, S. 967 (973); Schlacke, DVBl. 2015, S. 929 (930).

[124] Schoch, in: FG BVerwG (Fn. 49), S. 518; v. Danwitz, Europäisches Verwaltungsrecht, 2008, S. 586f.; Kahl/Ohlendorf, JA 2011, S. 41 (48); Masing, in: GVwR I (Fn.72), § 7, Rn. 95; Gärditz, NVwZ 2014, S. 1 (1); Ruffert, Die Verwaltung 48 (2015), S. 547 (565).

[125] Radespiel, EurUP 2011, S. 238 (240); Berkemann, DVBl. 2013, S. 1137 (1147).

[126] Kahl, JZ 2014, S. 722 (730), Schlacke, NVwZ 2014, S. 11 (13), Ruffert, Die Verwaltung 48 (2015), S. 547 (564).

[127] Held, DVBl. 2016, S. 12 (13); so auch: OVG NW, ZUR 2015, S. 492 (494).

别的领域并在别的领域有典范作用。这样的发展就不只是部门内的现象。[128] 特别重要的是有别于德国法对个别人民角色的理解，据此个别人民也可以是公益的捍卫者，并被赋予积极地位。[129] 这样的发展对于其他领域已产生外溢效果。[130]

六、案例研析二：关于国家监控行为控制的客观化辩论

关于国家监控领域的权利保护客观化趋势已讨论许久。最迟至斯诺登"棱镜事件"后美国情报活动才被公众注意：通过秘密行动进行巨大的信息收集。关于许可的监控措施法规范在德国并不完全并且在很多面向有争议。并且由于监控的秘密性质使法院审查更为困难。

由于个人寻求法院救济的困难，这个领域作为权利保护客观化的重要性就不足为奇。

过去及现在的特别争议焦点在通讯监察的法院救济。此类监控涉及不具刑事嫌疑性通信信息收集权限，它的目的在于为政府行为提供信息基础并指出可能危险。[131] 所收集的信息将被分析并在特别危险领域，例如国际反恐领域，给政府提供重要情报。德国负责此行动的机关是联邦情报局，它可根据《德国信件、邮件和通信秘密限制法》第五章对德国与他国的国际通信进行监控，也可以根据《德国联邦情报局法》第 6 章规定的明显不那么严格的要求对他国之间的通信进行监控。[132]

权利保护的必要性来自通讯信息收集与储存构成对《基本法》第 10 条第 1 款规定的秘密通讯自由的侵害。根据司法裁判见解，取得通讯信息即构成对该权利的干预，而策略性的监控更是构成了巨大侵害。这样的基本权侵害在主观权利保护的体系下却未完全被保护。相反的，在实务上客观的法律规范常造成提起诉讼相当困难。[133]

（一）传统主观权利标准下的利害关系人权利保护

战略性的监听原则上受完全的司法监督。[134] 司法实务上可能的利害关系人要

---

[128]　Schlacke，DVBl. 2015，S. 929 (929).

[129]　Mangold/Wahl, Die Verwaltung 48 (2015)，S. 1 (12).

[130]　Rennert，VBlBW 2015，S. 45 (46).

[131]　关于战略性电信监控的概念、程序和法律要求参见 Marxsen，DÖV 2018，S. 218 (219ff.).

[132]　在此请参见对联邦情报局法（BNDG）第 6 条的形式和实质违宪的认定：BVerfG，Urt. v. 19.5.2020 - 1 BvR 2835/17，Rn. 302ff.

[133]　Roggan，G-10-Gesetz，2. Aufl. (online) 2018，§ 13，Rn. 2.

[134]　参见 Bergemann，in：Lisken/Denninger（Hrsg.），Handbuch des Polizeirechts，6. Aufl. 2018，Rn. H 135.参见 allein die begrenzte Ausnahme in § 13 G10.

提起诉讼却是相当困难。确认之诉即是一例,机关透过数据收集对利害关系人秘密通讯产生干预。[135] 可以根据《行政法院法》第43条提起确认之诉的为基于具体事件的法人与自然人间的法律关系。[136] 监听与信息收集将建立一个法律关系,因为机关对人民秘密通信自由产生侵害而人民就产生诉权。[137]

实务上对于利害关系人的困难在于法律关系存在的要求。一个确认之诉要成立,原告有义务证明相关事实,亦即他的通信内容成为国家监控的目标。这在原告只有怀疑或仅具有可能性的例子中特别困难。例如记者常与海外通话而成为监控对象。如果原告不能证明,就不存在可确认的法律关系。[138] 可以作为确认之诉的目标,根据联邦行政法院的见解,必须有已存在的具体生活事实,而不能为澄清某个仅具可能性的抽象法律问题。[139] 法院明确指出,这样的要求正是在防止出现有利于一般或第三人利益的公民诉讼。[140]

举证对于利害关系人是困难的,因为联邦情报局通常分析过就会销毁。[141] 这样的侵害无法被确认,也不具备可以确认的法律关系。[142] 在任何情况下,法院对相关法律关系的事实先决条件的证明提出了很高的要求。所需举证的程度相当于临近完全确信的高度盖然率,[143]并且法院不承认举证责任减轻或倒置。[144] 联邦行政法院的主要论据是G10会议。[145]

战略性监控领域正好体现了主观权利保护的困境,它既造成基本权受重大侵害但其个人性又无法被证明。[146] 即使数以百万计的通信被监控而令人好奇法律的要求是否被遵守,然而个人就此仍会怀疑他的通信信息是否被截取并分析。监听是否合法地基于维护通信秘密,以及要求国家对违法行为不作为,已经具有公共利益性

---

[135]　由于战略监控命令而不予受理的撤销之诉参见 BVerwGE 130, 180 (185f.) (Rn. 27). 该命令在此没有外部效力。

[136]　BVerwGE 14, 235 (236); 149, 359 (364).

[137]　参见 BVerwGE 130, 180 (184) (Rn. 26); 149, 359 (364) (Rn. 20); 157, 8 (10f.) (Rn. 13).

[138]　BVerwG, Urt. v. 14.12.2016 - 6 A 2.15, Rn. 13 - 18.

[139]　BVerwGE 149, 359 (364f.) (Rn. 21).

[140]　BVerwGE 149, 359 (365) (Rn. 21) und (370) (Rn. 37).

[141]　参见 § 6 Abs. 1 G10.

[142]　BVerwGE 157, 8 (13) (Rn. 18).

[143]　BVerwGE 149, 359 (366) (Rn. 25).

[144]　BVerwGE 149, 359 (369f.) (Rn. 33ff.).

[145]　BVerwGE 149, 359 (371f.) (Rn. 38ff.); BVerwG, Urt. v. 14.12.2016-6 A 2.15, Rn. 27ff.

[146]　对此的批判观点: Schenke, in: Kopp/Schenke (Fn.53), § 43, Rn. 17; Hufen, JuS 2015, S. 670 (672).

质。有学者称其为"敷衍的被伪装的团体诉讼"。[147] 无论如何对于战略性监控的监督,在严格主观权利保护下不具可行性。

(二)通过通信技术提供者提起的公民诉讼

在最近司法实务中不仅被监控的通信参与者起诉,也出现了通信业者提起的诉讼,主张其提供的服务并未传递给国家情报局,盖其认为情报分析已违反现行法。[148]

对抗基本权侵害的权利救济,法兰克福网信公司总监向联邦行政法院起诉。它拒绝履行向国安局提供信息复本的义务,[149]主张该义务违反《基本法》第 10 条。在这情况中有意思的是其主张的通信秘密并不是它自己的,而是基于其作为通信管理者的身份。

对于法院审查范围这是重要的,因为法院审查权须是针对原告主观公权利是否被侵害。无论如何,机关命令要求提交信息的行为是能受司法审查的。如果原告能主张依据《基本法》第 10 条,则内政部之前策略性监控所为的命令行为也得受审查。诉讼救济的范围因此扩大许多。

联邦行政法院认定,原告基于《基本法》第 10 条的主张不成立。针对被传递的通讯信息,原告不能将之视为自己的通讯。[150] 对通信秘密的信赖对通讯营运商并不存在,从而不属《基本法》第 10 条保护范围。

《基本法》第 10 条文义对于保护的范围未有明确规定,而仅指涉"通信秘密"。对于通讯参与者的限制被一部分人认为是一般的属人理解。《基本法》第 10 条对通信营运商的延伸则包含基本权客观化,而与基本权的属人理解冲突。[151]

同样对于其他从业者的基本权保护,如印刷商主张依《基本法》第 5 条第 1 款第 1 目的保护[152]被驳回。主要论据是因为其本质上所负管理责任较高,例如若刊登对青少年有危害的内容也须负责。[153] 相对的,通信营运商的责任是技术层面的。[154]

最终却也认为基本权的保护若不能将《基本法》第 10 条保障范围扩大则很难达

---

[147] Gärditz, JZ 2014, S. 998 (1001).

[148] 这一推测尤其是基于以下事实,即被公布的数据流还包括没有法律依据可供评估的纯粹国内通信;对此参见 BVerwG, Urt. v. 30.5.2018, 6 A 3.16, Rn. 6.

[149] 参见 § 2 Abs. 1 S. 3 G10; vgl. auch § 8 Abs. 1 S. 1 BNDG (für die Ausland-AuslandFernmeldeüberwachung).

[150] BVerwG, Urt. v. 30.5.2018, 6 A 3.16, Rn. 28

[151] Groß, in: Friauf/Höfing (Hrsg.), Berliner Kommentar zum GG, 52. EL, 2016, Art. 10, Rn. 27.

[152] So Gersdorf, in: BeckOK InfoMedienR, 24. Ed. 2019, Art. 10, Rn. 21.

[153] BVerwG, Urt. v. 30.5.2018, 6 A 3.16, Rn. 30.

[154] v. Arnauld, DÖV 1998, S. 437 (448f.).

成,盖其通常是能得之侵害行为之人。[155] 透过秘密情报控制的补偿性基本权保障,通常仅在监控命令的框架下着手,而对于实际运行的监控行为却只能部分抽样的审查,这是不够的。[156] 据此,有效的秘密通信自由保障该延伸至通信营运商。[157]

这样对于《基本法》第 10 条的解读也是在联邦宪法法院实务上站得住脚的。它当时指出该条不仅可使人民对抗邮政机关,亦得包含人民与邮政机关对抗其他国家机关的侵害。[158] 当时既然对邮政机关都有适用,则对通信营运商,[159] 基于基本权保障有效性以及其作为"间接主体",没有不允许之理。[160] 就此第 10 条具有反射效益(Reflexwirkung)。[161]

《基本法》第 10 条延伸保障至通信营运商有争议。通说不予肯认。[162] 但即便如此,却有论据支持扩张保障范围,盖如此则主观权利保护的严格认定及结果上主观权利保障的缺失得被规避。[163]

---

[155] Papier, NVwZ-Extra, 15/2016, S. 1 (4); Guckelberger, in: Schmidt-Bleibtreu/Hofmann/Henneke (Hrsg.), GG, 14. Aufl. 2018, Art. 10, Rn. 8; Gersdorf, in: InfoMedienR (Fn.152), Art. 10, Rn. 21.

[156] Roggan, G-10-Gesetz, 2. Aufl. (online) 2018, § 13, Rn. 2.

[157] Papier, NVwZ-Extra, 15/2016, S. 1 (4).

[158] BVerfGE 67, 157 (172);对此之印证参见: BVerfGE 85, 386 (396).

[159] Stern, Das Staatsrecht der Bundesrepublik Deutschland, Bd. Ⅳ/1, 2006, S. 224.

[160] Schmitt Glaeser, in: Isensee/Kirchhof (Hrsg.), HStR Ⅵ, 2. Aufl. 2001, § 129, Rn. 67.

[161] Dürig, in: Maunz/Dürig (Hrsg.), GG, 1973, Art. 10, Rn. 26; Stern Staatsrecht Ⅳ/1 (Fn.159), S. 224.

[162] v. Arnauld, DÖV 1998, S. 437 (448f.); Hadamek, Art. 10 GG und die Privatisierung der Deutschen Bundespost, 2002, S. 201–203; Stettner, in: Merten/Papier (Hrsg.), Handbuch der Grundrechte, Bd. Ⅳ, 2011, § 92, Rn. 44; Löwer, in: Münch/Kunig (Hrsg.), GG, 6. Aufl. 2012, Bd. 1, Art. 10, Rn. 22; Hermes, in: Dreier (Hrsg.), GG, 3. Aufl. 2013, Bd. 1, Art. 10, Rn. 27; Baldus, in: BeckOK GG, 19. Ed. 2013, Art. 10, Rn. 18; Groß, in: Berliner Kommentar GG (Fn.151), Art. 10, Rn. 27; Gusy, in: v. Mangoldt/Klein/Starck (Fn.124), Art. 10, Rn. 26; Durner, in: Maunz/Dürig (Hrsg.), GG, 88. EL, 2019, Art. 10, Rn. 104; Schenke, in: Stern/Becker (Hrsg.), Grundrechte-Kommentar, 2. Aufl. 2019, Art. 10, Rn. 52.

[163] 在结果上支持扩张的观点: Schuppert, in: AK-GG, 2. Aufl. 1989, Art. 10, Rn. 20; Schmitt Glaeser, in: HStR Ⅵ (Fn.160), § 129, Rn. 67; Schmidt, in: Umbach/Clemens (Hrsg.), GG, Bd. I, 2002, Art. 10, Rn. 48; Badura, in: Bonner Kommentar GG, 166. EL 2014, Art. 10, Rn. 31; Stern, Staatsrecht Ⅳ/1 (Fn.159), S. 224; Papier, NVwZ-Extra, 15/2016, S. 1 (4); Guckelberger, in: Schmidt-Bleibtreu/Hofmann/Henneke (Fn. 155), Art. 10, Rn. 8; Gersdorf, in: InfoMedienR (Fn.152), Art. 10, Rn. 21;另见: Aubert, Fernmelderecht, 2. Aufl. 1962, S. 47; Dürig, in: Maunz/Dürig (Fn.161), Art. 10, Rn. 26.

在本案中，联邦行政法院并未将《基本法》第 10 条权利保护可能性客观扩大予以采用。这样的可能性虽在宪法上有争议，但也有许多有力论据。目前仍未就该案提起宪法诉愿。[164]

（三）小结：客观化可能性

对于对抗战略性监听的权利救济可能性研究，可为客观化趋势带来以下层面启发。

首先，它揭露了主观权利保护在一个侵害来源远程控制的领域，而要证明该侵害非常困难。

其次，它凸显了主观保护原则的两难。主观权利保护的特点致使权利救济的可能性被大范围排除，并且讽刺性的与自身逻辑违背，因为被收集信息的人众多。

再次，是对客观权利保护要素的承认。这可能透过可能利害关系人的权利保障达成（透过举证责任倒置）。如果建立在客观化的第二个模式（承认权利保护的公众性格），[165]则国家监控行为不只影响个人利益，也影响公共利益。

最后可看出，权利保护的客观化吊诡地可促进有效主观权利保护。如同前段所述，宪法诫命要求通信营运商也能主张依据《基本法》第 10 条（关于被其管理的通信内容），维护对于通信参与者的保障。这样超越个人利益的扩张也能压制严格主观权利保护的缺陷，尤其当权利人自身没有有效或现实的救济可能时。

除了允许个人及肯认营运商地位外，客观化的第三个模式——引入团体诉讼，也被认为是对抗国家监控行为的一大利器。[166] 因为信息本身具扩散性，[167]而其走向不易追踪，故主观权利保护要求的属人性往往会丧失。

七、案例研析三：关于国际法在内国适用的客观化

目前一项对于客观化权利保护为重要基础的要素——"国际法在内国的适用"，尚未被广泛讨论。通过《基本法》第 25 条，这些规定亦对德国法秩序有适用，并在特定要件下可以起诉主张。

（一）宪法基础：《基本法》第 25 条适用范围扩张

依《基本法》第 25 条，国际法的一般规定也是联邦法的组成部分。国际法一般规

---

[164] BVerfG，1 BvR 1865/18（anhängig）.

[165] 参见上文第四章第（二）部分。

[166] 对此的进一步考虑参见 Schmidt-Aßmann, Kohärenz（Fn.72），S. 234.

[167] Schmidt-Aßmann, Kohärenz（Fn.72），S. 234.

定包含国际习惯法及一般法律原则。[168] 该条因此规定，它比法律位阶要高。因此它的位阶在一般法律之上，但在《基本法》之下。[169]

对于国际法一般规定的主观权利保护问题，《基本法》第 25 条很关键。据此内国的个人将直接负担义务或行使权利。原告得否在国际法主要建立国家之间权利义务关系下，以国际法为依据向内国行政法院起诉？

在宪法文献中 [170] 及过去宪法实务中 [171] 认为，《基本法》第 25 条不赋予主观权利，而只具宣示性质。有一些主张不认同这样狭隘的解读。首先从该条意义脉络能得出其不仅是宣示性质。否则同条第 2 句就没有任何实质意义，因为它的内国可适用性已透过第 1 句规范了。[172] 所以上述解读虽然不能排除，但似是而非。[173] 同时在立法数据中可看出要将其带向主观化的目标。历史解释上立宪者确实想透过适用范围扩张而促进国际法的执行。[174] 国际法规的主观化看来是一个可能。[175]

不同于以前立场，近期德国联邦宪法法院立场较为开放，也符合目前通说，[176] 也就是第 25 条第 2 句能朝向扩张国际法适用范围而有利个人的方向解读。法院就此要求国际法规定与个人重要位阶法益有直接关联。[177] 联邦行政法院因此认定，《基本法》第 25 条第 2 句的意义与目标旨在扩大国际法一般规定的适用范围。这个规定超脱了传统国际法以国家为权利义务主体的限制。[178]

---

[168]　BVerfGE 23, 288 (317).

[169]　BVerfGE 6, 309 (363); BVerfGE 141, 1 (17) (Rn. 41).

[170]　Partsch, Die Anwendung des Völkerrechts im Innerstaatlichen Recht, 1964, S. 20 - 22; Rudolf, Völkerrecht und deutsches Recht, 1967, S. 257f. und 270f.; Bleckmann, Grundgesetz und Völkerrecht, 1975, S. 279 - 281.

[171]　BVerfGE 15, 25 (33); 18, 441 (448); 27, 253 (274); 41, 126 (160).

[172]　Doehring, Die allgemeinen Regeln des völkerrechtlichen Fremdenrechts und das deutsche Verfassungsrecht, 1963, S. 157.

[173]　Kunig/Uerpmann-Wittzack, in: Graf Vitzthum/Proelß (Hrsg.), Völkerrecht, 8. Aufl. 2019, S. 73 (143) (Rn. 153).

[174]　Vgl. Schmid, Fünfte Sitzung des Hauptausschusses, 18.11.1948, in: Der Parlamentarische Rat 1948 - 1949, Bd. ⅩⅣ/1, 2009, S. 160 - 161 und 164; 另见: Süsterhenn, ebd. S. 162.

[175]　Fischer-Lescano/Hanschmann, in: Becker/Braun/Deiseroth (Hrsg.), Frieden durch Recht?, 2010, S. 181 (187f.).

[176]　Doehring (Fn.172), S. 155 - 158; Steinberger, in: Isensee/Kirchhof (Hrsg.), HStR Ⅶ, 1. Aufl. 1992, § 173, Rn. 69 - 71; Tomuschat, in: Isensee/Kirchhof (Hrsg.), HStR XI, 3. Aufl. 2013, § 226, Rn. 19; Fischer-Lescano/Hanschmann, in: Frieden durch Recht? (Fn. 175), S. 186 - 189.

[177]　BVerfGE 112, 1 (22); 另见 BVerfG, NVwZ 2018, S. 1224 (1226) (Rn. 37).

[178]　BVerwGE 154, 328 (344) (Rn. 40).

在此背景下，从该条能得出三类国际法一般规定。[179] 第一类具有国家性质而不适宜扩张保护对象，否则会丧失其意义。所以此类条文在《基本法》第 25 条之下在内国虽有适用，但不赋予主观权利。

第二类是在国际法层面有主观权利属性。例如人权方面规定。这类规定下《基本法》第 25 条第 2 句只有宣示性质。第三类则为本来以国家为默认适用对象，但由于与个人重要法益有密切关系而对其扩张[180]适用。

虽然细部仍有争议，但大致上肯定透过第 25 条第 2 句得将国际法规定主观化。[181]

(二) 例子：关于国际法武力禁止的客观化论辩

在行政法院过去几年实务中常见的讨论是，个人得否主张国际法上武力禁止。国际法上武力禁止是《基本法》第 25 条下的国际法一般规定，因为它不仅见于联合国规章第 2 条第 4 款，也是国际习惯法。[182] 它禁止国家在国际关系中以武力进行要挟。以武力威胁另一国家在国际法上只有在自我防卫权行使时，在联合国安理会授权或问题国家的邀请下能被允许。

在关于国际法武力禁止的保护作用上，有意思的是，该规定如何在国际上被国家主张。在此与普遍义务的概念有关。[183] 相对国际法原则上只赋予具体的国际法主体义务（例如合同当事人），普遍义务则依国际法院见解，是针对国际社会整体。[184] 换句话说，整个国际社会都有权要求其被遵行。国际法指出的重要例子为禁止侵略与种族灭绝。[185] 禁止侵略无论如何都是普遍性义务。依据联合国国际执委会制定的国家责任规定，[186]国际习惯法的成立与上述普遍义务的可能性得以区分。一个被侵害的国家当特别被影响时得以主张。[187] 但影响的认定必须个案认定。[188]

除此之外，非受侵害的国家也有机会主张普遍义务的侵害。这样的考虑是，一项对国际社会整体设定的义务，个别国家也应该能主张。[189] 但有别于被侵害国家，

---

[179] Doehring (Fn.172), S. 155 – 158.

[180] Doehring (Fn.172), S. 157.

[181] 争议参见 Koenig/König, in: v. Mangoldt/Klein/Starck (Hrsg.), GG, Bd. Ⅱ, 7. Aufl. 2018, Art. 25, Rn. 57ff.

[182] IGH, Urt. v. 27.6.1986, ICJ Reports 1986, S. 14 (27) (Rn. 34).

[183] 概念基础参见 Tams, Enforcing Obligations Erga Omnes in International Law, 2009.

[184] IGH, Urt. v. 5.2.1970, ICJ Reports 1970, S. 3 (32) (Rn. 33).

[185] 同上文边码 34。

[186] International Law Commission, Draft articles on Responsibility of States for Internationally Wrongful Acts, with commentaries, YbILC, 2001, vol. Ⅱ, Part Two, S. 31 – 143.

[187] 参见 Art. 42 ARSIWA.

[188] Kommentar zu Art. 42 ARSIWA (Fn.186), S. 119 (Rn. 12).

[189] 参见 Art. 48 Abs. 1 b) ARSIWA.

所主张的仅为不法行为的停止与不再发生，[190]而不得请求赔偿。[191] 这显示了国际法上整体上允许公民诉讼。

有疑问的是个人能否透过《基本法》第 25 条主张国际法上武力禁止。在德国类似违反并不少见，[192]比如 1999 年的科索沃与 2015 后的叙利亚。

与此类侵害措施有关的权利救济短期内很难实现。联邦国会党团向宪法法院起诉驻军行为是否与国际法与宪法相符也遭到挫败，因为这样的客观规范并不能被认为是党团关于机关争议的权利。[193] 另外国家外交领域的行为虽涉及共合国法秩序[194]，但其审查往往受到限制。[195]

在此背景下很多人尝试以国际法武力禁止为由向行政法院起诉，很多是以《基本法》第 25 条为依据。例如居民起诉美国空军基地[196]及美军的核武设置。[197]

行政法实务上，国际法武力禁止是否主观化并得单独撤销，见解不一致。多数的判决明显搁置该问题。[198] 有的如宪法法院 2018 年的判决，拒绝主观化可能。[199] 在学说中则有很多支持的声音。[200]

---

[190] 参见 Art. 48 Abs. 2 ARSIWA. 未被侵害的国家也可采取"合法措施"（Art. 54 ARSIWA）。

[191] 这一模式产生的背景参见 Crawford, State Responsibility, 2013, S. 66f.

[192] 概述参见 Bothe, Sicherheit und Frieden 35 (2017), S. 179 (179ff.).

[193] 参见 zuletzt BVerfG, NVwZ 2019, 1669 (1670) (Rn. 28).

[194] 参见 Art. 25, 26 Abs. 1 GG.

[195] 概述参见 Ladiges, NZWehrr 2016, S. 177 (177ff.).

[196] VG Köln, Urt. v. 14.3.2013, 1 K 2822/12; OVG NW, Urt. v. 4.11.2014, 4 A 1058/13; BVerwGE 154, 328.

[197] VG Köln, Urt. v. 14.7.2011, 26 K 3869/10; OVG NW, Beschl. v. 7.5.2013, 4 A 1913/11; BVerfGE, NVwZ 2018, S. 1224.

[198] BVerwGE 131, 316 (343); 154, 328 (347) (Rn. 46); VG Köln, Urt. v. 14.3.2013, 1 K 2822/12, Rn. 74 - 82; OVG NW, Beschl. v. 7.5.2013, 4 A 1913/11, Rn. 27; OVG RP, Urt. v. 21.5.2008, 8 A 10910/07, Rn. 188.

[199] BVerfG, NVwZ 2018, S. 1224 (1226) (Rn. 37); VG Köln, Urt. v. 14.7.2011, 26 K 3869/10, Rn. 86f.; 另见 OVG NW, Urt. v. 4.11.2014, 4 A 1058/13, Rn. 76ff.

[200] Doehring (Fn.172), S. 166; Doehring, in: HStR VII (Fn.176), S. 687 (699f.) (§ 178, Rn. 23 - 24); Fischer-Lescano/Hanschmann, in: Frieden durch Recht? (Fn.175), S. 196; Heß, in: Frieden durch Recht? (Fn.175), S. 249 (261); Cremer, in: HStR XI (Fn.176), S. 369 (391) (§ 235, Rn. 32) (与职责有关); Becker, DÖV 2013, S. 493 (501); 又见: Deiseroth, in: FS Kutscha, 2013, S. 25 (35); Hillgruber, in: Schmidt-Bleibtreu/Hofmann/Henneke (Fn.155), Art. 25, Rn. 20; Streinz, in: Sachs (Hrsg.), Grundgesetz, 8. Aufl. 2018, Art. 25, Rn. 67b.

反对观点: Proelß, in: HStR XI (Fn.176), S. 63 (79f.) (Rn. 23); Kessler/Salomon, DÖV 2014, S. 283 (291); Herdegen, in: Maunz/Dürig (Hrsg.), GG, 79. EL, 2016, Art. 25, Rn. 90; Tomuschat, in: Bonner Kommentar (Fn.163), Art. 25, Rn. 106.

对此问题的关键回答是,武力禁止规定是否与个人重要法益直接相关。[201] 如果只是为了国家而设,则没有个人相关性。在现代主权国家理解下,这个原则并不仅在国家权力与地域意义下保护国家,而是保护私主体免受武力冲突的危害。但是不是所有侵害行为都必须予以承认,而是必须进行区分。个人利益的相关性有时候需要侵害行为超过一定强度。此类提高的强度门槛常见于武力禁止的相关案例,例如禁止侵略,这其中涵括对国际法禁止武力使用的巨大违反[202]。在这种巨大侵害的情形下,其与个人高位阶法益的关联性,特别是生命权保障与身体不可侵犯性的联结是可能的。

上述重大侵害还不足以作为个体在法院主张主观公权利的要件。如同联邦行政法院所述,得主张的国际法上利益归属,必须有别于一般利益的原告个人关联性。[203] 换句话说:就算国际法主观化原则可被承认,但并非所有人皆能主张,而是要有合理的限制,以使德国法下的利害关系人扩张得以运行。

一项(或别项)权利的影响性当某类人的权益已受影响时,无法作为诉讼主张的要件。如此则主观化已过时。相反地,以主观公权利为出发点的行政诉讼规定,必须与透过主观化所为的内国可适用的国际法规定相一致。倘若个人关联性足够,则由《基本法》第 25 条第 2 句所生的可诉讼性法律地位可得产生。

在个别影响程度的判断上涉及一个价值判断的程序,其必须借由个案以具体化。以下是所涉及的可能标准:

1. 原告本人或其家属是否受到违法驻军行为的直接侵害?

2. 在只有危害可能的情况下:有多少未来成为实害的可能? 只有抽象的危险还是有具体的危害情境?

3. 德国涉入的程度多少? 德国的出兵对侵害战争是否扮演关键性角色?

4. 仍然必须注意,行政法院并非解决外交事项中国家行为适法性的合适场域。这对于法院判决而言是要求过度。合适的场域无疑为宪法法院,但实际上因欠缺合适的程序其至今未能管辖。个人影响程度的标准正提供了考虑其他救济途径具体情状的可能。简单来说,若更高位阶的宪法法院能有效且合适地审理,则在程序上对于着眼公共利益的国际法之主观化权利保护就没有必要。若是这条路行不通,则《基本法》第 25 条所开启的权利保护可能性仍然是重要的。

---

〔201〕 参见前注〔177〕。

〔202〕 此处参见联合国大会对此的定义,Resolution 3314（ⅩⅩⅨ）v. 14.12.1974，UN Doc. A/RES/3314（ⅩⅩⅨ）.

〔203〕 BVerwGE 154，328（344）（Rn. 39）.

（三）小结:《基本法》第 25 条作为公民诉讼的依据

无论某项国际法规范在特定救济通道中存在如何的困难与未解决的问题,《基本法》第 25 条都必须被视为得提起公民诉讼的依据(在客观化第二个模式的意义下)。在 Masing 所主张的"扩大保护规范理论"的框架下,此类权益得归属于具体个人并能主张适用《基本法》第 25 条第 2 句。

这样的路径是个特殊情形,是制宪者的意志——想更好地将国际法融入内国法,并在权利保护上借由主观化强化其执行。这样的特殊路径有对德国法秩序产生影响的可能性,因为它不仅使很多国际法上一般规定借由主观化带入德国法的体系中。更甚者,也为未来国际法规范的公民诉讼提供依据。

八、主观权利保护体系的客观化

研究显示,在现今行政法院实务上存在显著的客观化趋势。特别是(欧盟)环境法领域的发展。这一方面透过国际法上的义务,另一方面透过欧盟法院对于权利保护的宽松认定,导致客观法律保护原则的显著扩张。以上的案例研析则显示客观化趋势不仅存在于环境法领域,特别其例示性地显示,公民诉讼的构想可能在其他领域亦有适用。这就提出了支持或反对此等扩张的根本问题。

（一）客观化的界限与风险

追求权利保护客观化遭遇的批判表现在于对客观化允许的界限,主要着眼于法政策面向上是否希望有如此发展。

法律上的客观化界限存在,但它未提供清楚的合法界限。一项界限可能存在于《基本法》第 19 条第 4 款及其系统性决定,[204]从中可得出主观权利保护的最低标准。[205] 有必要的是,权利保护保持一般性的个体化解释。[206] 个人并不因此全然变成公益代言人。[207] 并且客观审查程序不得有害于主观权利保护的完结。[208]

---

[204] 参见上文第二章第(二)部分。

[205] Schmidt-Aßmann, in: Maunz/Dürig (Hrsg.), GG, 72. EL, 2014, Art. 19 Abs. 4, Rn. 9; Wahl/Schütz, in: Schoch/Schneider/Bier (Fn. 62), § 42 Abs. 2, Rn. 38; Schlacke, NuR 2004, S. 629 (634)

[206] Schmidt-Aßmann, in: Maunz/Dürig (Fn. 205), Art. 19 Abs. 4, Rn. 9; Schmidt-Aßmann, in: FS Menger (Fn. 9), S. 107 (110f.); Schlacke, DVBl. 2015, S. 929 (935); Steinbeiß-Winkelmann, NVwZ 2016, S. 713 (720).

[207] Schmidt-Aßmann, Verwaltungsrechtsschutz (Fn. 72), S. 67.

[208] Schmidt-Aßmann, in: Maunz/Dürig (Fn. 205), Art. 19 Abs. 4, Rn. 9.

另外的界限在于权力分立。客观化权利保护不能造成行政权限大幅对司法权退让。[209]

另一项宪法上界限来自第三人基本权。[210] 例如计划负责人的诉讼风险。[211]

这些界限仅提供很粗略的框架并对客观化趋势不造成重大影响（只能视为补充而非系统性决定）。在实务上对于引进客观化的形式原则亦不造成阻碍。[212]

论辩的关键还是在于法政策的论据。第一个疑虑是，诉讼权能的要求本具有过滤的功能[213]且为起诉门槛的一部分。[214] 客观化趋势将弱化此一功能。结果上可能造成法院的工作量暴增并影响司法裁判的有效性。[215] 第二个疑虑在于已论述的，基于放宽诉讼门槛的第三人自由限制。[216] 这在宪法上虽能被允许，但法政策考虑上又有不同。第三个则涉及行政诉讼的正当性基础。[217] 被强调的风险为，将传统行政诉讼的定分止争功能转变为行政的监督功能。[218]

最终，政治上的风险存在于人民之间，以及人民与行政机关的关系中。[219] 同时也表现在司法裁判内部，其可能因为政治冲突而影响其正常运作。[220]

对于客观化的某些模型有特别的批判，例如对于团体诉讼，由于其欠缺民主正当性[221]，可能有特别优待特定团体[222]的疑虑。

（二）支持（谨慎的）客观化

这些反对意见都有其重要性而无法轻易对其置之不理。如他们所说，扩大客观

[209] Wahl/Schütz, in: Schoch/Schneider/Bier (Fn.62), § 42 Abs. 2, Rn. 38; Schmidt-Aßmann, in: GS Brügger (Fn.72), S. 419; 另见 Krebs, Kontrolle in staatlichen Entscheidungsprozessen, 1984, S. 106.

[210] Weyreuther, Verwaltungskontrolle durch Verbände, 1975, S. 42ff. Schmidt-Aßmann, in: FS Menger (Fn.9), S. 107 (110f.).

[211] Gärditz, Funktionswandel (Fn.6), S. D46f.; Rennert, DVBl. 2015, S. 793 (799).

[212] Franzius, UPR 2016, S. 283 (292).

[213] BVerwGE 104, 115 (118).

[214] Groß, Die Verwaltung 43 (2010), S. 349 (349).

[215] Rennert, DVBl. 2015, S. 793 (799); Breuer, Die Verwaltung 45 (2012), S. 171 (185).

[216] Schmidt-Aßmann, in: FS Menger (Fn.9), S. 107 (110f.).

[217] Rennert, JZ 2015, S. 529 (538); Gärditz, EurUP 2015, S. 196 (205).

[218] Rennert, DVBl. 2015, S. 793 (799).

[219] Masing, in: GVwR I (Fn.72), § 7, Rn. 115.

[220] Gärditz, NVwZ 2014, S. 1 (10).

[221] Spieth/Hellermann, NVwZ 2019, S. 745 (749).

[222] Gärditz, EurUP 2010, S. 210 (220).

化的法律保护形式的需求——正如被批评的那样——是一条错误的道路吗?[223] 它至少取决于客观化的程度。对于一个谨慎且适当的客观化来说,仍能找到支持的论据。

首先,一项有力的论据在于,客观性规范若欠缺执行,则可能发生民主问题,因为经民主制度通过的法律未被适用。[224] 首先在民主诫命之下,法律应被适用,并且在权力分立之下,应确保司法权的拘束力。

更甚的是,传统理解下的保护规范理论并非单纯价值中立。这导致某些利益架构被赋予特权并产生可疑的行动空间。一项经常被强调的特权发生在计划法领域。个别法律地位,特别是财产与获利利益在此受到的保障不足,例如允许计划执行者凌驾于“微小的环境保护利益”。[225] 如果行政不能维持所规定的环境保护水平之执行,也就缺少以保护规范理论为基础的法院进入权。一般公共利益的法院执行可能性也就大大受限。[226] 无论如何该理论将产生一项关于透过权利保护所生第三人效力下的缺陷,也就是可能导致计划的迟误。

第三点要注意的是,对于特定问题不能总是信任行政机关扮演绝对中立调和各方利益的角色。相反地,行政机关或国家是在代表某些政治上的利益。可能存在的动机迥异,可能包含标准政治性的或财政上的考虑,小从工厂选址大到对有关特定监控手段的容忍。无论如何,实务上信任机关为单纯利益调和者是行不通的,而且也不能完全将之视为公共利益的维护者。[227]

这特别对于某些领域如国家监控领域适用,在此并非为第三人实现一项计划,而是国家自己遵循客观法规范。

在此背景下,法院审查的客观化机制可能满足预防化功能。客观法规范更好被遵守的目标并不仅或不主要通过权利救济领域的途径来达致。[228] 一项显著的效果主要是客观法规范经由司法审查而能被更严格地审查监督。

质疑客观化的权利救济会加剧法院负担,并非全然无据。但实际上这样的顾虑

---

[223]　参见 Gärditz, EurUP 2015, S. 196 (206).

[224]　Franzius, UPR 2016, S. 283 (283).

[225]　Lübbe-Wolff, in: dies. (Hrsg.), Der Vollzug des europäischen Umweltrechts, 1996, S. 77 (102).

[226]　Wegener, Rechte (Fn.65), S. 101; Calliess, NJW 2003, S. 97 (101); Alleweldt, DÖV 2006, S. 621 (623); Oestreich, Die Verwaltung 39 (2006), S. 29 (33); Marty, ZUR 2009, S. 115 (115).

[227]　Calliess, NJW 2003, S. 97 (101).

[228]　对此参见关于环境法方面的团体诉讼: Rat von Sachverständigen für Umweltfragen, Umweltgutachten 1996, BT-Drs. 13/4108, S. 249 (Rn. 705); Radespiel, Die naturschutzrechtliche Verbandsklage, 2006, S. 376; Seibert, NVwZ 2013, S. 1040 (1049).

不存在。以环境法作为观察对象可知,令人担心的诉讼爆炸不存在。[229] 同样,诉讼爆炸也不存在于动物保护团体提起的诉讼领域。[230] 很明显的,法院超负荷的具体程度要视个别领域而定。[231]

要对抗基于客观化产生的忧虑,必须选择最符合该情境的程度。在此应考虑客观化本身并不是自身目的,而是为了更好地实现客观法(以及民主意志)。若是法律自身不需要被延伸,则在严格主观权利保护下也无须履行客观权利保护。在对客观法律的控制大幅受限,或对抗系统性监控的权利救济的情形下,主观权利保障不能足够被确保,因为具体个案中的侵害程度可能太低,[232]这就显示出客观化扩张的必要。

(三)可能扩张的权限

最后产生的问题是,谁有权引入客观权利保护程序。原则上这应是立法者的初始任务,其有权决定是否引进客观权利保护程序。透过《行政诉讼法》第42条第2款的开放条款可得出,该条作为开放以其他法律依据作为诉讼权能的必要性被忽视。这特别涉及其他领域的团体诉讼。而这只能透过立法手段承认之。此外可能存在对于现存保护规范的扩大解释——也就是说识别一项规范中的保护性要素。过去权利保护可能性的扩张仅透过实务为之,例如关于建筑法上的邻人诉讼。

然而公民诉讼的诉讼权能归属,例如联邦行政法院所承认的团体诉讼,[233]同样的,这个决定应由立法者来作出而不应由司法为之。[234] 同时有疑虑的是,立法者过去经验上承认诉讼权能的行动过于保守,所以在承认公民诉讼的权限上无法被期待。

就此很多人赞同当立法不作为时,前面所讨论的行政法院[235]的法官造法可能性[236]应是存在的。

---

[229] Seibert, NVwZ 2013, S. 1040 (1048); Schlacke, DVBl. 2015, S. 929 (935). 实证研究另见: Schmidt/Zschiesche, Die Klagetätigkeit der Umweltschutzverbände im Zeitraum von 2013 bis 2016, 2018, S. 26f.

[230] Ley, Tierschutz-Verbandsklage (Fn.81), S. 192f.

[231] Ramsauer, in: FS Koch (Fn.69), S. 159.

[232] 参见上文第六章部分。

[233] 参见上文第五章第(二)部分第2点。

[234] 参见 Schoch, VBlBW 2013, S. 361 (367); Rennert, DVBl. 2015, S. 793 (796).

[235] BVerwGE 147, 312, vgl. hierzu oben, Abschnitt V.2.b.

[236] Held, DVBl. 2016, S. 12 (17).

九、结论

客观面向的权利保护在德国主观行政诉讼系统下并不陌生,相反地已在这个体系下取得一些成果:保护规范依据的扩大理解与团体诉讼的依据。客观化的权利保护并非站在主观权利原则的对立面,而是可以通过对其的解释找到依据并在运行上予以补充。主观与客观权利保护模式并非水火不容,而是在一个救济体系中同时看到两种因子,并在一定程度内同时保障主观权利与客观秩序。最后一个观点在传统主观权利保护理解下只具有次位重要性。公民诉讼主张的想法囊括了公益作为可能的主观权利要素,但也显示了公共利益的保护在主观权利保护体系下,在一定程度之内是可能的。

域外经典

鲁道夫·冯·耶林 著　张焕然 译
一位不知名人士关于当今法学的秘密来信（中）、（下）

中德法学论坛

第19辑·上卷,第209~230页

一位不知名人士关于当今法学的秘密来信(中)[*]

[德]鲁道夫·冯·耶林^{**} 著

张焕然^{***} 译

第三封信[1]走进实践;考试;依据教科书所作的判决

去年,有位匿名作者给您写了两封关于当今法学的信(刊载于本《法院报》上一年度的第41期[2]和第85期上),您还记得吗?

事实上,您本该忘记我,您本该把我的信直接扔进编辑部的垃圾桶,而不是把它印出来。

不要问我为什么沉默了这么久。如果一定要我做出辩解的话,那么我能想到的借口就是那个在奥地利邮政基础上所产生的最新抗辩。换言之,我的沉默理由是"卡拉比阿努斯抗辩"(exceptio Kallabbiana),[3]也就是"书信被截取之抗辩"。对于不守信用的通信者来说,这个抗辩真可谓19世纪最宝贵的发明之一。[4]

---

* 译自 Rudolph von Jhering, Scherz und Ernst in der Jurisprudenz: Eine Weihnachtsgabe für das juristische Publikum, 13. Aufl., Leipzig: Breitkopf und Härtel, 1924, S. 35 - 70.

** 鲁道夫·冯·耶林(Rudolph von Jhering):19世纪德国著名罗马法学家、法律史学家和法哲学家,代表作有《罗马法的精神》《法律中的目的》《为权利而斗争》等。

*** 张焕然:德国波恩大学法学博士,中国政法大学民商经济法学院讲师。

[1] Deutsche Gerichtszeitung, Jahrg. IV 1862, Nr. 55.

[2] 原著笔误为"Nr. 51"(第51期),根据第一封信的原始出处,中译本径直将其更正为"第41期"。——译者注

[3] 这个抗辩的名称是耶林生造出来的。其中的"Kallabbiana"是拉丁文"Kallabianus"的阴性形式,用于修饰阴性的"exceptio"(抗辩)一词,而"Kallabianus"又是"Kallab"(卡拉普,见耶林的下一个注)这个德语人名的拉丁文转写形式。——译者注

[4] [在这封信发表的时候,这段话所暗示的东西是众所周知的。为了使当下的读者也能够理解,我对此加一说明:卡拉普(Kallab)是奥地利的一位邮政官员,在很长的一段时间里,只要是他猜测里头藏了纸币或者有价证券的信件,他都要截下来。真是个十足的窃信狂魔!人们在他的住所里发现了无数被屠宰的信——这真是一个信件的屠宰场、一个信件的墓地。]

如果您愿意不厌其烦地打开我的上一封信，那么您就会发现，您已经给它加上了注释（先前我的确授权您可以这么做）。在这些注释里，您试图保护法学中的思辨方法不受我的批判。〔5〕本来，我也同样可以利用这些注释来防止自己被进攻，就像在"石勒苏益格-荷尔斯坦因问题"中，丹麦内阁利用奥地利和普鲁士的内阁以防被进攻一样。〔6〕但是，只有当我们之间的确存在观点分歧时，我才会决定这么做。然而，这种分歧事实上并不存在。我在那封信里想要批判的并不是思辨方法本身，而是这一方法中的错误；对于这些错误，您也是不会去保护的。顺便一提，我还想利用这次机会对那项卓越的天赋表示敬意，也就是思辨方法新近的捍卫者拉萨尔所推崇的那项天赋。假如我有这样的天赋，我就能知道更好的反对方式，而不是在这里写这样的信；假如我有这样的天赋，那么我想，没过几年，我就能成为一名仍然在世的一流法学家！对天赋较差的人来说，思辨方法里的危险是不存在的，因为通常来说，这种危险只有对天赋极高的人才有吸引力。打个比方：只有羚羊和山羊才会有撞上峭壁的危险，绵羊是不可能有的！另外，这种危险也只会危及理论家，而不会危及实务人士。因为古怪的思想只有在幽暗的书斋里才能开花结果，它在酒馆里可没法生根发芽。即便是天生就具有思辨天赋的人，只要让他在实践里待上几年，那么这只难以驯服的山羊也会变成温顺的家畜。因为假如他能凭借古罗马的法律在国家机关里爬上高位，那他肯定会心满意足的。对于贪慕虚荣的人来说，市镇法院法官、城市法院法官、地方法院法官以及宫廷法院法官这些职位就是那一座座高峰，更不用提高等上诉法院顾问这种职位了。只有偶尔才会出现一两个自诩是"为法学改革而生"的律师。为了实现这个信仰，这些律师就利用业务之外的闲工夫去拯救人类，他们希望用粗野的原始力量将世界历史的观念带给法学领域的腓力士人，好让这些人也惊讶一番。如果我继续漫游在当今的法学领域里，我或许还能为您更加详细地介绍现代法学泰坦的特殊变种呢！但在此之前，我还有很多东西要讲，我要赋予那些真学者以优先权。对于我的这种做法，您肯定也是会同意的。

---

〔5〕〔由于这些注释是完全没有意义的，所以我并没有将它们收录进本书。本报的编辑、也就是写这些注释的希尔泽门策尔（Hiersemenzel）与拉萨尔私交甚好，由于他早已去世，因此我无须保留我对这些注释的评价。〕

〔6〕 石勒苏益格-荷尔斯泰因问题（德语：Schleswig-Holsteinische Frage）是 19 世纪的两个公国石勒苏益格和荷尔斯泰因在丹麦和德意志邦联之间所引发的一系列政治前途问题（国族问题）。1848 年至 1851 年为第一次石勒苏益格战争，结果为普鲁士阻止了丹麦将石勒苏益格-荷尔斯坦因合并的企图；1864 年为第二次石勒苏益格战争，亦称"普丹战争"，其导火线是丹麦未在一定时限内回应普鲁士"用武力解决石勒苏益格归属问题"的提议，结果是普鲁士与奥地利联合向丹麦宣战，最后以丹麦战败而告终。耶林写这封信时为 1862 年，当时普鲁士和奥地利还尚未联合攻打丹麦。——译者注

　　假如罗兰〔7〕和巴亚尔〔8〕必须自己铸剑，那么他们很可能会作为不知名的铸剑者死去，而不是作为英雄流芳百世。他们在一生中之所以能立下丰功伟绩，原因就在于当时的武器铸造业免去了他们在这方面的辛劳。从这个角度看，可以得出的结论是：假如我们这些实务工作者必须自己打造必要的理论装备，也就是说，假如我们必须自己去编纂《巴西尔法典》〔9〕、自己去发现《盖尤斯法学阶梯》、自己去评注《国法大全》、自己去撰写《学说汇纂教科书》等等，那么我们将会因为这些极其费力的前期工作而无法开展实质性的职业工作。换言之，在这种情况下，我们必须**锤打**和**磨利**正义之剑，而不是去**挥舞**它。但要是有了罗兰和巴亚尔的剑，我们就可以不用这么忙了。因此，我们对上苍的感激必定是不够的，因为它免除了我们的这种辛劳。通过源源不断地输送理论家，上苍为这一前期工作的顺利进展费尽心力。对于法学来说，劳动分工律同样是上苍的恩赐。因为，当我们把自己的全部精力都投入到实务工作中，当我们把业余时间都花在狩猎、打牌和谈论政治的时候，理论家正在从事**他们的**工作，这使他们成为了理论领域的专家。在他们手中，正义之剑被理论的磨刀石磨得锋利无比，连头发都能劈开——对此，大多数理发剪都会羡慕不已。正所谓"有剑的地方就有伤"，谁要是还没掌握用法，那么在他握上这把剑时就会被割伤。所以并不奇怪的是，这把正义之剑在不少时候都会成为当事人害怕的对象，一些人甚至因为没经验的法官不慎地舞动了这把剑而不得不输掉整场诉讼。

　　但我们不能因此而责怪铸剑者不懂怎么用剑。同样地，我们也不能因此而指责理论家不懂如何把握正义之剑。假如每个人都要承担全部的工作，那么劳动分工还有什么意义呢？磨剪匠**磨**剪刀，理发师用它来**剪**头发——事情本该如此。这样一来，他们每个人都能从对方那里获利，否则他俩都还是半桶水。谁要是跑到磨剪匠那儿剪头发而被剪伤，那他就只能怪自己。当然，在如今的理发生意上，我们通常都不会把未来的理发师送去学磨剪匠的理论。然而，我们的法学职业却恰恰背离了劳动分工律：我们的实务工作者全都走进了理论家的理论之中。这当然会造成一定的弊端，准确、形象地揭露这些弊端正是当前这封信的任务。要是给这个任务找一个高级一点、浮夸一点的名字，那么我想到的题目是"理论和实践在当前的关系"。由

---

　　〔7〕　罗兰是法兰西史诗《罗兰之歌》(La Chanson de Roland)中的主角，查理大帝手下的十二圣骑士之一。根据该史诗，罗兰公爵在778年的龙塞沃战役中手持朵兰剑英勇抗敌，最终因寡不敌众而战死。——译者注

　　〔8〕　巴亚尔领主皮埃尔·泰拉伊(Pierre Terrail, seigneur de Bayard, 1473-1524)，法国贵族与骑士，绰号"英勇无畏、无可挑剔的骑士"，通称巴亚尔骑士(Chevalier de Bayard)，同时代的欧洲人一致认为他是最完美的军人和骑士。——译者注

　　〔9〕　《巴西尔法典》(德语：Basiliken)，是9世纪颁布的拜占庭帝国法典，从巴西尔一世时开始编纂，到其子利奥六世时完成。该法典的内容系简化、改编自6世纪的《优士丁尼法典》，共60卷，是拜占庭法学的基础。——译者注

于我添加了"当前"这个限定语,您应该能猜出来,我想暗示的是"在过去,它们的关系是另一种样子"。也就是说,在写这封信的时候,我看到的并非随其法学共同衰亡的古罗马——在那时,当今意义上的"教授"即纯粹的理论家才刚开始出现。相反,我是想借此指出,即使是在我们的上一代,"理论和实践的关系"也并不是像现在这样。在早些时候,我们很多的理论家同时也都是资深的实务工作者。法学院审判团(Spruchfakultäten)和法院参审团(Schöffenstühle)给他们输送了丰富的实践素材,而本来,这些素材是只能在最高审级的法院里才能找到的。这种富有教益的实践源泉尽管在当前还没有彻底枯竭,[10]但是跟以前相比已经非常贫乏了。此外,还有一种情况加剧了这一形势,这种情况就是:我们的法学随着历史学派的兴起而蓬勃发展。尽管这个学派为我们输送了大量的法源研究,但同时也让我们离实践更远。

如果要我用学术论文的形式详尽地论述这个主题,那么我肯定会因为能力不足而放弃。因此,与其选择这种方式,我还不如选择一种自己更能胜任的方式,也就是我在前一封信里讨论思辨法学时所用过的那种方式。下面就让我来描述一下,这种理论和实践的对立是如何在我平凡的人生中体现出来的。如果说太阳、月亮和星星可以倒映在小小的池塘中,那么在我们的法学苍穹里所发生的现象也能反映在我这位普通实务工作者的朴素经历中。

＊　＊　＊

众所周知,法律人的生活分为两个阶段:一个是大学生活,或者说是播种的时节;另一个是实践生活,或者说是收获[11]的时节。曾经有过这样的时代,在那时,每个人都放任自己所播下的种子,而不管它是好是坏,因为他们的出发点是"种瓜得瓜,种豆得豆"。在那个时代的人看来,无论是农民还是未来的法律人,播种时都应该以自己的兴趣为导向。换言之,我指的就是还不存在考试的那个时代,这种情况一直延续到我们这个世纪。对于这个法学的黄金时代,我们这一代的年轻人只能通过这个正在慢慢消失的传统才能略知一二了。在那时,法律人在大学毕业后就直接返回各自的故乡,买一顶黑色帽子、一本法条汇编和一摞办案用纸:一个实务法律人就这样整装待发了,至少对决定成为律师的人来说是这样的。这就是为什么这幅正在消失的时代图景会引发可怜的考生渴望回到过去的哀叹,就像对希腊众神的怀念曾引发席勒的哀叹一样。对于席勒的这句诗,这些法律考生可是深有体会!

"那时,没有令人厌恶的骸骨,

---

[10]　[到现在已经完全枯竭了。在我看来,这对司法而言是有利的,但对理论家来说却是极为不利的,因为他们连唯一一次适用法律的机会都没有了。再这样下去,后果将是不堪设想的!]

[11]　**收获**? ——排字工人注

走近考生床边。"〔12〕

　　那时,出身好的人很快就能找到合适的职位,而不用参加国家组织的其他考试。那时,有的人就像热气球一样,越是轻就越是升得高,而其他更有能力的人却只能去做律师。律师行业就像个公共牧场,人人都可以在里头放羊。现在,一切都不一样了! 即使是天生的国务大臣和国家总统也必须参加考试。〔13〕 也就是说,人们把律师行业这个公共牧场给围了起来。如果不先通过这道围栏,就不能入内——围栏这里有必须要通过的考试。

　　这道隔开了大学生活和实践生活的围栏,或者说得更简短些,这道隔开了理论与实践的围栏,就像所有其他的边界围栏一样被托付给了监察人员、海关人员、审计人员和检查人员。众所周知,在生活里,他们都叫"审查者"〔14〕。对于如何才能筛选出合适的人,目前还存在不同的看法。这些观点在原则上的对立可以简化成这样一个公式来表达:审查是应该在考生**走出去**的地方进行,还是应该在他**走进去**的地方进行? 如果把考生所学的知识看成是**出口产品**,那么检查就必须在**大学这边**进行;如果把这些知识看成是**进口产品**,那么检查就必须在**围栏那边**进行。换句话说,在前者是教授考核他们,在后者是实务人士考核他们。我绝不敢对这两种立场妄加评论,但我相信我是可以对此发表朴素见解的。我支持"出口模式"。我这么说并不是为了让曾经教过考生的老师来签发原产地证书,也根本不是为了出口税的收缴,而是因为我认为,这么做不仅会给所有参加考试的人带来好处,而且也有利于**大学的教学自由**。假设您是一名考生,您背着一路学过来的厚重知识,却必须在实务人士所组成的考试委员会面前停下来,结果会怎样呢? 您带着最好的东西来了——罗马法史上最古老的化石、猛犸象的骨头、木乃伊以及具有突破性的最新发现,还有一些精妙的理论和大胆的假设……总之是要什么有什么。可是在实务人士这里,这些东西又能派上什么用场呢? 通常来说,他们对这些东西既没有兴趣、也无法理解,就像

---

〔12〕 席勒在《希腊的群神》中所写的原句是:"那时,没有令人厌恶的骸骨,走近死者(der Sterbende)床边。"耶林在引用时玩了一个文字游戏,即把原诗里"Sterbende"一词中的两个字母调换了顺序,将其变成了"Strebende",后者指的是"追求着的人""努力中的人",口语中也表示"一味埋头苦读的人",此处根据上下文意译为"考生"。——译者注

〔13〕 [遗憾的是,当时我没有抓住这个机会接着谈谈关于考试的政治思考,这是多么得振奋人心啊! 假如俾斯麦曾因考试而落榜,那么就不会有德意志帝国! 单单一个考官的意见就能决定整个欧洲的命运! 对于宽厚的考官来说,这肯定是最充分的放水理由之一;如果哪个考官有这样的放水倾向,那么在更为严格的同事面前,他不该亮出这个理由。]

〔14〕 原文为"Examinator",其字面原意即"对……加以审查的人",即"审查者"。这个词用在考试场合下可意译为"考官",因为考官即"对考生加以审查的人"。——译者注

普通的海关人员对无价的水晶、化石和标本的态度一样。然而在这两种情况下,要是您找来识货的人,那他们就会马上知道,这些东西是多么得值钱!因此,如果在生活中、在考试里连一次拿出来展示的机会都没有,那么要可怜的学生费尽心思去记住那些根本用不到的知识又有什么意义呢?

尽管如此,支持这一模式的决定性因素是我对教学自由的考虑。虽然有些人也考虑到了这一点,但他们的立场却恰恰跟我相反。他们认为,通过考试,老师可以在某种程度上获得让学生来上课的强制权和约束权。再也没有什么能比这种观点更颠倒是非的了!究竟何谓"教学自由"?老师和学生是彼此相关的概念,假如没有人来**学习**,就没有人能**教授**。如果不想让"教学自由"成为一句空话,那么就必须确保不仅老师要来,而且学生也要来。既然强制措施跟我们对学术自由的直观感受相悖,那么教学自由的前提就只能以这样的方式来建立:将国家考试的任务交由老师负责。我想知道,假如老师突然停止当考官,那么某些课的出勤率或是选课率还会剩多少!假如老师停止当考官,那么有些老师的课堂很可能会变得如此**空荡**,以至于他教的全是空气、以至于某个勇敢的老师可能会跟所有听众一起逃课!这会导致怎样的后果?为了不让这些听课的学生落入无经验之人的手中并因此在学术上被毁掉,老师们必须要顾及自己听众的口味和愿望,而不是仅仅以**自己的**口味、**自己的**喜好和**自己的**资质为导向。换言之,他必须给自己施加**强制**。尽管**强制**是**自由**的死敌,但这是为了教学自由才做出的强制!

如果说我就以上问题所给出的理由还不足以打消您的疑虑,那么我的亲身经历将足以证明一切。在大学里,我有很多年都跟一个朋友一起住、一起学习和一起复习。尽管我因为自己的学识而在同学里享有一定威望,但无论是其他同学、还是我自己都一致认为,在法学知识方面,我的这位朋友要比我更加优秀。然而考试的结果如何呢?我的朋友回到**他的**故乡,在实务人士组成的委员会那里参加考试;而我则回到我的故乡,在那儿的法学院里参加考试。结果是我获得了最优等的成绩,而他却只是刚好通过了考试;**我的**考官对我放弃了学术道路的做法感到遗憾,**他的**考官却认为他没有任何未来。为什么会这样?我朋友的考题是为两份案卷撰写法庭报告(Relation),这种考试题型在他那儿是很常见的。经过近九个月极为努力的工作,他完成了这两份报告。通过他的报告,任何一个门外汉都可以掌握罗马法史的全部阶段、《学说汇纂》以及刑法。因此,如果是在我们的考试里,他本可以得到最好的成绩。但恰恰就是因为这样,他在他的考官那儿才遭受了不利。相反,对我来说,即使撇开非常好的成绩不谈,考试也是一种真正的享受。由于我听过所有考官的课,还凭借自己超强的记忆力逐字背诵了课后笔记,所以我就像一个上了发条的八音盒,把老师上课讲过的内容原原本本地给复写出来了。我甚至还能想象考官那友好的微笑,带着这样的笑容,他将用高分回报我的回声式复述。关于罗马法上的不名誉,有个考官考了我整整半个小时,而我一个也没答错。所有间接不名誉和直接不名誉的情形我都记得滚瓜烂熟;就前一种类型的不名誉,范格罗[15]在其《学说汇纂教科书》第 47 节中总共列举了 25 种情形,其中我只有第 22 种情形没想起来,即"如果谁损坏或拿走了用于耕种的整套设备或动物";还有就是第 2 种情形,即"如果作为演员的成年人于公共场合登台表演",我忘了"成年人"这个点。另一位罗马法学者考了我关于人格减等和《优士丁尼法学阶梯》中的"一种情况"。[16]对于后面这个问题,他出于自己的嗜好已经研究了很多年,还准备为此写一部"专著",但由于这个主题太难、文献太多而仍未出版。这个主题是如此占用他的时间,以至于留给他写"采光役权"的时间已经不多了。众所周知,"采光役权"在法律史上也同样是个谜,一个名副其实的"役权斯芬克斯",关于它的文献简直是汗牛充栋。

在罗马法史的考试中,我就没那么顺利了。对于"三个部分"和"补编",[17]我知道得很详细。我说出了考官所持的观点并加以全面论证,这让他十分满意——按照他的看法,这种划分方式是被有意为之的。此外,"《学说汇纂》的七个部分"[18]"《学说汇纂》的中心部分和反帕比尼安部分"[19]"可怕的书"[20]"一年级和高年级学生在

---

〔15〕 阿道夫·冯·范格罗(Adolph von Vangerow,1808－1870),德国罗马法学家,主要著作有三卷本的《学说汇纂教科书》(Lehrbuch der Pandekten,1838－1846)。耶林在这封信中所引用的内容位于该著作的第一卷(Bd. 1)。——译者注

〔16〕 意指 Inst. 4,6,2 这一片段。该片段中包含了"uno casu"(在一种情况下),系"unus casus"(一种情况)的夺格形式。——译者注

〔17〕 中世纪注释法学派代表人物伊尔内留斯(Irnerius,1055－1130)在《学说汇纂旧编》(Digestum vetus,即 D. 1,1－D. 24,2)和《学说汇纂新编》(Digestum novum,即 D. 39,1－D. 50,17)之后发现了中间缺失的部分,即 D. 24,3－38,17,他将该部分命名为《学说汇纂补编》(Digestum Infortiatum)。在《补编》的 D. 35,2,82 这个片段中出现了"tres partes"(三个部分)这个词,从这个词开始一直到第 38 卷末(即 D. 38,17)在《补编》里被统称为"tres partes"(三个部分)。——译者注

〔18〕 根据优士丁尼颁布的《Tanta 敕令》(C. Tanta § 1 ff.),共 50 卷的《学说汇纂》被划分为"七个部分"(septem partes):第一部分是第 1 卷至第 4 卷(D. 1－D. 4)、第二部分是第 5 卷至第 11 卷(D. 5－D. 11)、第三部分是第 12 卷至第 19 卷(D. 12－D. 19)、第四部分是第 20 卷至第 27 卷(D. 20－D. 27)、第五部分是第 28 卷至第 36 卷(D. 28－D. 36)、第六部分是第 37 卷至第 44 卷(D. 37－D. 44)、第七部分是第 45 卷至第 50 卷(D. 45－D. 50)。——译者注

〔19〕 根据优士丁尼颁布的《Tanta 敕令》(C. Tanta § 5),《学说汇纂》的第 20 卷至第 27 卷这八卷构成了"中心"(umbilicus);其中,拜占庭法学家又将第 20 卷至第 22 卷这三卷称为"反帕比尼安部分"(Antipapinian)。——译者注

〔20〕 根据优士丁尼颁布的《Tanta 敕令》(C. Tanta § 8a),《学说汇纂》的第 47 卷和第 48 卷这两卷被称为"可怕的书"(libri terribiles)。——译者注

优士丁尼时代的大学里分别叫什么名字"〔21〕"《学说汇纂》里最短和最长的法律名分别是什么""优士丁尼的《法学阶梯》《学说汇纂》和《法典》所包含的标题数量有多少"——在我的考官看来，这些都是非常重要的考点，〔22〕所以答案我都记得很牢。但相反，我完全忘了《阿奎利乌斯法》(lex Aquilia) 的第二章，而且还被该死的近声词《阿提尼乌斯法》(lex Atinia)、《阿提利乌斯法》(lex Atilia)、《阿基利乌斯法》(lex Acilia) 以及《阿奎利乌斯法》搞得晕头转向。此外，我也没有完全分清关于奴隶解放的《富利乌斯和卡尼尼乌斯法》(lex Furia Caninia) 与《埃利乌斯和森提乌斯法》(lex Aelia Sentia)。最后，还有那两个最著名的名叫"安东"的法学家我也完全不知道，其中一个就是当时在场的考官！〔23〕

好了，我不想再用考题继续困扰您了。前面所说的已经足够向您证明，假如我在实务人士那儿参加考试的话，我是绝对不能展现我的知识的。在这种前提下，我的整个学业本来肯定是要往另一个方向走的，特别是跟《学说汇纂》有关的方向。在我们学说汇纂的考试里，通常只会出现考官特别感兴趣的考题。跟所有权相关的考题，例如有关于埋藏物的学说、关于添附的学说、关于加工的学说、关于被弃置河床的学说以及关于产生于河流的小岛的学说；跟债法相关的考题，例如有罗马法上不同形式的保证、动物损害之诉、私犯之诉以及增加之诉；跟家庭法相关的考题，例如有收养、解放和特有产，尤其是监护和保佐的区别；跟继承法相关的考题，例如有遗产占有〔24〕、私人遗嘱、古罗马的特留份以及遗赠和遗产信托的区别。只要对这些问题做好准备，就能确保在考试中取得好成绩。

---

〔21〕　根据优士丁尼颁布的《Omnem 敕令》(C. Omnem §§ 2-6)，一年级学生被称为"优士丁尼新生"(Iustiniani novi)、二年级学生被称为"告示生"(edictales)、三年级学生被称为"帕比尼安生"(Papinianistae)、四年级学生被称为"高级生"(Lytae)、五年级学生被称为"特级生"(Prolytae)。——译者注

〔22〕　[这是哥廷根大学的胡果 (Hugo) 教授在博士考试中所提的问题。]

〔23〕　[这同样是胡果教授在博士考试中提出的一个问题。那个当时在场的考官是刑法学家安东·鲍尔 (Anton Bauer)；其实这个问题是问得很坏的："难道您不认为我的同事安东·鲍尔是最著名的法学家吗？"]

〔24〕　[我在吉森大学的教席前任洛尔 (Löhr) 只会在他的考试里考三个类型的题：遗产占有、嫁资和特有产。他的同事曾经尝试让他选个另外的主题，他表示欣然接受，于是决定考一下关于所有权的问题。第一个问题是：什么是所有权？"答对了！"第二个问题是：谁对嫁资的客体拥有所有权？丈夫还是妻子？"答对了——既然如此，那我们就更加仔细地看看嫁资吧。"接着，整场考试就仅仅围绕着嫁资了。从那时起，他的同事就放弃劝他了，因为可以预见到的是，不管第一个问题问的是什么，他的第二个问题都是接着问遗产占有、嫁资或是特有产的。]

　　现在,我要继续讲我的故事了。考试通过了!（它）通过了,阿门![25] 围栏被打开,作为实务工作者,我考进了国家机关,我到了某法院工作。跟我过去的生活相比,这里给我的第一印象是多么的不一样啊! 优异的考试成绩带给我的自尊和自信只持续了不到一个月,这一定是最让人气馁的职位了。我就像是在岸上学完了游泳,现在必须下到水里似的。我最自夸的那些知识被证明是毫无价值的,它们只会让我不知所措、孤立无援,比如"罗马法上不同形式的保证"这样的知识。我越来越怀疑自己,但我怀疑的不是自己有没有**学过法律**,而是自己有没有**学过对的东西**。[26] 在十五年的实践生涯中,我在考试里碰到的所有考题连一次都没出现过! 要是我能用上那个历尽艰辛才掌握的不名誉理论,我将会多么高兴啊! 我是多么渴望出现"敌人的儿子"（参见范格罗书里的第 15 种情形）、"恶意解释君主的个别命令或是在解释过程中过错地隐瞒真相"的某个人（第 19 种情形）,或是"以法律尤其不允许的方式向皇帝请愿"的人（第 20 种情形）! 必要时,我也愿意和这些人一起将就一下,他们是"为一个犹太人转让给一个基督徒的债权草拟转让协议的公证人和承审员"（第 24 种情形）,或是"在起诉过程中因过错导致不必要(?)侵辱的律师"（第 17 种情形）。"妓女、通奸者、违反了一年守丧期的寡妇以及放高利贷者"（第 5 种、第 6 种、第 8 种以及第 10 种情形）在我看来都太可恶,所以我不感兴趣。尽管我毫不怀疑,就"不名誉"这个概念而言,不必翻箱倒柜也能找到这些经典的例子,但我实在看不出来,为什么要用不名誉的手段来对付这些人。在法庭上,唯一能确定不名誉的方式就是把"不名誉"的控诉往他们脸上砸,并且用"真相抗辩"(exceptio veritatis)来反对他们提出的侵辱之诉。而这样的做法在我看来太过冒险,尤其是当它适用于公证员、承审员和律师的时候。另外,实践上也没有出现过《优士丁尼法学阶梯》里的"一种情况"和"采光役权"。此外,在我的生活中还经常出现"某人完全失去了理智"的案子,但我却没法把它们归入到罗马法"人格减等"的概念之下。[27] 生活中的考题跟大学里的完全不同,跟我在生活中参加的考试相比,大学里的那些考试简直就是小儿科。在大学里我考得有多好,在生活中我就考得有多差。其中的不幸就在于,

---

〔25〕 原文为一句德文"Das Examen war bestanden"（考试通过了）和一句拉丁文"Ex (erat) Amen!"。在拉丁文这句话中,耶林玩了一个文字游戏,即把德文的"Examen"（考试）一词拆成了"Ex"和"Amen"。前者在拉丁文里的意思是"从……地方出来""自……以来"（此处可意译成"从……通过"）,后者是基督徒祷告时的结束语"阿门",括号里的"erat"则是拉丁文系动词"esse"的第三人称单数未完成时的形式,因此译作"（它）通过了,阿门!"——译者注

〔26〕 在原文中,"das Recht"（法律）和"etwas Rechtes"（对的东西）都是用同一个词"recht"来表示的。——译者注

〔27〕 在德语中,"Jemand hat den Kopf verloren"（某人失去了理智）的字面含义是"某人失去了头";在拉丁文中,"capitis deminutio"（人格减等）的字面含义是"头的减少"。因而根据纯字面意思,前者是可以被归入到后者的,故耶林有此说。——译者注

恰恰是最简单的案子才给我造成了最大的困境,面对它们,我常常会丢开那些法学教科书。

还有什么能比借款和立借据更简单呢? 然而,我遇到的第一个案子就让我备受侮辱、羞愧难当。

"克拉德拉达奇"是肯定会允许我用"舒尔茨"和"茨威考尔"〔28〕、而不是罗马法上的奥卢斯·阿格利乌斯和努梅利乌斯·内基迪乌斯来作为本案中两位当事人的名字。舒尔茨在两个证人的证明下借给茨威考尔 100 塔勒,茨威考尔则向舒尔茨立了以下借据:

"签字人特此承认:我欠了舒尔茨先生 100 塔勒,利息按 5％计算,偿还借款须提前一个月相互通知。

1847 年 9 月 31 日于施尔达

茨威考尔"

在上面几行字的下方还有如下补充:

"我们担保以上内容的真实性。

阿·施密特和卡·迈尔"

之后,舒尔茨向茨威考尔提起了诉讼,并主张:正是凭这张借据,他才借了茨威考尔 100 塔勒。而一个月前他已经通知被告还款,但至今仍未收回他的钱。茨威考尔在听审阶段并未出庭,根据我们地区的司法实践,此时应认定其为消极证讼。负责该案的领导问我会怎么处理这个案子,由于我不能立即给出一个明确的答复,于是我让他给我一点时间考虑。回到家之后,我深入地研究了这种法律关系。在此过程中,我查阅了普赫塔和范格罗的教科书以及《国法大全》,最后得出的结论是:原告提起的是基于消费借贷的请求返还之诉(condictio ex mutuo)。根据罗马法,"借款"这一概念意味着所有权是要转移的,因为借出的钱币之后可能会被消费掉(参见 Puchta, Pandekten § 304 以及 D. 12,1,2,1 和 D. 12,1,2,4)。现在,由于原告在

---

〔28〕 克拉德拉达奇(Kladderadatsch)、舒尔茨(Schulze)以及茨威考尔(Zwickauer)都与德国讽刺作家达维特·卡利施(David Kalisch,1820 - 1872)有关。"克拉德拉达奇"(Kladderadatsch)是卡利施创办于 1848 年的一份讽刺报纸的名称,这个德语词原本的含义是指"(硬物落地时发出的)哗啦啦的声音",引申义为"混乱,垮台,风言风语"。舒尔茨(Schulze)和茨威考尔(Zwickauer)则分别为卡利施两部讽刺作品里的人物,前者出现在《在莱比锡博览会上的舒尔茨和穆勒》(Schultze und Müller auf der Leipziger Messe,1856)一书中,后者则出现在《一万塔勒》(Hunderttausend Thaler,1850)一书中。——译者注

起诉书里既没有主张自己对这些钱币的所有权以及因此才可能发生的所有权转移，又没有主张借款人消费了这些钱币，所以对他的这个诉是无法作出判决的，必须以"适当的方式"驳回起诉。当我试图继续发表看法时，那位老领导的笑声打断了我。不知道是不是因为他压根儿不知道关于借款的罗马法规定，总之，当我援引罗马法和普赫塔来寻找理论上的安全感时，他就气得不行，并且嘲讽道："即使世界上所有的法典都有这么个荒唐的规定，我也绝不会适用它，因为这让所有借款都不再可能。你应该远离这一类教科书。"因此，我连自己本想提出的建议都没能说出口，即"债权人要么证明自己的所有权，要么证明借款人消费了这些钱币"。

　　关于借据，我们之间的分歧更不少。在我看来，这张借据是毫无意义的，因为上面写的日期是"9月31日"，这个日子在日历上根本不存在。也就是说，此处涉及的是法律不能，因为一个人怎么可能在一个不存在的日子里负担债务呢？此外，由于债权人未说明负债原因(causa debendi)而导致出现了无因债权证书(cautio indiscreta)，所以他既不能使**某个债成立**、又无法**证明**这个债的存在(参见 Puchta, Pandekten § 257)。对于并未坚持在借据里写明借款原因的债权人来说，借据无效是他自己活该。虽然债权人隐藏借款原因可能有他自己的原因，但是在借款的情形下，他通常应该想方设法随便捏造一个什么原因写进去，这样才符合规矩。在立借据时，即便是老实人也要按规矩办事，就像进海关时必须出示护照一样。如果因为不写借款原因、不出示护照而掉进了警察和司法机关的陷阱(当然，这样的陷阱是伤不到真正的骗子的)，那就只能自认倒霉。不"杀鸡"怎能"儆猴"？尽管重要的理由我已经说了这么多，但我的领导依然不为所动。相反，他认为：在一般人看来，单纯承认"债务"就已经意味着借款成立，即便完全不考虑下述理由也同样如此，即在相对方同意的前提下，任何人都有权禁止法官进一步了解他们的交易以及他们彼此间的交易关系。换句话说，在订立金钱之债的过程中，应当将"对债务的单纯承认"从它的原因中抽离出来。对这一结论，我不能信服；让我高兴的是，尽管司法实践越来越倾向于这一立场、尽管**贝尔**在他关于"承认"的论著中对此做了理论上的论证，[29]但理论家们至今还是坚守着相反的立场，这种反对尤其体现在**施莱辛尔**最近的一本专著中(**Schlesinger**, Zur Lehre von den Formalkontrakten, Leipzig 1858)。这位学者正确地无视了像这样的一张借据，我不得不引用一下他的原话(该书第141页)："让我们想象一下，如果在那个(单纯承认债之存在的)表示之后再加上一句'因此我承诺偿还此借款'，那么事情一下子就变得不一样了。这一承诺的做出连同另一方的接受显然就能使合同之债成立，也就是说，由于它是作为一个对某个已负之债的

---

　　〔29〕　耶林指的是奥拓·贝尔(Otto Bähr, 1817-1895)于1855年出版的《作为负债原因的承认》(Die Anerkennung als Verpflichtungsgrund)，该书提出了"单纯的债务承认也可以产生债权"的无因债权理论。——译者注

客体所作出的承诺,所以它就构成了关于自己债务的协议(debiti proprii)。"太理所当然了！因为,既然那种"会遵守承诺"的严肃意思在生活中已经很少被明确表达出来,那么在这样一个单纯债务承认的场合中,也就是当债务人并未明确表示他"同样是真的愿意还款"的这个时候,以这种承诺为前提的可能性又会有多少呢？相反,这样的表示是极为必要的,为的是不能让债务人有借口说,他虽然有成为债务人并**保持**该身份的意图,却没有之后**停止**当债务人的意图,即没有**还款**的意图。单纯的债务承认只完成了一半,它虽然能证明当事人有**设立**债的意思,却绝不能证明他也有**清偿**债的意思。这句"因此我承诺偿还此借款"能否足够的表明后者(施莱辛尔认为已经表明了),在我看来是非常值得怀疑的。相反,我觉得给这一承诺再加上一句"并且还愿意真正地遵守该承诺"是十分必要的做法。正如从单纯的债务承认中不能当然地得出"还款义务"这一结论,同样地,从单纯的还款承诺中也不能得出"有义务**遵守**该承诺"的结论,因为众所周知的是,**做出承诺**和**遵守承诺**是两码事。

同样,对于这两名证人签名的意义,理论和实践也存在很大分歧。我的领导毫不犹豫地将这种行为解释为保证,但我却根据"有疑义时应假定更少"这句话而更倾向于认为,必须把它看成是一份单纯的证明文件,也就是一份证明在证人面前形成了债务关系的文件。因为正如这两名证人所承认的那样,一开始他们是作为证人的,所以在有疑义时也应当假定,他们在签字时也仍具备证人的资格。假如这是保证的话,那么它到底采用了哪种形式呢？是要式保证(fidejussio)、特定委托借贷(mandatum qualificatum)还是关于他人债务的协议(constitutum debiti alieni)？因为只有这些形式在今天还继续存在,那些权威理论家就是这么说的。[30]

如果说当代法不承认抽象的保证——正如自然界不承认抽象的鸟一样——而只承认罗马法上各种具体的保证,那么当两名证人确实有过像其承认那样的保证意思时,这些理论家的内心就难以平静了。对他们来说,为了将来要提起的诉讼,此时必须要有决定性要素来确定这是这三种保证形式中的哪一种。就这一目的而言,如果不能发现其中的决定性要素,那么无论如何都不能说存在一个保证,因为指向该保证的意思在所有形式之间摇摆不定,而证人并没有明确表示出来他们是哪一种意思。

---

〔30〕 例如,尽管**普赫塔**(**Puchta**, Pandekten § 404)和**吉塔纳**(**Girtanner**, Bürgerschaft S. 373 f.)共同抛弃了要式保证和关于他人债务的协议,但至少他们还挽救了特定委托借贷。**范格罗**(**Vangerow**, Pandekten § 579)和其他理论家仍认可关于他人债务的协议。然而**安茨**却是如此否定这些理论家的观点,以至于他把所有这三种形式都合并到**一个**"保证"的概念之下(**Arndts**, Pandekten § 353)。其实他本不该成为理论家,因为当一个理论家亲自葬送了罗马法上这些最精细的区分,理论又会变成什么样呢？

　　在将理论运用于实践的过程中，我失败了，这个案子就是我首次失利的写照。关于它，我就说到这儿了。过不了多久，它就不再是孤零零的，一个接一个的案子将我带入了新的困境。为了克服困境，我又继续钻研理论；然而我钻得越深，困境就越大。最后，我终于形成了现阶段的认识，用一句话来概括就是：**必须放弃对理论的信仰，在运用它时才不会有风险**。对于这样的案件，您要是有兴趣再听上几个的话，那么就不妨告诉我，我会给您再展示几个的。

第四封信 [31] 依据教科书所作的判决（续）

　　我的系列书信被您的第四封信给打断了，[32] 这封信的内容和我的截然不同。但我不能让自己之前定好的写作计划就此被打断。在这一点上，我并不像那位法史学者一样唯命是从——对于风和女仆偶然打乱其罗马法史体系的行为，他不但允许，而且还欣然接受。您听过这个故事吗？作为对您的惩罚，您必须把这个故事刊登出来。

　　那会儿正在放长假，有个教授出去旅行了。女仆在打扫他的书房，这里头正聚集着博学的灰尘。门和窗彼此对敞着，女仆打扫完房间就出去了。这时，不幸的事发生了：一阵强风刮了起来，猛地吹进了书房，吹散了正在睡着假期觉的课堂讲义。"法学阶梯""学说汇纂""民事诉讼法"以及"罗马法史"——书房里的一切都陷入了混乱。[33] 这阵风舒舒服服地钻进了暴露在外的"罗马法史"。一个猛烈的冲击，整个罗马法史就像细雨一样在空气中形成了漩涡：裁判官告示和《十二表法》、万民法和市民法、元老院决议和皇帝的敕令都打起了架，**拉贝奥**和**卡皮托**这两个无法和解的论敌反过来紧紧拥抱在一起，**科伦卡尼乌斯**和**埃利乌斯**叠在了**乌尔比安**和**保罗**的上面，**优士丁尼**的法律汇编则被吹到了最顶上。总之，罗马法史的所有卷次都被彻底吹乱。这一幕法律史上的复活场景简直让人难以置信：所有在坟墓里安息的又都重新活了过来，它们爬出来了！在这个关键时刻，这位女仆就好似被淋了法律史金

---

　　〔31〕　［Deutsche Gerichtszeitung, Jahrgang V，Nr. 21. 在该报上发表的"第四封信"不是我写的；在第一封信中，我已经明确允许了别人的这种"乱入"。］

　　〔32〕　根据耶林自己的说明，该报上的"第四封信"并非他所写，所以他才对编辑这样抱怨。——译者注

　　〔33〕　此处提及的"法学阶梯"（Institutionen）和"学说汇纂"（Pandekten）并非指优士丁尼的《法学阶梯》和《学说汇纂》，而是指19世纪德国法学界以"法学阶梯"和"学说汇纂"为名的教科书、课程或讲义。——译者注

雨的**达那厄**〔34〕:吹到她头顶上的是誓金法定诉讼,这与它的重要性相符;再往下,扣押法定诉讼停在了她的胸前、拘禁法定诉讼掉在了她的围裙上、要求承审员法定诉讼则落在了她的脚上。只有较晚出现的程式诉讼还没有找到自己的位置,出于同情,古典法学家们也朝着它下降,在它身边悬浮着,围成了一个圈。

这是什么情况啊?! 在罗马法史体系风暴的中心站着一个女佣人,她正担负着平息风暴、重建秩序的使命!

然而只用了半个小时,她就完成了这个使命——罗马法史的体系被重构了。书稿的大小、颜色、写作时间、页码(如果有的话)以及其他外在特征都被她谨慎地考虑到了,其余的地方就任由我们这位整理者发挥自己的创造力。换言之,她按照"自己的体系"整理了书稿。无论如何,这个体系是极具原创性的。《十二表法》差不多出现在最后,远远位于论述过它的法学家之后,也远远位于所有晚出于它并与它相关的法律和元老院决议之后;在渴望忠诚的黑暗时代里,共和国的执法官及其告示被赋予了优于君主及其敕令的地位……最后,我来简单地说说这个故事的后续发展:这位教授度假归来,他读着这本整理好的罗马法史,就跟什么都没发生似的,他每天都要翻上几页。就这样,在不知情和不自愿的情况下,他越发深入到这个强加给他的新体系之中,直到自己再也出不来了。最后,他甚至觉得这个新体系是非常好的。他是否将这个新体系以纲要的形式出版(当下的风气就是这样)或是以另外的形式发表,我就不得而知了。总之现在的事实是:对罗马法史的论述顺序作这种特殊调整的做法在最近出版的一本教科书里出现了。〔35〕

自从我听说了这个故事,我就顿时明白了法学著作中某些所谓的"不可思议的"体系是怎么来的了。在上述情形中所发生的事,难道就不会在其他情况下重演吗?这阵风难道不可以来吹一吹"法学阶梯"和"学说汇纂",然后把所谓的总则吹到最后,把婚姻、收养和准正等制度都吹到连权利和法律关系都还没讲到的头几章里吗?风和女仆让人难以捉摸,理智之人无法理解的东西,或许正是由偶然的游戏所导致的。因此,正如我所认为的,风和女仆应该永远拥有自由接触手稿和讲义的权利。

---

〔34〕 达那厄(德语:Danae),希腊神话中的人物,是宙斯的一位情人、阿克里西俄斯的女儿和珀耳修斯的母亲。神谕说,阿克里西俄斯女儿的一个儿子将对他不利,因此阿克里西俄斯就将达那厄和她的保姆一并关在宫殿的地窖里(一说关在一个铜塔内)。宙斯乘达那厄睡觉的时候化作一阵金雨与其交配,后者因此生下了珀耳修斯。——译者注

〔35〕 [**Rudorff**, Römische Rechtsgeschichte, 2 Bände, 1857 und 1859. 在我看来,这部作品论述罗马法史的方式是极为错误的,简直是前无古人,而且它完全舍弃了关于法律史发展的所有证据——它的内容只是石头的零散堆积,而不是一座建筑! 这位作者还自认为是历史法学派的主要代表。在教义学领域,能与这部作品相匹敌的是他关于监护的著作。把相关的内容分开论述、把不相关的内容放到一起论述——他的这种做法在后面这部著作里达到了巅峰。]

在第三封信中,我曾以一句话作结:"**必须放弃对理论的信仰,在运用它时才不会有风险。**"这句话说起来很容易,但却是我历尽艰难险阻才最终领悟的。如果要我描述**这条**通往它的**路**,那我得讲多少个案子啊!它们的结局都跟之前说过的那个一样。尽管,或者更准确地说,恰恰是**因为**我固守理论,我才发现自己每次都很丢人地被抛出马鞍,摔到地上。我就像一个努力成为兽医的学生,在极其勤奋地上完关于马的解剖课之后,就胆敢凭借自己的一知半解给野生白马做解剖。等到我剖死了这匹马,我才得空反思:"知道马的构造"跟"骑马"是两码事。

我不想用这些案子来占满这份杂志的宝贵版面,但是有两个案子我必须要跟您说说,因为它们对我的法学生涯来说具有划时代的意义。它们冲击了我对理论的信仰,最终以一种无法阻挡的力量逼我产生了上述那种认识。以这一认识为出发点,我将在接下来的几封信中评价当今的法学理论。您可以看看,除了在根本上动摇我的信仰,它们还能不能产生别的效果!

第一个案子是关于一般抵押学说的。主人公是一位亲切又开朗的音乐家,光是他的名字就已经赋予了他某种怪癖——他叫**索瑟温特**〔36〕。尽管他在骨子里是一位音乐家,但他却察觉到自己的内心有一股无法抗拒的冲动想去进一步接触法学实践。也就是说,他试图运用实践中的借款理论来平衡收支,因为他所用的其他方式都是白费心机的。为了应对他的这种做法,他的债权人们为自己补上了担保理论,即这位音乐家的债权人在借据里补充了"[债务人]以所有财产作抵押"(sub hypotheca omnium bonorum)这句话。在索瑟温特熟悉了借款理论及其相关制度(例如借据、票据、利息和复利等等),并且在一定程度上了解了民事诉讼之后,他又去求助于诉讼法。就像他用音乐术语所表述的那样,他恳求债权人将他们的力量集中到诉讼的交响乐章里,而不是像他们现在这样处于各自独奏的状态。用法律人的话来说就是:他去申请了破产。

此处要讨论的这个不仅涉及对位性而且还涉及对立性的问题具有真正的音乐属性,这一属性体现在不同的弦乐器和铜管乐器、一架钢琴和必不可少的乐谱之中。清算程序的进行毫无困难,有困难的反而是优先受偿程序,尤其是在破产者先后八次设立的一般抵押方面。它们的年龄关系是清楚而无争议的,因为每个一般抵押都在自己的额头上刻有出生日期,它们的排列顺序跟字母表里"从 A 到 H"的顺序完全相同,因此我要用这些字母来指代各个抵押权人。尽管如此,本案的争议焦点在于:应如何在客观上确定这些抵押的客体?其客体是债务人整体的财产还是其整体财产中每个具体的物?在第一种情形中,全部的变价所得款项首先要清偿 A 的债权,

---

〔36〕　这一人名的原文为"Sausewind",字面含义是"呼啸的风",引申义为"坐不住的人""好动的人"。——译者注

然后再是 B 的债权，依此类推。但在第二种情形中，A 只能对抵押设立时已经成为债务人财产的那些物拥有第一顺位的抵押；相反，对于债务人此后才获得的财产，A 只能和当时已拥有一般抵押的所有其他债权人一样处于同一担保顺位。因此在这种情形中，一切都取决于这些具体的物成为债务人财产的时点。

上述第一种观点已经在实务中适用了好几个世纪，只有我们当今的理论才如此普遍地对此加以谴责。所以当我就此案以第二种观点为基础作出我的判断时，也就没人会感到奇怪了，毕竟这一观点也被**普赫塔、范格罗和辛特尼斯**〔37〕等人所支持。当然，适用这一观点是有很大困难的。因为根据这一观点，优先性的问题不仅取决于设定担保的日期，而且还取决于每个具体的标的是在哪一天成为债务人的财产的，并且众所周知的是，后者还必须由主张它的一方去**证明**。

一般来说，具体标的成为债务人财产的**先后顺序**还是很容易证明的。钢琴是先到的，紧随其后的是小提琴，然后是中提琴，在两者之后又是大提琴的加入。接着进入到铜管乐器的乐段：被吹响的首先是单簧管 A，不久之后它找到了与自己极为般配的女伴，即单簧管 B；在吹过铜管之后，由于难以抑制对音乐深造的渴望，这位破产者又尝试吹了吹长笛，但它马上又得给圆号让位了。正当他对乐器做着大有可为的研究时，他却出乎意料地破产了。破产开始的裁决（decretum de aperiundo concursu）恰好跟沉睡的咏叹调一起奏响，法警则非常扎耳地闯入他自己谱写的华彩乐章里。仅仅证明那种**相对的**时间关系当然是不够的，只有在破产者将乐器和债权人保持同步的前提下，这样的证明才行得通。例如将 D 移到中提琴和大提琴之间、将 E 移到大提琴与单簧管 A 之间。简而言之，就是在每个新加入的乐器上都要产生一笔新的借款，并产生一名新债权人，上述证明才是可行的。实际上，破产者看样子已经注意到了他的音乐研究在范围扩大方面要和他的债务保持一致，因为他已经用一种幽默的方式拿先前某个债权人的名字来命名新加入的乐器了。比如他的单簧管不叫单簧管 A 和单簧管 B，而是叫施慕尔单簧管和伊采希单簧管。〔38〕 从这个前提出发，优先受偿关系就可以图示如下（我在脑袋里画的）：

---

〔37〕 卡尔·弗里德里希·斐迪南·辛特尼斯（Karl Friedrich Ferdinand Sintenis，1804 - 1868），德国罗马法学家，曾参与翻译并主编了德文版的《国法大全》，主要著作有《共同质押法手册》（Handbuch des gemeinen Pfandrechts，1836）和《实践共同民法》（Das praktische gemeine Civilrecht，1844）。——译者注

〔38〕 "Schmul"（施慕尔）和"Itzig"（伊采希）这两个名字均为犹太人的名字，分别是"Samuel"（撒母耳；塞缪尔）和"Isaac"（以撒；艾萨克）的德语化形式。耶林用这两个人名来指代此案中两位债权人的名字，主要是考虑到犹太人通常以放贷为业（在莎士比亚的《威尼斯商人》里亦是如此）。——译者注

各债权人在以下乐器上的一般抵押

圆号：	H	G	F	E	D	C	B	A
长笛：		G	F	E	D	C	B	A
单簧管 B：			F	E	D	C	B	A
单簧管 A：				E	D	C	B	A
大提琴：					D	C	B	A
中提琴：						C	B	A
小提琴：							B	A
钢琴：								A

因此,在诉讼中仅仅证明那种相对顺序是绝对不可行的,优先性的判断不能以此为基础。对此,需要证明的是债务人取得这些财产的具体**日期**。即使证明了取得财产的**月份**都是不够的,举例来说:1850 年 6 月,债务人新获得了作为其一部分积极财产的单簧管 A,并产生了一部分消极财产,即对 E 欠债。假设债务人是在 6 月 13 日给 E 设定的担保,那么只证明获得单簧管 A 的月份是不够的,因为它是在 6 月 13 日**之前**还是**之后**成为其财产这一点是完全不确定的,这会引起债权人的争议。

因而,事实上就只剩下这一种可能了,即对于除了钢琴以外的所有乐器,8 个债权人都要提供它们是何时成为破产者财产的证据。对乐谱也必须同样如此,莫扎特的每一首弦乐四重奏、贝多芬的每一支奏鸣曲,还有施特劳斯的每一首圆舞曲(例如《我在巴登最美好的一天》《蓝色多瑙河》等等)〔39〕,这些乐谱都可能构成一般抵押的客体。

准确表达这一证明规则给我造成的困难别提有多大了!最悲哀的还在最后。当我把拟好的判决放到我的领导面前时——您还记得第三封信里那位勇敢、粗俗的老领导吧?——他盯着我足足看了三分钟,然后爆发出一阵狂笑,根本停不下来。圆号是 8 个一般抵押的客体、长笛是 7 个一般抵押的客体、一根单簧管是 6 个一般抵押的客体……一张**施特劳斯**圆舞曲的乐谱成了优先受偿价格战的争议对象。对他来说,这种思想简直太了不起了,以至于他尽管对我颇有好感,却根本停不下对我那

---

〔39〕《我在巴登最美好的一天》(Mein schönster Tag in Baden)是老约翰·施特劳斯(Johann Strauss Vater,1804-1849)创作于 1832 年的圆舞曲(Walzer op. 58),而《蓝色多瑙河》(Die blaue Donau)则是小约翰·施特劳斯(Johann Strauss Sohn,1825-1899)创作于 1867 年的一首圆舞曲(Walzer, op. 314)。在这封信最初发表时(1863 年),《蓝色多瑙河》还尚未被创作出来,当时耶林在信中写的是“我在施潘道的最后一声叹息(Mein letzter Seufzer in Spandau)”,这一曲名很可能是耶林虚构的,用以和“我在巴登最美好的一天”形成对比。在 1884 年成书时,耶林才将这首曲名改成了“蓝色多瑙河”。——译者注

尴尬的嘲笑。为了赶紧不再笑,他并没有像我期待的那样把这份草稿扔进垃圾桶,而是把它当成无价之宝保存了下来。在他死的时候,人们肯定能在他的遗产里找到它。他趁机对理论所发表的看法,我就不提了;相反,他对旧法学实践的辩护方式倒是值得一说。他认为,如果不能证明出现了相反的情形,那么就应当认定债务人将仓库作为整体设立了多次抵押,也就是说其效果是:抵押的客体是**行使抵押权时**仍处于仓库中的**所有**标的,无论它们是在何时进入仓库的,也无论 A 是第一个、B 是第二个获得抵押权的;此外,在法律上是否要以完全相同的方式处分整体财产,这一点也必须交由当事人自己去决定;最后,第二个抵押权人是否知道第一个抵押权人的抵押权在**这种情况**下是无足轻重的,就像在**前一种情况**中一样。

我想和您说的第二个案子是关于占有理论的。当**萨维尼**[40]写完《论占有》,这个学说就已经被研究得如此透彻,以至于在我看来,任何关于占有的案件都不可能再出现困难。然而,证明我无知的又是怎样一个案子呢? 是世界上最简单的一个案子! 一想到世俗世界里的不确定性,我就感到害怕。这么巧的是,我明显意识到了这个案子里的不确定性。对于一个很有钱的人,人们总会说“他是个幸福的占有人”。当这样一个占有人环顾四周、欣赏周围的一切时,他或许会夸赞自己的幸福,并对着天空大喊:“这儿全都属于我,你得承认我很幸福!”[41]幸福? 没错,只要现状一成不变,他就能一直幸福下去。然而,一个占有之诉就能让他失去所有幸福! 至少根据**萨维尼**的理论,他是会被这么判的。来听听我的案子吧!

彼得·哈贝迈尔[42]——这位贵族就叫这个名儿——和兄弟尤根·哈贝迈尔是邻居,他俩的身份处在农民和财产占有人之间。这种身份在德语里没有相应的表达,所以我们不得不用一个外来词来指称它,即“农庄主”。1848 年,尤根不幸地投身于政治实践。有一天,他激动地同他的鹅、猪和牛告别:

“别了,崇山峻岭,亲爱的牧场,

---

[40] 弗里德里希·卡尔·冯·萨维尼(Friedrich Carl von Savigny,1779 - 1861),德国罗马法学家,历史法学派创始人,主要著作有《论占有》(Das Recht des Besitzes,1803)、六卷本的《中世纪罗马法史》(Geschichte des römischen Rechts im Mittelalter,1815 - 1831)和八卷本的《当代罗马法体系》(System des heutigen römischen Rechts,1840 - 1849)。耶林在本书中提到的《论占有》已有中译本,即[德]萨维尼:《论占有》,朱虎、刘智慧译,法律出版社 2007 年版。——译者注

[41] 语出席勒创作于 1797 年的一首叙事歌谣《波吕克拉忒斯的戒指》。中译文参考了钱春绮先生的翻译(参见张玉书选编:《席勒文集 1:诗歌小说卷》,人民文学出版社 2005 年版,第 197 页),但结合上下文对译文作了少许改动。——译者注

[42] “Habermaier”(哈贝迈尔)这个姓在德语里的字面含义是“拥有很多财产的人”。——译者注

别了,我的鹅、猪和牛!"〔43〕

　　接着,他又跟彼得说了几句悄悄话,然后就飞快地越过了山头。就在同一天,彼得出现在尤根的农庄里,为的是在那儿住下,并管理这个农庄。他向人们解释说,从现在起,他们应该尊重他为这里的主人;同时,他开始照料起鹅、猪等等这些孤苦伶仃的家畜。关于他的占有名义,或者说关于其占有关系的法律性质,即他是作为失踪者的保佐人、信托的受托人、委托的受托人或管理他人事务者,还是作为不动产抵押权人、买受人或用益权人在管理这个农庄,无论是他自己还是他的邻居都没有伤过脑筋,大家就这么简简单单地尊重这个占有事实。没有遭到任何人的反对,彼得就这样收获了尤根种下的庄稼;没有遭到任何人的反对,彼得就这样把家畜赶出去吃草;鹅、鸭和鸡无拘无束地四处乱跑,它们的法律安全感并没有减少,就跟尤根在的时候完全一样。

　　然而,这种和平状态马上就要以悲剧收尾了。才过了不到半年,有个邻居就想起来,现在该到他重新主张所有权的时候了,这个此前产生的返还所有物之诉针对的是尤根庄园里的特定田产。于是有一天,整个动物王国的动物们都愤怒地冲向庄园,哞哞、咩咩的叫嚷着,向上天哭诉它们所遭受的暴行,就跟《列那狐》里的第一幕一模一样。〔44〕**乌鸦亨利**〔45〕——这是人们送他的外号——带着他的人出来了:他的孩子、奴隶、女佣以及他所拥有的一切。仿佛私人拥有武力自卫权的时代又来临了,他们迅速逼退了那片田地上所有的四足动物和二足动物,抢占了这块地。第二天又发生了同样的一幕。一想到他兄弟这个榜样,彼得·哈贝迈尔就变得聪明起来了,他放弃了暴力维权的想法,而试图走法律途径。于是他提起了占有妨碍之诉,请求法官给予占有保护。为此,我被委以草拟判决的任务。我的那位老领导正好去浴场做疗养了,只有一位陪审法官和我还留在这里。要是让我们代替他**去浴场**,那该有

　　〔43〕　这里耶林改编了席勒的戏剧《奥尔良的姑娘》(Die Jungfrau von Orleans)序曲第 4 场中约翰娜所说的一句话,原句是:"别了,崇山峻岭,亲爱的牧场,别了,幽静的山谷,舒适而亲切!"中译文参见[德]席勒:《奥尔良的姑娘》,张玉书译,载张玉书选编:《席勒文集 4:戏剧卷》,人民文学出版社 2005 年版,第 256 页。——译者注

　　〔44〕　《列那狐》(Reineke Fuchs,一译"莱涅克狐")是德国文学家歌德(Johann Wolfgang von Goethe,1749 - 1832)创作于 1793 年的一首长诗。该诗第一歌第一幕描写的就是各种动物向狮王告状,指控列那狐对其所犯的罪行。——译者注

　　〔45〕　"乌鸦亨利"(Rabenheinrich)是耶林生造的一个外号。"乌鸦"在德语口语中也形容"偷了很多东西的人",所以这个外号意指某人是个很贪婪的人。——译者注

多好啊！对于这份由我撰写并经陪审法官同意的判决，我们必须得**承担**怎样的后果啊！[46] 老先生当场喝下的卡尔斯巴德泉水，跟他一说起那个判决就朝我们喷出的口水相比，简直是小巫见大巫！这个判决本身在理论上是绝对正确的，时至今日我还是会这么说，因为它是完全按萨维尼的占有理论撰写的。当然，任何一个正常的实务人士宁可断指也绝不会把自己的名字往上签——跟我一起的这位陪审法官就没有这么做。这真是太遗憾了！这样一来，好多糟糕的判决和难以卒读的论文就不是他写的了！您必须要知道，他同时也是一位法学作家，而且还是最危险的那种法学作家。

　　关于法学作家的类型，此处我不能向您详述。但是对于最危险的那一类，也就是觉得自己是伟大理论家的那些实务人士，我认为那个陪审法官算一个。因为他们的内心里有个声音在说："你不是搞实务的。"对于我下面的这个说法，您肯定是会同意的：借助文献，完成一篇让该主题的论文作者和教科书作者都觉得有必要去引用的法学论文，要比写出一份好的判决或诉讼文书容易得多。因为借助文献，即便是最笨的人也能轻松炮制出一篇论文来，并且这样的论文还会对所有**之前**写过这个主题的作者都加以审判。众所周知，将这样的一篇论文发表在我们的共同法杂志上是毫无困难的。如果《民法实务档案》(Archiv für civilistische Praxis)不要它，那么《实践法律科学》(praktische Rechtswissenschaft)就会要它；如果两份"莫逆之交年刊"(格贝尔和耶林的年刊以及贝克尔和穆特尔的年刊)[47] 的其中一份拒了它，毕竟还可以投另一份。就算万不得已，最后还能投《民法与诉讼法杂志》(Zeitschrift für Civilrecht und Prozess)，它是肯定不会拒收的，因为这里的每一份稿件都是看也没看、读都没读就被送去印刷的。这份杂志真是流浪汉的庇护所，在这里，每个人都会被接纳。但是当论述的主题较为复杂时，论文就跟判决或诉讼文书一样没那么容易写了。因为在这种情况下，作者没法去参考别人的思想，而必须自己思考。因此，某些没能在实务界摘得桂冠的人试图跑到理论界去谋取成就也就不足为奇了。他们

---

　　[46]　在德语里，"ins Badreisen"(去浴场做疗养)的字面含义是"进到浴场旅行"，"etw. ausbaden müssen"(必须承担某事的后果)的字面含义是"必须将某物从浴场里弄出来"(因为以前在浴场里最后一个出来的人必须倒出浴场的水或是留下来清洗浴场，故引申出"必须为某事承担后果"的意思)。耶林此处使用的"ins Bad"(进到浴场)和"ausbaden"(把……从浴场里弄出来)在字面意思上是完全相反的。——译者注

　　[47]　"格贝尔和耶林的年刊"指的是《当代罗马与德意志私法教义学年刊》(Jahrbücher für die Dogmatik des heutigen römischen und deutschen Privatrechts)，系耶林与好友格贝尔(Gerber)于 1857 年共同创办的杂志，后人通常简称为《耶林年刊》(Jherings Jahrbücher)，在本书中耶林则直接称其为"(我的)《年刊》"；"贝克尔和穆特尔的年刊"指的是《德意志共同法年刊》(Jahrbuch des gemeinen deutschen Rechts)，系贝克尔(Bekker)与好友穆特尔(Muther)于 1857 年共同创办的杂志。——译者注

只不过是为了把自己被否决的观点、在所有审级中均被驳回的推演结论投放到图书市场上，并且就其同事和法院所作的狭隘判决向开明而公正的大众上诉。鉴于这种现象屡见不鲜，因而一旦某位作者的论文被任何一位知名学者（例如范格罗）所引用，那么他多半就要遭殃。从此以后，他将成为德意志"法学作家"的一员，他的名字将在"法学文献"里占据一席之地，就跟萨维尼和普赫塔一样：**萨维尼、普赫塔、范格罗以及胡纳福斯**[48]。

到那时，或许任何一部著作都会这么写："**萨维尼**提出了这个或那个主张；但是**胡纳福斯**正确地提出了反对意见……（他的同事）科尔迈尔[49]对该意见的反驳是错误的。"

胡纳福斯心花怒放地向妻子指了指这几行字。由于后者已经习惯了根据"谁对谁错"来确定他们的精神层次，所以她就会从此沉浸在这样一种喜悦的想法之中："我的胡纳福斯纠正的是萨维尼这样的人——萨维尼可是超越了歌德的人。"正因如此，他们家的墙上除了挂有歌德和萨维尼的画像之外，又多了一幅胡纳福斯的画像。第二天，幸福的胡纳福斯信心满满地去开会，然而结果依然是他的观点被否决，就跟往常一样。对于这个结果，他只是报以了同情的微笑，因为他觉得自己的同事都太过无知："你们这些法律工匠，根本不懂什么是真正的科学"。

在几周还是几个月之后，有篇论文发表了。其中，他同事的观点被恰如其分地批评为"迷失了方向"。所以，他花在法庭报告和判决上的精力越来越少也就一点也不奇怪了。每次在写这种东西的时候，他都感到自己的才华无处施展。

在民法领域，我的那位同事就是这样一个满腹才华却无处施展的人。

他的观点总是被我们的领导称作是"理论狂想"。只要我们的领导在场，他的"理论狂想"总是无法实现。可是他越是无望，就越是期待这一时刻的到来：届时他将独自坐拥一个王国，在那里，他要向理论致敬。

彼得·哈贝迈尔真该知道这意味着什么！

被告承认了自己的暴力驱逐行为以及原告本人的**事实**占有，他否认的只是原告的法律占有。或者说得更专业一点，他否认的是原告的"所有权人意思"（animus domini）——根据萨维尼的理论，正是该要素使得法律占有区别于事实占有。

由于原告的失误，他提起的并非简易占有之诉，而是普通的占有之诉，因此法官唯一要做的就是让他去证明自己的法律占有，具体而言就是证明他的所有权人意思。我当时不承认、现在依然不承认对占有人有利的"所有权人意思假定"。正因如此，我草拟的证明裁判（Beweisinterlokut）是："原告须证明自己是以所有权人的那种意图占有争议土地的。"那位陪审法官同意了我的观点。因此，这份裁判就这样发布

---

〔48〕 原文为"Hühnerfuß"，该人名在德语中的字面含义是"鸡脚""鸡爪"。——译者注

〔49〕 原文为"Kohlmeier"，该人名在德语中的字面含义是"很会胡扯的人"。——译者注

了。尽管原告对此上诉，但不幸的是，他依然失败了，所以这个裁判产生了既判力。

因此，彼得·哈贝迈尔必须要证明他的所有权人意思。直到现在我才明白我都做了什么。由于我是在给法律人写信，所以我就没有必要详述这种证明必然以及为何会失败。不信的话，请您证明一下，当农民在耕田的时候，他有没有所有权人意思？比如就那两车肥料和干草，您能看出来其中一车是持有人运来的、另外一车是占有人运来的吗？假如"意思"这个要件要有什么意义、假如它掌握了实践上的真理，那么占有就必须随它一起产生和消灭。然而，要是用益权人胆敢违反一切理论，想以所有权人的意思去占有，或者反过来，要是真正的法律占有人错误地否认了自己的这种意思，又该怎么办呢？这个时候，萨维尼的理论就会说：这可不行！但如果这是不可能的、如果每个事实占有人或法律占有人拥有的总是法律规定的其所必须拥有的那种占有意思，那么"所有权人意思"这个要件还有什么意义呢？在我看来，"所有权人意思"不过是没有自我意志的小跟班罢了，它只是法律占有的影子。我认为，根据这个影子来判断法律占有的存在与否不会比这样的做法好到哪里去，即根据某个生物的影子是两条腿还是四条腿来判断它是二足动物还是四足动物——要是能一直出太阳就好了，至少为了判断这个生物有几条腿它也得出来！

就这样，经过这个案子之后，我再也不对所有权人意思抱有幻想了，我被治愈了。当然，这个疗法花了彼得·哈贝迈尔 373 塔勒和 17.5 银格罗申。最后，他还因为输掉这场官司而支付了额外的费用，这我就不再提了。

但对我来说，这笔钱没有白花。并且我希望，能有一两个读者从中得到好处。这样一来，这笔钱最终就不是花得没有价值了。没错，这个世界就是这么建立起来的：法律人和医生**积累**经验，当事人和病人为此**买单**。所以我们得这样来安慰自己：毕竟这对人类和科学来说是有好处的。

尽管这个案子给我带来了许多不快的时光，但它同时也回报了我。我必须要说，我很感谢这个案子，正是因为它，我才彻底地挣脱了理论的枷锁。在这一点上，我的老领导当然也功不可没，因为从此以后，他从来不放过任何机会去提醒我，让我别忘了那个案子。每当我的内心泛起一点点病态的理论情绪，只要一想到从他嘴里冒出来的那句话，我就会平复下来："您还想再哈贝迈尔一次吗？"从那个时候起，我就接受了他的这个说法。就这样，我也习惯了把人生中那个以"哈贝迈尔案"为终点的整个时期称为我的**"哈贝迈尔时期"**。对于这种事，如果您找不到更合适的表述，那么不妨就用我的这个吧！

中德法学论坛

第 19 辑·上卷,第 231～259 页

一位不知名人士关于当今法学的秘密来信(下)[*]

[德]鲁道夫·冯·耶林^{**} 著

张焕然^{***}译

第五封信^[1]弗科马关于法学课程与考试改革的提案

为了让读者更好地理解接下来的两封信,我认为有必要把弗科马^[2]的提案重印如下:

司法顾问弗科马于柏林为"第四届德意志法学家大会"(1863 年于美因茨召开)提交的议案。

法学家大会要表达的信念是:

大学的法学课程需要进一步改革,将以下措施作为改革起点是合适的:

1. 与过去相比,应当更加重视"文本分析"和"法学文献史"课程。

2. 在聘用教授时,应当同样重视其此前所受的实务训练。

3. 为了满足实践的需求,应当设置法律诊所。

4. 学制应延长至四年。

---

* 译自 Rudolph von Jhering, Scherz und Ernst in der Jurisprudenz: Eine Weihnachtsgabe für das juristische Publikum，13. Aufl., Leipzig: Breitkopf und Härtel, 1924, S. 70 - 117.

** 鲁道夫·冯·耶林(Rudolph von Jhering):19 世纪德国著名罗马法学家、法律史学家和法哲学家,代表作有《罗马法的精神》《法律中的目的》《为权利而斗争》等。

*** 张焕然:德国波恩大学法学博士,中国政法大学民商经济法学院讲师。

〔1〕 Deutsche Gerichtszeitung, Jahrgang V, 1863, Nr. 35 und 36.

〔2〕 莱奥波特·弗科马(Leopold Volkmar,1817 - 1864),德国法学家和历史学家,于 1859 年共同参与创立"柏林法学协会"(Berliner Juristische Gesellschaft),同时也是 1860 年成立的"德意志法学家大会"(Deutscher Juristentag)的常设代表。——译者注

5. 只保留唯一的一次考试。在该考试中,以下人员均以考官的身份参与,且每一类的人数相等:

(1) 法学院的老师(不区分正式教授、非正式教授或编外讲师);

(2) 法院的法官;

(3) 律所的律师。

作为考官的人员是变动的。

6. 正式课程(collegia publica)是大学课程的基本形式。

7. 学习自由与教学自由同样必不可少。因此应当杜绝以下情形的出现:

(1) 任何强制让学生去上课的行为;

(2) 邦立大学的任何垄断;

(3) 对非正式授课的任何限制。

关于提案的理由,我认为应作以下强调:

"有多少实务人士因为时间紧迫和状况频发而无法去上非正式课程? 他们将是正式课程的热情听众。在这里,他们才能受到教导、得到启发。因此,恰恰是正式课程才能让老师切身体会到什么叫'教学相长'、才能让他们研究一下目前还不甚了解的东西。他可以在狄奥的书里读到,克劳迪乌斯是如何命人将尤利乌斯·伽利库斯立即投入台伯河的,因为后者在皇帝的法庭上说了几句直言不讳的话;多米提乌斯·阿弗尔这位律师又是如何拒绝向其求助的人的:'是谁告诉你我比伽利库斯游得好的?'[3]这样,老师们就可以在讲授正式课程时研究一下律师了。

"他还可以在马克罗比乌斯的书里读到:'我之所以沉默,是因为要写东西来反对这种人是很难的——他可以把你写进黑名单里……'[4]这样,老师们就可以试着在讲授正式课程时解决检察官的问题了。"

亲爱的朋友啊,您说得对:"弗科马提案"所涉及的主题完全属于我的写作范围。所以就这样一个问题,也就是"我们的法学在哪里需要变得更好、如何才能让它变得更好",我更想好好利用这次机会来发表我的看法,而不是像之前那样,永远只做一个舒舒服服的批评者。因为我已经听到有很多声音在说,我的批评没有一点是对的,它只起到了消极作用。人们可以向批评者要求的是,假如他自己不能让事情变得更好(因为批评者习惯于什么也不做),那么他至少要说明,其他人该怎么做才能让它更好。我再也想不到还有比现在更为有利的时机让我发表自己的看法。目前,

---

〔3〕 该情节出自古罗马历史学家卡西乌斯·狄奥(Cassius Dio,150 - 235)的《罗马史》(Historia Romana)第 61(或 60)卷第 33 节第 8 段(Dio 61[60],33,8)。——译者注

〔4〕 该句出自古罗马作家马克罗比乌斯(Macrobius,385 - 430)的《农神节》第 2 卷第 4 章第 21 段(Macrobii Saturnalia, Liber Ⅱ,Ⅳ. 21)。——译者注

"德意志法学家的全部力量"(这位提案人就是用它来称呼"德意志法学家大会"的)准备为法学做出的贡献几乎不亚于同时在法兰克福开会的"德意志选帝侯的全部力量"为祖国做出的贡献。能活在这样的时代里,我们真是太幸福了! 那些因为受到召唤而发出自己的声音、将双手投入到事业中去的每一个人,他们都是幸福的;但是,任何出于懒惰或恐惧而逃避这项事业的人都该受到鄙视。

尽管如此,我还是不得不承认,一开始我还在犹豫要不要满足您的要求。也就是说对我而言,弗科马的提案来得太早了点。打个比方吧! 一个猎人一直在苦苦追寻一只野兽,可是当猎物出现在他枪口之下时,他的枪却没有上膛。现在,我就好比这个猎人。弗科马先生已经站在了此系列书信的终点,而我却还只写到第五封信。对此,如果您还不明白的话,那么我就换一种方式来表达:我这儿还一直在研究疾病的症状、病因及其性质,而弗科马那边却已经开始质疑这种疾病的药方了。换言之,弗科马的提案是在质疑这种疾病的治疗方法。这是对我写信拖拉的应有惩罚。向您承诺过的那十二封信,假如我能写得快一点的话,那么现在我很可能已经写完第十一封信,并且开始写第十二封信了。这个时候,我很可能就和弗科马先生撞题了。但是事情不等人,尤其是当涉及这样一个问题时。提案人正确地将这个问题描述为**"十万火急"**,它简直都快"火烧眉毛"了! 再过几天,这个问题就要在美因茨的法学家大会上讨论了! 由于这次我没法参会,所以如果我不想让我的第十二封信成为"事后诸葛亮"、不想让自己错过这个历史性时刻的话,那我就必须打消一切写作计划上的顾虑,从现在开始就奋笔疾书。因为在我的人生中,这样的时刻或许再也不会出现了。有些医生的确能做得更好! 本来,医生应该等到诊断结束、完全清楚了疾病的性质之后才开始用药的,可是病人已经等不及了,他只想求一个偏方,于是医生就只能给他开点甘草水或者别的什么来当药用了。

这一次,我给您开的药比甘草水还要少。这不仅是因为我自己没有别的药了(其实如果有必要的话,我确实能弄到更好的药),而且也是因为眼下病人的身体状况已经无法承受别的药了。在美因茨,快活又美好的事物正在等着他去享受,除此之外,谁还会有兴趣去读一封关于弗科马提案的严肃来信? 尤其是,他在那儿要读的东西已经超出他的意愿范围了。在那里,不少印刷品都难逃这样的命运:它们经常会被慷慨地分发出去,但通常是读都没读就被扔到了一边。因此,假如我不想让这封信遭受这样的命运、假如我不想让读者行使这样的"紧急避险权",那么我就只能让这封信去适应美因茨开会那几天的气氛和环境了,除此之外,我别无他法。换言之,我必须把它写得好似一瓶白兰地。对此,那句著名的诗是这么说的:

> 白兰地酒放一旁,
> 午夜不会损健康。

这样,即便是到了午夜,当可敬的法学家完成了一天的工作,带着沉重的步伐和模糊的意识去到床上时,他也可以拿起这封信来读一读。

但到底为什么要用**书信**的形式呢?因为在美因茨的白天时间都被用在了实时发言上。长久以来,我的内心一直有这样的冲动:我很想在法学家大会上发一次言,为的是也可以像那些同事一样荣耀而归,并且目睹自己的名字被写进速记报告中,一直被保存到遥远的后世。只不过遗憾的是,我至今都缺少这样的勇气——只有某些人才拥有这种令人羡慕的特质。或者更准确地说,在我身上,勇气总来得不是时候。因为每当我想发言的时候,那些嫌会议时间太长、社交时间太短的法学家们就会喊出这么一句:"结束,结束!"对我来说,这可真是个灾难,我赶得可真巧啊!然而根据议事录的记载,这些法学家们却全都参与了问题的讨论。但是这一次,他们再也拦不住我了!会议一开始,我就马上要求发言。

会议主席:请这位不知名人士发言。

不知名人士:先生们!在我们刚听完皮普迈尔[5]先生的精彩演讲之后,发言对我来说真的是一点都不简单,特别是当我要说的是一个对我们的职业和科学而言都"性命攸关"的问题时。我并没有高估这个问题的重要性。如果我要说的是前一位发言人所发表过的观点,那么我就是在考验您的耐性,因为他的做法剥夺了后续发言者发表新观点的机会。所以,我的发言将仅仅局限在他较少论及的点上。

弗科马提案的意图可以用一句话来概括:**改进法学培育的水平**。先生们!让我们公开地承认:我们的培育水平很差!我原本还希望这位提案人也有说出它的勇气,而不是让我们去猜、让我们到字里行间去读出这个事实。不把大衣弄湿就不可能把它洗干净——干洗技术至今还没被发明出来。[6]谁要是真想改革,就不能光说不练。这种人至少应该以这样一句承诺来结束他的演讲:"如果……,我无论如何都愿意撤回提案。"就像我们这位提案人在最后所做的那样。

我们的法学培育水平很差,因此它**必须**被改进,并且它也是**可以**被改进的。当人们看到配种实验在远低于我们法学的这些领域里获得成功时,谁不会像我一样满怀兴奋之情?农场主都能成功的东西,对我们法律人来说就这么难?如果饲养可以改进羊毛的质量(会议厅里开始躁动不安),如果它解决了从动物身上获得肉、奶、毛和骨头的问题,那么为什么我们(会议厅里更加躁动不安)就不能通过适当地改进法学饲料,从而让这些正义女神的信徒们长出结实的皮毛,以确保其免受恶劣天气的

---

〔5〕 原文为"Piepmeier",在德语中的字面含义是"话很多的人"。"皮普迈尔"这个人名不是耶林生造的,他是德国政治家、作家约翰·赫尔曼·戴特默尔特(Johann Hermann Detmold,1807 - 1856)1849年出版的讽刺小说《皮普迈尔先生的事迹和观点》(Thaten und Meinungen des Herrn Piepmeyer)中的反面人物。——译者注

〔6〕 耶林写这封信时(1863年),干洗技术还尚未被发明和普及。——译者注

侵袭,而不是让他们带着光秃秃的理论皮肤进到实践里遭冻?(全场发出不满和抱怨。)

　　现在,我要说一说提案人为实现这一目的所提出的建议了。此刻,我只能把自己的处境想象成一个不相信医生的温泉疗养者了。医生通常会给疗养者规定一系列的行为守则——先生们,您是知道的,医生们很喜欢搜集这一类行为守则——一方面,葡萄酒、啤酒、茶、黄油、水果以及其他的东西是被禁止的;另一方面,疗养者的睡眠时间不能多于或不能少于多少多少个小时;再一方面,有些东西不能在饭后或者饭前吃,等等。总之,一切行为都要遵循最严格的规则,简直是事无巨细。但是,怀疑论者很快就能体会到,严格遵守一切是不必要的。在私下里,医生可能会承认这位疗养者的看法是对的:其中有很多规则仅仅是为了让人产生"它们会有效"的印象。我也要以相同的方式对提案人的建议作一区分:他的一部分建议是认真的,我把关于法学课程和考试的实践改革建议归入其中;另一部分则仅仅是用来让人产生"会有用"的印象,或者说仅仅是起装饰作用的,我把关于法学文献史、正式课程、文本分析课以及将学制延长至四年的建议归入这一类。通过这些建议,提案人为了纯粹的科学利益而在自由上做出的巨大让步,让每个嗅到了这些建议可能会威胁到科学利益的人都闭上了嘴。我可以证明,这些建议已经完全达到了这一目的,尤其是大学方面已经接受了它们,并且对此十分满意。在一些场合里,我所交谈过的学生也都对学制延长至四年非常兴奋,有很多学生都极为迫切地恳求我务必要先接受这一点。这些学生觉得,三年的学制对于实现他们的目的来说太短了,[7]尤其是在目前还存在强制上课的情况下。因此他们坚信,如果根据提案取消这种强制并把学制延长到四年,那么要彻底完成他们的任务就不再困难了。作为代价,他们已经准备好去做一些必要的事情了,比如用全部的爱去照顾"上帝之眼、法哲学和自然法",并让自己喜欢上法学文献史、文本分析和正式课程等诸如此类的课,但前提是他们不必去听这些课,也不用参加这些课的考试。也就是说,我们已经拥有这部分听众了!先生们,这不是无关紧要的,因为**谁拥有了年轻人,谁就拥有了未来**。(赞同的声音:说得太对了,太棒了!)

　　同样地,在我所交谈过的老师中也有很大一部分人十分认同弗科马的建议,他们尤其赞同这两点:第一,编外讲师将被纳入到考试委员会里;第二,增设文本分析和文献史这两个新的教席。因为,这两个建议将会给德意志和瑞士带来数量可观的新职位。只不过,就提案人在其提案理由中针对正式课程所开的处方,他们并不是太理解。因为所有人都觉得已经够舒服的了,他们认为自己只存在一个问题,也就

---

　　[7]　"他们(即考生)在第一年不学习,因为他们还处于高中毕业考试结束后的疲惫状态,想要充分享受大学里的自由;他们在第二年也不学习,因为他们必须去服兵役;他们在第三年还是不学习,因为他们要准备考试。"

是那些"目前还不甚了解的东西"。对于这个问题，他们觉得只需要去读一读与此有关的奇闻轶事就够了，这样他们就能"在讲授正式课程时研究一下这个主题"了。他们认为，为了实现这个目的，他们没有必要像提案人建议的那样将阅读范围扩大到狄奥和马克罗比乌斯的著作，因为这些书不是每个人都有空去读的；相反，读一读最流行的读物，哪怕是一份报纸、一页广告、一本小说甚至是一本现代的法学著作，就足以达到这个目的了。他们还认为，为了**讲**课，就必须要有愿意去**听**课的听众。他们担心，提案人指出的许多"实务人士因为时间紧迫和状况频发而无法去上非正式课程"的这种情况并不会出现；相反他们认为，由他们自己来吸引听众要舒服得多。

关于这些教条式的建议，如果要我发表看法的话，那么我肯定会非常坚决地加以反对。对于做不了热水浴疗的病人，有哪个医生还会让他在里头待上更长时间、让他的体温升得更高呢？就我们目前的情况而言，学生就是病人，理论课就是热水浴疗。如果将三年的学制延长到四年，如果继续增设文献史、自然法和文本分析课，那么这位病人还会在理论中钻得更深。这么一来，这个本该被治愈的疾病非但不会好转，反而还会更加严重！

先生们！我们这位病人需要的恰恰是相反的东西（太对了！）：降温、冷敷、在他头上放冰块、用水蛭给他吸血。这样他才能再次清醒过来，这样才能让他没有危险地走出去、走到实践生活的新鲜空气里去。课程必须是实践性质的！"法学是一门实践性科学"——这句话必须得是真的才行。对此，目前的讨论已经有很多都说到点子上了。因此，按照我自己的兴趣，下面我只讨论在我看来还尚未被说尽的那两个点，即"法律诊所"和"将考试减少到唯一一场"。

正如我在一些场合中所观察到的，法律诊所这个想法让许多人感到惊讶，但它却丝毫没有让我吃惊。其中的关键在于，我们应当在法律科学发展史的脉络中去理解它；正是在这个前提下，它才显得不是那么不可理喻和绝对新颖。法律诊所必然受制于法律科学迄今为止的发展方向，并且是这一方向的终点和制高点。所以我敢断言：假如提案人不把这个建议说出来，那么就会有另一个人站出来说——至少我自己就会站出来说。先生们！每一门科学都有这样的阶段，即它们所处的空间对其自身而言变得太过狭小。为了恢复精神、休养生息，它们必须到室外走走。就好比咱们这样的人，要是我们一整年都坐在书桌旁，那么为了放松一下，我们就必须出去旅行。我把这样的现象命名为"科学的旅行"。在这场旅行中，科学去到自己的邻居和亲朋好友的家里，在她们那儿住上一段时间，了解一下各式各样的新鲜事物，然后带着饱满的精神、强健的体魄和全新的观念回到家里来。例如在自然哲学的时代里，自然科学是住在哲学那里的；又如在中世纪，哲学是住在神学那里的；至于其他的例子，我就更不用提了。同样地，我们现在的法学也时不时地感觉到需要拜访一下她的姐妹们。以前，她主要拜访了历史、语文学和哲学；在过去的十年里，她又住到了自然科学和医学那儿。因此，我们可以将法律科学在当前的发展阶段称为"法学的自然科学阶段"——毕竟现在法学的确已经有了自己的"自然科学方法"[8]——或者还可以将其更好地称为"**法学的医学时期**"。如今,为了能真正地理解法律制度,受过教育的法律人需要对它们做解剖学和生理学上的检查;在我们实务人士的日常工作中,不做点医学上的检查就难以有所作为。我们像最好的解剖学家一样**解剖**法律案例、我们像坐在病床边的医生一样必须做出**诊断**,类似的情况还有很多。比起法律诊所,我们还可以在哪里接受这种"法律医学"的训练? 因此,要求设置这样一个诊所的提议一点儿也不稀奇,奇怪的反倒是:为什么这么久了它还没有被提出来? 它只是还需要补充和完善。接下来,我将荣幸地为您介绍具体的完善措施。

　　一直以来,医学都被我们视为榜样。但众所周知的是,它并不是马上就从临床课开始上的,而是先从各个理论科目开始的。为了让这些理论课产生印象深刻的效果,各种类型的道具室都是必要的:解剖学道具室、病理解剖学道具室、生理学道具室以及药理学道具室等等。在我看来,实践课程在目前的法学里也是必需的,我们同样要通过相应的道具室来辅助直观教学。我认为,我们有必要建立这些道具室并将它们用于直观教学,这一点是以我自己大学时代的学习经验为基础的。我的学说汇纂课老师除了是一位出色的学说汇纂法学者,还是一个地地道道的烟鬼,他总是把自己的金色鼻烟盒放在讲台上——就放在他的手边。不知道是因为这个盒子在物理上离他很近,还是因为他的内心离它很近,总之整个学期下来,在麦维乌斯和提提乌斯不断展开的诉讼中,争议的焦点总是这个盒子。因而可以想见的是,我们会看到提提乌斯和麦维乌斯这两个熟悉的角色一再登上舞台,成为所有案例中的主人公;与此同时,他们的争议客体永远都是这个烟盒。正如我们老师所认为的那样,为了建立古代与现代之间的平衡,我们需要的是一个完全现代的客体,而非古代案例中的那些古老梁木。如果提提乌斯需要在麦维乌斯那儿寄存什么东西,那肯定就是这个烟盒;如果他要借出或质押什么东西,或是他想交换、购买、赠与、遗赠以及订立无名合同,在所有这些情况下,客体也都是这个烟盒。久而久之,大家还以为古罗马的商业贸易和罗马人的生活仅仅围绕着抽烟和烟盒! 为了让我们明白地役权、抵押权和其他与土地有关的法律关系,这个烟盒偶尔还会去客串一下乡村地役权或城市地役权的角色。然而,这个变化多端的演示品却造成了一些麻烦。经常和我一起复习学说汇纂的一个朋友,我敢说,这个烟盒构成了他成功路上的绊脚石。带着强烈的求知欲,他专注的眼神一直都集中在这个始终如一的物品上,他总是用贪婪的目光一再地盯着它。也就是说,他完全看不到各种法律关系之间的区别,他的注意力始终偏离了概念,而跑到了这个盒子上,以至于一到了下课,他就快把所有的演示都忘光了——除了这个盒子。到了期末,情况还是一模一样:他的知识总量不过就

---

〔8〕［暗示我的《罗马法的精神》(Geist des röm. Rechts Ⅱ, 2 § 41),下同。］

是一个烟盒那么大,这个盒子成了他所有知识的缩影和坟墓。

先生们! 这个经历在当时就已经让我意识到,法学的直观教学需要不同的演示品。循着这个思路,后来我有了一个想法,下面请让我荣幸地向各位介绍。

为了法学的直观教学,德意志的每所大学都必须建立"法学演示品陈列室"或者"法律博物馆"。它有两个分部:一个用于陈列演示**法律客体**的道具,另一个用于陈列演示**法律主体**的道具;为了教学目的,两者都可以随时为老师所用。"客体陈列室"只收纳动产,而且必须要全面,以防上述灾难重演。至于直观教学中涉及的不动产,比如公有物、安魂物、地上权和永佃权等,则可以通过"外出考察"来完成演示,也就是让学生去到实地观察它们。布置道具室的主导思想是,对于每一个概念、每一种法律关系,都要选出一个合适的演示品,并用这些物品专门的指代它们,以便概念和演示品这两者可以在听众的观念里形成统一。只要运用了这种著名的记忆窍门,学生将会以最轻松、最牢固的方式记住这些概念。举个例子:假设为"使用借贷"这个概念所选的演示品是一本书,那么出现在学生面前的每一本书都会让他回忆起"使用借贷"的概念。换言之,借助演示品,概念同样进到了记忆之中。因此,所有这些演示品都要贴上固定的标签,并按体系来排列。在法学阶梯和学说汇纂这两门课里,首先要用上的是和总则相关的演示品,例如简单物和集合物、主物和从物、物的成分、孳息以及可替代物和可消耗物等。只要是看过道具室里的这些道具——哪怕是只看过一眼——学生就永远不会混淆或是记错这些概念。为了确保这一点,我们还可以在课后把这些演示品留给听众供其进一步观察,并允许他们随时来陈列室里观摩。

再举个例子:铁钉、蜡烛和木柴等等都属于"可消耗物"或是"可消费物"的范畴。通过这样的演示,上过课的学生就能永远记住这些概念。我还记得在大学时代里,我和一个朋友为了这个问题争得面红耳赤。他否认了我的看法,因为他认为这些物品都不属于"可耗尽物"——那会儿大家都把"可消耗物"说成是"可耗尽物"——因为铁钉、蜡烛和木柴通常是不能被耗尽的。

在总则之后是分则部分的演示品。例如当涉及所有权时,要为"添附"和"加工"这两个概念准备令人印象深刻的道具。对于后者,每次总要用上两个演示品:一个代表加工前的物,一个代表加工后的物。又如当涉及债法时,对每种类型的合同或每个在法学上具有特殊意义的案例都要准备一个演示品。这样一来,买卖合同的不同变种——如货样买卖、试用买卖、整批买卖以及计量买卖等——就彻底有了各自的代表。对于遗产买卖,为了节省费用,可以从继承法那里将遗产的演示品拿过来用。但在其他情况下,为了防止出现误认的危险,同一个物品永远不要用于指代两种不同的法律关系。反之,我的建议是:对于某些法律关系,应当购置两个完全相同的样品,一个用于指代这种关系的正常形式、另一个则用于指代它的反常形式,这就跟医生所用的方式完全相同:通常来说,医生都会准备一个跟解剖学道具相对应的病理解剖学道具。举例来说,在两本用于演示"使用借贷"的书中,其中一本可以用来演示它是如何被借出和归还的,另一本则可以用来演示它是如何因借用人的过错而被墨水弄脏的。

先生们,我不想举更多的例子让你们犯困。这个演示品陈列室的想法不仅要在学说汇纂课里实现,而且也应该在其余的法学课程里实现。比如在票据法领域,不同类型的票据以及票据的整个操作过程都可以通过各种形式的范本来加以形象化。

这样的陈列室若能按计划布置完整并正确使用,那么它所产生的效果将是令人惊讶的:它将会毫不费力、潜移默化地引领听众走进生活。为此要投入的费用虽然不少,但它带来的收益却是远远大于成本的。最贵的可能要属那些必须赶过来的动物了,因为它们都是"会吃的资本"。但这些动物是不能少的:对于牲畜租养合同,不能少了"铁制的牲畜";〔9〕对于市政官所创设的减价之诉,不能少了带有各种瑕疵的马,比如容易暴怒的那种;对于动物损害之诉,不能少了违反自身本性的动物——正因如此,它才跟有瑕疵的马一样,原本是要以更便宜的价格出售的;对于用益权,不能少了生下了小羊的绵羊;只有当涉及总则里的聚合物时,才必须出于节省费用的考虑,将必不可少的畜群带到外出考察的路上,用以直观地展示这一概念。

我建议设立的第二个分部是"**主体陈列室**",它将给**法律主体**提供必要的素材。然而,这其中的困难要比客体陈列室那边大得多。坦白地说,按照我想象中的计划,在未来,要完整地实现这一点的可能性是很小的。然而,这一现实却不能阻碍我作这样的设想。至少我可以先向各位介绍我的想法,毕竟我还可以期待这颗种子在几百年后生根发芽!

我们也可以把主体陈列室叫作"研究所"。这个研究所将雇佣各类法律主体,其目的是让这些主体在听众面前把法律案例从头到尾地演出来。他们要订立合同、遗嘱和遗嘱附书,他们要签发票据、提起诉讼、出庭作证、发出假誓、制作文书、发布扣押命令、实施侵权和犯罪。总之,法律领域里可能出现的一切,他们都要来演。为了节省费用,如果可以的话,同一个人将同时扮演多个角色,就像在小剧院里一样。这样一来,研究所里负责扮演出卖人和买受人的人同时也能扮演出租人和承租人、出借人和借用人以及诸如此类的角色。总之,所有双务合同的订立过程,他们都可以来演;只有当涉及单方行为时,为了强调单方法律行为与双方法律行为的区别,才必须另外再雇两个人,他们将负责演出除此之外的所有单方法律行为,比如遗嘱的设立和遗产的接受。但无论如何,他们都要通过自己的外在特征与双方法律行为的表

---

〔9〕　在牲畜租养合同(contractus socidae)中,若被出租的牲畜在用益权人处减少了价值,则该用益权人要向出借人赔偿与该价值相当的钱款;在牲畜死亡的情形下,亦同。因此在德文中,被出租的这一牲畜又被称为"eisernes Vieh"(〔价值〕不可改变的牲畜),该词的字面含义为"铁制的牲畜",故耶林有此说。——译者注

演者区别开来。最适合区分这两类人的可能就是"瘦小"和"肥胖"这两个特征了。尽管做了这样的简化，需要雇佣的人数还是相当大。对此，下面几点我是必须要说的。我认为，以下这些人都是必不可少的。首先，对于**诉讼**而言，必须要有一位法官、两名诉讼代理人、一定数量的证人（有作证能力的证人、无作证能力的证人和可疑的证人）以及一位执行员。为了节省费用，这些人必须同样被用于刑事诉讼和民事案件的二审或三审程序；若出现针对法官提起的损害赔偿诉讼，那么此时就必须要有两名法官了：一个是被诉的那个法官、另一个是负责审判的法官。在这种情况下，我们可以让研究所里任何一个有空的人来扮演作出过误判的那位法官；为了表演在法庭上发誓，若到时研究所的人手不够，则可以就每个具体案件临时租用几个仆人。对于私法的总则部分，首先必须要有能够代表不同年龄段的主体，也就是幼儿（胎儿就交给怀孕的女人来演了：在以胎儿名义的授权遗产占有中，她必须要扮演胎儿的角色；基于这个明显的理由，无须长期雇佣怀孕的女人，只有在每次有需要的时候才要她们参与演出），然后是大幼儿，以及一个近幼儿和一个近适婚人，一个适婚人，还有一个未成年人和一个成年人。[10] 为此被录用的人员可以长期留在研究所，从一个年龄段演到另一个年龄段；达到成年之后，他们就有资格去填补下一个将要空出来的位置。当涉及性别差异时，不需要考虑雇佣什么两性人；或者说得更准确一些，这个时候可以让听众进到解剖室里看看。反之，这样的几个女人是必须要有的：无论如何都要有一个没结婚的女人和一个结了婚的女人，为的是解释婚约、婚姻、嫁资、确认生父之诉和韦勒雅努斯元老院决议[11]。如果她们正在怀孕，那么这种情况下还可以将她们用在以胎儿名义的授权遗产占有中。当然，这些女人在每次演出前都要改变一下妆容。相反，只有在必要的情况下，才必须为污名者的角色租用一个合适的演员。这不仅是为了减少费用，而且也是为了充分顾及研究所里的其他人；即使是为了学生考虑，这么做也是必须的。由于有不同的遗嘱形式，因此在男人中不能少了军人、乡下人和盲人。当然，我是不支持把精神病人也请进研究所的。相反，为了形象地说明"重大过失"这一概念，"拥有勤谨注意的家长"以及"极不谨慎和疏忽大意的人"都是必不可少的，这两者可以形成鲜明的对比。后面这个职位可以让穷诗人来担任，因为这么做的同时也就是在给席勒基金会服务。在私法的分则部分，除了以上提到的人物之外，还要再加上监护人和保佐人。在其他领域，上面这

---

〔10〕 根据优士丁尼法，幼儿（infans）指的是不满 7 岁的人，因此接近 7 岁的人被称为"近幼儿"（infantiae proximi）；大幼儿（infans maior）指的是满 7 岁但不满 12 岁（女性）或 14 岁（男性）的人；适婚人（puber）指的是满 12 岁（女性）或 14 岁（男性）的人，因此接近适婚年龄的人被称为"近适婚人"（pubertati proximi），未达适婚年龄的人被称为"未适婚人"（impuber）；成年人（maior）指的是满 25 岁的人，未成年人（minor）则是不满 25 岁的人。——译者注

〔11〕 韦勒雅努斯元老院决议（SC Velleianum），是公元 46 年发布的一项元老院决议。该决议禁止妇女为他人提供债务担保，并规定妇女的担保是无效的。——译者注

些主体就已经够用了。但是对于刑法来说,充足的犯罪素材是不能少的,因为根据我们的最高原则,数额较小的盗窃者、数额较大的盗窃者以及惯常的盗窃者,谋杀者和故意杀人者都不能由同一个人来扮演。(会议厅里开始躁动不安。)

会议主席:我恳请发言人说得更简短一些。在我看来,上面提到的例子已经完全能说明您的想法了。

会议厅里的声音:发言人想要怎么展示一个"不在场者"和一个"失踪人"?(笑声。)

不知名人士:我不是不知道,我的这个想法存在一些实施上的困难。对于您的这个问题,做出一定程度的放弃是在所难免的。同样地,我也承认,时至今日我都没能成功地展示某个财团的法人人格。尽管如此,先生们,这并不能阻碍我们采纳这个措施,因为我们现在就可以将其付诸实施了。只要运用我所说的这些方法,法律的实践生活将会多么清晰而生动地展现在听众面前啊!这场法律戏剧又会如何地激发他的兴趣、放飞他的想象、减轻他的记忆负担啊!先生们,您是知道的,有些法学老师在当代法中还坚持监护人和保佐人的区分;或许您还记得,在您的大学时代里,可怜的学生为了理解这一区分浪费了多少精力。然而,如果老师能在听众面前让监护人作出他的**准可**、让保佐人仅仅表示他的**同意**,那么对于学生来说,二者的区别将会是多么的一清二楚啊!前者是在补充不完全的人格、后者则仅仅是在参与财产管理。此外,保佐人还有大学课程之外的用途,这对于经商的听众来说是一件好事。众所周知,很多人都持这样一种观点:未成年人对于未经其监护人同意而订立的合同是不承担义务的。甚至就在几年前,当一个商人向一个未成年的中尉请求返还已交付的衣服时,罗斯托克的高等上诉法院还基于这个理由驳回了上诉,因为它认为,该诉若要成立,在证讼的那一刻必须要存在获利的事实。[12] 这样的判决结果是任何一个正常的外行人都想象不到的。没有任何一个服务员会拒绝给中尉端酒,尽管他没有问这个中尉:"虽然您留着胡子,但或许您还是未成年?"或者是:"虽然大家都知道您很有钱,但您现在是否没带现金?"如果中尉的回答不幸是否定的,又或者他就是忘了付钱,那么这个可怜的服务员就必定要向他主张返还"直到证讼那一刻他所获利的数额"!假如前面那种观点是正确的,那么夜里被叫去治病的医生就必须先问清楚病人是否为未成年人,如果回答是肯定的,他还必须让未成年人的保佐人从床上起来对此表示同意,他才敢放心过去;在向顾客交付药品之前,药剂师也必须做同样的事。而在监护人、医生和药品到达之前,病人很可能已经死掉了。对于有可能是未成年人且处于监护之下的所有旅客,旅店老板也都必须拒绝他们入住,或者是要他们预付现金。若是没有监护人的特别同意或是预付款项,没有哪个裁缝或鞋匠会去测量顾客的裙子和靴子,至少他们是不会做完这些东西的。然而,

---

〔12〕　这个判决刊印在 **Seuffert**，Archiv für Entscheidungen u. s. w. Bd. XI, Nr. 26.

每个懂得生活的人都知道，所有善良的人都不会这么做，在他们为此付出惨痛代价之前，他们通常并不知道这个如此病态的法律规则。既然如此，如果我们研究所里的监护人能时不时地用形象生动的方式在学生面前展示这一规则（比如在集市上或公共节日里），那会是多么让人印象深刻啊！正如这一规则所要求的那样，监护人必须形影不离地跟着这个中尉，无论后者实施了什么法律行为，他要么就表示同意、要么就自己掏钱买单。为了更充分地表明这位被监护人根本不具有独立性，监护人还可以把这个中尉当作襁褓中的婴儿一样抱在怀里——只要这对他不是太难的话。

请允许我再描述几个这样的画面……（不！不！说正题，说正题！……巨大的骚动。）

会议主席：为了发言人着想，我必须请他说回重点。没错，他想讲的应该是法律诊所，但他似乎已经忘了。

不知名人士：先生们！我的确一直在讲正题。我的道具室不就是为了贯彻法律诊所的理念吗？如果缺乏必要的素材，老师们要如何开设诊所课？您不能苛求他自己花钱去买这些道具呀！这笔费用将是相当大的。因为只有"门诊部"和"急诊部"是做不成这件事的。换言之，单靠法学的外出考察是不够的。要想让诊所课真正地发挥效用，我们还需要"住院部"。就像我说过的，要是没有我的陈列室，这是根本不可能实现的。好了，这个主题我已经讲完了。但请允许我再说明**一点**。主体陈列室（其实我更愿意称其为"法学研究所"）看上去的确很烧钱。用于创建这个研究所的费用是如此之高，以至于我们德意志的财政机关将很难批准拨款。尽管如此，如果这件事被处理得当，它就是非常划算的。其中的大部分职位都可以由法律人来担任，而且先生们，您是知道的，我们并不习惯于提出高要求。我们中的某些人已经为国家无偿服务了十年乃至更长时间，最后只得到每年 300 塔勒的报酬，这些钱他同样可以在法学研究所这里挣到。如果用一个诱人的头衔来弥补收入的不足，例如"教育顾问"或者"研究所顾问"，又或是给他们每次的服务提供津贴，那么我毫不怀疑，将会有很大一批申请人想要在研究所里上完他们的实践课程。另一个节省开支的办法是设立带薪职位，但却把这些职位交由没有工资的专员管理。正如在德意志的一些邦国里那样，这种做法已经取得了巨大成功。出于礼貌，我们还可以把一些支付全额工资的职位作为养老岗位分配给退休的名誉法官、上了年纪的正派律师以及没有前途的编外讲师。总之我坚信，建立研究所的费用将会被大大地减少，以至于跟研究所带来的的收益相比，这些费用根本就不值一提。

现在，我来谈谈**考试问题**。如果说到目前为止，我一直都在支持提案人并进一步阐述他的想法，那么遗憾的是，在考试问题上，我不得不坚定地反对他。也就是说，我完全不觉得考试必须要**减少**，相反，我认为它必须要**增加**。（啊！啊！巨大的抱怨声。）是的，先生们，我们必须要增加考试的场数，而且我相信，尽管您的强烈反对，我还是会赢得最终的胜利。我把我的观点总结成一句话：**永远都要有考试！**

对于考试问题,我只承认这两种合理的看法:要么就是"永远都不要有考试",要么就是"只要人活着,就要不断地参加考试"。所有其他观点都是可怜的中间派。因为,要么考试是多余的,要么考试是必须的。若前者是正确的,那么就应该完全废除考试;若后者是正确的,那么只要"为什么要考试"的理由继续存在,考试也就一直是必须的。众所周知,考试的目的正是要让国家相信,拟被聘用的人已经具备了必要的知识;此外,考试也能够督促考生去主动掌握这些知识。假如知识是永久性财产,那么获取一次、也就是考一次当然也就足够了。然而遗憾的是,作为精神财产的知识却跟酒有着相同的特性——它会随着时间而挥发。如果不经常往里装新的,酒桶总有一天会空空如也。现在,我们还有多少人敢说自己知道"τύπτω"〔13〕这个词的全部变位? 尽管在小学里,我们每个人学过的古希腊语都远比这多得多! 由此可以得出什么结论? 可以得出的结论就是:人这一辈子都必须要经常参加考试。无论是当法官还是做律师,如果我们每个人都必须具备特定的知识、如果国家认为自己有责任通过考试去证明这个必要条件的存在,那么一场 30 年前或 40 年前通过的考试怎么能保证我们现在仍具备这些知识呢? 40 年前,酒桶满得都快溢出来了;而如今,它却可能早已滴酒不剩。对酒桶来说,重要的不仅是首次装满,重新装满也很重要。如果认为前者只能通过强制手段来实现,那么对于后者来说又如何能少得了强制呢? 此外,还有一个因素也要求这样的强制,即法律人不仅应当维持他从大学里带来的原始知识资本,而且还应当**扩充**它——他应该跟上科学发展的步伐,不断进行自我教育。我再问一次:除了定期参加考试,还有什么能确保他做到这一点?

先生们! 请恕我直言,我想说的正是:如果一个国家将臣民的生命、名誉、安全和财产都托付给那些不足以完成任务的人,那么这样的国家是很不负责任的。假如国家有权这么做,那么铁路管理部门也就有权只对火车做一次安全检测。既然火车必须做重复检测,那么基于同样的理由,法律人也应当如此。在某种意义上,法律人就好比货车……(会议厅里的声音:"这话说得太重了……不许做这样的比喻!"全场骚动。)

会议主席:因为这个不恰当的比喻,我必须提醒发言人遵守会场秩序。("太棒了!")

不知名人士:先生们! 请原谅我这个脱口而出的比喻。请允许我再说几句话。("不行! 不行! 结束! 结束!")先生们! 我确实还想再提一个提案。("结束……结束……"其他的声音:"这个提案至少应该让他提!")

会议主席:还是让他提吧!

不知名人士:我建议对弗科马的第五个提案做一些修改。修改后的提案是这

---

〔13〕 "τύπτω"是古希腊语中"打、敲、击"这个动词的主动态直陈式现在时单数第一人称形式的变位。——译者注

样的：

> 必须随时考查法律实务工作者的必要知识。换言之,他们必须经常参加考试,而不考虑其年龄大小和职位高低。

先生们！为了让各位接受这个提案,我几乎不用再对已经说过的内容做什么补充。只有在这种制度下,考试的理念才能彻底地贯彻下去；只有在这种制度下,这个理念才会变成真理。其他的办法都是不彻底的。正如国家机关要时常核查公共账目,基于同样的理由,它们也必须经常考查法律人的知识；跟账目里的钱比起来,法律人这个资本的价值要大得多了,因为这是精神的营运资本,有了它,国家才能完成最高级、最重要的任务,即运作司法制度和维持法律秩序。这种"考查"的思想是非常崇高的,这是一份伟大的财产目录,上面所列的是全国的法律智慧,它是一个精神化的、值得在 19 世纪重现的古罗马监察观念。每个人都必须接受评估,没有人可以排除在外,甚至连司法部长也不例外。（笑声。）先生们,这是多么崇高的思想啊！连司法部长也要承受考试的压力,他可能会因错误的国家法观点或是严重违反法律解释理论而被撤职。先生们！把考试对象不加区分地扩大到所有公务员、实务工作者和理论工作者,这将是正义和"法律面前人人平等"的胜利,我实在想不出还有哪场胜利能比这更加崇高、更为美好；这将给我们整个民族注入一种对法律人的信赖感,就连罗马人对他们的法学家都几乎不曾有过这样的信赖感。

现在,您可能要问我：要是所有人都必须成为考生,那么由谁来担任考官呢？最简单的办法就是：我们只需要把"贝尔—兰卡斯特教学法"[14]套用到考试上就行。换言之,**考试是相互的**。头一年,先由这一半人考核那一半人；下一年,再由那一半人考核这一半人,依此类推。每一年,全国人民都能一再地看到整个法律界上演精彩的智力角逐,这将是多么庄严的场面啊！当然,我的前提是"考试是公开的"。到那时,全国人民都会蜂拥而至,对于那些想要出人头地的人来说,这是一个多么好的机会啊！或许,我们还可以效仿体操界的做法创造出一个全国性的节日呢！如果您想参考以前的榜样,那么我们还可以照着希腊奥林匹克运动会或者中世纪骑士比武的方式来设计这个节日。（会议厅里爆发出一阵笑声。）

先生们！可能是因为我过分地美化了我的想法,所以您才会觉得好笑。然而,

---

〔14〕　"贝尔—兰卡斯特教学法"是由两位英国教育家安德鲁·贝尔（Andrew Bell, 1753 – 1832)和约瑟夫·兰卡斯特（Joseph Lancaster, 1778 – 1838)共同创立的教学方法。该方法的思路是：老师先教会年长或成绩较好的学生,再由他们担任老师的助手,将自己刚学会的知识教给其他学生,因此该方法又被称为"导生制"或"相互教学制"。由于这一方法对普及初等教育很有价值,因此在 19 世纪初的欧美各国比较流行。——译者注

这个想法本身却是非常合理的，也就是"永远都要有考试"。此外，我更想说的是，这也是切实可行的。（啊！）没错，先生们，它不但可行、而且也已经在德意志的几个邦里开始实施了。普鲁士就已经有三场考试了，为了实现我的想法，他们要做的已经不多了（躁动不安。"结束！结束！"）在中国……（"结束！结束！"）先生们！难道我要用中国来结束发言吗？难道德意志是……（"结束……结束……结束！"由于动静太大，速记员再也无法听清发言人的结束语，除了这么几个词：**考试……中国的制度**）。

第六封信〔15〕　　文献；写作的外在强制

我在第一封信里出的那个点子（让我害怕的是，它在本报 1861 年的第 41 期上就已经露出了一丝曙光）如今已顺利实现，而且还远超预期。事实上，"不知名人士"的面具早已引发了多米诺骨牌式的连锁反应：城堡里的所有守卫都接二连三地戴着它参加宫廷舞会，安全地吃上了自助餐。戴着这个面具的一会儿是这个不知名人士、一会儿又是那个不知名人士，谁也没认出谁来。我一会儿成了民法上的不知名人士、一会儿成了刑法上的不知名人士、一会儿又成了民事诉讼法上的不知名人士，〔16〕甚至在最近还成了"番外系列"里的不知名人士（参见本报 1866 年第 2 册的第 153 页）。我就像一条被切成几节的蠕虫在读者面前分裂、繁殖，每一节都在挣扎、蠕动，而所有这些挣扎、蠕动着的不知名人士到头来却都是我自己。对自我产生错误认识、遇上自己不折不扣的分身，如果不把这件事说得那么恐怖的话，那我们确实可以说：这样的命运简直太让人羡慕了！通过这样的方式，人们就可以不断复制自己、不用付出任何努力就能够著作等身。为什么萨维尼和普赫塔不曾想过戴上别人的帽子，在出版著作时印上**布拉肯霍夫特**或**罗斯希尔特**的名字呢？〔17〕当后者拿到自己本可以**读懂**的这些作品时，他们会是多么惊讶啊！豪夫以"克劳伦"的名字出版了《月中人》，〔18〕这一点只有他自己知道，但读者却完全不知道这是个骗局。谁能知道我们的法学读者有没有经常被类似的恶作剧所玩弄呢？在读了这么多作者的新

〔15〕　Deutsche Gerichtszeitung. Neue Folge. Bd. 1, S. 309 ff. 1866.

〔16〕　关于这些书信，目前还有第二个系列和第三个系列（即民事诉讼法系列和刑法系列），这两个系列都不是我写的。

〔17〕　特奥多尔·布拉肯霍夫特（Theodor Brackenhöft，1801-1861）和康拉特·弗朗茨·罗斯希尔特（Konrad Franz Roßhirt，1793-1873）均为德国 19 世纪的罗马法学家和民法学家，但二者的作品在当时并没有萨维尼、普赫塔那样的影响力。——译者注

〔18〕　威廉·豪夫（Wilhelm Hauff，1802-1827），德国小说家和诗人，著有《豪夫童话》等。《月中人》（Der Mann im Mond，1825）是他以"克劳伦"（Clauren）为笔名出版的一部讽刺小说。——译者注

近作品之后,至少我是不能摆脱这种怀疑的:这些著作并不是他们自己写的,这都是可恶的老洗衣婆在我们的文献里胡作非为的结果。最近,我又一次把她的杰作捧在了手里:满满一大桶洗衣水,将近 300 页这么厚,里面除了微不足道、错误百出的思想外,什么也没有了。要是让我抓到这个连名门望族都不放过的人,她的日子可就不好过了! 您就不能在柏林的法律协会里倡议一下,为抓捕这位法学洗衣婆设个悬赏吗? 她可正在打着"法学作家"的旗号乱搞恶作剧呢!

不管真实情况是否像我猜的那样,总之在我身上的确发生了这样的事:有人用了我的面具在那儿写作。其他人可能会抱怨别人偷走了自己的智力鸡蛋,换言之,他们所孵的小鸡被说成是别人的;但是在我这里,情况却恰恰相反。对于我来说,"盗窃智力成果"的概念被颠倒过来了:有人偷偷在我的窝里下蛋,并借我的名义去孵。这是多么让人高兴啊! 我在法学领域的知识是多么渊博啊! 罗马民法、普鲁士民法、法律史、刑法以及民事诉讼法……没有什么是我不知道的! 最让我激动的是,我还将拥有怎样的国家法知识啊! 如今,所谓的艺术就是去了解一点国家法的东西。各邦联国的国家法(汉诺威王国的国家法、黑森选侯国的国家法以及拿骚公国的国家法等等)都在一夜之间荡然无存,留下来的只有教授们的课堂讲义。它们正无所事事地躺在书桌上,抱怨起罪恶的俾斯麦。[19] 或许,它们还在梦想着幸福的重生:那个从教授们的指缝间溜走的世界悔过自新,再次回到课堂讲义之中;被罢黜的君主们又再次回到他们的"帝国"、回到他们的"人民"身边。

但是按照我的习惯,我又一次迷茫了。我本来是想向那些主动在我的窝里下过蛋的好心人公开表示感谢的,但是在私下里我可做不到这一点,因为我不知道他们的地址。而且您,我尊敬的编辑先生,也不愿告诉我他们的地址。不知名的朋友和孵友[20]啊,欢迎来到我的翅膀下! 尤其要欢迎的是你这个新来的人,你下给我的蛋还盖着"莱比锡"的邮戳。[21] 我从这个蛋里孵出来的小鸡肯定是前途无量的,所以,请你再多送点这样的礼物给我吧! 就像你送我的第一封信那样(参见本报

〔19〕 这封信发表时(1866 年)正值"普奥战争"结束,普鲁士在俾斯麦的领导下战胜了奥地利及其邦联国,其中就包括汉诺威、黑森和拿骚。在这些邦联国被普鲁士吞并后,其各自的国家法即随之失效,因而以这些国家法为研究对象的授课讲义也就没有价值了,故耶林有此说。——译者注

〔20〕 此处耶林使用了两个发音相近的词,一个是"Mitbrüder",另一个是"Mitbrüter"。前者是一个现成的德语词,是由"mit"(一起的、共同的)和"Brüder"(兄弟)组合而成的,意为"朋友、同伴";后者则是耶林根据前者的构词法生造出来的词,系由"mit"和"Brüter"(孵蛋者)组成,字面意思是"一起孵蛋者",中译文同样生造"孵友"一词去对译。——译者注

〔21〕 耶林所指的是《一位不知名人士关于当今德意志法学的秘密来信》第三个系列(即民事诉讼法系列)的作者,这个作者虽然也是匿名投稿,但编辑说这封信上盖着来自"莱比锡"(Leipzig)的邮戳。参见 Anonym, Vertrauliche Briefe eines Unbekannten über die heutige Deutsche Jurisprudenz: Dritte (civilprozessualische) Serie, Deutsche Gerichtszeitung 8 (1866), Nr. 16, S. 61, Anmerkung des Redakteurs.——译者注

1866 年第 16 期的第 61 页）。请你更加勤快地潜入扯淡的法学深海吧！海底有精美的珍珠等着你去挖，就像"施蒂普曼口中的丈母娘"[22]那样的珍珠——它可是上好的。我们所有人，还有那些愿意加入我们的人，让我们联合起来！让我们向文献中的毒瘤展开新一轮的反击！这些文献用来装饰自己的假博学、假机智和假深刻，都不能阻碍我们去认清和揭露它们的真面目。为了反抗它们，别人用的可能是重炮、带的可能是炮兵，为的是把蚊子和苍蝇轰到地上；但对我们来说，苍蝇拍和小木板就够用了。精准的打击往往要比连续炮击更加有效。我忘了是哪个英国人感谢"笑"救了自己了：这个人得了内脏脓肿，医生用烧灼术或手术刀都没法对付它。但是，当他看到自己的卷毛狗戴着卷毛假发坐在自己面前时，他突然大笑了起来——脓肿就这样裂开了。在我们的法学里也并不缺少这样的脓肿，如果我们试着运用卷毛狗和卷毛假发，或许我们也能让它发笑，并借此使它康复。对于某个病态的观点，只要笑过一次，就会永远免疫——横膈膜也是理智极有价值的一部分。

　　我们的民法实践病了，对此所有人都是同意的。以萨维尼为首的理论家认为，这个疾病的病因出在"实践中太缺少理论"；而实务人士却认为，这是出在"理论中太缺少实践"。就好比对于病人的胃溃疡，一位医生认为，这是因为他"药吃得太少"；另一位医生则认为，这是因为他"药吃得太多"。前者每天都会为病人开出厚厚的书单作为新的处方，还不无安慰地保证道："之前的药方一直是错的，但现在已经找到治疗的方法了！"法律史、文本分析、法哲学、国民经济学、自然科学、亚历山大城的革利免教父、莎士比亚以及《威尼斯商人》中的鲍西娅和威尼斯公爵等等——这所有的一切，何尝不能让病人的消化和体格变得更好呢?! 可怜的病人啊，要是你一直等待医生们对病因和疗法达成一致，那你或许会死在他们手里！在此期间，请继续放心地满足你的身体需求吧！申请职位、登记备案、辩护代理、控告嫌疑人、公布法令、出版著作、作出缺席判决、进行上诉以及其他类似的事情，你都可以继续去做。在索伊菲特的《最高法院判决档案》中，[23]你可以找到另一个自己和值得信赖的向导。在

---

　　〔22〕　这个梗与德国法学家、档案管理员弗里德里希·格奥尔格·利普莱希特·施蒂普曼 (Friedrich Georg Lebrecht Strippelmann, 1804－1889) 1861 年出版的著作《通过书面文件来证明》第二卷有关。在该书中，施蒂普曼认为：如果丈母娘在女婿家短期逗留，那么在无法证明她是否应向女婿支付报酬时即应假定她没有支付报酬的义务（参见 Strippelmann, Der Beweis durch Schrift-Urkunden, Bd. 2, 1861, S. 114）。据此，以上这封匿名信的作者得出的结论是：女婿在赡养自己丈母娘的时候应该提防着点（参见 Deutsche Gerichtszeitung 8 (1866), Nr. 16, S. 63）。耶林曾告诉他的朋友贝尔，自己在看到这个结论时狂笑不止（参见 Stölzel, Jhering und der Juristentag, DJZ 15 (1910), Sp. 906）。——译者注

　　〔23〕　《最高法院判决档案》(Archiv für Entscheidungen der obersten Gerichte) 是德国法学家约翰·亚当·冯·索伊菲特 (Johann Adam von Seuffert, 1794－1857) 于 1847 年创办的杂志。——译者注

科学的仙境里,有人可能会谴责你,说你更多地接受了这份档案的指引、而不是科学的指引。但在我看来,你之所以这么做,是因为人总不能从天上给你指路,你的指路者必须下凡到人间;只要科学不屑于下到人间,那么"你不信赖它的指引"这事儿就要怪它自己。对于索伊菲特的计划,我要指责的只有一点。为此,我将尝试用一项新的计划来弥补缺陷。作为这个想法的创始人,我有权给它命名,我要称其为"**反索伊菲特**"。如果想为别人指明一条美德之路,那么只为其列举美德的榜样是不够的,我们还必须在他面前展示具有震慑效果的恶行来作为反例。在这一点上,索伊菲特只给出了优秀的榜样。当然了,既然他把自己局限在**最高**法院的判决上,他难道还有别的选择吗? 只不过我们还缺了具有震慑效果的反例,也就是那些连普通人都无法理解的东西。我认为,反面例子是很重要的,我的整个人生教育就是建立在反例之上的,这一点要归功于我爷爷。他总是对我说:"为了让年轻人养成节制的美德,给他举出节制的榜样会有用吗? 一个醉汉都要比一百个清醒之人的劝诫更有助于这一美德的养成,更别说一个'**酒鬼**'了。"[24]我在一生中从未受过李子的诱惑,因而没有让太多李子坏了我的胃。这一点只能归功于我爷爷,正是他给我举了一个具有震慑效果的反例:他把我带到一个男孩的床边,这是一个因为过度享受李子而招致严重胃绞痛的男孩,他正在狂吐不止。为了回到"反索伊菲特"这个话题,我要问的是:为了人类的利益、特别是为了震慑法律人,如果我们把那种错误的知识公开地钉在墙上——我现在正想这么做——就像把猫头鹰钉在大门上或是把假币钉在柜台上一样,这将会给人留下怎样的印象啊? 这将是一条画满了法律怪胎的画廊、这将是一个"法律病理学"的陈列室! 请想象一下,一位真正的解剖学家将会带着怎样的愉悦之情去解剖和制作这些精致标本啊! 他们会剖开满腹的荒唐言,将没消化的理论所造成的梗塞在内脏中暴露出来。这对司法的贡献将会是多么大啊! 为了发挥普遍的震慑效果,我们要把这样的判决保存在我们的法律病理学陈列室里。这样一来,它就不可能再出现第二次了。

您就承认吧,您很羡慕我的这个想法。为了消除您的嫉妒心,我愿意分您一杯羹。您应该出版"反索伊菲特",也就是说从现在开始,它应该在您的杂志上拥有一个完整的版面。一旦有了可用的素材,我就会给您写信;假如我的同事也都恰好支持我,那么这个"反索伊菲特"要是还不能成为贵刊的固定栏目,反倒是让人奇怪了。为此,我恳请所有能够给我支持的人,请将你们的稿件暂时寄到本刊的编辑部。就这么说定了! 从现在起,为了反索菲伊特,让我们联合起来!"但是这么做会闹出丑闻",您摇着头说。尊敬的支持者们! 自从毕达哥拉斯为了庆祝他所发现的著名公

---

[24] 关于"酒鬼"(Besoffene)和"醉汉"(Betrunkener)这两个概念的定义,参见 Wächter, Sächs. Strafr., S. 346.

理而为神明献上了100头牛,就有了一句名言:"每当有了新发现,每头牛都会颤抖哀嚎。"在要被宰的时候,哪种生物不会大喊大叫呢? 对我来说,我们这些同事的叫喊正是证明了,我的"反索伊菲特"有权跻身于全世界最重要的发明之列。顺便一提,由于我是对事不对人的,所以我愿意做一个妥协,也就是把争议案件和法院的名称统统省略掉,或是用化名代替。如果谁还是觉得自己被伤到了,那么他或许可以想想,跟德意志以前流行的判决批判形式相比,对其判决的这种批判形式已经是无比温和的了。古德意志诉讼法上的"判决责骂"(Schelten des Urteils)曾给法官造成了这样的后果:他必须手拿武器去捍卫自己的判决。假如对判决的这种反抗形式还很普遍,那我们的大街上早就已经血流成河了! 假如这样的形式还很普遍,那么除了枢密高等法院顾问和高等上诉法院顾问的判决不让责骂以外,没有一个法官的生命是有保障的。要是这么看来,现在的确是比以前进步了。难道不是吗? 相较于那种从本质上屠杀法官的做法,对法官的批评不就是个小儿科吗?

说完这个"反索伊菲特"的想法,一块压在我心底很久的石头终于落地了。现在,我可以畅通无阻地继续前行了;今后,我要完全抛开实践,回归理论。至此,我走过的是一条很长很长的路,但是谢天谢地,这并不是一条**无聊**的路〔25〕——幸好我做了预防措施。

还记得我的第四封信吗? 现在的这封信就是紧接着它的。之前的第五封信不过是狂欢节的玩笑,不能作数。在第四封信里,我曾跟您讲过,作为一个单纯的年轻人,我在一开始是如何带着对理论的充分信仰踏入实践的,以及这种信仰是如何因理论应用给我带来的痛苦而彻底发生动摇的,并且它又是如何让位于这样一种认识的——"必须先放弃对理论的信仰,在运用它时才不会有风险"。您是知道的,我所谓的"理论"并非指那些资深的实务人士所写的著作,也不是指理论家关于法哲学、法律史以及其他非危险学科的著作,而仅仅是指纯理论家关于现行法在实践上如何适用的著作。在我看来,除了少数例外(见下文),应当一劳永逸地禁止他们就**这一**主题撰写著作。这样写下去会出现什么后果,优士丁尼早就料到了,所以他严格禁止所有以其法律汇编为主题的著作出版。他说,这简洁、优美的告示会被这些作者给搅乱、撕碎,以至于几乎所有的法律都会陷入混乱。既然他费了这么大的劲才做好法律编纂,如果这时又冒出这么几个写书的人,那么这样的旧事就会再度上演。因此优士丁尼规定,所有胆敢这么做的人,都要作为造假者被惩罚;这些人写的书,都要被扔进火坑。但是对于写书写到手抽筋的人来说,这点恐吓又算得了什么呢?

---

〔25〕 在该句中,耶林分别用"lang"(长的)和"langweilig"(无聊的)来形容"Weg"(路)。而在德语里,"langweilig"(无聊的)这个词正是由"lang"(长的)和"weilen"(停留)组合变化而来,字面含义是"停留了很长时间的"。——译者注

相传，近来有位法学家自始至终都以写作为乐，就好像在这个文献如此供不应求的时代，他必须再次制造它的供需平衡似的，真所谓"适当地扮一下蠢人也是美好的"。[26] 这位法学家就是任教于埃尔朗恩大学的老格吕克。[27] 由于不忍心听众们仅仅局限在自己的讲授、口述以及有关《学说汇纂》的论文上，他准备再写一套6卷本的小型"学说汇纂评注"，供学生们回家自学。多么高尚的心灵啊！在去世的时候，他却已经写到了第34卷，差不多涵盖了《学说汇纂》一半以上的内容。续写这套评注的首先是**穆伦布鲁赫**，然后是**法恩**。[28] 前者活到了评注完《学说汇纂》的这个标题"如果某人强迫或阻止他人立遗嘱"（D.29,6），后者则活到了评注完这个标题"关于遗嘱附书法"（D.29,7）；前者写出了9卷，后者则写出了两卷。在这部作品完结之前，还将有多少位法学家为此而献身啊！届时，它在世界上将是多么的壮观啊！[29] 既然有这么多的罗马法学者都想固守《国法大全》里的每一个字，那么为什么就没人想到要将优士丁尼上述关于惩罚的规定解释为有效呢？为什么就没人想到要告发**老格吕克、萨维尼**和**普赫塔**这些造假者呢？因为这么做不合理呀！毕竟，谁会去揭自己的丑呢？的确，要他们这么做是没有用的；但如果想要改善现状，我们至少得杜绝这一类写作。这个疾病当然无法被根除，但我们至少要把它控制在合理的范围内。为此我做了长期的思考，现在终于想到一个办法，下面请允许我向大家介绍。

首先要查明的是这个疾病的病根所在。我认为，病根就在于我们德意志大学的传统体制：它的大门只向那些做出了"学术成果"的人敞开，也就是那些把自己写的东西交给别人排版印刷的人。要成为教授，就必须先经过印刷厂！没有排字工人就没有教授！为了这等好处，有哪个德意志的编外讲师不把自己的手写残的？格吕克的第一部作品没有成功，于是他很快就写了第二、第三部。他一直用论文、专著和教科书对着紧闭的大门狂轰滥炸，直到它终于为他打开。轰炸堡垒不能拿轻型火炮，

---

〔26〕 原文为"dulce est desipere in loco"，语出古罗马诗人贺拉斯的《颂诗集》第4部第12首第28行（Carmina 4,12,28）。——译者注

〔27〕 克里斯蒂安·弗里德里希·冯·格吕克（Christian Friedrich von Glück,1755-1831），德国罗马法学家，主要著作是34卷本的《学说汇纂详注》（Ausführliche Erläuterung der Pandekten,1799-1830），评注范围涉及D.1,1至D.28,1。——译者注

〔28〕 克里斯蒂安·弗里德里希·穆伦布鲁赫（Christian Friedrich Mühlenbruch,1785-1843），德国罗马法学家，续写了格吕克《学说汇纂详注》的第35卷（1832）至第43卷（1843），评注范围涉及D.28,1至D.29.6；爱德华·法恩（Eduard Fein,1813-1858），德国罗马法学家，续写了格吕克《学说汇纂详注》的第44卷（1851）和第45卷（1853），评注范围涉及D.29,7。——译者注

〔29〕 在耶林提及的这些作者之后，先后又有安茨（Karl Ludwig Arndts,1803-1878）、莱斯特（Burkhard Wilhelm Leist,1819-1906）、伯克哈特（Hugo Burckhard,1838-1918）、萨科夫斯基（Carl Salkowski,1838-1898）、乌博洛德（August Ubbelohde,1833-1898）等法学家参与到续写工作中，但格吕克的《学说汇纂详注》最终并没有完结，因而成为了一部未竟作品。——译者注

而要用重型火炮；书越厚，轰炸的效果就越好！所以我们的文献中才发生了那种恐怖的不幸；这些人以人为、暴力的方式将极其贫乏的思想扩充成了厚厚的"砖"著。围绕着一星半点、浮于表面的思想，他们却写出了整整一本书！其中有几本甚至连这么一点思想都没有！科学的信徒们就这样一直站在那里，排成一排向前挺进。每一份文献目录、每一本法学杂志都能带来新一轮的炮击。如果有一个人幸运地进入了堡垒，那么马上又会有另一个人取代他的位置，继续轰炸堡垒。除非我们的政府和德意志民族认清这个现状，否则它将一直持续下去。

您可能会说："可是这又有什么坏处呢？为什么非要禁止他们做这种无害身心健康的锻炼呢？不管是要求他们在教席上发表演说、翻跟斗还是写书，都是完全没有区别的。他们写的书又不会咬人，每个人都可以绕开它们走；谁要是没有绕着走，谁要是因为买了这些书，读了这些书而受到什么损害，那他只能怪自己。"不！尊敬的先生们，事实并非如此。劣质商品同样会搅黄优质商品的市场。A迈尔、B迈尔、C迈尔……一直到字母表最后的Z迈尔都写过关于共同连带之债、自然之债、不可分之债等主题的书，这些书都是以高雅的"纯科学方法"撰写的，丝毫不涉及我们当今生活中的各类情形和各种需求。面对这些文献，可怜的实务工作者终于感到害怕了，他们终于闷闷不乐地抛弃了它们。以前，我们德意志的亚麻工业出口额为什么几近亏损？答案是：因为不讲信用的亚麻织工在亚麻里混进了棉花。这些不讲信用的人不但毁了自己的销路，而且还毁了诚信卖家的销路。

在我们的法学文献中，情况也是一样：烂书把好书的市场也给搅黄了。谁还会去买书？[30] 天啊！一千个法律人里都不会有一个！我知道的是，像布赫霍茨[31]关于先取遗赠这样的皇皇巨著（整整700页！）可能连50本都没卖出去。所以我相信，在德意志的一些邦国里，很多法学著作甚至连一本都没能卖出去！我自己就已经很久都没买过书了。我的一个老舅，他是个好奇心很重的家伙，所有出版了的书他都必须要买。由于他自己从来不读书，所以这些书就被用来装饰房间（顺便一提，这真是个奢侈的装饰品，每次都得花上60马克左右），于是我就时不时地从他那里捎走一两本书。为了写出我的法学书信，这些书是必需的。正是在这个方面，它们的确为我提供了极其丰富的素材，以供您时常从中获益。如果不考虑极少数的例外，那么这些书给人的永远都是同一个印象：谁要是读多了，就会肚子疼。但是，这个错不能

---

〔30〕 我指的不是像霍茨舒尔（Holzschuher）所写的关于理论和决疑术这种家常便饭型的文献，也不是指简明教科书，而是指那些活动在纯科学苍穹里的文献。这些文献的作者是有意这么写的，他们这是在研究热气球，为的是把粗俗的世界深深地抛在脚下。

〔31〕 亚历山大·奥古斯特·冯·布赫霍茨（Alexander August von Buchholz, 1802-1856），德国罗马法学家，主要著作有《当代罗马法领域的法学论文集》（Juristische Abhandlungen aus dem Gebiete des heutigen Römischen Rechtes, 1833）和《先取遗赠理论》（Die Lehren von den Prälegaten, 1850）。——译者注

怪在写这些书的好人头上,要怪就要怪书里各种配料的比例。关于罗马法的著作(在我的信里,我只谈论这个领域的文献)必然会一年比一年差。"他们的书都要彻底销毁!"(参见《Tanta 敕令》§ 21),优士丁尼这句诅咒般的威胁就是冲着我们的罗马法文献说的。空口无凭,下面我就来举证!

　　我不知道您是否在施普雷河畔榨过葡萄,但无论如何,要是我这么对您说,您是肯定不会反对的:如果我们两个人先后压榨相同分量的葡萄,那么第一个人榨出来的葡萄汁是最好的,第二个人的是最差的。假如后面还有第三个、第四个乃至更多的人,那么最后一个即使用了液压机也榨不出一滴葡萄汁来。显而易见,这个结论同样也适用于罗马法。自 7、8 世纪以来,成千上万乃至上百万的法律人都在费尽心思地压榨罗马法。曾经有过这样的时代,在那时,榨出来的葡萄汁还是从手臂一样粗的管子里往外流的,人们必须用最大的木箱和酒桶或者说必须要用**大开本的书**才能接住它们。比如在居雅斯和多内鲁斯的时代,[32]压榨罗马法还是一件很有趣的事! 光是关于用益权的学说,伽尔瓦努斯就写了整整**一大开本**,我们完全可以用它打死一头牛。[33] 接着我们就来到了**四开本**的时代,这时候榨出来的葡萄汁就已经少了一些,而且味道也更苦了。如今,我们生活的时代已经是**八开本**的时代了(因为在**十二开本**和**十六开本**出现之前,罗马法还没有被榨干[34]),这时榨出来的葡萄汁还有多少呢? 比较一下就知道了。在阿斯曼斯豪森和英格尔海姆的香槟生产商为了**他们的**目的压榨完足够的葡萄之后,真正的葡萄酒厂家就会往残渣里加水,并再

---

〔32〕 居雅斯(法文名:Jacques Cujas,拉丁文名:Cujacius,1522-1590)和多内鲁斯(拉丁文名:Hugo Donellus,法文名:Hugues Doneau,1527-1591)均为罗马法学家、法国人文主义法学派的代表,两人都对优士丁尼的《国法大全》做过评注。——译者注

　〔33〕 伽尔瓦努斯出版于 1650 年的拉丁文专著《论用益权》(Marcaurelio Galvanus, De usufructu dissertationes variae, 1650)有 600 多页这么厚,故耶林有此说。——译者注

　〔34〕 在寄出这封信之前,我收到了司法顾问、区法院法官**黑瑟**博士编写的《共同民法袖珍书》(**G. A. Hesse**, Taschenbuch des gemeinen Civilrechts, Jena, Fr. Mauke. 1867)。他看到了这样的前景:共同民法的八开本文献将要过渡到十二开本时代。在出版该书时,这位作者就已经在前言里明确表达了**这种开本**的合理性。"尽管我们并不缺少优秀的教科书,但是对法律人特别是对学生来说适合作为袖珍指南的,可以在旅途、假期、法院会议、社团集会以及其他类似的情形中陪伴他们的这样一种方便、称手、实用的书,我们还没有。"事实上,这的确是一个出色的原创想法:将罗马法以袖珍日历的方式呈现,为的是让人混淆"科尔内莉娅:给女性的袖珍日历"和"伊杜娜:给青春期女孩的袖珍日历"! 只是他的这本袖珍书还少了用于铜制标题页的优士丁尼或特里波尼安的铜板肖像,以及作为文艺性附录的"狄奥多拉皇后的生活场景"(她是古代的路易斯·拉斯穆森),或是"两副具有善意和恶意特征的女性面容",又或是"以音乐方式排印并带有长号伴奏的马可·奥勒留皇帝的敕裁",等等。在脑海中,我仿佛看到了一名在阿尔卑斯山上扎营的金发少年完全沉浸在这本小书之中。"不好意思,请问你读的是《瓦尔特迈斯特迎亲》(Waldmeisters Brautfahrt)还是《汉欣和小姑娘》(Hannchen und die Küchlein)?""不,我读的是黑瑟的《共同民法袖珍书》,(转下页)

次压榨,接着再往里加入酒和糖——阿斯曼斯豪泽和上英格尔海姆的红葡萄酒就这么完成了![35] 水、酒和糖——如今,人们也还想用这些配料将已经被榨干的罗马法做成上好的葡萄酒。然而,他们做出来的始终是假酒,"对此,我们不能歌颂,也不能高兴。"[36]各种配料之间的比例是根据个人口味的不同而有所区别的,在大多数人那里,水是占绝大部分比例的;尽管某些人想尝试全用酒,但不知不觉,他的"精神"里却掺进了水。对于该领域最近出版的著作,一旦检验完其中的配料比例,我们就不难将它们正确归类。在后面的信里,或许我会自己尝试去检验一下的。

在此,我要明确重申:造出劣质产品不是我们作者的错,而是配料比例的错。他们确实应该写作,但不应该简单地照搬既有观点,这算不上什么"学术成果"。然而,如果前人已经取走了精华,那么除了糟粕,他们能还榨出什么呢?针对同一个主题,如果可以被想到的合理观点都已经被前人想尽,那么当某位作者为了提出新观点而不得不写出一些荒唐的东西时,又有谁会去怪他呢?最近几天,我读了海德堡大学编外讲师**阿舍尔**博士所写的各种专著,[37]他的贡献真是难以估量!这几本书外加其他的一些著作,我都会在之后的信里好好地加以利用。但现在我要问的是:假如**居雅斯**早在三百年前就已经把此人最好的思想都说尽了,那么现在他还能做什么呢?尽管他的确已经在上述作品中做出了令人难以置信的成就!假如他生在**那个时代**、而居雅斯生在**我们这个时代**,或许他就成了居雅斯、居雅斯就成了阿舍尔博士。一切的关键就在于:谁是第一个榨汁的人!您说得倒好:"如果实在想不出什么好的新观点,那还不如接受某个旧观点。"这您可就不明白了!我们应该要说:"宁可自己有个荒谬的观点,也不要和别人共享合理的观点。"这就跟讨老婆的道理一样:

(接上页)不管去哪儿我都带着它!"在旅行的回程,我来到了慕尼黑的地下酒馆。在一位白胡子老人身上,我又一次看到了这样的场景:他一只手握着一杯啤酒、另一只手拿着萝卜和黑瑟的民法书。顺便一提,要是这本书在学生群体中更受欢迎,那么我建议不妨在第 2 版中加入几首校园歌曲,尤其适合加入的是法科生都爱唱的校园歌曲,比如"在冰冷的土地上,躺着一个**役权**",或者是"太好了,太好了,**继承人**来了",等等。我还建议,法律书商应该去印制法律扑克牌,并且要在牌里印上《学说汇纂》"关于古法的各种规则"(de regulis juris)这个标题下〔即 D. 50, 17——译者按〕的一些定义或片段。

〔35〕 阿斯曼斯豪森(Asmannshausen)和英格尔海姆(Ingelheim)都是莱茵河畔著名的葡萄种植区,但阿斯曼斯豪泽(Asmannshauser)和上英格尔海姆(Oberingelheim)则是耶林生造出来的跟前两个地名发音相近的假地名。——译者注

〔36〕 原文为"man kann dabei nicht singen, dabei nicht fröhlich sein",语出德国诗人马提亚斯·克劳迪乌斯(Matthias Claudius,1740 – 1815)1777 年创作的一首诗《莱茵葡萄酒之歌》(Rheinweinlied)。——译者注

〔37〕 格奥尔格·阿舍尔(Georg Asher,1827 – 1905),德国罗马法学家,主要著作有《用益权的设立》(Die Begründung des Usufructus,1862)、《古典罗马民事诉讼法中的抵销》(Die Kompensation im Zivilprocess des klassischen römischen Rechts,1863)。——译者注

谁不是宁可自己娶个丑八怪,也不要和别人共享大美人? 这也跟带孩子的道理一样:哪怕自己的孩子是个傻子,谁还不是更喜欢自己的孩子,而不是别人的孩子? 只要还能自己生,谁会去收养别人家的孩子? 总之,想要成为法学作家,就必须得有自己的观点,否则就彻底放弃吧!

说到这里,我给的证据够充分了吧? 我们的罗马法文献难道不是越来越空洞、越来越乏味、越来越恶心? 里面的观点难道不是越来越病态、越来越做作、越来越扭曲? 我用先验的方法推出来的这个结论,难道您还要我用经验的方法再去证明一次吗? 好吧! 我在之后的信里会这么做的。我将为您搜集一些扯淡的法律名言,保证您笑到肚子疼。您觉得这没什么好笑的? 它也有非常严肃的一面? 当然了! 问题的关键在于,要如何看待今后罗马法在德意志的继续适用。如果您希望这种状态早点结束,那么您肯定会对我上面说过的文献枯竭现象感到高兴,因为这一现象正是罗马法走向终结的最佳标志:罗马法变得年老体弱,它因老年性虚弱和无聊而死亡。反之,如果您希望它活得更久,那就必须尽快治好这个病。因此,我要说回到我为此准备好的治疗手段了。如上所述,作者群体中最危险的正是德意志的编外讲师。他们没处理过任何一个实践中的案子,就开始对着复杂的素材肆无忌惮地奋笔疾书;而面对这些素材,即使是最资深的法律人也会陷入困境。正所谓"无知者无畏",谁要是只把目光局限在《国法大全》里,并且以必要的自信和应有的自负武装自己,那么他就很容易把法律实践对某个罗马法思想的续造当作是一个因为不了解法源或是基于有缺陷的解释而得出的错误结论去羞辱,而且也很容易带着同情的嘲笑去鄙视那些在"生活"这所学校里任职的白发苍苍的最高法院院长。但实际上,这样的续造是实务人士在正确评价了当今生活中已发生改变的各种关系和各类需求之后才做出的。这些无畏之人给我的印象就像是,一个手捧亚里士多德和老普林尼著作的语文学家试图在自然科学问题上教训**居维叶**和**李比希**。[38]

在我看来,为了让编外讲师写出来的文献变得无害,目前有个非常简单的办法。众所周知,自奥古斯都以来,罗马就有这么一项制度:谁要想根据遗嘱取得遗产,就必须证明自己有一定数量的孩子。换言之,"生了孩子"是继承资格的前提条件。若皇帝想要优待某些人,为了图省力,他就授予他们"孩子权"(jus liberorum):这些孩子要么是被拟制的,要么是被彻底免除的。通过这种方法,即便是不可能满足该条

---

〔38〕　盖尤斯·普林尼·塞孔杜斯(Gaius Plinius Secundus, 23 - 79),常被称为"老普林尼"或"大普林尼",古罗马作家、博物学者、军人和政治家,以大致完成于 77 年的《博物志》(Naturalis historia)一书著称;乔治·居维叶(Georges Cuvier, 1769 - 1832),法国生物学家与解剖学家,19 世纪早期的巴黎科学界名人,是比较解剖学和古生物学领域的开山鼻祖,被称为"古生物学之父";尤斯图斯·冯·李比希(Justus Freiherr von Liebig, 1803 - 1873),德国化学家,创立了"有机化学",发明了现代实验室导向的教学方法,被称为"肥料工业之父"。——译者注

件的贞洁女神狄安娜也可以有继承资格了。[39] 在罗马是肉体方面的生育能力,到了我们这里就是精神方面的生育能力。在罗马,"没孩子就不能拿遗产";在我们这里,"没写书就不能当教授"。我觉得这种做法是非常不妥的。相反,我认为应当根据学说的质量、而非作品的数量来决定讲师是否有任教资格。如果大学方面还是不肯放弃写作上的要求,那么至少应该让这个原则在法学领域内变得无害化。为此,可以采用的措施是类比罗马法上的"孩子权",也就是在编外讲师准备公开出版著作时授予他"书本权"(jus librorum)。[40] 换言之,尽管这些必要的书没有真正地出版过,但也还是要授予他们任教资格,就仿佛它们已经被出版了一样。实际上,对待书本的问题,有些大学至今都还是很不严格,其宽大程度就跟罗马人判断"孩子"的标准如出一辙。D. 50,16,135 这个片段所给出的宽大理由是多么具有人性美啊! 就我们目前的情况而言,这些理由又是多么的恰当啊! 所以,我不得不把这整个片段都抄录于此:

D. 50,16,135 Ulpianus libro quarto ad legem Iuliam et Papiam

Quaeret aliquis si portentosum vel monstrosum vel debilem mulier ediderit vel qualem visu vel vagitu novum, non humanae figurae, sed alterius, magis animalis quam hominis, partum, an, quia enixa est, prodesse ei debeat? Et magis est, ut haec quoque parentibus prosint: **nec enim est quod eis imputetur, quae qualiter potuerunt, statutis obtemperaverunt**, neque id quod **fataliter** accessit, **matri** damnum iniungere debet.

(D. 50,16,135 乌尔比安:《尤利乌斯和帕皮乌斯法评注》第 4 卷

有人会问:如果一个女人生下来的孩子是畸形的、怪异的或是虚弱的,或者这个孩子的外形或哭声是从未有过的,即不是人的样子,而是别的样子,更像是动物的、而不是人的,那么既然她已经分娩,她是否仍应享有[这部法律对她的]优待? 更为正确的观点是,[即使在这种情况下,]这些父母同样应受到[这部法律的]优待。原因是:**既没有理由可以归咎于他们,因为他们已尽其所能地遵守了[法律]规定,也不能因为发生了这一命中注定的事就让母亲再受损害。**)

为了适用于我们现在的情形,这个片段可以这样来意译:不管书写得是好是坏,既然编外讲师们已尽其所能地(qualiter potuerunt)遵守了大学的规定(statutis ob-

---

〔39〕 狄安娜(Diana),罗马神话中的月亮与橡树女神,是罗马十二主神之一,终生保持处女之身。——译者注

〔40〕 "书本权"(jus librorum)是耶林模仿"孩子权"(jus liberorum)生造出来的一种权利。在拉丁文中,"libri"(书本)和"liberi"(孩子)在发音和写法上都很相似。——译者注

temperaverunt），那么，如果命中注定要发生的是（quod fataliter accessit）他们写出来的书不具备学术成果的基本特征（non humanae figurae），而是畸形、怪异（portentosum vel monstrosum）或是带有精神虚弱迹象的（vel debilem partum ediderint），那么他们又能怎么办呢？毕竟，他们的确写出了一些东西，这就够了（quod enixi sunt，prodesse eis debet）！当然，只有当他们履行了不出书或至少在更长的时期内不出书的义务，才能授予他们书本权和任教资格，比如经典的 9 年期间（"藏上九年"[41]）。最保险的方法就是委托法学院来保管这些书。在 9 年期满后，当这位作者幸运地成为了教授，他就很难再坚持要出版自己的书了；他甚至还会感谢上帝，因为一个智慧的、慈父般的政府阻止了他将此书仓促出版。假如这种"手稿保存九年"的做法能够成为一项普遍的制度，那么我们的文献将会是怎样的模样啊！我敢说，跟后装击针枪相比，它将引起一场更大的革命。有多少的书将不会被写出来或者即使被写出来也不会被印出来？那些最后仍被印出来的书，它们因此所获的利益又会是多么的大啊！这是我自己的一个构想，它跟我的"反索伊菲特"形成互补，我打算让一位朋友向德意志帝国议会递交这个提案。既然警察可以禁止销售不成熟的水果、发酸了的啤酒，那么他们为什么不能禁止出版不成熟的书？如果德意志政府因为大学方面可能的反对而不采纳我这个"授予书本权"的建议，那么除了让我们法律人来亲自操刀，就别无他法了。为了实现这一目的，我提议来一次全国募捐，为的是将募捐所得的收益用于买下法学院讲师已经完成的所有手稿，或者更准确地说：为的是暂时扣押这些手稿，以便在上述的 9 年期限内将其秘密封存。除了我们法律人，出版商也要加入进来，我期待着他们的积极参与；在哪种体制下，做卖书生意才能赚得最多？是在目前的体制下、还是在我设计的体制下？其实这些人早就知道了。

　　关于编外讲师，我就说到这里了。现在来说说教授！实际上我已经说过了，我认为他们远不如前者那么危险。首先，他们已经有了编外讲师通过写书才能获得的东西，也就是"任教资格"。因此，他们不再有写作上的冲动。其次，教授的大部分时间都被讲课和公务所占用，所以他们务必将假期用于休养身心，以至于最后留给写作的时间已经所剩无几了；相反，许多编外讲师在一整年里有大把的假期，他们最多只能通过缩短假期的方式在一定程度上减少自己用于写作的时间。最后，同时也是最重要的原因是：学得越多，就越是可以发现，不是每个新思想都是值得发表的。对于第一次把喙伸出巢外的小鹳来说，一切都是全新的，它发现的东西总是那么奇妙：

---

〔41〕　原文为"nonum prematur in annum"，语出古罗马诗人贺拉斯的《书信集》第 2 部第 3 首（即《诗艺》）的第 388 行（Ars Poetica，388）。原诗的上下文是："一旦你写了什么，就要听取迈奇乌，你父亲和我的意见，要让草稿远离众人，在家里藏上九年。没有发表的东西可以删除，发出的声音却追赶莫及。"中译文引自［古罗马］贺拉斯：《贺拉斯诗全集（上册）：原诗与译诗》，李永毅译注，中国青年出版社 2018 年版，第 741 页。——译者注

257

在粪堆里，它看到了一座山；在水洼中，它看见了一片海。但是，对已经做了长时间旅行的老鹳来说就不一样了：直到遇上真正值得注意的事物之前，它是不会停下来的。无论如何，就教义学问题撰写著作的权利还是应当赋予法学教授的，但当然得有一定的限制和条件。在这一点上，罗马法又一次为我们提供了参考，即与"孩子权"同时期产生的"解答权"（jus respondendi）。在帝政时期，基于国家的准可，更具威望的法学家有权作出法律解答。按照这个"解答权"的模式，我们国家也可以授予我们的杰出理论家以"写作权"（jus scribendi）；对于能力存疑的理论家，则可以授予他们"可撤回的写作权"，正如南德意志的某些邦国那样"可撤回地"聘用国家公务员，这样就有机会考验他们的能力；若他们经受住了考验，那么就可以将他们的权利转变为"绝对的写作权"；若没有经受住考验，那么就要彻底收回他们的"写作权"。原本我是打算附上一份推荐名单的，但是在拟定这份名单时，我产生了一些顾虑，所以我彻底放弃了这一做法，而仅仅是为您和读者列出了一份仍然在世的罗马法学家名单（为了减少考生的记忆量，我特地写成了背诵口诀的形式）：

很多高手有顺风"耳"，
他们通常是两三个字：
贝克尔[42]、**穆特尔**[43]、**翁格尔**[44]、
罗默尔、施默尔、穆勒尔。
布歇尔、威策尔和塞尔。
也有些是四个字：
威希特尔、桑哈勃尔，
诺伊讷尔、施莱辛尔。
还可能是六个字：
帕根施代希尔、雷格斯贝格尔。
有四位大师，名字很形象：

---

[42]　恩斯特·伊曼努埃尔·贝克尔（Ernst Immanuel Bekker，1827－1916），德国罗马法学家、法史学家，主要著作有《诉讼消耗》（Die Processualische Konsumption，1853）、两卷本的《罗马私法中的诉》（Die Aktionen des römischen Privatrechts，1871－1873）和两卷本的《当代学说汇纂法体系》（System des heutigen Pandektenrechts，1886－1889）。——译者注

[43]　特奥多尔·穆特尔（Theodor Muther，1826－1878），德国罗马法学家、历史学家，主要著作有《役权的时效取得》（Die Ersitzung der Servituten，1852）、《论罗马法中的诉》（Zur Lehre von der römischen Actio，1857）。——译者注

[44]　约瑟夫·翁格尔（Joseph Unger，1828－1913），奥地利民法学家，奥地利历史法学派的代表人物，主要著作有四卷本的《奥地利一般私法体系》（System des Österreichischen Allgemeinen Privatrechts，1856－1864）。——译者注

"铂金"〔45〕、"飞艇"〔46〕和"椰林"，

外加一个"石定情"〔47〕，

他们彼此互"为邻"〔48〕。

牛人很少养动物，

其中之一是萨尼"鸥"〔49〕，

还有一个是范格"骡"。

鲁多夫〔50〕、弗里茨和昆策，

他们爬到了最顶峰。

邓伯克〔51〕、考鹏和威特，

他们才走到半山处。

利本托普、弗朗克和温特沙伊特〔52〕，

给我写信说"谢了"。

---

〔45〕 爱德华·伯金(Eduard Böcking，1802-1870)，"伯金"音同"铂金"，德国罗马法学家，主要著作有《法学阶梯教科书》(Institutionen，1841)和《学说汇纂教科书》(Pandekten des römischen Privatrechts，1843)。——译者注

〔46〕 海因里希·赫尔曼·费廷(Heinrich Hermann Fitting，1831-1918)，"费廷"音同"飞艇"，德国罗马法学家，主要著作是《共同连带之债的本质》(Die Natur der Correalobligationen，1859)。——译者注

〔47〕 罗德里希·冯·施丁青(Roderich von Stintzing，1825-1883)，"施丁青"音同"石定情"，德国法史学家，主要著作是三卷本的《德意志法律科学史》(Geschichte der deutschen Rechtswissenschaft，1880-1910)。——译者注

〔48〕 弗里德里希·海因里希·维林(Friedrich Heinrich Vering，1833-1896)，"维林"音同"为邻"，德国罗马法学家，主要著作是《罗马私法史与法学阶梯教科书》(Geschichte und Institutionen des römischen Privatrechts，1865)。——译者注

〔49〕 弗里德里希·丹尼尔·萨尼欧(Friedrich Daniel Sanio，1800-1882)，"萨尼欧"音同"萨尼鸥"，德国罗马法学家，主要著作是《罗马法律科学史》(Zur Geschichte der römischen Rechtswissenschaft，1858)。——译者注。

〔50〕 阿道夫·弗里德里希·鲁多夫(Adolf Friedrich Rudorff，1803-1873)，德国罗马法学家，历史法学派的代表之一，主要著作有三卷本的《监护法》(Das Recht der Vormundschaft，1832-1834)和两卷本的《罗马法史》(Römische Rechtsgeschichte，1857-1859)。——译者注

〔51〕 海因里希·邓伯克(Heinrich Dernburg，1829-1907)，一译"登伯格"，德国罗马法学家、民法学家，主要著作有三卷本的《普鲁士私法教科书》(Lehrbuch des Preußischen Privatrechts，1871-1880)和三卷本的《学说汇纂教科书》(Pandekten，1884 ff.)。——译者注

〔52〕 伯恩哈特·温特沙伊特(Bernhard Windscheid，1817-1892)，一译"温德沙伊德"或"温德夏特"，德国罗马法学家，《德国民法典》的制定者之一，主要著作有《罗马私法的诉》(Die Actio des römischen Civilrechts，1856)和三卷本的《学说汇纂法教科书》(Lehrbuch des Pandektenrechts，1862-1870)。——译者注

别忘了那两位"斯特"，

格奈斯特和**莱斯特**。

还有三个爱碰"瓷"，

党茨、**安茨**和**布林茨**。

布伦斯、**朔伊尔**和**施密特**，

他们真的很快乐，

因为记住这几个，

法学家就背完了。

要是谁没排上号，

快给自己换个名。

　　如果您还想自己再加上几句，那么我就在此授予您必要的代理权。民法的接班人啊，你们要确保一直有新的名字加入！正如我向您承诺的，在下一封信里，我会在新近的罗马法文献里搜集一些名人名言。[53]

---

〔53〕　实际上第六封信是该系列的最后一封信，耶林并未兑现自己的诺言。——译者注

图书在版编目（CIP）数据

中德法学论坛. 第 19 辑. 上卷 / 宋晓主编. —南京：
南京大学出版社，2023.5
ISBN 978 - 7 - 305 - 26379 - 8

Ⅰ. ①中…　Ⅱ. ①宋…　Ⅲ. ①法律—文集　Ⅳ.
①D9 - 53

中国版本图书馆 CIP 数据核字(2022)第 233894 号

出版发行　南京大学出版社
社　　　址　南京市汉口路 22 号　　　　　邮　编　210093
出 版 人　金鑫荣

书　　名　**中德法学论坛　第 19 辑·上卷**
　　　　　ZHONGDE FAXUE LUNTAN DI-19 JI SHANGJUAN
主　　编　宋　晓
责任编辑　潘琳宁

照　　排　南京紫藤制版印务中心
印　　刷　南京玉河印刷厂
开　　本　787mm×1092mm　1/16　印张 16.75　字数 400 千
版　　次　2023 年 5 月第 1 版　2023 年 5 月第 1 次印刷
ISBN　978 - 7 - 305 - 26379 - 8
定　　价　78.00 元

网　　　址：http://www.njupco.com
官方微博：http://weibo.com/njupco
官方微信：njupress
销售咨询热线：(025)83594756